JOSÉ DOS SANTOS CARVALHO FILHO
SIMONE LETÍCIA SEVERO E SOUSA DABÉS LEÃO

EFETIVAÇÃO DOS DIREITOS SOCIAIS POR MEIO DE INTERVENÇÃO JUDICIAL

ANÁLISE DA JURISPRUDÊNCIA DO SUPREMO TRIBUNAL FEDERAL

Coordenação
JOSÉ DOS SANTOS CARVALHO FILHO
SIMONE LETÍCIA SEVERO E SOUSA DABÉS LEÃO

EFETIVAÇÃO DOS DIREITOS SOCIAIS POR MEIO DE INTERVENÇÃO JUDICIAL

ANÁLISE DA JURISPRUDÊNCIA DO SUPREMO TRIBUNAL FEDERAL

Del Rey editora

Belo Horizonte
2021

Impresso no Brasil | Printed in Brazil
EDITORIAL DEL REY LTDA

www.editoradelrey.com.br

Editor: Arnaldo Oliveira

Editor Adjunto: Ricardo A. Malheiros Fiuza
(*in memoriam*)

Diagramação: Studio Schaffer

Revisão: Responsabilidade dos autores

EDITORA
Rua dos Goitacazes, 71 – Lojas 20 a 24
Centro - Belo Horizonte-MG
CEP 30190-909

Comercial:
Tel.: (31) 3284-3284 | 3293-8233
vendas@editoradelrey.com.br

Editorial:
editorial@editoradelrey.com.br

S237e Carvalho Filho, José dos Santos (coord.).

Efetivação dos Direitos Sociais por Meio de Intervenção Judicial: Análise da Jurisprudência do Supremo Tribunal Federal / Coordenadores: José dos Santos Carvalho Filho e Simone Letícia Severo e Sousa Dabés Leão; Prefácio de Gilmar Mendes. - 1. ed. - Belo Horizonte, MG : Editora Del Rey, 2020.
334 p.

Inclui bibliografia.
ISBN 978-65-5791-009-2

1. Direito. 2. Direitos Sociais. 3. Jurisprudência. 4. STF. I. Título. II. Assunto. III. Santos Filho, José Carvalho dos.
IV. Leão, Simone Letícia Severo e Sousa Dabés.

CDD 341.274191
20-990680014 CDU 342.7:347.991

ÍNDICE PARA CATÁLOGO SISTEMÁTICO
1. Direitos Fundamentais. Direitos primordiais; STF.
2. Direitos Fundamentais; Supremo Tribunal.

Ficha catalográfica elaborada pelo bibliotecário Pedro Anizio Gomes CRB-8 8846

PREFÁCIO

Os direitos fundamentais contêm, além de uma proibição de intervenção, um postulado de proteção. Nesse sentido, garantem não apenas uma proibição de excesso, mas uma proibição de proteção insuficiente, a qual engloba os direitos sociais, que são classificados como uma espécie dos direitos de prestação.

A Constituição Federal de 1988 – CF/88 consagra, de forma expressa, amplo catálogo de direitos sociais. Em parte, a referida Carta segue a tradição inaugurada pela Constituição de 1934, que pela primeira vez incluiu os direitos sociais em seu texto. Ademais, conferiu significado ímpar ao direito de acesso à justiça e criou mecanismos especiais de controle da omissão legislativa, destinados a colmatar eventuais lacunas na realização de direitos, especialmente na formulação de políticas públicas destinadas a atender às determinações constitucionais.

Nos termos da atual Carta Constitucional, são direitos sociais: a educação, a saúde, a alimentação, o trabalho, a moradia, o lazer, a segurança, a previdência social, a proteção à maternidade e à infância e a assistência aos desamparados. Vê-se, pois, que esses direitos foram acolhidos pela Constituição Federal de 1988 como autênticos direitos fundamentais e o seu extenso rol nela elencado permite perceber sua importância para a consolidação de uma democracia social efetiva, especialmente em um país como o Brasil, no qual sua concretização encontra-se deficitária por diversos motivos. Tal fato contribui com o entendimento, pela população, de que o Poder Judiciário é um aliado vital na luta por sua obtenção, o que faz com que a judicialização dos direitos sociais que dependam da prestação estatal seja cada vez mais frequente.

À vista disso, são vários os temas já julgados pelo Supremo Tribunal Federal – STF na seara dos direitos sociais, uma vez que foram diversas as vezes em que a intervenção da Suprema Corte brasileira se fez necessária para a efetivação dessas garantias constitucionais. Assim, a presente obra destrincha importantes temas já enfrentados, tais como: a responsabilidade estatal nas relações de custódia; a implementação de políticas públicas prisionais; a função social da empresa; os limites das redações do ENEM sob o enfoque do direito à educação; o direito à memória e verdade em contextos pós-ditatoriais; os direitos sociais laborais; o assistencialismo jurídico; o caráter autorizativo do orçamento para a concreção dessas garantias; os direitos fundamentais da população LGBTQI+ e a criminalização da homofobia; os direitos de proteção da mulher em situação de violência doméstica; a assistência aos doentes mentais; a extradição de acusados de crimes de natureza financeira em seus países; os direitos dos refugiados; a responsabilidade dos entes federativos brasileiros pela efetivação do direito à assistência médico-hospitalar; a aplicação restritiva dos princípios do "mínimo existencial" e da "reserva do possível", quando manejados para justificar retrocessos nos investimentos sociais; etc.

Esta obra coletiva contempla uma miríade de temas essenciais ao alicerce do Estado Democrático de Direito e perpassa pelo histórico de importantes decisões do STF sobre a tutela dos direitos sociais. Trata-se, portanto, de significativa contribuição para o estudo do direito constitucional, publicada em bom momento, em que se faz imprescindível o debate acerca dessas garantias insculpidas em nossa Lei Maior, sob o prisma dos julgamentos históricos do Supremo Tribunal Federal.

Desejo a todos uma ótima leitura!

Gilmar Ferreira Mendes

INTRODUCCIÓN

REFLEXIONES SOBRE LOS DESC

En el año 2017 tuve el honor de crear, poner en marcha y dirigir en la Universidad de Salamanca un primer Programa de Posdoctorado sobre Derechos Humanos (PPDH), de carácter anual y semi-presencial, organizado por el *Centro de Estudios Brasileños* de la Universidad de Salamanca (CEB/USAL), con la colaboración de la *Fundación Universidad-Empresa* (USAL) y el *Instituto Universitario de Río de Janeiro*, Brasil. El título de esta primera edición fue *Derechos Humanos en Perspectiva Comparada. Brasil y España*. El éxito del mismo, debido a la importancia e interés socio-político y jurídico de la temática abordada, la calidad extraordinaria de los docentes y tutores de investigación implicados en este proyecto y a la espléndida formación, alta capacitación e interés de todos los doctores que se matricularon en él, españoles, portugueses y mayoritariamente brasileños, así como la excelencia de la investigación producida en el marco del PPDH, nos llevó a dar continuidad y permanencia al Programa, si bien en sus nuevas ediciones, la del curso 2018-2019 y la del curso de 2019-2020, este se renovó en parte, como queda reflejado en el título *"Generaciones de los Derechos Humanos. Los Derechos Sociales"* (GDHDS/USAL). Cabe señalar que tuvimos la fortuna de contar con el apoyo en la gestión de la profesora de la Universidad Federal de Maranhão, doctora Lucylea Gonçalves Franca, como asesora del PPDH, y la del profesor y especialista en Derecho del Trabajo, Dr. Enrique Cabero Morán, vicerrector de Política Académica y Participación Social de la USAL, a partir del 26 de diciembre de 2019 presidente del Consejo Económico y Social de Castilla y León, que desde 2018 compartió generosamente conmigo la dirección del *Programa*, además de formar parte de su equipo docente. El coronavirus nos ha obligado a posponer temporalmente la cuarta edición del PPDH/USAL (previsto para el curso 2020-2021), que tendrá lugar en cuanto la pandemia remita y la Universidad salmantina reabra sus instalaciones.

En un trienio (2017-2020) cerca de un centenar de especialistas en Derechos Humanos, unos posdoctores y otros en curso de serlo en breve, se han formado en el PPDH desarrollado en la Universidad de Salamanca, siendo realmente extraordinaria la actividad investigadora de posdoctores y posdoctorandos en el campo de los Derechos Humanos, su capacidad para formar redes, organizar actividades de extensión, y dar proyección sociopolítica a sus conocimientos a través de su actividad profesional como docentes, magistrados, promotores, procuradores, abogados, etc. etc.

Un grupo de posdoctorandos del curso 2019-2020, lleno de iniciativa y dinamismo, ha puesto en marcha el libro que el lector tienen entre sus manos, al que seguirá la monografía producida por los que obtengan la condición de posdoctores cuando el curso de especialización finalice.

Desde julio de 2019 hasta ahora, mucho es lo que los autores de este libro han tenido ocasión de reflexionar sobre la compleja problemática de los Derechos Sociales y sobre la forma de equipararlos a los Civiles y Políticos y de hacerlos justiciables. El proceso que lleva hasta su consideración como exigibles en los marcos de las organizaciones internacionales y nacionales, defendido con pasión por los autores, fue difícil, y podemos decir que no ha culminado totalmente, como el lector comprobará.

La internacionalización de Derechos Humanos Económicos, Sociales y Culturales (DESC) comenzó en 1948, con la *Declaración Universal de Derechos Humanos* (DUDH) de la ONU, la cual incluyó una amplia lista de Derechos individuales Civiles y Políticos, a los que añadió, tras no pocos debates y durísimas negociaciones, Derechos Económicos, Sociales y Culturales, a menudo, llamados, por reducción, "Derechos Sociales", también individuales (en la DUDH no hay derechos colectivos). Estos son, sobre todo, los comprendidos en el bloque de los Artículos 22 al 27 de la DUDH, entre los que se enumeraban el Derecho "de toda persona" a la Educación, al Trabajo y al Descanso, a un Salario equitativo y no discriminatorio, a Sindicarse, a un Nivel de Vida adecuado que le asegurara, así como a su familia, la Salud, el Bienestar, y en especial la Alimentación, el Vestido, la Vivienda, la Asistencia Médica, los Servicios Sociales necesarios, la Seguridad Social y, dentro de ella, de Seguros de Desempleo, Enfermedad, Invalidez, Viudez, Vejez y de otros casos de "pérdida de sus medios de subsistencia por circunstancias independientes de su voluntad", así como (en cuanto el sujeto sea madre o niño) el Derecho a la protección especial de la Maternidad y de la Infancia (anticipándose además en el Artículo 16 el Derecho de la Familia a ser protegida). A ellos se añaden el Derecho individual a gozar de la Cultura y las Artes, así como a la Propiedad Intelectual y Moral de su producción científica literaria o artística.

Nótese que en 1948 los "Derechos Civiles y Políticos" y los "Derechos Económicos Sociales y Culturales", constituían una misma categoría y aparecen unidos en un solo texto y a todos ellos se aplica la pretensión de que se procure su implementación, si bien "por medidas progresivas de carácter nacional e internacional", lo que indica el carácter no vinculante y posibilista de todo el conglomerado, pero éste mantiene su cohesión.

Trató pronto la ONU de dar a los Derechos que en 1948 habían sido meramente "declarados" fuerza jurídica e, inicialmente, igual valor. A tal fin encargó a la *Comisión de Derechos Humanos*, creada el 12 de agosto de 1947 por Resolución del *Consejo Económico y Social (ECOSOC)*, la elaboración de un Convenio Internacional con el que tales principios pudieran obtener reconocimiento jurídico de los Estados-parte de las Naciones Unidas, encomendándole, al efecto, mediante *Resolución de la Asamblea de la ONU del 4 de diciembre de 1950 (A/RES 421 E)*, la formulación de un único *Proyecto de Pacto Internacional de Derechos Humanos* y la especificación de las medidas precisas para su aplicación, enfatizando la indivisibilidad e interdependencia de los Derechos que en él fueran recogidos (en principio los de la DUDH). La resistencia de un grupo de países a dar igual fuerza vinculante a los Derechos Sociales que a los Civiles y Políticos y el pragmatismo estratégico cambió tan buenos propósitos.

Un posibilismo de doble filo propició el encasillamiento- decidido ya en diciembre de 1952- de los enumerados como Derechos Humanos en la *Declaración Universal* en dos categorías supuestamente diferenciables por la naturaleza (cívico-política o social) del bien jurídico a proteger y su agrupamiento en dos *Pactos* diferentes (no previstos en un primer momento), conocidos como los *Pactos de Nueva York:* uno el *Pacto de Derechos Civiles y Políticos (PIDCP)*, y otro el *Pacto de Derechos Económicos Sociales y Culturales (PIDESC)*, adoptados y abiertos a la firma, ratificación y adhesión por la *Asamblea General* en su *Resolución 2200 A (XXI), de 16 de diciembre de 1966*. Esto aumentó las oportunidades de ratificación de los que convencionalmente, y no sin debate aún vigente, pasaron a ser llamados "Derechos Humanos de Segunda Generación" o "Derechos Sociales" (en 2018 son 166 los países ratificantes del *PIDESC*, sobre el total de 193 Estados miembros de la ONU), pero, de facto, debilitó, además de la exigibilidad universal de los DESC, la indivisiblidad e interdependencia de los Derechos Humanos, proclamada, ya antes del PIDESC, en la *Declaración Universal de 1948*, teóricamente reforzada, aunque en vano, en la *Resolución 421 E (V) de 1950 de la Asamblea General de la ONU* y reiterada en el Preámbulo de los dos *Pactos de Nueva York*, en los que se declara que *no puede realizarse el ideal del ser humano libre, liberado del temor y de la miseria, a menos que se creen condiciones que permitan a cada persona gozar de sus Derechos Económicos, Sociales y Culturales, tanto como de sus Derechos Civiles y Políticos*. Se redundó en ello después, en 1968, en la *Proclamación de Teherán*, y en 1993, en la *Declaración y Programa de Acción de Viena*.

La estrategia divisoria del procedimiento de catalogación e implementación de los Derechos Humanos, visiblemente contradictoria con los principios de indivisibilidad e interdependencia repetida y enfáticamente proclamados, que algunos atribuyen impropiamente a la voluntad de diferenciación entre derechos individuales y colectivos, tenía otras motivaciones que el intento (inexistente) de colectivizar los *"Derechos de Segunda Generación"*, que se formularon como "derechos de la persona", salvo el contenido en el Art. 1 del PIDESC, donde se reconoce (como en el Art. 1 del PIDC) el "Derecho a la Autodeterminación de los Pueblos". Lo que sí vino a favorecer en efecto la división en dos *Pactos* fue un tratamiento de los "Derechos Sociales" menos exigente que el de los "Derechos Civiles y Políticos", lo que "era su objetivo" según Víctor Abramovich y Christian Courtis (en *Los derechos sociales como derechos exigibles,* Madrid, Trotta. 2002. p. 65), en cuanto en el PIDESC los "Derechos Sociales" son sometidos- para bien (irreversibilidad) y para mal (gradualismo intemporal de amplio potencial dilatorio)- al "principio de progresividad" (Art. 2.1) y aún a explícitos "recortes" que pueden llegar a ser desnaturalizadores de su universalidad. Tal es el caso del Art. 2. 3. que establece que *los países en desarrollo, teniendo debidamente en cuenta los Derechos Humanos y su economía nacional, podrán determinar en qué medida garantizarán los Derechos Económicos reconocidos en el presente Pacto a personas que no sean nacionales suyos*; disposición que obliga a intentos posteriores, poco convincentes, de la desactivación de tal mensaje antiuniversalista, como la efectuada por los expertos reunidos en Limburgo en 1986 (Apartados 42, 43 y 44 de los *Principios de Limburgo),* o protegiendo con nuevos instrumentos o Convenios Internacionales, la universalidad de los Derechos Humanos de ciertos colectivos vulnerables, como mujeres, niños o indígenas. Hay que hacer notar que a la original autorización explícita de desnaturalización de los Derechos Humanos Sociales de carácter económico, en principio solo permitida a la poco precisa categoría de los "países en desarrollo", se suma la tolerancia con otra forma menos visible de desnaturalización sobrevenida al alcance de cualquier país: la que se produce por la vía de la permisividad para ratificar con "reservas" cualquier *Pacto,* con independencia del desarrollo económico del Estado que las efectúa (por más que se recomiende no hacerlas). Conviene recordar que no faltan las "reservas" que recortan el compromiso con diversos Derechos (Laborales, Educativos, etc.) enumerados en el pacto de los Estados-parte del PIDESC, y que países como Bélgica, Francia, Kuwait o Mónaco deniegan la aplicación a los extranjeros de algunos Derechos Sociales.

El PIDESC, en su formulación primigenia, además de resentirse de las debilidades de exigibilidad señaladas, incurre en imprecisiones y ambigüedades no inocuas en la formulación literal de ciertos derechos, algunas dimanantes de una concepción de los mismos que parece equipararlos al modelo liberal de los Derechos Civiles y Políticos (a respetar más que a proveer) como ocurre con el Derecho al Trabajo o a la Vivienda.

Por otra parte los mecanismos de perfeccionamiento, por profundización, y de supervisión del PIDESC, siempre débiles, fueron paupérrimos durante una década (limitados a la exigencia a los Estados de informar sobre el cumplimiento de los DESC). Sólo en virtud de la *Resolución 1985/17, de 28 de mayo de 1985,* del *Consejo Económico y Social de las Naciones Unidas (ECOSOC),* se creó el *Comité de Derechos Económicos, Sociales y Culturales* (CESCR) para la interpretación del Pacto y para articular una supervisión efectiva, lo que difícilmente podía evitar la debilidad de los DESC, en tanto en cuanto ésta venía favorecido por la propia laxitud y deliberada permisividad de la norma.

En 1986 los *Principios de Limburgo,* en 1997 las *Directrices de Maastrich sobre Violaciones de los DESC,* y, en 2011, los *Principios de Maastrich sobre las Obligaciones Extraterritoriales de los Estados en Materia de DESC,* elaborados por expertos reunidos *ad hoc,* que realizaron una hábil ingeniería jurídica para fortalecer los Derechos Sociales, fueron asumidos por el *Comité del PIDESC* y utilizados para evaluar los informes sobre cumplimiento de tales Derechos recibidos de los Estados. Se intentó gracias a su aplicación remontar la debilidad intrínseca de los DESC mediante la redefinición de su sustancia. Esto se logra a partir de una interpretación más exigente de los artículos del *Pacto* que la que pudiera desprenderse de su literalidad, utilizando a tal fin la producción de *Observaciones Generales* (interpretaciones prescriptivas para los Estados), argumentando su obligatoriedad y defendiendo su ejecutabilidad. Así, la *Observación General nº 3* recordaba, en su Apartado 5, que *los Estados debían ofrecer recursos judiciales, dentro de su sistema jurídico, para que los DESC fueran justiciables* y que toda persona que viera violados sus Derechos Sociales pudiera interponer un recurso.

La capacidad de control directo del *Comité* sobre los niveles de cumplimiento de los DESC siguió siendo pese a ello limitada. Precisaba de herramientas más eficaces que la respuesta al mero examen de los *Informes Periódicos* sobre el cumplimiento del PIDESC, requeribles a los Estados, a partir de los cuales el *Comité* elaboraría las *Observaciones Generales* (prescriptivas) o haría a los mismos "*Recomendaciones*" (no vinculantes)

Aunque las primeras propuestas para superar estas limitaciones de la principal norma de la ONU sobre los DESC surgieron en 1990, hubo de esperarse al 10 de diciembre de 2008, para que la Asamblea General aprobara por unanimidad (*AG, Resolución A/RES/63/117)* el *Protocolo Facultativo del Pacto Internacional de Derechos, Económicos, Sociales y Culturales*, que finalmente se abrió para su ratificación el 24 de septiembre de 2009, el cual establece la competencia del *Comité de Derechos Económicos, Sociales y Culturales* para recibir y considerar comunicaciones o denuncias estatales, de ONGs o individuales, relacionadas con el incumplimiento de los Derechos Económicos, Sociales y Culturales por parte de los Estados ratificantes del *Protocolo* (lo que era posible para los ciudadanos de los Estados ratificantes del Protocolo Facultativo del PIDC desde 1976).

Afirmar, como lo hace la *FAO*- organismo especializado de la ONU, encargado de luchar para erradicar el hambre- que la entrada en vigor del *Protocolo* en 2013, en aquel momento con solo 10 ratificaciones, "pone fin a la separación entre Derechos Civiles y Políticos y los DESC", recordando que todos los Derechos Humanos son igualmente importantes, es puro voluntarismo. En octubre de 2018 el *Protocolo Facultativo* había sido firmado por 49 Estados, pero había sido ratificado sólo por 24.

También parece optimista en demasía la opinión de algunos autores, como Craven (según cita de Abramovich y Courtis) que entienden que el *Comité*, gracias a sus atribuciones interpretativas y admonitorias y a su aceptación de informes de ONGs, ha logrado un papel "cuasi judicial". Considerar que esto pudiera ser un tanto exagerado, no niega el interés de su producción jurisprudencial, a disposición de los jueces de los Estados Miembros del PIDESC. Estos pueden utilizarla o, lo que también es posible, hacer derivar los DESC de los Derechos Civiles y Políticos (cuando estos han sido reconocidos por el Estado) apelando al principio de interdependencia de los Derechos Humanos.

Explorar y dar a conocer los diversos instrumentos internacionales o mecanismos sobrevenidos al PIDESC, o a la muy carente *Convención Americana de Derechos Humanos* de 1969 (insatisfactoriamente complementada por el *Protocolo de San Salvador* aprobado en 1988) para defender los Derechos Sociales, y a las estrategias para asegurar su implementación, y no quedarse en el documento original, como a veces se hace, es fortalecerlos: es de agradecer el esfuerzo realizado en tal sentido por investigarlos y defenderlos realizado por los autores de este libro, del que me congratulo y que recomiendo.

Universidad de Salamanca, 26/05/2020

María Esther Martínez Quinteiro

Directora del Posdoc de Derechos Humanos del CEB/USAL. Catedrática da Faculdade de Direito da Universidade Portucalense (UPT), Oporto/Portugal,Coordenadora do Grupo de Pesquisa *Dimensions of Human Rights* do Instituto Jurídico Portucalense (IJP/UPT), y Pesquisadora do Centro de Estudos sobre População, Economia e Sociedade (CEPESE), Oporto/ Portugal. Profª Colaboradora do PPDRU/ UNIFACS (Programa de Desenvolvimento Regional e Urbano), Bahía/Brasil, e Professora Visitante da Faculdade de Direito da Universidade Federal de Mato Grosso do Sul (UFMS)/Brasil. Leitora da CÁTEDRA UNESCO de Juventud, Educação e Sociedade (UCB/Brasilia)

SUMÁRIO

DISCRICIONARIEDADE E RESERVA DO POSSÍVEL COMO PRETEXTOS PARA O DESCUMPRIMENTO DE DEVERES CONSTITUCIONAIS: ANÁLISE DA JURISPRUDÊNCIA DO STF EM MATÉRIA DE RESPONSABILIDADE DO ESTADO NAS RELAÇÕES DE CUSTÓDIA E CONTROLE DE POLÍTICAS PÚBLICAS EM MATÉRIA PRISIONAL

DISCRETIONARITY AND POSSIBLE RESERVATION THEORY AS JUSTIFICATION FOR INFRINGIMENT WITH CONSTITUTIONAL DUTIES: AN ANALYSIS OF THE SUPREME COURT'S CASES OF GOVERNAMENTAL RESPONSIBILITY WITH CUSTODY AND CONTROL OF PUBLIC POLICIES IN PRISION-RELATED MATTERS

Alexandre Mazza[1]

RESUMO: O presente artigo discute a discricionariedade administrativa e os limites do controle judicial sobre políticas públicas. Inicia com a distinção entre mérito e validade das decisões da Administração em face da violação de princípios jurídicos ou valores constitucionais fundamentais, especialmente o superprincípio da dignidade da pessoa humana. Após apresentar o conceito de ato administrativo anti-humanitário, defeito que implica na inexistência jurídica da decisão da Administração Pública, analisa a jurisprudência do Supremo Tribunal Federal em matéria de responsabilidade estatal nas relações de custódia e, ao final, comenta

1 Pós-Doutor pela Universidade de Coimbra. Mestre e Doutor em Direito pela Pontifícia Universidade Católica de São Paulo

dois precedentes do Tribunal sobre o controle judicial em face da omissão administrativa na implementação de políticas públicas prisionais, apresentando alguns caminhos teóricos para superar as objeções opostas em nome da discricionariedade

Palavras-chave: Discricionaridade; Controle Judicial; Políticas Públicas.

ABSTRACT: *This article discusses administrative discretionarity and the limits of judicial review over public policies. It begins with the distinction between merit and validity of management decisions in the face of violations of legal principles or fundamental constitutional values, especially the super-principle of human dignity. After introducing the concept of an anti-humanitarian administrative act, a defect that implies the inexistence of legal decision of the Public Administration, it analyzes the jurisprudence of the Supreme Court regarding governamental responsibility in custody relations and, in the end, comments two precedents of the Court on judicial control in the face of administrative omission in the implementation of prison public policies, presenting some theoretical ways to overcome opposing objections in the name of discretionarity.*

Key-words: *Discricionarity; Judicial Review; Public Policies*

INTRODUÇÃO: EM DEFESA DO MÉRITO ADMINISTRATIVO

A discricionariedade administrativa é o coração da independência do Poder Executivo. Da mesma forma como nenhuma autoridade constituída pode obrigar o legislador a legislar nem tampouco opor-se a decisão judicial, a avaliação de conveniência e oportunidade na emanação de atos discricionários compete somente ao administrador público. A intangibilidade do mérito administrativo está no cerne da tripartição de poderes, princípio blindado constitucionalmente com o status de cláusula-pétrea (arts. 2º e 60, § 4º, III, da CF). Admitir o avanço do Judiciário sobre a reserva de conveniência e oportunidade dos atos discricionários, quando praticados dentro dos limites impostos pelo sistema, é tão implausível quanto aceitar que o administrador público reforme sentença judicial.

Seriam então nossos tribunais atrevidos usurpadores de atribuições exclusivas do Poder Executivo ao reconhecer como legítima, sob aplausos de conivente doutrina, a possibilidade de revisão judicial do mérito discricionário especialmente quando a escolha do administrador revelar-se desarrazoada, desproporcional, ineficiente ou imoral?

O problema é menos de usurpação e mais de incompreensão.

Quando a decisão discricionária ofende objetivamente princípios como razoabilidade, proporcionalidade, eficiência e moralidade – ou qualquer garantia fundamental fixada na Constituição Federal –, a questão é de nulidade e não de mérito. Inegável a legitimidade da intervenção jurisdicional para recompor a primazia dos princípios quando o núcleo axiológico do sistema for agredido a pretexto de estar-se sob o pálio da discricionariedade. Entendimento contrário faria tábula rasa tanto do princípio da inafastabilidade da jurisdição (art. 5o, XXXV, da CF) quanto do trecho final da Súmula 473 do STF (*"A administração pode anular seus próprios atos, quando eivados de vícios que os tornam ilegais, porque deles não se originam direitos; ou revogá-los, por motivo de conveniência ou oportunidade, respeitados os direitos adquiridos, e ressalvada, em todos os casos, a apreciação judicial*", original sem destaque).

A Súmula 473, ao reconhecer o poder de autotutela da Administração, ressalva "em todos os casos" a apreciação judicial. Por óbvio, o trecho final do verbete não contempla autorização irrestrita para o Judiciário revisar qualquer aspecto do ato administrativo. Em que pese à redação da Súmula 473 reclamar urgente correção de duas imprecisões (anulação é dever e não poder; atos viciados originam direitos sim, devido à presunção de legitimidade), a locução "em todos os casos" está correta se interpretada no sentido de estender o alcance do controle judicial a aspectos de legalidade tanto dos atos vinculados (*v.g.* o ato anulatório) quanto dos discricionários (*v.g.* o ato revocatório)[2].

A discricionariedade aloca-se na norma que atribui competência. E a atribuição de competência para o exercício de função administrativa tem como fonte primária a lei em sentido formal[3]. Sempre que a lei comete ao administrador público determinada atribuição e ao fazê-lo utiliza, mesmo involuntariamente, conceitos jurídicos abertos (*interesse público, segurança da coletividade, lealdade às instituições*), as diferentes interpretações encerradas no espectro competencial gizam margem de liberdade dentro da qual todas as opções de conduta são *in abstracto* aceitas pelo sistema. Tem-se competência

---

2 Anulação e revogação constituem modalidades de retirada do ato administrativo, isto é, operam extinguindo ato administrativo primário como efeito específico da expedição de outro ato administrativo, secundário. Assim, a anulação do ato administrativo também é ato administrativo (ato anulatório de natureza vinculada); da mesma forma, a revogação de ato inoportuno e/ou inconveniente também é ato administrativo (ato revocatório de natureza discricionária).

3 Nesse ponto reside a diferença fundamental entre o ato administrativo (por aplicar a lei ao caso concreto, a competência para expedição do ato reside na própria lei) e o ato político (competência prevista na Constituição Federal).

discricionária. Por outro lado, a lei pode atribuir competência administrativa sem utilizar conceitos jurídicos abertos empregando somente termos que comportam uma interpretação válida. Neste último caso não remanesce ao agente público qualquer margem de liberdade para aplicar a norma, restando-lhe executar a única opção válida eleita pelo legislador. Trata-se de competência vinculada.

Embora discricionariedade e vinculação sejam fenômenos enraizados na lei, não se pode dizer que decorram necessariamente de escolha intencional do legislador entre atribuir maior grau de liberdade ou determinar o único caminho possível para o agente público realizar a conduta. A natureza discricionária ou vinculada da competência impõe-se infalivelmente a depender da utilização ou não dos conceitos jurídicos indeterminados.

Cabe lembrar que a referência à "lei" como fonte principal da competência administrativa pressupõe o vocábulo na acepção de "bloco da legalidade", mantendo coerência com o princípio da juridicidade, ou legalidade expandida, tal como previsto no art. 2o, parágrafo único, I, da Lei 9784/99 (Lei do Processo Administrativo Federal), segundo o qual a Administração deve agir *"conforme a lei e o direito"*. Nesse sentido, a sujeição à legalidade expandida evidencia inclusive a vinculação da Administração Pública aos limites impostos diretamente pela Constituição Federal.

Estabelecidas as bases para análise do fenômeno da discricionariedade, deve-se insistir na ideia segundo a qual muito da festejada evolução jurisprudencial dos tribunais superiores em matéria de controle da discricionariedade não opera sindicância sobre o mérito em si, antes cinge-se a aspectos de validade desafiados quando a decisão questionada ofende princípios administrativos.

ATO ANTI-HUMANITÁRIO, REAÇÃO "MANU MILITARI" E DESOBEDIÊNCIA CIVIL.

Quando determinada decisão discricionária agride princípio administrativo tem-se invalidade. Tal patologia pode causar nulidade do ato, se o vício for insanável, ou anulabilidade, no caso de admitir convalidação. Nos dois casos a legitimidade do controle judicial é inquestionável, não se cogitando de qualquer atentado à tripartição de poderes.

Diferente é o ato administrativo anti-humanitário, assim considerado aquele cujo conteúdo viola os Direitos Humanos[4] e/ou o superprincípio da dignidade da pessoa humana. Nessa linha sustentamos que: "a evolução axiológica do Direito Administrativo desde a instituição do Estado de Direito marcha no sentido de encarecer os instrumentos protetivos dos direitos fundamentais (indisponibilidade do interesse público) mitigando e/ou dando novo significado às prerrogativas típicas da Administração Pública autoritária (supremacia

---

4 Há dissenso sobre o conteúdo mais apropriado para o conceito de Direitos Humanos. Interessante notar que, embora o ordenamento brasileiro não tenha previsão sobre quais são os "direitos humanos", o inciso II, do art. 4o, da Constituição Federal determina que "a República Federativa do Brasil rege-se nas suas relações internacionais pelos seguintes princípios: II – prevalência dos direitos humanos". Além disso, o art. 5o, parágrafo terceiro, com redação da Emenda Constitucional n. 45/04, faz referência expressa à categoria, afirmando que: "Os tratados e convenções internacionais sobre direitos humanos que forem aprovados, em cada Casa do Congresso Nacional, em dois turnos, por três quintos dos votos dos respectivos membros, serão equivalentes às emendas constitucionais". Parece evidente que desses dois dispositivos desponta a matriz internacional dos Direitos Humanos. Por isso, sem a preocupação de ser exauriente, a progressiva incorporação dos Direitos Humanos no ordenamento brasileiro decorrentes do sistema universal (no âmbito da ONU) pode ser resumida na seguinte cronologia: 1) 1948: Convenção para a Prevenção e a Repressão do Crime de Genocídio (ONU, dezembro/1948). Vigora no Brasil desde 1952 por força do Decreto n. 30.822/52; 2) 1951: Convenção Relativa ao Estatuto dos Refugiados (ONU, julho/51). Em vigor no Brasil desde 1961 por força do Decreto n. 50.215/61; 3) 1956: Convenção Suplementar Sobre a Abolição da Escravatura e Práticas Análogas à Escravatura (CIT, 1965). Em vigor no Brasil desde 1961 por força do Decreto n. 58.563/66; 4) 1965: Convenção sobre a Eliminação de Todas as Formas de Discriminação Racial (ONU, 1965). Em vigor no Brasil desde 1969 por força do Decreto n. 65.810/69; 5) 1966: Pacto Internacional de Direitos Sociais, Econômicos e Culturais (ONU, dezembro/66). Em vigor no Brasil desde 1992 por força do Decreto n. 591/92; 6) 1966: Pacto Internacional de Direitos Civis e Políticos (ONU, dezembro/66). Em vigor no Brasil desde 1992 por força do Decreto n. 592/92; 7) 1969: Convenção de Viena, a "lei dos tratados" (ONU, 1969). Em vigor no Brasil desde 2009 por força do Decreto n. 7.030/09; 8) 1979: Convenção sobre a Eliminação de Todas as Formas de Discriminação Contra a Mulher (ONU, 1979). Em vigor no Brasil desde 2002 por força do Decreto n. 4.377/02; 9) 1984: Convenção contra Tortura e Outros Tratamentos ou Penas Cruéis, Desumanos ou Degradantes (ONU, 1984). Em vigor no Brasil desde 1991 por força do Decreto n. 40/91; 10) 1989: Convenção sobre Direitos da Criança (ONU, 1959). Em vigor no Brasil desde 1990 por força do Decreto n. 99.710/90; 11) 2000: Protocolo Adicional referente à venda de crianças, prostituição infantil e pornografia (ONU, 2000). Em vigor no Brasil desde 2004 por força do Decreto n. 5.007/04; 12) 2007: Convenção da ONU sobre as Pessoas com Deficiência (ONU, 2007). Em vigor no Brasil desde 2009 por força do Decreto n. 6.949/09 (*apud* RAMOS, André de Carvalho. **Curso de Direitos Humanos**. São Paulo: Saraiva, 2015, pp. 147 a 236).

do interesse público). O ponto alto desse processo é a entronização da dignidade da pessoa humana como o novo eixo valorativo do regime jurídico-administrativo, a partir do reconhecimento da posição que o princípio – na verdade superprincípio – ocupa como fundamento da República Federativa do Brasil (art. 1º, III, da Constituição Federal de 1988). Nesse sentido, as decisões administrativas anti-humanitárias constituem a mais grave categoria de ilícito no Direito Administrativo, merecendo resposta enérgica do sistema normativo para inibir e coibir sua violação"[5].

O ato anti-humanitário afronta de tal modo o núcleo axiológico do sistema normativo que o ordenamento reage impondo mais do que nulidade. O ato administrativo nulo, assim também o anulável, goza de presunção de legitimidade. Não é tolerável, porém, exigir obediência a decisão anti-humanitária até que ela seja retirada. Por isso, a decisão administrativa cujo conteúdo viola os Direitos Humanos ou o superprincípio da dignidade da pessoa humana caracteriza-se como juridicamente inexistente, sendo seu singular regime marcado pelas seguintes peculiaridades:

a) ausência da presunção de legitimidade;
b) incapacidade de produzir efeitos jurídicos;
c) impossibilidade de convalidação ou conversão;
d) impugnação a qualquer tempo por ser vício incaducável e imprescritível;
e) descumprimento livre por particulares e agentes públicos sem desencadear qualquer punição;
f) admissibilidade de oposição "*manu militari*" contra tentativa de execução.

Além disso, no bojo do denominado direito de resistência insere-se a possibilidade de a vítima desobedecer pacificamente (desobediência civil) ao ato administrativo anti-humanitário, sem com isso sujeitar-se a punições decorrentes da sua conduta[6].

---

5 MAZZA, Alexandre. **Administração Pública Humanitária: o Superprincípio da Dignidade da Pessoa Humana como Centro Axiológico do Direito Administrativo Brasileiro**, in "Direitos Humanos Contemporâneos: Estudos em Homenagem ao Professor J.J. Gomes Canotilho". Rio de Janeiro, Lumen Juris, 2018, p.43.

6 MAZZA, Alexandre. **A Desobediência Civil como Instrumento Legítimo de Reação Contra Decisões Administrativas Violadoras de Direitos Humanos**, in "Direitos

Deve-se enfatizar, porém, que todo o arsenal jurídico capaz de neutralizar as consequências da decisão discricionária contrária aos valores fundamentais do sistema normativo – incluindo os extremos da reação "manu militari" (*facere*) e desobediência civil (*non facere*) – está aparelhado para enfrentar atos administrativos comissivos, isto é, as decisões positivas resultantes de escolha ativa realizada pelo administrador público.

Incomparavelmente mais complexo é o caso da violação de valores fundamentais da pessoa humana por meio do silêncio administrativo, ou seja, quando a omissão da Administração Pública frustra a efetivação de Direitos Humanos. O tema do silêncio desafia diretamente os limites do controle judicial, quando o administrador público deixa escoar tempo razoável sem romper seu imobilismo. Por aplicação simétrica ao disposto no art. 49 da Lei 9784/99 sustenta-se que a Administração, salvo prazo legal diverso, tem 30 dias para manifestar-se sobre qualquer solicitação[7]. A norma, porém, pressupõe que o gestor tenha sido provocado a agir. Assumindo posição pioneira, Celso Antônio Bandeira de Mello defende que o juiz, sendo instado, poderá expedir o ato sobre o qual a Administração silenciou, desde que se trate de ato vinculado[8]. No caso de silêncio referente à emanação de ato discricionário, o deslinde apontado pela doutrina segue sendo a definição judicial de prazo para o administrador decidir, sob pena de multa e crime de desobediência.

Ainda assim, o controle judicial sobre o ato anti-humanitário pressupõe que o administrador tenha emanado decisão, tanto quanto a revisão do silêncio está tradicionalmente condicionada a requerimento desatendido, hipóteses nas quais em tese é mais simples identificar a invalidade do comportamento da Administração Pública.

O desafio máximo reside na questão do controle sobre as omissões administrativas genéricas contempladas no âmbito da discricionariedade ou, segundo nomenclatura corrente, o controle das omissões na execução de políticas públicas. Cabe ilustrar as dificuldades em torno do tema a partir da abordagem do caso específico do sistema carcerário brasileiro.

Humanos e Democracia: Estudos em Homenagem ao Professor Vital Moreira". Rio de Janeiro: Lumen Juris, 2018, p.1.

7 BANDEIRA DE MELLO, Celso Antônio. Manual de Direito Administrativo. 27. ed. São Paulo: Malheiros, 2010, p. 410.

8 Ibid., p. 416.

SUJEIÇÃO ESPECIAL E A JURISPRUDÊNCIA DO STF SOBRE RELAÇÕES DE CUSTÓDIA. A FALACIOSA TEORIA DA RESERVA DO POSSÍVEL

Dispositivo algum revela maior hiato entre o discurso normativo-constitucional e a realidade fática do que o art. 5º, XLIX – *"é assegurado aos presos o respeito à integridade física e moral"*. O sistema carcerário brasileiro concretiza a advertência à porta do inferno: *"lasciate ogni speranza voi che entrate"*[9]. O quadro notório de insultuosa precariedade dispensa esforço descritivo.

Em termos topológicos, a Constituição Federal de 1988, antes de garantir no art. 5º, XLIX, o respeito à integridade física e moral dos presos, enumera nos doze incisos imediatamente anteriores detalhada cópia de garantias reconhecidas aos acusados, sem prejuízo de outras tantas previstas na sequência de dispositivos. Tudo a evidenciar que o respeito à integridade do preso não é anacoluto normativo, mas parte integrante de um sistema amplo de proteção à dignidade dos acusados em geral.

O comando constitucional de respeito à integridade física e moral projeta o superprincípio da dignidade da pessoa humana (art. 1º, III, da CF) sobre a condição específica do preso. Por óbvio, a garantia do art. 5º, XLIX, é posição subjetiva ativa conectada imediatamente ao dever estatal de realização do seu conteúdo. Assim, o respeito à integridade física e moral no ambiente das prisões é o objeto específico de relação jurídica que, de um lado, assegura direito subjetivo ao preso e, de outro, impõe ao Estado o dever de adotar medidas para efetivação da exigência constitucional.

Do ponto de vista da relação jurídica de administração pública, a custódia estatal dos encarcerados enquadra-se como relação de sujeição especial devido ao caráter doméstico do vínculo intersubjetivo, razão pela qual o princípio da legalidade e o subsistema de responsabilidade do Estado comportam-se de modo não convencional[10]. Nas relações comuns de supremacia geral a responsabilidade do Estado dispensa a demonstração do elemento subjetivo da conduta para prejuízos decorrentes de comportamentos comissivos. Se o dano, porém, for atribuído à conduta estatal omissiva será indispensável a

---

9 "Deixai toda a esperança vós que entrais" (tradução livre). ALIGHIERI, Dante. A Divina Comédia, Canto III do Inferno, obra em domínio público.

10 Para abordagem mais detalhada sobre a teoria da supremacia especial, vide: BANDEIRA DE MELLO, Celso Antônio. **Manual de Direito Administrativo.** 27. ed. São Paulo: Malheiros, 2010, especialmente no capítulo sobre poder de polícia. Vide também: MAZZA, Alexandre. **Relação Jurídica de Administração Pública**. São Paulo: Saraiva, 2012.

demonstração de culpa ou dolo. Assim se dá nas relações extramuros caracterizadas como supremacia geral. Nos vínculos intramuros, ou supremacia especial, a responsabilidade do Estado impõe-se objetivamente tanto nos danos por ação quanto naqueles decorrentes de omissão.

Em todas as hipóteses, o dever estatal de indenizar tem lastro no mesmo dispositivo constitucional (*art. 37, § 6º: "As pessoas jurídicas de direito público e as de direito privado prestadoras de serviços públicos responderão pelos danos que seus agentes, nessa qualidade, causarem a terceiros, assegurado o direito de regresso contra o responsável nos casos de dolo ou culpa")*. Nota-se que não há qualquer clivagem entre os prejuízos decorrentes de ação e aqueles imputados a omissão estatal.

A jurisprudência do Supremo Tribunal Federal sobre responsabilidade do Estado quanto a presos tem sido sensível à evolução doutrinária na matéria.

No julgamento do RE 841526, em 30/03/2016, foi fixada a seguinte tese de repercussão geral: *"Em caso de inobservância de seu dever específico de proteção previsto no artigo 5º, inciso XLIX, da Constituição Federal, o Estado é responsável pela morte de detento"*. A decisão unânime reconheceu a responsabilidade civil do Estado quando houver inobservância do dever específico de proteção aos encarcerados. *In casu*, o preso foi morto por enforcamento dentro da Penitenciária Estadual de Jacuí/RS, não havendo certeza se a morte decorreu de homicídio ou suicídio. Segundo o voto do relator, Ministro Luiz Fux: *"conforme o artigo 37, § 6º, da Constituição Federal, responde o Estado objetivamente pelos danos que seus agentes, nessa qualidade, causarem a terceiros, sendo desnecessária a comprovação de dolo ou culpa. Por se tratar de omissão do Estado, a responsabilidade será objetiva, se a omissão for específica, e subjetiva, se a omissão for genérica. No caso em análise, a omissão é específica, pois o Estado deve zelar pela integralidade física dos internos em estabelecimentos"*.

A distinção mencionada no voto entre omissão geral (responsabilidade objetiva) e omissão específica (responsabilidade subjetiva) não se justifica. A aplicação da responsabilidade objetiva na omissão geral, sobre esbarrar em dificuldades quanto ao nexo de causalidade, faria do Estado indenizador universal. O deslinde do tema dos danos por omissão exige, de fato, a identificação do dever estatal violado (*v.g.* o art. 5º, XLIX, da CF), circunstância integrante do elemento subjetivo da conduta, sendo portanto subjetiva a responsabilidade. O dever estatal de indenizar pela morte de preso impõe-se, cristalino, como decorrência infalível da violação do art. 5º, XLIX, cotejado com a norma inserta no art. 37, § 6º, ambos da CF. Cabe registrar que dispositivo algum do Texto de 1988 condiciona o exercício de direitos subjetivos à existência de disponibilidade orçamentária. A teoria da reserva do possível, invocada à exaustão nas defesas fazendárias, desloca a terceiros a escolha de quais direitos devem e quais não devem ser efetivados, hierarquizando atrevida e casuisticamente garantias que a Constituição Federal assegura de modo intransitivo.

O tema da responsabilidade do Estado por morte no ambiente prisional, mesmo quando causada por terceiros, não é novo. No julgamento do RE 418566/PB, em 2008, o Supremo Tribunal Federal já decidira pela responsabilização estatal com fundamento na violação do dever de zelar pela integridade física do preso: "*EMENTA: Agravo regimental em recurso extraordinário. 2. Morte de preso no interior de estabelecimento prisional. 3. Indenização por danos morais e materiais. Cabimento. 4. Responsabilidade objetiva do Estado. Art. 37, § 6º, da Constituição Federal. Teoria do risco administrativo. Missão do Estado de zelar pela integridade física do preso. 5. Agravo regimental a que se nega provimento*".

A amplidão da responsabilidade estatal vinculada à custódia de presos alcança, *v.g.*, a morte por suicídio (RE 841526), assim como o prejuízo causados por foragidos durante o percurso da fuga (RE 409.203, RE 573.595), exceto se o preso fugiu meses antes do dano causado, hipótese em que não haveria mais nexo de causalidade (RE 130.764, RE 172.025, RE 607.771).

Interessante registrar que mais recentemente, no RE 841.526, julgado em 1/8/2016, foi estabelecida pelo Supremo Tribunal Federal importante ressalva no sentido de que a responsabilidade do Estado não está configurada "*nos casos em que não é possível ao Estado agir para evitar a morte do detento (que ocorreria mesmo que o preso estivesse em liberdade), rompe-se o nexo de causalidade, afastando-se a responsabilidade do poder público, sob pena de adotar-se contra legem e a opinio doctorum a teoria do risco integral, ao arrepio do texto constitucional*". A ementa do acórdão, seguindo voto do Ministro Luiz Fux, esclarece que "*a morte do detento pode ocorrer por várias causas, como, v.g., homicídio, suicídio, acidente ou morte natural, sendo que nem sempre será possível ao Estado evitá-la, por mais que adote as precauções exigíveis. A responsabilidade civil estatal não se configura nas hipóteses em que o poder público comprova causa impeditiva da sua atuação protetiva do detento, rompendo o nexo de causalidade da sua omissão com o resultado danoso*". E o acórdão termina por fixar a tese: "*Em caso de inobservância do seu dever específico de proteção previsto no art. 5°, inciso XLIX, da Constituição Federal, o Estado é responsável pela morte de detento*".

Quanto à natureza dos danos passíveis de reparação estatal, no julgamento do RE 580.252, em 11/09/2017, o Supremo Tribunal Federal estendeu a obrigação de ressarcimento também aos prejuízos morais comprovadamente causados em consequência das péssimas condições carcerárias no país. O acórdão de relatoria do Ministro Alexandre de Moraes fixou a tese: "*Considerando que é dever do Estado, imposto pelo sistema normativo, manter em seus presídios os padrões mínimos de humanidade previstos no ordenamento jurídico, é de sua responsabilidade, nos termos do art. 37, § 6º da Constituição, a obrigação de ressarcir os danos, inclusive morais, comprovadamente causados aos detentos em decorrência da falta ou insuficiência das condições legais de encarceramento*". Em seu voto, o Relator, sobre afastar a aplicação do princípio da reserva do possível, asseverou a importância do papel do Judiciário na reparação de prejuízos individualmente experimentados pelo detento, em que pese a omissão administrativa na implementação de políticas públicas aptas a atacar globalmente o cerne do problema carcerário, *in verbis*: "*A violação a direitos fundamentais causadora de danos pessoais a detentos em estabelecimentos carcerários não pode ser simplesmente relevada ao argumento de que a indenização não tem alcance para eliminar o grave problema prisional globalmente considerado, que depende da definição e da implantação de políticas públicas específicas, providências de atribuição legislativa e administrativa, não de provimentos judiciais. Esse argumento, se admitido, acabaria por justificar a perpetuaçao da desumana situação que se constata em presídios como o de que trata a presente demanda*".

O voto do Ministro Alexandre de Moraes no RE 580.252 ataca a questão central do sistema carcerário brasileiro. Isso porque, a par da adiantada jurisprudência do Supremo Tribunal Federal em matéria de responsabilidade do Estado quanto a prejuízos individuais sofridos por presos, a solução definitiva para a crise penitenciária no Brasil não pode tangenciar a efetivação de políticas públicas eficazes voltadas a resolver o problema em termos globais.

A CONSTITUIÇÃO NÃO É LIVRO DE CONSELHOS. CAMINHOS PARA SUPERAR A OMISSÃO ESTATAL

As dificuldades inerentes ao tema da judicialização dos atos administrativos anti-humanitários, assim como em matéria de responsabilização estatal por prejuízos individualmente experimentados por presos, multiplicam-se em progressão geométrica quando o assunto é o controle judicial sobre a inércia na efetivação de políticas públicas específicas para a questão prisional.

O combate à superlotação carcerária e o descaso governamental em garantir o mínimo de dignidade aos presos esbarra em algumas dificuldades técnico-jurídicas iniciais: a) são comportamentos comissivos contra os quais não se pode invocar o regime jurídico aplicável à teoria da inexistência dos atos administrativos anti-humanitários (ausência de presunção de legitimidade, imprescritibilidade do vício, reação "manu militari" e desobediência civil)[11]; b) alto grau de discricionariedade; c) menor densidade na aplicação dos princípios tradicionalmente invocados no controle das condutas administrativas comissivas (razoabilidade, proporcionalidade, moralidade e eficiência); d) risco de invasão judicial do mérito administrativo violando a tripartição de poderes; e) limitações orçamentárias suscitadas como pretexto para a omissão administrativa (teoria da reserva do possível); f) escassez de demandas individuais no Judiciário aptas a ensejar jurisprudência na matéria.

Ademais, é frequente que o imobilismo da Administração tenha lastro na ausência de lei específica definindo claramente o caminho de ação, o que exigiria improvável salto obrigando o gestor público a aplicar diretamente a Constituição Federal ao caso concreto sem a intermediação de lei disciplinando como a efetivação da garantia constitucional deve ser concretizada. Some-se a isso que, se não houver dotação orçamentária específica, o administrador público precisaria escolher entre violar a Constituição Federal, ao descumprir a garantia do preso a ambiente minimamente digno, ou descumprir a legalidade orçamentária, razão pela qual é sempre mais seguro aguardar decisão judicial determinando a implementação da política pública, de modo a minimizar os riscos assumidos pelo gestor que decide sem respaldo em lei específica.

Nesse quadro de múltiplas dificuldades, a única solução inadmissível é justamente aquela que se vai consolidando na realidade brasileira, a saber: tornar letra-morta o comando constitucional que obriga o Estado – cabe lembrar que a Constituição Federal não é livro de conselhos – a respeitar a integridade física e moral do preso.

Se as garantias constitucionais não são secundadas por leis que viabilizem sua aplicabilidade prática, remanesce mais dilatada esfera de discricionariedade para, saltando-se diretamente do Texto Constitucional para o caso concreto, dar cumprimento aos valores assegurados pelo sistema normativo. Não cabe invocar a barreira da legalidade como pretexto para o gestor público deixar de executar os ditames constitucionais relacionados à efetivação do superprincípio da dignidade da pessoa humana. Isso porque, se é verdade que os atos administrativos pressupõem lei a ser por eles posta em execução, existe também ampla aceitação sobre a possibilidade dos chamados atos políticos aplicarem diretamente a Constituição Federal. Cabe lembrar que os elementos diferenciais da categoria dos atos políticos, espécie do gênero "atos da Administração", são precisamente maior discricionariedade e competência haurida da Constituição Federal.

---

[11] MAZZA, Alexandre. op cit. 2018, p.43.

A conversão do ato administrativo em ato político é um vislumbre de solução técnica capaz de viabilizar a imediata aplicação, pelos gestores públicos, do superprincípio constitucional da dignidade da pessoa humana ao caso concreto, mesmo diante da lacuna legislativa. Já na hipótese de haver lei regulamentando a matéria, a omissão do administrador público na efetivação da garantia constitucional não é opção discricionária válida. O silêncio, a inércia, a imobilidade administrativa que faz pouco caso de regra cogente prevista na Constituição Federal é a mais grave forma de violar a norma competencial. Não por outra razão, cabe ao juiz suprir a lacuna decorrente da ausência de lei e/ou ato administrativo, determinando a adoção da providência que entender mais apropriada – sempre à luz dos vetores razoabilidade e proporcionalidade – para assegurar o cumprimento da norma constitucional. Em face da omissão administrativa seria possível considerar que a decisão judicial definidora do modo como a garantia constitucional será *in concreto* efetivada, desde que o faça razoável e proporcionalmente, opera "redução da discricionariedade a zero" (considerada aqui não como teoria, mas como técnica), sendo, no exato momento quando proferida, e por força de presunção "juris tantum", a solução ótima almejada pelo sistema normativo. Restaria ao administrador público, se inconformado com a solução judicial adotada, o ônus de provar em sede recursal a inadequação, à luz do regime jurídico-administrativo, do caminho decisório empreendido. Em qualquer hipótese, a sobrevinda de lei definindo a política pública específica, bem como dos respectivos atos administrativos que lhe executem o conteúdo, supririam a lacuna normativa de modo a eliminar o espaço para futuras decisões judiciais de semelhante conteúdo integrativo.

A JURISPRUDÊNCIA DO STF DIANTE DO CENÁRIO DE CRISE

A fim de evitar o aniquilamento de garantias constitucionais decorrente da inércia governamental, a jurisprudência do Supremo Tribunal Federal tem evoluído no sentido de romper o silêncio administrativo e adotar providências concretas mesmo em casos de interesses difusos e coletivos, para além das demandas individuais que provocam o ressarcimento de danos sofridos por presos ou familiares (a condenação do Estado em ações indenizatórias individuais não tem qualquer impacto na solução do problema carcerário como um todo).

Em 2013, dando provimento unânime ao RE 440.028, a 1a Turma do Supremo Tribunal Federal enfrentou a questão de escola estadual paulista cuja estrutura não estava adequadamente adaptada ao acesso de pessoas com deficiência. O relator Ministro Marco Aurélio afirmou em seu voto que a jurisprudência do STF exige três requisitos para admitir o controle judicial sobre políticas públicas: *a) natureza constitucional da política pública reclamada; b) existência de correlação entre a política pública e os direitos fundamentais; c) prova de que há omissão ou prestação deficiente pela Administração Pública, inexistindo justificativa razoável para tal comportamento.* O caso é emblemático porque sintetiza a orientação do STF na matéria e reúne os argumentos mais comuns suscitados como tese de defesa da Administração omissa. A ação civil pública foi proposta pelo Ministério Público ao constatar que os alunos cadeirantes não podiam frequentar aulas no pavimento superior da escola por falta de acesso adaptado à sua condição. A quadra esportiva e o pátio tinham degraus impedindo a livre circulação. Os banheiros eram comuns não dispondo de qualquer das facilidades de acesso exigidas pela legislação de regência. O pleito foi indeferido em primeira instância. O Tribunal de Justiça de São Paulo, em sede de apelação, manteve a improcedência ao argumento inicial de que *a realização das reformas pressupõe a disponibilidade orçamentária do ente público.* E *"obrigar a administração pública a realizar obras e melhorias significa olvidar o princípio da separação dos poderes, pois se trata da efetivação de atos discricionários"*. Assim, em defesa da Administração inerte foram invocados a reserva do possível e o falacioso argumento da discricionariedade, os dois pretextos mais comuns opostos ao controle judicial de políticas públicas. Como se (1) restrições orçamentárias pudessem embargar o exercício de garantias constitucionais e (2) a discricionariedade administrativa no cumprimento de deveres impostos pela Constituição Federal incluísse a omissão entre os comportamentos validamente admitidos pela norma de competência.

Durante os debates que resultaram no acórdão do RE 440.028, os ministros da 1a Turma do STF registraram algumas observações críticas sobre a abusiva invocação da reserva do possível, aqui transcritas livremente por pertinentes: "Min. Luiz Fux (Presidente) – *absolutamente inaplicável essa construção, no meu modo de ver muito infeliz, do Tribunal Constitucional alemão, da reserva do possível. Não há nem que se cogitar da possibilidade...* Min. Marco Aurélio (Relator) – *A reserva do possível, Presidente, se me permite, passa a ser cláusula polivalente. Levada às últimas consequências...* Min. Luiz Fux – *Mil e uma utilidades. Se estivesse aqui nessa tribuna o Professor Barbosa Moreira, ele diria que a reserva do possível passou a ser o Bombril do sistema constitucional quando o Estado recalcitra dos seus deveres, porque tem mil e uma utilidades: para tudo se usa a reserva do possível*".

Em arremate, após listar os comandos constitucionais violados pela omissão (arts. 205 e 206, I), indicando ainda o descumprimento dos direitos assegurados na Lei Federal 7853, de 24 de outubro de 1989, o voto do relator adverte: *"barreiras arquitetônicas que impeçam a locomoção de pessoas acarretam inobservância da regra constitucional, colocando cidadãos em desvantagem no tocante à coletividade. A noção de República pressupõe que a gestão pública seja efetuada por delegação e no interesse da sociedade e, nesta, aqueles estão integrados. Obstaculizar-lhes a entrada em hospitais, escolas, bibliotecas, museus, estádios, em suma, edifícios de uso público e áreas destinadas ao uso comum do povo, implica tratá-los como cidadãos de segunda classe, ferindo de morte o direito à igualdade e à cidadania*". E conclui que o Estado de São Paulo "*arguiu, simplesmente, poder discricionário, o qual certamente não se estende a ponto de permitir ao administrador público escolher qual preceito da Lei Maior deseja observar. É até mesmo incompreensível que a maior unidade da Federação não haja adotado providências para atender algo inerente à vida social, algo que não dependeria sequer, para ter-se como observado, de proteção constitucional*".

No tema específico da política pública prisional, importante precedente foi o julgamento do RE 592.581, em 13/08/2015, no qual o Plenário do STF firmou a tese no sentido de que "*é lícito ao Judiciário impor à administração pública obrigação de fazer, consistente na promoção de medidas ou na execução de obras emergenciais em estabelecimentos prisionais. Supremacia da dignidade da pessoa humana que legitima a intervenção judicial*". *In casu*, o Ministério Público gaúcho ajuizou ação civil pública para obrigar Estado do Rio Grande do Sul a fazer reformas emergenciais no Albergue de Uruguaiana a fim de assegurar a integridade física e moral dos presos. A sentença condenou o Estado a realizar as obras urgentes fixando prazo de seis meses. Em sede recursal, o Tribunal de Justiça/RS – à imagem e semelhança do que decidira o TJ/SP no RE 440.028 acima mencionado –, reformou a sentença ao argumento de que *não cabe ao Judiciário determinar que o Poder Executivo realize obras em estabelecimento prisional, sob pena de ingerência indevida em seara reservada à Administração.* Já na instância extraordinária, o voto do relator Ministro Ricardo Lewandowski descreveu o quadro caótico do sistema prisional brasileiro e, em especial do Albergue de Uruguaiana, objeto da ação *sub examine*, informando que na unidade prisional gaúcha um preso morrera eletrocutado devido à precária condição das instalações carcerárias.

O relator pontificou em seu voto que "*é chegada a hora de o Judiciário fazer jus às elevadas competências que lhe foram outorgadas pela Constituição Federal, assumindo o status de Poder do Estado, principalmente quando os demais Poderes estão absolutamente omissos na questão dos presídios*". Em outro trecho acrescentou: "*a sujeição dos presos às condições até aqui descritas mostra, com clareza meridiana, que o estado os está sujeitando a uma pena que ultrapassa a mera privação da liberdade prevista na sentença, porquanto acresce a ela um sofrimento físico, psicológico e moral, o qual, além de atentar contra toda a noção que se possa ter de respeito à dignidade humana, retira da sanção qualquer potencial de ressocialização*". E conclui: "*No caso dos autos, está-se diante de clara violação a direitos fundamentais, praticada pelo próprio Estado contra pessoas sob sua guarda, cumprindo ao Judiciário, por dever constitucional, oferecer-lhes a devida proteção*".

CONCLUSÃO

Como síntese dos pontos de vista defendidos neste artigo apresentam-se as seguintes conclusões:

1) A discricionariedade administrativa é o coração da independência do Poder Executivo;

2) Quando a decisão discricionária ofende objetivamente princípios administrativos, ou qualquer garantia fundamental fixada na Constituição Federal, a questão é de nulidade e não de mérito, autorizando controle judicial;

3) O ato administrativo anti-humanitário (atentatório aos Direitos Humanos ou ao superprincípio da dignidade da pessoa humana) é juridicamente inexistente, legitimando reação "manu militari" (*facere*) e desobediência civil (*non facere*);

4) Do ponto de vista jurídico-constitucional, a situação das prisões no Brasil é aviltante violação da dignidade da pessoa humana (art. 1º, III, da CF) e da garantia à integridade física e moral dos presos (art. 5º, XLIX, da CF);

5) A discricionariedade administrativa e a teoria da reserva do possível são meros pretextos para justificar a violação de deveres constitucionais impostos ao Estado;

6) Na hipótese de omissão administrativa na implementação de políticas públicas comprometer a efetivação de Direitos Humanos cabe controle judicial;

7) Se as garantias constitucionais não são secundadas por leis que viabilizem sua aplicabilidade prática, remanesce mais dilatada a esfera de discrição para, saltando-se diretamente do Texto Constitucional para o caso concreto, dar cumprimento aos valores assegurados pelo sistema normativo;

8) A "redução da discricionariedade a zero" (considerada não como teoria, mas como técnica) e a conversão do ato administrativo em ato político são exemplos de soluções técnicas capazes de viabilizar a imediata aplicação do superprincípio da dignidade da pessoa humana ao caso concreto, mesmo diante de lacuna legislativa. Restaria ao administrador público, se inconformado com

a solução adotada via controle judicial da omissão, o ônus de provar em sede recursal a inadequação, à luz do regime jurídico-administrativo, do caminho decisório empreendido;

9) Sob a perspectiva da relação jurídica de administração pública, a custódia estatal dos encarcerados enquadra-se como relação de sujeição especial, razão pela qual o princípio da legalidade e o subsistema de responsabilidade do Estado comportam-se de modo não convencional;

10) A jurisprudência do Supremo Tribunal Federal em matéria de controle do silêncio administrativo na efetivação de políticas públicas vem evoluindo no sentido de obrigar a Administração a adotar providências concretas que assegurem as garantias constitucionalmente reconhecidas aos presos.

REFERÊNCIAS E BIBLIOGRAFIA

BANDEIRA DE MELLO, Celso Antônio. **Curso de Direito Administrativo**. 27. ed. São Paulo: Malheiros, 2010.

MAZZA, Alexandre. **A Desobediência Civil como Instrumento Legítimo de Reação Contra Decisões Administrativas Violadoras de Direitos Humanos**, in "Direitos Humanos e Democracia: Estudos em Homenagem ao Professor Vital Moreira". Rio de Janeiro: Lumen Juris.

______. **Administração Pública Humanitária: o Superprincípio da Dignidade da Pessoa Humana como Centro Axiológico do Direito Administrativo Brasileiro**, in "Direitos Humanos Contemporâneos: Estudos em Homenagem ao Professor J.J. Gomes Canotilho". Rio de Janeiro: Lumen Juris, 2018.

______, Alexandre. **Relação Jurídica de Administração Pública**. São Paulo: Saraiva, 2012.

RAMOS, André de Carvalho. **Curso de Direitos Humanos**. 2. ed. São Paulo: Saraiva, 2015.

PRINCÍPIO DA FUNÇÃO SOCIAL DA EMPRESA EM INTERVENÇÕES JUDICIAIS: UMA ANÁLISE À LUZ DOS DIREITOS HUMANOS

SOCIAL FUNCTION PRINCIPLE OF COMPANY IN JUDICIAL INTERVENTIONS: AN ANALYSIS IN THE LIGHT OF HUMAN RIGHTS

Antonio Evangelista de Souza Netto[12]
Naiara de Moraes e Silva [13]

RESUMO: O presente artigo trata do Princípio da Função Social da Empresa, ilustrado para além da perspectiva econômica e social. Nesse estudo, recebe atenção a abordagem que amplia a discussão à luz dos Direitos Humanos, sendo analisados os tratamentos normativo, doutrinário e jurisprudencial conferidos ao princípio, aferindo-se maior ênfase às resoluções judiciais proferidas pelo Supremo Tribunal Federal. Ademais, traça-se uma relação entre os Princípios da Função Social da Empresa e da Livre Iniciativa, destacando-se, primordialmente, a abordagem que propicia a constante dignificação do ser humano. Nesse sentido, demonstra a necessidade de o empresário e o consumidor reconhecerem a função social da empresa, ao intensificar esforços para gerar uma gestão humanizada e ao praticar um consumo consciente, na busca da realização dos eixos orientadores do Plano Nacional de Direitos Humanos. Trata-se de estudo oriundo de uma revisão bibliográfica, com utilização de método preponderantemente qualitativo.

Palavras-chave: Princípio da Função Social da Empresa. Direitos Humanos. Intervenção Judicial. Princípio da Livre Iniciativa.

---

12 Juiz de Direito. Doutor e Mestre em Direito pela PUC/SP. Pós-doutor pela Universidade de Salamanca – Espanha.

13 Advogada. Doutora e Mestre em Políticas Públicas pela UFPI. Pós-doutoranda pela Universidade de Salamanca – Espanha.

ABSTRACT: *This article deals with the Principle of the Social Function of the Company, illustrated beyond the economic and social perspective. In this study, attention is paid to the approach that broadens the discussion in the light of Human Rights, with the analysis of the normative, doctrinal and jurisprudential treatments given to the principle, with greater emphasis on the judicial resolutions issued by the Supreme Federal Court. In addition, a relationship is drawn between the Principles of the Social Function of the Company and the Free Initiative, highlighting, primarily, the approach that provides the constant dignification of the human being. In this sense, it demonstrates the need for the entrepreneur and the consumer to recognize the social function of the company, by intensifying efforts to generate humanized management and by practicing conscious consumption, in the search for the realization of the guiding axes of the National Human Rights Plan. This is a study from a bibliographic review, using a predominantly qualitative method.*

Key-words: *Principle Social Function of the Company. Human rights. Judicial Intervention. Principle of Free Initiative.*

INTRODUÇÃO/OBJETO/METODOLOGIA

Desde a antiguidade, o comércio, através da circulação de produtos e recursos finitos, esteve essencialmente ligado à preservação de uma comunidade. Independentemente da percepção por parte dos sujeitos, desde suas origens as relações comerciais desempenhavam uma função social. Nesse sentido, o estudo em questão faz uma abordagem sobre o Princípio da Função Social da Empresa, reconhecendo a necessidade de existir um entrelaçamento com os ideais propostos pelos Direitos Humanos.

Em decorrência do atual cenário de fortalecimento desses direitos, faz-se necessário ampliar a sua incidência para além das fronteiras do Estado, e passar a enxergá-lo dentro das relações de empresas privadas, através da realização de sua função social. Por essa razão, são objetivos deste trabalho apresentar casos julgados nas supremas cortes, de forma a elucidar a maneira como os princípios fins dos Direitos Humanos são efetivados através do Princípio da Função Social da Empresa, bem como sua relação com o Princípio da Livre Iniciativa.

O trabalho está organizado em cinco partes. Na parte um são feitas breves considerações acerca das relações comerciais e a função social da empresa. Na parte dois faz-se uma breve exposição sobre os conceitos de empresa e empresário. Na parte três faz-se uma análise acerca do Princípio da Função Social da Empresa como fonte do Direito Empresarial. Na parte quatro, trata-se de maneira detalhada do Princípio da Função Social da Empresa, fazendo a análise dessse princípio a apartir de casos julgados, bem como sua relação com o Princípio da Livre Iniciativa. E por fim, a parte cinco traça um panorama geral do Programa Nacional de Direitos Humanos.

Quanto à metodologia, partindo de fontes primárias e secundárias, este estudo adotou como estratégia metodológica a revisão bibliográfica e optou- se por utilizar a revisão narrativa que é um dos tipos de revisão de literatura, pela possibilidade de acesso às experiências de autores que já pesquisaram sobre o assunto. Segundo Silva et al. (2002), a revisão narrativa não é imparcial porque permite o relato de outros trabalhos, a partir da compreensão do pesquisador sobre como os outros fizeram.

1. REFERENCIAL TEÓRICO E DESENVOLVIMENTO

1.1. Breves Considerações acerca das Relações Comerciais.

O exame sistemático de fatos históricos, sociológicos, jurídicos, etc., configura relevante importância para a elucidação de um fato econômico[14]. Nesse sentido, desde o Código de Hamurabi (1.772 a.C.) havia normas voltadas à disciplina das relações comerciais. De mesmo modo, durante o Império Romano, embora o Direito Comercial ainda não fosse ramo autêntico do Direito, também foram utilizadas normas para regular as relações comerciais.

Independentemente da percepção por parte dos sujeitos, desde suas origens as relações comerciais desempenhavam uma função social[15]. De forma bastante sucinta, pode-se dizer, que toda relação comercial pressupõe troca de produtos, circulação de bens e valores, no interesse da coletividade.

Dessa maneira, a circulação de produtos e de recursos finitos sempre esteve essencialmente ligada à preservação de uma comunidade. Nesse sentido, é

---

[14] Sem dúvida, (...) fato econômico não se dá isoladamente, mas sim concrecionado com fatos sociológicos, psicológicos, históricos, políticos, jurídicos, etc., o que obriga, portanto, examinar todos os outros elementos que nos fornecem essas ciências para que o axioma possa dar-se com o rigor desejado. (SANTOS, 1962, p. 27).

[15] Expressões tais como moralidade, utilidade, finalidade, adequação, limite ou limitação, moderação, motivo justo, motivo legítimo, prática equitativa, função social; excesso, desnecessidade, exercício irregular, exercício anormal, mau uso, uso abusivo, são indicativas de condutas que, na dependência das circunstâncias sociais e econômicas, ingressam na esfera da iliceidade (expressão que ora se passa a adotar como referência a um conceito mais amplo de ilicitude, ainda que de origem normativa, segundo alguns, porque fundado nos princípios gerais de direito). (SOUZA, 2017)

possível sustentar que desde os tempos remotos do seu surgimento o comércio exerce uma função social.

1.2. Empresa e Empresário.

Como o objeto do nosso estudo é o Princípio da Função social da empresa, é imprescindível definir com precisão que é empresa e o que é empresário. Não é seguro falar do reflexo sem conhecer com precisão o objeto refletido.

Para a teoria da empresa, teoria adotada pelo Código Civil Brasileiro desde 2002, empresário é o sujeito que realiza uma atividade economicamente organizada, destinada à produção ou circulação, de produtos ou serviços, com o fim de lucro, denominada empresa. É necessário reafirmar, portanto, que empresa é uma atividade e empresário é o sujeito que a realiza. Os empresários podem ser uma pessoa física (empresário individual) ou uma pessoa jurídica (Eireli e demais espécies de sociedades empresárias, com ou sem personalidade jurídica).

De acordo com o art. 982 do Código Civil, salvo exceções expressas, considera-se empresária a sociedade que tem por objeto o exercício de atividade própria de empresário sujeito a registro. As demais sociedades, por exclusão, serão consideradas sociedades simples. O parágrafo único, do citado artigo, por sua vez, prevê que, independentemente de seu objeto, considera-se empresária a sociedade por ações, e, simples, a cooperativa.

As sociedades simples estão disciplinadas no Código Civil e as empresárias no Código Civil e na LSA. Apesar de não serem sociedades empresárias, as normas que orientam as sociedades simples se aplicam, em regra, subsidiariamente às sociedades previstas no Código Civil. As sociedades empresárias, em regra, adquirem a personalidade jurídica pelo registro dos seus atos constitutivos na Junta Comercial.

As sociedades em conta de participação, contudo, espécie de sociedade sem personalidade jurídica, não podem adquirir personalidade jurídica. O enunciado número 476 das Jornadas de Direito Civil do CJF assinala que eventuais classificações conferidas pela lei tributária às sociedades não influem para sua caracterização como empresárias ou simples, especialmente no que se refere ao registro dos atos constitutivos e à submissão ou não aos dispositivos da Lei n. 11.101/2005.

De todas estas considerações, portanto, podemos assinalar que o Princípio da Função Social da empresa diz respeito aos efeitos do exercício de uma atividade economicamente organizada, denominada empresa.

1.3. O Princípio da Função[16] Social da Empresa como fonte do Direito Empresarial

O Direito Empresarial tem fontes próprias, divididas em fontes materiais e formais (primárias ou secundárias). As fontes materiais do Direito Empresarial são os fatos econômicos. As fontes formais primárias ou diretas do Direito Empresarial são a Constituição Federal de 1988, o Código Civil de 2002, nos artigos 966 e seguintes, a segunda parte do Código Comercial de 1850, revogado parcialmente pelo Código Civil, além de inúmeras leis especiais que regulam o direito a atividade empresarial (e.g. lei 8934/94, 9279/96, 6404/76 etc). As fontes formais secundárias ou indiretas são os usos e costumes, além nas normas de direito civil, principalmente as que tratam das obrigações e negócios jurídicos.

O Substitutivo ao projeto de lei do Senado Federal, nº 487/2013, trata do Novo Código Comercial. As referências aos artigos do projeto serão feitas neste trabalho pela sigla PNCC - Projeto do Novo Código Comercial. O PNCC, no art. 4º, elenca as seguintes normas de direito comercial:

i) os princípios e regras da Constituição Federal aplicáveis;
ii) as regras prescritas pelo Código, pela lei, tratados e convenções;
iii) os princípios expressamente enunciados no Código ou na lei comercial;
iv) as regras prescritas pelos decretos, instruções e regulamentos editados pelas autoridades competentes;
v) as normas de autorregulação; e
vi) as normas consuetudinárias

Segundo o PNCC, nenhum princípio, expresso ou implícito, poderá ser invocado para afastar a aplicação de qualquer disposição do Código ou da lei, ressalvada a hipótese de inconstitucionalidade da regra. (art. 4º, parágrafo único, do PNCC). Do exposto, portanto, é possível concluir que o Princípio da Função Social da Empresa é fonte do Direito Empresarial.

---

[16] Em suma, a função é uma categoria na qual o titular de uma posição jurídica ativa tem o dever de exercê-la para atender finalidade alheia. É o que ocorre na função social da propriedade – em que o proprietário exerce seus direitos de forma a observar o interesse social – e no direito público como um todo. Quando o Estado possui um crédito de que X pague a quantia z a título de imposto (direito-pretensão), ele não tem – ao menos no direito brasileiro – a disponibilidade de não buscar a satisfação de seu crédito. Ele é obrigado a cobrar o tributo, inclusive judicialmente. (FREIRE, 2017)

1.4. Princípio da Função Social da Empresa sob a Perspectiva de Julgados.

O Princípio da Função Social da Empresa decorre do artigo 5º, XXIII da CF/1988, além dos artigos 966 do Código Civil e das inúmeras normas infraconstitucionais que seguem essa orientação[17], tais como o artigo 154 da Lei 6404/1976, o qual disciplina em seu texto que " O administrador deve exercer as atribuições que a lei e o estatuto lhe conferem para lograr os fins e no interesse da companhia, satisfeitas as exigências do bem público e da função social da empresa".

No PNCC, o Princípio da Função Social da Empresa está previsto no art. 8º. Segundo este dispositivo, a empresa cumpre sua função econômica e social ao gerar empregos[18], tributos e riqueza, ao contribuir para o desenvolvimento econômico da comunidade em que atua, e ao adotar práticas empresariais com observância de toda legislação aplicável à sua atividade. (art. 8º, do PNCC)

Seguindo esta linha, ao reconhecer que o contrato empresarial deve cumprir a sua função social, o art. 371 do PNCC aponta que o contrato cumpre a sua função social e econômica quando, atendendo ao interesse das partes, não

---

17 Sobre o 'bem de todos', reputamos adequado colacionar as seguintes considerações de Zizek: "(...) Hoje, a noção de que 'a era do Estado de Bem-estar social passou' é uma sabedoria comumente aceita. O que essas duas ideologias têm em comum é a noção de que a humanidade, como sujeito coletivo, tem a capacidade de limitar, de certo modo, o desenvolvimento sócio histórico anônimo e impessoal, de desvia-lo para a direção desejada. Hoje, essa noção é rapidamente rejeitada como 'ideológica' e/ou 'totalitária': o projeto social, mais uma vez, é percebido como dominado por um Destino anônimo, fora do controle social. A ascensão do capitalismo global nos é apesentada como um Destino desse tipo, contra o qual não podemos lutar – ou nos adaptamos a ele ou perdemos o passo da história e somos esmagados. A única coisa que podemos fazer é tornar o capitalismo global o mais humano possível, lutar pelo 'capitalismo global com um rosto humano' (em ultima analise, a terceira via é – ou melhor, era – isso). Aqui, será preciso romper a barreira do som, será preciso correr o risco para endossar, mais uma vez, grandes decisões coletivas. (ZIZEK, 2011, p. 452/453)

18 RECUPERAÇÃO JUDICIAL. FUNÇÃO SOCIAL DA EMPRESA. NECESSIDADE DE OBSERVÂNCIA DOS PRINCÍPIOS CONSTITUCIONAIS CONFORMADORES. O princípio da função social da empresa é regido por princípios conformadores, entre os quais se encontra o valor social do trabalho, em face do que se vê na redação do caput do art. 170, da CF. Não se trata, portanto, de princípio incondicionado. (TRT-5 - ED: 825004720065050003 BA 0082500-47.2006.5.05.0003, Relator: CLÁUDIO BRANDÃO, 2ª. TURMA, Data de Publicação: DJ 13/11/2007)

causa prejuízo a interesse público[19]. Além disso, o art. 372 do PNCC, prevê que as cláusulas dos contratos empresariais devem ser interpretadas tendo em vista o cumprimento da função econômica do contrato.

O Princípio da Função Social da Empresa também exerce significativa influência no âmbito recuperacional. O Projeto do Novo Código Comercial - PNCC, no art. 23, cuida de princípios aplicáveis à falência e à recuperação das empresas.

Conforme previsto pelo mencionado artigo, são princípios aplicáveis à falência e recuperação das empresas: i) a Inerência do risco a qualquer atividade empresarial[20]; ii) o impacto social da crise da empresa; iii) a transparência nas medidas de prevenção e solução da crise; e iv) a cooperação judiciária internacional. Todos estes princípios, ainda que por meio indireto, representam a efetivação do Princípio da Função Social da Empresa.

O enunciado nº 74 das Jornadas de Direito Comercial do CJF prevê que embora a execução fiscal não se suspenda em virtude do deferimento do processamento da recuperação judicial, os atos que importem em constrição do patrimônio do devedor devem ser analisados pelo Juízo recuperacional, a fim de garantir o princípio da preservação da empresa.

O Superior Tribunal de Justiça – STJ já reconheceu que [..] Na recuperação judicial, destacam-se três princípios: a relevância dos interesses dos credores; a par conditio creditorum; e a preservação da empresa. Esses princípios encontram destaque nos ditames do art. 47 da Lei n. 11.101/2005. A propósito dos dois primeiros princípios - relevância dos interesses dos credores e par conditio creditorum -, observa-se que a legislação recuperacional procurou sobrelevar por meio deles, como dito acima, a função social da empresa, encartada, sobretudo, na Constituição Federal de 1988. Diante desse macrossistema principiológico, o devedor, ao se enquadrar no benefício da recuperação judicial, deve ter em mente a prevalência do interesse de seus credores, visando

19 [...] a empresa à qual foi outorgada a concessão urbanística – que também exerce função pública objeto de delegação, mais especificamente função urbanística – pode realizar a desapropriação dos imóveis situados na área objeto de concessão, para posterior revenda a outros particulares que dêem a esses bens a destinação de interesse público determinada pelo Poder Público, a fazer com que esses imóveis cumpram sua função social, e a promover o atingimento das funções sociais da cidade. (LEVIN, 2017)

20 A extensão da autonomia privada pode ser um interessante parâmetro para, por exemplo, a aplicação do princípio da função social ou para se analisar os limites de interferência do poder judiciário na avaliação de seus efeitos. Quanto maior o exercício da autonomia privada, potencialmente menor o campo de ingerência externa no contrato. (RIBEIRO, 2017)

mais à coletividade do que à singularidade de cada detentor de crédito. Além disso, deve também o devedor se atentar ao fato de que, independentemente das condições e das peculiaridades de cada crédito, seus credores devem ser tratados de forma equitativa, sem que se busque a celeridade das deduções antes das considerações do mérito de cada pretensão. Essa base principiológica tem servido de alicerce para a constituição do órgão de representatividade máxima dos inúmeros credores existentes ao tempo da recuperação judicial, denominado Assembleia Geral de Credores. [...] REsp 1.284.988-RS, Rel. Min. Luis Felipe Salomão, julgado em 19/3/2015, DJe 9/4/2015.

De mesmo modo, o Princípio da Função Social da Empresa foi apreciado judicialmente pela Ação Direta de Inconstitucionalidade 3934/DF, ajuizada pelo PDT para impugnar os arts. 60, parágrafo único, 83, I e IV, e 141, II, da Lei 11.101/05 (Lei de Recuperação Judicial) apontando "descaso com a valoração do trabalho e a dignidade dos trabalhadores", o qual demonstra incompatibilidade com os arts. 1º, III e IV, 6º, 7º, I, e 170, VIII, da Constituição Federal.

Por maioria dos votos, o Supremo Tribunal Federal (STF) julgou totalmente improcedente a mencionada ADI, demonstrando não haver qualquer perda de direitos por parte dos trabalhadores nos dispositivos mencionados, logo não havendo afronta ao texto constitucional.[21] Ademais, o STF atesta que o legislador ao conceber os arts. 60, parágrafo único e 141, II, "optou por dar concreção a determinados valores constitucionais, a saber, a livre iniciativa e a função social da propriedade - de cujas manifestações a empresa é uma das mais conspícuas. "

Por tratar-se de matéria de ordem pública, a aplicação do Princípio da Função Social da Empresa deve ser aplicada pelo juiz, independentemente do pedido da parte

A propósito, segundo o Superior Tribunal de Justiça – STJ, [...] A regra da congruência (ou correlação) entre pedido e sentença (CPC, 128 e 460) é decorrência do princípio dispositivo. Quando o juiz tiver de decidir independentemente de pedido da parte ou interessado, o que ocorre, por exemplo, com as matérias de ordem pública, não incide a regra da congruência. Isso quer significar que não haverá julgamento extra, infra ou ultra petita quando o juiz

---

21 É que – diga-se desde logo - não há aqui qualquer perda de direitos por parte dos trabalhadores, porquanto, independentemente da categoria em que tais créditos estejam classificados, eles não deixam de existir nem se tornam inexigíveis. Quer dizer, os créditos trabalhistas não desaparecem pelo simples fato de serem convertidos em quirografários, mas apenas perdem o seu caráter preferencial, não ocorrendo, pois, nesse aspecto, qualquer afronta ao texto constitucional.

ou tribunal pronunciar-se de ofício sobre referidas matérias de ordem pública. Alguns exemplos de matérias de ordem pública: a) substanciais: cláusulas contratuais abusivas (CDC, 1º e 51); cláusulas gerais (CC 2035 par. ún) da função social do contrato (CC 421), da função ocial da propriedade (CF art. 5º XXIII e 170 III e CC 1228, § 1º), da função social da empresa (CF 170; CC 421 e 981) e da boa-fé objetiva (CC 422) [...] (REsp 1112524/DF, Rel. Ministro LUIZ FUX, CORTE ESPECIAL, julgado em 01/09/2010, DJe 30/09/2010)

O artigo 116 da lei nº 6.404/76 (LSA) prevê que o acionista controlador deve usar o seu poder de controle com o fim de fazer a companhia realizar o seu objeto e cumprir sua função social. O controlador tem deveres e responsabilidades não só perante os demais acionistas, mas também em relação a todas as pessoas que tenham vínculos diretos ou indiretos com a atividade empresarial.

Segundo Fabio Ulhoa Coelho, a empresa cumpre a sua função social quanto promove empregos e riqueza, contribuindo para o desenvolvimento econômico, social e cultural da sociedade.[22] Nesse sentido, há de se falar na incorporação dos valores dos Direitos Humanos como uma exigência fundamental para que a empresa cumpra a sua função social. Há de se pensar nos resultados que o empresário gerará não apenas dentro do âmbito de sua empresa, mas, principalmente, na forma como a coletividade será atingida pelas suas escolhas.

O empresário deve reconhecer a função social da sua atividade econômica e intensificar seus esforços para promover uma gestão econômica não somente capitalista, expressada pelo lucro, mas principalmente humanizada, colocando os Direitos Humanos em primeiro plano. Dessa maneira, quando se remete ao desenvolvimento de empresas, deve-se ter em mente a preocupação com as questões ambientais, justiça social e a dignidade da pessoa humana.

Além do empresário, o consumidor também tem de ser orientado para que pratique um consumo consciente e emancipado, reconhecendo que o consumo não é um fim em si mesmo, que é apenas um meio para se ter uma vida com mais dignidade.[23]

Com relação à função social do contrato empresarial, o enunciado número 26 das Jornadas de Direito Comercial do CJF prevê que o contrato

---

22 Op. Cit.

23 (...) a sociedade de consumo é uma realidade inegável. Mas, muito mais que uma realidade puramente acadêmica ou abstrata, é um fenômeno que afeta a vida de todos os cidadãos. E, como tal, merece a atenção do Direito, não com o intuito de reprimi-la, mas apenas para colocá-la a serviço do interesse público. (BENJAMIM, 2001, p. 215)

empresarial cumpre sua função social quando não acarreta prejuízo a direitos ou interesses, difusos ou coletivos, de titularidade de sujeitos não participantes da relação negocial.

Em determinadas ocasiões no mundo jurídico, é comum a efetivação de um princípio de forma indireta, seja relacionado a outro princípio, seja de maneira a ficar subentendido. Dessa maneira, é bastante comum relacionar o Princípio da Função Social da Empresa com o Princípio Livre Iniciativa, o qual está indicado no texto do artigo 170, da Constituição Federal.[24]Segundo este artigo, a ordem econômica, com fundamento na valorização do trabalho humano e na livre iniciativa, tem por finalidade assegurar a todas as pessoas uma existência digna, de acordo com os ditames da justiça social.[25] Nesse sentido, não há dúvidas de que o Princípio da Livre Iniciativa tem íntima relação com o Princípio da Função Social da Empresa, sobretudo pela sua finalidade que é assegurar uma existência digna às pessoas, de acordo com os ditames da justiça social.

Nesse momento, cumpre elucidar de forma mais clara a relação ora mencionada entre os princípios através da Ação Direta de Inconstitucionalidade 2.649. A Associação Brasileira das Empresas de Transporte Rodoviário Intermunicipal, Interistadual e Internacional de Passageiros - ABRATI ajuizou a ADI em quesstão alegando inconstitucionalidade da Lei 8.899, a qual concede passe livre às pessoas portadoras de deficiências. A alegação foi baseada na afronta aos princípios da ordem econômica, da isonomia, da livre iniciativa e do direito de propriedade.

Por maioria dos votos, a ação foi julgada improcedente pelo Supremo Tribunal Federal sob os argumentos, primeiramente, de que o Brasil sendo

---

[24] Analisaremos abaixo a Declaração de Direitos da Liberada Econômica.

[25] É salutar notar que, de acordo com Tomás Várnagy, "(...) os liberais conservadores invocam o princípio do livre mercado, do *laissez-faire*, e são hostis ao Estado, considerando a família e o mercado as instituições-chave que alicerçam a sociedade. Outros liberais, mais à esquerda no espectro político, pensam que o direito à vida e à procura da felicidade implica o direito ao divórcio e ao aborto e, além destes, o direito não só à educação universal, mas também à proteção da saúde e a um generoso Estado benfeitor que torne efetiva a justiça distributiva. Os princípios do liberalismo político clássico parecem estar negados atualmente no neoliberalismo contemporâneo, uma variante teórica do capitalismo desenvolvido que pouco parece se interessar pelo direito à vida e à liberdade. Um autodenominado "liberal", conhecido jornalista argentino, confessou estar mais preocupado, durante a ditadura militar de 1976-83, pela flutuação do dólar nos mercados do que pela flutuação de cadáveres de supostos subversivos no Rio da Prata, jogados de aviões militares. Certamente John Locke se retorceu na tumba ao ouvir este comentário. (VÁRNAGY, 2006, p. 78)

signatário da Convenção sobre os Direitos das Pessoas com Deficiência, teria que, necessariamente, implementar medidas no sentido de proporcionar uma vida digna aos portadores de deficiência. Além disso, foi posto em questão a titularidade dos serviços públicos. A Constituição Federal em seu artigo 175, " Incumbe ao Poder Público, na forma da lei, diretamente ou sob regime de concessão[26] ou permissão, sempre através de licitação, a prestação de serviços públicos." Sendo o transporte coletivo um serviço público, fica subentendido que o Poder Público detém titularidade para a prestação desse serviço, mas que seu exercício se afeiçoa à demanda social. Dessa forma, ainda que as empresas se fundamentem pelo princípio da livre iniciativa, precisam orientar-se de maneira a desempenhar sua função social, que vão além do aspecto econômico, mas, principalmente, na busca incessante pela dignificação do ser humano. [**ADI 2.649,** rel. min. Cármen Lúcia, j. 8-5-2008, P, *DJE* de 17-10-2008.]

Da mesma forma, também é objeto de discussão o alcance dos Direitos Humanos na responsabilização das empresas, em vista a um desenvolvimento sustentável. É fato que a abrangência dos direitos de cunho internacional recai com maior força sobre os Estados, tendo esses que ceder parte de sua soberania em detrimento da realização dos Direitos Humanos. Entretanto, há de se considerar, que como o princípio da função social da empresa deve observar a realização desses direitos, entende-se que as empresas devem se submeter às regras internacionais, sendo responsabilizadas se necessário.

Constantemente o Poder Judiciário é acionada para responder demandas envolvendo direitos resguardados pela Constituição Federal em conflitos com os interesses econômicos. Nesse sentido, cabe mencionar a decisão do Supremo Tribunal Federal acerca da Arguição de Descumprimento de Preceito Fundamental (ADPF) 101, ajuizada pelo Presidente da República. O arguente, à época, sustentava que as decisões judiciais autorizativas da importação de pneus usados teriam afrontado preceito fundamental[27] constantes nos arts. 196

[26] ... é o instituto através do qual o Estado atribui o exercício de um serviço público a alguém que aceita prestá-lo em nome próprio, por sua conta e risco, nas condições fixadas e alteráveis unilateralmente pelo Poder Público, mas sob garantia contratual de um equilíbrio econômico-financeiro, remunerando-se pela própria exploração do serviço, em geral e basicamente mediante tarifas cobradas diretamente dos usuários do serviço. (MELLO, 2014, p.725-726)

[27] Preceito fundamental representado pelo direito à saúde e a um meio ambiente ecologicamente equilibrado [os quais se] baseiam nos seguintes fundamentos: a) ofensa ao regime constitucional de livre iniciativa e da liberdade de comércio (art. 170, inc. IV, parágrafo único, da [Constituição da República]; b) ofensa ao princípio da isonomia (art. 5º, caput, da [Constituição da República]), uma vez que o Poder Público estaria a

e 225 da Constituição Federal, representado pelo direito à saúde e a um meio ambiente ecologicamente equilibrado - o qual contempla o regime constitucional da livre iniciativa e do livre comércio como fundamentos - principalmente, por não haver, nas palavras do arguente, "método eficaz de eliminação completa dos resíduos apresentados por pneumáticos que não revele riscos ao meio ambiente. " A relatora Ministra Carmém Lúcia, rejeitou o argumento de que haveria ofensa ao princípio da livre iniciativa e da livre concorrência, e proferiu decisão no sentido do pedido contido na ADPF 101 ser parcialmente procedente, tendo considerado como forte argumento, os riscos despendidos pela importação, não somente ao meio ambiente, como também à saúde.

A presente decisão, reforça mais uma vez, que atendendo aos princípios da ordem econômica e social, a função social da empresa é alcançada quando ela contempla a efetivação dos princípios fundamentais elencados na Carta Magna, bem como a liberdade, igualdade, dignidade, solidariedade, democracia, reduz ou procura reduzir as desigualdades sociais e cumpre os valores ambientais, buscando sempre em primeiro plano a valorização do cidadão como ser possuidor de direitos.

Outro caso de grande importância em que foi abordada, ainda que indiretamente, a função social da empresa, foi o que discutiu a compensação devida pela implantação de empreendimentos de significativo impacto ambiental. A hipótese foi tratada na ADI nº 3.378, a qual restou julgada parcialmente procedente. O entendimento do STF se firmou no sentido de que a compensação seria imposta ao empreendedor, como forma de uma atividade econômica potencialmente poluidora. Nas palavras do relator Ministro Carlos Ayres de Britto, em seu voto, " [...] entendo que o art. 36 da Lei nº 9.985/00 densifica o princípio usuário-pagador, este a significar um mecanismo de assunção da responsabilidade social (partilhada, insista-se) pelos custos ambientais derivados da atividade econômica.

---

utorizando a importação de pneus remoldados provenientes de países integrantes do Mercosul; c) os (...) atos normativos [proibitivos da importação] só abarcariam pneus usados, nos quais não estariam compreendidos os pneus recauchutados e os remoldados; d) tais restrições não poderiam ser veiculadas por meio de ato regulamentar, mas apenas por lei em sentido formal; e) a Resolução CONAMA n. 258/99, com a redação determinada pela Resolução CONAMA n. 301/2002, teria revogado a proibição de importação de pneus usados, na medida em que teria previsto a destinação de pneus importados reformados. (STF – ADPF: 101 DF, Relator: min. CÁRMEN LÚCIA, Data de Julgamento: 14/08/2009)

1.5. Programa Nacional de Direitos Humanos – PNDH-3.

O Decreto nº 7.037/2009, que aprova o Programa Nacional de Direitos Humanos – PNDH-3, cuida da responsabilidade empresarial na efetivação dos direitos humanos em diversos itens. O PNDH-3, no Eixo Orientador II, ao tratar de desenvolvimento e Direitos Humanos, reconhece que um meio ambiente saudável e cidades sustentáveis fazem parte dos Direitos Humanos.

Tendo em vista essa orientação há previsão expressa de que nos projetos e empreendimentos com grande impacto socioambiental, deve haver efetiva participação das populações atingidas, sem prejuízo das necessárias ações mitigatórias e compensatórias. Também é reconhecida a necessidade de se fiscalizar o respeito aos Direitos Humanos nos projetos implementados pelas empresas transnacionais, bem como seus impactos na manipulação das políticas de desenvolvimento.

Além disso, também se destaca a necessidade de se avaliar o impacto da biotecnologia aplicada aos alimentos, da nanotecnologia, dos poluentes orgânicos persistentes, metais pesados e outros poluentes inorgânicos em relação aos Direitos Humanos. O Eixo Orientador II, na diretriz 4, realça a necessidade de efetivação de modelo de desenvolvimento sustentável, com inclusão social e econômica, ambientalmente equilibrado e tecnologicamente responsável, cultural e regionalmente diverso, participativo e não discriminatório. Entre as ações programáticas da apontada diretriz, está o incentivo às políticas públicas de economia solidária, de cooperativismo, associativismo e de fomento a pequenas e microempresas.

Ainda no Eixo Orientador II, a Diretriz 5 orienta a valorização da pessoa humana como sujeito central do processo de desenvolvimento. Entre as ações programáticas assinaladas nessa diretriz, está o apoio a incorporação dos sindicatos de trabalhadores e centrais sindicais nos processos de licenciamento ambiental de empresas, de forma a garantir o direito à saúde do trabalhador. A criação de um código de conduta em Direitos Humanos, para ser considerado no âmbito do poder público como critério para a contratação e financiamento de empresas, também está arrolada entre as ações programáticas. No mesmo sentido, é reconhecida a necessidade de que haja adesão de empresas ao compromisso de responsabilidade social e Direitos Humanos.

Já o Eixo Orientador III, trata da universalização dos direitos nos contextos de desigualdade. A diretriz 7 trata da garantia dos Direitos Humanos de forma universal, indivisível e interdependente, assegurando a cidadania plena. O Objetivo estratégico VI, que cuida da garantia do trabalho decente, adequadamente remunerado, exercido em condições de equidade e segurança, aponta, entre outras ações programáticas, a promoção de incentivos a empresas para que empreguem os egressos do sistema penitenciário.

A Diretriz 8, por outro lado, disciplina a promoção dos direitos de crianças e adolescentes para o seu desenvolvimento integral, de forma não discriminatória, assegurando seu direito de opinião e participação. O Objeto Estratégico IV, ao dispor sobre o enfrentamento da violência sexual contra crianças e adolescentes, arrola, entre outras ações programáticas, o estímulo da responsabilidade social das empresas para ações de enfrentamento da exploração sexual e de combate ao trabalho infantil em suas organizações e cadeias produtivas.

O Eixo Orientador V do PNDH-3 se dedica à educação e cultura em Direitos Humanos. De acordo com esse Eixo, a educação e a cultura em Direitos Humanos se voltam à formação de nova mentalidade coletiva para o exercício da solidariedade, do respeito às diversidades e da tolerância. O objetivo dessa orientação é combater o preconceito, a discriminação e a violência, promovendo a adoção de novos valores de liberdade, justiça e igualdade.

Nesse ponto, o PNDH-3 destaca que a educação não formal em Direitos Humanos deve ser orientada pelos princípios da emancipação e da autonomia, desenvolvendo-se por um processo de sensibilização e formação da consciência crítica.

Para tanto, é sugerida a inclusão da temática de Educação em Direitos Humanos nos programas de capacitação de lideranças comunitárias e nos programas de qualificação profissional, alfabetização de jovens e adultos, entre outros. É preciso, sobretudo, fortalecer os diálogos e as parcerias permanentes com os membros de movimentos populares, entidades não governamentais, empresários e congêneres.

Ainda nesse plano, há de se reconhecer o papel estratégico dos meios de comunicação de massa, no sentido de construir ou desconstruir ambiente nacional e cultura social de respeito e proteção aos Direitos Humanos.

Nesse caso, é preciso introduzir mudanças que assegurem ampla democratização desses meios, com atuação permanente perante os profissionais e empresários setor (seminários, debates, reportagens, pesquisas e conferências). Essa atuação deve, sobretudo, buscar a conquista do compromisso ético com a afirmação histórica dos Direitos Humanos.

Portanto, a temática compreende o dever dos Estados contra abusos de direitos humanos por parte de terceiros, incluindo empresas; a responsabilidade corporativa de respeitar os direitos humanos; e o acesso das vítimas a mecanismos e recursos judiciais e não-judiciais para remediar e reparar violações.

CONCLUSÃO

Neste estudo, constatou-se que desde a remota antiguidade as relações comerciais desempenhavam uma função social. Com o aprimoramento dessas relações, surge a necessidade de se alcançar o desenvolvimento a partir da trajetória dos Direitos Humanos.

O Princípio da Função Social da Empresa, é então, nesse estudo, um norte a ser incorporado pelas empresas, visto que muda a forma de se pensar o desenvolvimento, o qual passa a ser construído com base nos valores previstos na Constituição Federal e nas diretrizes dos Direitos Humanos. Nesse sentido, ficou clara a visão desprendida durante o estudo de que o empresa deve reconhecer a função social da sua atividade econômica e intensificar seus esforços para promover uma gestão econômica não somente capitalista, mas principalmente humanizada.

Dos casos analisados, conclui-se que a jurisprudência brasileira, em diversos momentos optou por dar concreção a determinados valores constitucionais, a saber a função social da propriedade e da livre iniciativa, em todas as hipóteses reforçando a máxima de que a função social da empresa é alcançada quando ela contempla a efetivação dos princípios fundamentais elencados na Carta Magna, bem como a liberdade, igualdade, dignidade, solidariedade, democracia, reduz ou procura reduzir as desigualdades sociais e cumpre os valores ambientais, buscando sempre em primeiro plano a valorização do cidadão como ser possuidor de direitos.

Por fim, foi constatada a importância do Programa Nacional de Direitos Humanos na responsabilização social das empresas. O Eixo Orientador II, na Diretriz 4, em especial, realça a necessidade de efetivação de modelo de desenvolvimento sustentável, com inclusão social e econômica, ambientalmente equilibrado e tecnologicamente responsável, cultural e regionalmente diverso, participativo e não discriminatório.

Fica, portanto, evidenciada, a relevância das intervenções judiciais para a construção de um cenário mais equilibrado, em que prevalecem a livre iniciativa, um meio ambiente equilibrado, como previsto na Constituição Federal, e um desenvolvimento humano humanizado.

REFERÊNCIAS E BIBLIOGRAFIA

ALMEIDA, Fernando Menezes. Conceito de direito administrativo. **Enciclopédia jurídica da PUC-SP.** Celso Fernandes Campilongo, Alvaro de Azevedo Gonzaga e André Luiz Freire (coords.). Tomo: Direito Administrativo e

Constitucional. Vidal Serrano Nunes Jr., Maurício Zockun, Carolina Zancaner Zockun, André Luiz Freire (coord. de tomo). 1. ed. São Paulo: Pontifícia Universidade Católica de São Paulo, 2017.

ASCARELLI, Túlio. **Iniciação ao estudo do direito mercantil**. Sorocaba: Minelli, 2007.

BENJAMIM, Antonio Herman de Vasconcellos e. Das Práticas comerciais. *In* **Código Brasileiro de Defesa do Consumidor, comentado pelos autores do anteprojeto**. 7. Ed. Forense Universitária, São Paulo, 2001.

COELHO, Fabio Ulhoa. **Curso de Direito Comercial**: Direito de Empresa. v. 1. 22. ed. São Paulo: RT, 2019.

FREIRE, André Luiz. A teoria das posições jurídicas de Wesley Newcomb Hohfeld. **Enciclopédia jurídica da PUC-SP.** Celso Fernandes Campilongo, Alvaro de Azevedo Gonzaga e André Luiz Freire (coords.). Tomo: Teoria Geral e Filosofia do Direito. Celso Fernandes Campilongo, Alvaro de Azevedo Gonzaga, André Luiz Freire (coord. de tomo). 1. ed. São Paulo: Pontifícia Universidade Católica de São Paulo, 2017.

KYMLICKA, Will. **Filosofia política contemporânea**: uma introdução. Tradução Luís Carlos Borges. São Paulo: Martins Fontes, 2006.

LEVIN, Alexandre. Concessão urbanística. **Enciclopédia jurídica da PUC-SP.** Celso Fernandes Campilongo, Alvaro de Azevedo Gonzaga e André Luiz Freire (coords.). Tomo: Direito Administrativo e Constitucional. Vidal Serrano Nunes Jr., Maurício Zockun, Carolina Zancaner Zockun, André Luiz Freire (coord. de tomo). 1. ed. São Paulo: Pontifícia Universidade Católica de São Paulo, 2017.

MELLO, Celso Antônio Bandeira de. **Curso de Direito Administrativo**. 32. Ed. São Paulo: Editora Malheiros, 2014, pág.725-726.

NUSDEO, Fábio. **Fundamentos para uma codificação do direito econômico**. São Paulo: Revista dos Tribunais, 1995.

OLIVEIRA, Manfredo Araújo. **Ética e economia**. São Paulo: Ática, 1995.

PORTANOVA, Ruy. **Princípios do Processo Civil**. 6. ed. Porto Alegre: Livraria do Advogado, 2005.

REQUIAO, Rubens. **Curso de Direito Comercial**. 4. ed. São Paulo: Saraiva, 1974.

RIBEIRO, Marcia Carla Pereira. Contratos empresariais. **Enciclopédia jurídica da PUC-SP.** Celso Fernandes Campilongo, Alvaro de Azevedo Gonzaga e André Luiz Freire (coords.). Tomo: Direito Comercial. Fábio Ulhoa Coelho, Marcus Elidius Michelli de Almeida (coord. de tomo). São Paulo: Pontifícia Universidade Católica de São Paulo, 2017.

ROCCO, Alfredo. **Princípios de Direito Comercial**. Tradução Ricardo Rodrigues Gama. Campinas: LZN, 2003.

SACRAMONE, Marcelo Barbosa. Administradores de sociedades anônimas. **Enciclopédia jurídica da PUC-SP.** Celso Fernandes Campilongo, Alvaro de Azevedo Gonzaga e André Luiz Freire (coords.). Tomo: Direito Comercial. Fábio Ulhoa Coelho, Marcus Elidius Michelli de Almeida (coord. de tomo). 1. ed. São Paulo: Pontifícia Universidade Católica de São Paulo, 2017.

SANTOS, Boaventura de Souza. **Poderá o direito ser emancipatório**. Vitória, Florianópolis: Fundação Boiteux, 2007.

SANTOS, Mário Ferreira dos. **Tratado de Economia**, v. 1. São Paulo: Logos, 1962.

SARLET, Ingo Wolfgang. Conceito de direitos e garantias fundamentais. **Enciclopédia jurídica da PUC-SP.** Celso Fernandes Campilongo, Alvaro de Azevedo Gonzaga e André Luiz Freire (coords.). Tomo: Direito Administrativo e Constitucional. Vidal Serrano Nunes Jr., Maurício Zockun, Carolina Zancaner Zockun, André Luiz Freire (coord. de tomo). 1. ed. São Paulo: Pontifícia Universidade Católica de São Paulo, 2017.

SOUZA, Luiz Sérgio Fernandes. Abuso do direito. **Enciclopédia jurídica da PUC-SP.** Celso Fernandes Campilongo, Alvaro de Azevedo Gonzaga e André Luiz Freire (coords.). Tomo: Teoria Geral e Filosofia do Direito. Celso Fernandes Campilongo, Alvaro de Azevedo Gonzaga, André Luiz Freire (coord. de tomo). 1. ed. São Paulo: Pontifícia Universidade Católica de São Paulo, 2017.

SUPREMO TRIBUNAL FEDERAL. ADI **3.934.** Relator Ministro Ricardo Lewandowski. Disponível em: <https://stf.jusbrasil.com.br/jurisprudencia/3994829/acao-direta-de-inconstitucionalidade-adi-3934>. Acesso em: 05 mar. de 2020.

________. ADI **2.649.** Relator Ministro Cármen Lúcia. Disponível em: < https://stf.jusbrasil.com.br/jurisprudencia/2919542/acao-direta-de-inconstitucionalidade-adi-2649-df>. Acesso em: 05 mar. de 2020.

________. ADI 3.378. Relator Ministro Carlos Ayres Britto. Disponível em: <https://stf.jusbrasil.com.br/jurisprudencia/753457/acao-direta-de-inconstitucionalidade-adi-3378-df>. Acesso em: 05 mar. de 2020.

________. ADPF 101. Relator Ministro Cármen Lúcia. Disponível em: <http://redir.stf.jus.br/paginadorpub/paginador.jsp?docTP=AC&docID=629955>. Acesso em: 05 mar. de 2020.

VÁRNAGY, Tomás. O pensamento político de John Locke e o surgimento do liberalismo. In: BORON, Atilio A. **Filosofia política moderna**: De Hobbes a Marx. São Paulo: Clacso, 2006.

VERÇOSA, Haroldo Malheiros Duclerc. **Curso de Direito Comercial**. São Paulo: Malheiros Editores, 2008.

ZIZEK, Slavoj. **Em defesa das causas perdidas**. Tradução Maria Beatriz de Medina. Rio de Janeiro: Boitempo, 2011.

SUPREMO TRIBUNAL FEDERAL, EDUCAÇÃO E DIREITOS HUMANOS: ANÁLISE DAS DECISÕES SOBRE OS LIMITES DAS REDAÇÕES DO ENEM

SUPREME FEDERAL COURT, EDUCATION AND HUMAN RIGHTS: ANA LYSIS OF DECISIONS ON ENEM WRITING LIMITS

Carolina Mercante[28]

RESUMO: Desde 2015, a associação Escola Sem Partido tem impulsionado ações judiciais questionando normativas do Exame Nacional do Ensino Médio – ENEM, que determinam a anulação de provas de redação cujo conteúdo desrespeite direitos humanos. Este estudo analisa as decisões do Supremo Tribunal Federal (STF) sobre a matéria à luz da legislação vigente, incluindo as normas de direitos humanos ratificadas pelo Brasil.

Palavras-chave: STF; direitos humanos; e educação.

***ABSTRACT*:** Since 2015, the association Escola Sem Partido (School without Party) has been driving lawsuits questioning rules of the National High School Exam - ENEM, which determine the cancellation of essay writings whose content violates human rights. This study analyses the decisions of the Supreme Federal Court (STF) on the matter in light of current legislation, including the human rights norms ratified by Brazil.

Key words: STF; human rights; and education.

---

[28] Procuradora do Ministério Público do Trabalho em Brasília-DF. Doutora em Direito do Trabalho pela Universidade de São Paulo. Mestre em Direito Político e Econômico pela Universidade Mackenzie. Pós-doutoranda em Direitos Humanos pela Universidade de Salamanca-Espanha.

INTRODUÇÃO

O Exame Nacional do Ensino Médio (ENEM) é, atualmente, o principal método de ingresso em instituições públicas de ensino superior do país. A pontuação do candidato nesse exame também pode ser considerada para fins de concessão de bolsas acadêmicas em instituições privadas, financiamento estudantil e programas governamentais de acesso à educação superior. O certame é elaborado e aplicado pelo Instituto Nacional de Estudos e Pesquisas Educacionais Anísio Teixeira, autarquia federal vinculada ao Ministério da Educação.[29]

Entre os instrumentos de avaliação do ENEM está a prova de redação, em que o candidato deve redigir texto dissertativo-argumentativo, enunciando proposta de intervenção para o problema abordado. Segundo o documento *Redação do ENEM 2017 - Cartilha do Participante*, deve o candidato expor o ator social competente para executar tal proposta de intervenção, "de acordo com o âmbito da ação escolhida: individual, familiar, comunitário, social, político, governamental e mundial. (BRASIL. INEP, 2017, p. 24).

De 2013 a 2017, constava nos editais e manuais do ENEM a observação de que redações cujos textos desrespeitassem direitos humanos receberiam nota zero. [30]

Para que se tenha dimensão de determinados conteúdos considerados, pelos avaliadores do ENEM, aptos a zerarem provas de redações, citam-se algumas frases escritas por candidatos em exames pretéritos (G1, 2017):

---

29 O Anexo I, do Decreto n 6.317/2007 dispõe sobre a estrutura regimental do INEP e enuncia entre as suas finalidades a definição e proposição de parâmetros, critérios e mecanismos para a realização de exames de acesso à educação superior. (art. 1º, VII). (BRASIL. PRESIDÊNCIA DA REPÚBLICA, 2007).

30 A Cartilha do Participante do ENEM 2017 listava as seguintes razões para atribuição de nota zero: - fuga total ao tema; - não obediência à estrutura dissertativo-argumentativa; - extensão de até sete linhas; - cópia integral de texto(s) motivador(es) da proposta de redação e/ou de textos motivadores apresentados no caderno de questões; - impropérios, desenhos e outras formas propositais de anulação; - parte deliberadamente desconectada do tema proposto; - assinatura, nome, apelido ou rubrica fora do local devidamente designado para a assinatura do participante; - texto integralmente em língua estrangeira; - **desrespeito aos direitos humanos**; e - folha de redação em branco, mesmo que haja texto escrito na folha de rascunho. Grifos nossos. (BRASIL. INEP, 2017, p. 9).

- ENEM de 2014. Tema da redação - Publicidade infantil em questão no Brasil:

  Proposições como as de tortura e execução sumária para quem abusa de crianças.

  Sugestões de "acabar com esses bandidos", "matar todos esses pais idiotas" e similares.

- ENEM de 2015. Tema da redação - A persistência da violência contra a mulher na sociedade brasileira:

  As mulheres fazerem justiça com as próprias mãos.
  (Deve) ser massacrado na cadeia.
  Deveria ser feita a mesma coisa com esses marginais.

- ENEM de 2016. Tema da redação - Caminhos para combater a intolerância religiosa no Brasil:

  Por haver tanta discriminação, o caminho certo que se tem a tomar é acabar com todas as religiões.
  Que a cada agressão cometida o agressor recebesse na mesma proporção, tanto agressão física como mental.
  O governo deveria punir e banir essas outras "crenças", que não sejam referentes à Bíblia.

Segundo Miguel Nagib, fundador da associação Escola Sem Partido (ESP), sua associação ajuizou ações de natureza coletiva, uma em 2015 e outra em 2016, questionando a anulação de redações do ENEM que violassem direitos humanos, mas, em ambas as ocasiões, o Poder Judiciário concluiu que a vedação de ofensa a direitos humanos imposta nos editais do certame objetivava evitar o "discurso de ódio" por candidatos a uma vaga universitária. (NAGIB, 2018).

Ainda em 2015, a ESP enviou representações a cada uma das unidades do Ministério Público Federal (MPF) nos estados, alegando **violação à liberdade constitucional de expressão nas redações do Exame Nacional do Ensino Médio (ENEM), em razão de os candidatos serem obrigados a elaborar redações que respeitem os direitos humanos. Houve o arquivamento de todas as representações.** (NAGIB, 2018). **Exemplifica-se o teor desses arquivamentos com a transcrição de parte da decisão proferida no âmbito da Procuradora da República em Rondônia:**

> Pois bem, de análise dos autos vislumbro que a representação não merece prosperar, uma vez que não foi caracterizada qualquer forma de

irregularidade nas exigências dispostas no edital regulador do exame questionado. A questão exige tão somente o respeito a um dos fundamentos basilares da República Federativa do Brasil – a dignidade e os direitos humanos – e a princípios presentes em vários tratados internacionais dos quais o Brasil é signatário. Pode-se dizer, inclusive, que este é, atualmente, o próprio fundamento da ordem internacional e da teoria do Estado moderno. (...) É significativo o exemplo da última redação do Exame Nacional do Ensino Médio – Enem –, que teve por tema "*A persistência da violência contra a mulher na sociedade brasileira*". **Para que o autor do texto elaborasse a redação proposta, não se fazia necessário que o INEP houvesse definido, prévia e dogmaticamente, um conceito de direitos humanos. Bastava ao aluno um juízo elementar da temática, com base no qual, a toda evidência, qualquer redação que estivesse direcionada a defender a violência de gênero somente poderia ser considerada ofensiva aos direitos humanos**. Note-se que a avaliação do texto produzido seguiria cinco competências, uma delas sendo "elaborar proposta de intervenção para o problema abordado, respeitando os direitos humanos". Como se vê, o Edital do ENEM previa, como baliza de avaliação da proposta de intervenção para o problema posto, que não fossem desconsiderados os direitos humanos. Nada mais razoável, **diante da previsão, no artigo 4º, inciso II, da Constituição brasileira do princípio da prevalência dos direitos humanos**, além de prever, logo em seu frontispício, que a República Federativa do Brasil constitui-se em Estado Democrático de Direito (artigo 1º, *caput*), tendo a dignidade da pessoa humana como um de seus fundamentos (artigo 1º, inciso III). (...) Bem se vê que os questionamentos da representante, *Associação Escola Sem Partido*, prestam-se à definição de um referencial para o significado da expressão "desrespeito aos direitos humanos", o que é absolutamente incompatível com a natureza filosófica do conhecimento que se busca em um exame como o Enem. A representação, a bem dizer, é, em si mesma, contraditória em suas próprias formulações, pois, ao tempo em que questiona uma suposta violação ao princípio da livre manifestação do pensamento durante o processo seletivo do Enem 2015, ainda sugere a necessidade de um referencial dogmático para o conceito de direitos humanos. **Ora, é justamente um conceito pronto e acabado – por assim dizer, *dogmático* – que não seria exigível de candidatos dos quais não se exige (nem se poderia exigir) o pré-requisito da formação jurídica. Justamente porque o que se busca deles é um juízo leigo acerca dos direitos humanos; nada além disso**. Ainda que o representante não procurasse engessar o conceito de direitos humanos, observe-se **que a manifestação do pensamento, enquanto direito, é interpretada, no sistema de valores constitucionais, conforme a ponderação de interesses dados concretamente, inclusive aqueles de construção de uma sociedade livre, justa e democrática**, objetivo fundamental da República, previsto no artigo 3º da Constituição. (BRASIL. MINISTÉRIO PÚBLICO FEDERAL, 2016). Grifos nossos.

Em janeiro de 2016, a ESP requereu ao MPF, em Brasília, que investigasse o então presidente do INEP por eventual crime de abuso de autoridade (atentado contra a liberdade de consciência e de crença dos candidatos) e suposto ato de improbidade administrativa (violação ao princípio da impessoalidade, ao conferir aos corretores das provas o poder de atuar segundo suas próprias concepções e preferências políticas, ideológicas, morais e religiosas). A representação foi arquivada sob o fundamento de que o pleito da entidade associativa era mera manifestação de discordância da associação representante quanto aos critérios de avaliação previstos em edital. (NAGIB, 2018).

Em 2017, a ESP propôs ação civil pública na Justiça Federal (Brasília-DF)[31], requerendo que não se permitisse ao INEP a atribuição de nota zero aos candidatos que violassem direitos humanos nas redações do Enem, como previa o edital do certame naquele ano. O Juízo de Primeira Instância negou o pedido liminar da aludida associação, porém, o Tribunal Regional Federal da 1ª Região concedeu medida cautelar para impedir a anulação de provas de redação em tais circunstâncias.

Em sede de medidas cautelares propostas pela Advocacia Geral da União[32] e pela Procuradoria Geral da República[33], o Supremo Tribunal Federal (STF) foi instado a se manifestar sobre a matéria, tendo proferido decisões desfavoráveis à possibilidade de anulação das redações cujos textos afrontassem direitos humanos.

A partir de então, as regras para a redação do ENEM, embora estabeleçam a necessidade de que o candidato elabore proposta de intervenção que respeite os direitos humanos, passou a não mais prever a afronta a direitos humanos como hipótese de recebimento de nota zero na redação. [34]

Este estudo se propõe a analisar as decisões do STF sobre o tema à luz da legislação vigente, que abrange normas internacionais de direitos humanos ratificadas pelo Brasil. Ressalta-se que, embora a Corte Constitucional brasileira

---

31 Processo n. 0072805-24.2016.4.01.0000/DF.

32 Medida Cautelar na Suspensão de Tutela Antecipada (STA) 864 – Distrito Federal.

33 Medida Cautelar na Suspensão de Liminar (SL) 1.127 – Distrito Federal.

34 A Cartilha de Redação do ENEM 2019 prevê que a redação receberá nota 0 (zero) se apresentar uma das características a seguir: fuga total ao tema; não obediência à estrutura dissertativo-argumentativa; extensão total de até 7 linhas; cópia integral de texto(s) da Prova de Redação e/ou do Caderno de Questões; impropérios, desenhos e outras formas propositais de anulação, em qualquer parte da folha de redação; números ou sinais gráficos fora do texto e sem função clara; parte deliberadamente desconectada do tema proposto. (BRASIL. INEP, 2019, p. 7.)

simbolize a máxima instância do Poder Judiciário a interpretar o ordenamento jurídico, suas decisões não se revestem de imutabilidade, pois as relações sociais são dinâmicas, as políticas governamentais se alteram e as visões dos julgadores também são passíveis de renovação.

OS ARGUMENTOS DA ASSOCIAÇÃO ESCOLA SEM PARTIDO

Conforme autodeclaração em seu próprio portal na *Internet*, a associação Escola Sem Partido (ESP) é "uma iniciativa conjunta de estudantes e pais preocupados com o grau de contaminação político-ideológica das escolas brasileiras, em todos os níveis: do ensino básico ao superior."[35] Na visão de seus integrantes, os alunos são vítimas de educadores que promovem doutrinação ideológica e não podem (os alunos) expressar sua livre opinião em sala de aula. A ESP é uma entidade que advoga a favor de projetos de lei federais, estaduais e municipais, com vistas a extinguir conteúdos curriculares e manifestações de educadores, consideradas pela ESP como "radicais". Também defende que alunos tenham o direito de gravar as aulas, de modo a propiciar que professores "doutrinadores" e "esquerdistas"[36] sejam denunciados.

Quanto às normas de redação do ENEM, a ESP defende que valores como cidadania, liberdade, solidariedade e diversidade cultural são subjetivos e que não há referencial objetivo sobre o que se compreende por direitos humanos no contexto do referido exame, o que apenas poderia ser definido de acordo com os parâmetros legais sobre direitos humanos. Esse grupo associativo argumenta que, como a legislação sobre direitos humanos não está expressamente incluída entre os temas exigidos dos candidatos no edital do ENEM, os avaliadores do certame não poderiam zerar redações que contenham ofensas a tais direitos.[37]

Nessa linha, os membros da Escola Sem Partido, concluem que o INEP é que estaria desrespeitando direitos humanos, na medida em que estaria tolhendo as liberdades de pensamento e opinião dos candidatos. Para os ideólogos da associação: "ninguém pode ser obrigado a dizer o que não pensa para poder entrar numa universidade". Expõem-se as palavras de Miguel Nagib, porta-voz da entidade:

---

[35] Disponível em: <http://www.escolasempartido.org/quem-somos/>. Acesso em 23. ago. 2019.

[36] Expressões extraídas do portal oficial da ESP na *Internet*. Vide nota de rodapé n. 8.

[37] Idem a nota de rodapé n. 8.

> Ou seja: sob o rótulo enganoso de "respeito aos direitos humanos", o que ENEM está impondo aos estudantes é a ditadura do politicamente correto. Diante da ameaça de zerar na prova de redação a mais importante do exame, os participantes se veem forçados a abjurar de suas crenças e convicções para não perder a chance de ingressar numa universidade. (...) O filtro ideológico atua de duas formas: **induz as escolas a martelar o politicamente correto na cabeça dos alunos, a fim de que eles tenham um bom desempenho no Enem, e expele do sistema o estudante insubordinado que repele, por temperamento, a opção pragmática da autocensura. Previne-se, desse modo, que ideias politicamente incorretas se reproduzam dentro da universidade, espalhando-se perigosamente para outros domínios da sociedade, como o magistério, as redações dos jornais e o próprio Ministério Público, por exemplo**. (NAGIB, 2018). Grifos nossos.

Verifica-se, por conseguinte, que a ESP, de forma paradoxal, defende as liberdades de expressão de alunos e de candidatos a uma vaga universitária, mas almeja restringir as liberdades de pensamento de educadores. Ademais, para a citada associação, as liberdades de expressão de alunos e candidatos é um valor absoluto, não possuindo quaisquer limites constitucionais.

A LEGISLAÇÃO VIGENTE DO PAÍS.

O Estado Brasileiro se sedimenta em princípios e normas que determinam o respeito a direitos humanos. O país é um dos signatários da Declaração Universal dos Direitos Humanos (DUDH), aprovada pela Assembleia Geral da Organização das Nações Unidas (ONU) em 1948.

A Constituição da República de 1988 (CRFB/1988) estabelece que a democracia brasileira tem como pilares a cidadania e a dignidade da pessoa humana (art. 1º, incisos II e III) e expressa como objetivos fundamentais da República Federativa do Brasil: a construção de uma sociedade livre, justa e solidária; a garantia do desenvolvimento nacional; a erradicação da pobreza e da marginalização e a redução das desigualdades sociais e regionais; além da promoção do bem de todos, sem preconceitos de origem, raça, sexo, cor, idade e quaisquer outras formas de discriminaçao. (art. 3º, incisos I a IV). Estipula, ainda, que a prevalência dos direitos humanos é um dos princípios regentes das relações internacionais promovidas pelo Brasil.

O Programa Nacional de Direitos Humanos, promulgado em 2009, traz diretrizes para os formatos de políticas públicas nas mais diferentes áreas e destaca a importância da educação e da cultura em direitos humanos.[38] Essas diretrizes estão em sintonia com a DUDH da ONU, que estipula que o direito à educação será orientado pelo respeito aos direitos humanos e às liberdades fundamentais. [39]

Sobre os alicerces da educação nacional, o art. 205 da CRFB/1988 determina que "a educação, direito de todos e dever do Estado e da família, será promovida e incentivada com colaboração da sociedade, visando ao pleno desenvolvimento da pessoa, seu preparo para o exercício da cidadania e sua qualificação para o trabalho".

Com essa perspectiva, o art. 2º da Lei de Diretrizes e Bases da Educação Nacional (Lei n. 9.394/1996) prevê que a educação deve ser inspirada nos princípios de liberdade e nos ideais de solidariedade humana.

Como ferramenta para se materializar a educação em direitos humanos, em 2006, foi criado o Plano Nacional de Educação em Direitos Humanos (PNEDH) pela então Secretaria Especial de Direitos Humanos, em conjunto com o Ministério da Educação e o Ministério da Justiça. O PNEDH tem como eixos de atuação a educação Básica; a educação superior; a educação não-formal; a educação dos profissionais dos sistemas de justiça e segurança pública; e educação e mídia. (BRASIL. MINISTÉRIO DOS DIREITOS HUMANOS, 2018). Em decorrência do PNEDH, por meio da Resolução n. 1, de 30/05/2012, do Conselho Nacional de Educação, foram estabelecidas as Diretrizes Nacionais para a Educação em Direitos Humanos. Transcrevem-se seus princípios e dimensões:

> Art. 3º A Educação em Direitos Humanos, com a finalidade de promover a educação para a mudança e a transformação social, fundamenta-se nos seguintes princípios: **I - dignidade humana; II - igualdade de direitos; III - reconhecimento e valorização das diferenças e das diversidades; IV - laicidade do Estado; V - democracia na educação; VI - transversalidade, vivência e globalidade; e VII - sustentabilidade socioambiental**. Art. 4º A Educação em Direitos Humanos como processo sistemático e multidimensional, orientador da formação integral dos sujeitos de direitos, articula-se às

[38] O atual Programa Nacional de Direitos Humanos (PNDH) foi criado pelo Decreto n. 7.037, de 21/12/2009 e atualizado pelo Decreto n. 7.177, de 12/05/2010. Esclarece-se que PNDHs haviam sido promulgados anteriormente em 1996 e em 2002.

[39] 2. A instrução será orientada no sentido do pleno desenvolvimento da personalidade humana e do fortalecimento do respeito pelos direitos humanos e pelas liberdades fundamentais. A instrução promoverá a compreensão, a tolerância e a amizade entre todas as nações e grupos raciais ou religiosos, e coadjuvará as atividades das Nações Unidas em prol da manutenção da paz. Art. XXVI, item 2

> seguintes dimensões: I - apreensão de conhecimentos historicamente construídos sobre direitos humanos e a sua relação com os contextos internacional, nacional e local; II - **afirmação de valores, atitudes e práticas sociais que expressem a cultura dos direitos humanos em todos os espaços da sociedade; III - formação de uma consciência cidadã capaz de se fazer presente em níveis cognitivo, social, cultural e político**; IV - desenvolvimento de processos metodológicos participativos e de construção coletiva, utilizando linguagens e materiais didáticos contextualizados; e V - fortalecimento de práticas individuais e sociais que gerem ações e instrumentos em favor da promoção, da proteção e da defesa dos direitos humanos, bem como da reparação das diferentes formas de violação de direitos. Art. 5º A Educação em Direitos Humanos tem como objetivo central a formação para a vida e para a convivência, no exercício cotidiano dos Direitos Humanos como forma de vida e de organização social, política, econômica e cultural nos níveis regionais, nacionais e planetário. (...) Art. 6º **A Educação em Direitos Humanos, de modo transversal, deverá ser considerada na construção** dos Projetos Político-Pedagógicos (PPP); dos Regimentos Escolares; dos Planos de Desenvolvimento Institucionais (PDI); dos Programas Pedagógicos de Curso (PPC) das Instituições de Educação Superior; dos materiais didáticos e pedagógicos; do modelo de ensino, pesquisa e extensão; de gestão, **bem como dos diferentes processos de avaliação.** (BRASIL. CONSELHO NACIONAL DE EDUCAÇÃO, 2012). Grifos nossos.

No campo internacional, o Brasil consta como um dos autores da Declaração das Nações Unidas sobre a Educação e Formação em Direitos Humanos, documento publicado em 2011.[40]

Em 2016, na 12ª Conferência Nacional de Direitos Humanos[41], promovida

[40] Artigo 8, item 1. Os Estados devem desenvolver ou promover o desenvolvimento, no nível apropriado, de estratégias e políticas e, quando apropriado, planos e programas de ação para implementar a educação e o treinamento em direitos humanos, como por meio de sua integração nos currículos escolares e de treinamento. Ao fazê-lo, devem levar em consideração o Programa Mundial de Educação em Direitos Humanos e as necessidades e prioridades nacionais e locais específicas. 2. A concepção, implementação e avaliação e acompanhamento de tais estratégias, planos de ação, políticas e programas devem envolver todas as partes interessadas, incluindo o setor privado, a sociedade civil e as instituições nacionais de direitos humanos, promovendo, quando apropriado, iniciativas das partes interessadas. (Tradução nossa). (ONU, 2011).

[41] Destaca-se que a 12ª Conferência Nacional de Direitos Humanos contou com 1983 participantes, representantes de membros de colegiados estaduais com pautas de direitos humanos (grupos de defesa de direitos da pessoa idosa, pessoa com deficiência, LGBT, criança e adolescente, entre outros). A Resolução n. 3/2016, do CNDH estabeleceu as regras de participação na conferência, atribuindo a todos os delegados (até dois mil) direito de voz e voto. (BRASIL. MDH, 2016).

pelo Conselho Nacional dos Direitos dos Humanos (CNDH), dentro do Eixo Temático I – *Afirmação e fortalecimento da democracia*, foi debatido o tema *Educação em Direitos Humanos* (Subeixo IV). Sobre essa temática, foram aprovadas 38 (trinta e oito) propostas, entre as quais se destacam:

> (...)
> 6. Implementar e garantir, no currículo escolar de todos os níveis e modalidades de ensino e em livros didáticos, conteúdo e disciplinas de direitos humanos, fortalecendo as temáticas de igualdade racial e equidade de gênero, respeito às orientações sexuais e identidade de gênero, de acordo com as Diretrizes Nacionais para a Educação em Direitos Humanos, a lei nº 11.645/2008 e a Lei Maria da Penha;
> (...)
> 16. Criar, implementar, fortalecer e efetivar as disciplinas das temáticas de direitos humanos, bem como a transversalidade da educação em direitos humanos no conjunto das disciplinas, nas instituições de ensino superior públicas e privadas, em todos os cursos de graduação e pós-graduação, além de garantir a transversalidade dos direitos humanos na área de pesquisa e extensão universitária, de acordo com os programas nacionais de direitos humanos e as Diretrizes Nacionais para a Educação em Direitos Humanos. (BRASIL. CONSELHO NACIONAL DE DIREITOS HUMANOS, 2016).

A partir da leitura do ordenamento jurídico vigente, observa-se que a educação em direitos humanos não se limita à instrução formal sobre normativas nacionais e internacionais, mas deve ultrapassar os muros da escola, atingindo todas as esferas de convivência social. Nesse sentido, preconiza Cyntia Agra de Brito Neves:

> Isso significa dizer que respeitar os direitos humanos não é simplesmente uma "invenção" da prova de redação do ENEM. Trata-se, antes de tudo, de um exercício de cidadania que, como já dito, não deve se restringir ao ambiente escolar (como um simples letramento em direitos humanos), mas sim transcender a ele e abarcar o todo: a sociedade, o sertão, o mundo (uma cultura em direitos humanos). Nesse sentido também, educar em direitos humanos não é tarefa apenas dos professores de Linguagens para preparar alunos para fazer a prova de redação do ENEM, mas é um dever de todo e qualquer professor, não importa a área; é um dever de todo (bom) educador. (NEVES, 2018, p. 747).

Não restam dúvidas de que, no Brasil, a educação em direitos humanos é cogente, devendo abranger todas as fases escolares e ser ministrada de forma transversal com todas as disciplinas das grades curriculares.

ANÁLISE DAS DECISÕES DO SUPREMO TRIBUNAL FEDERAL.

Como já mencionado neste artigo, o Tribunal Regional Federal (TRF) da 1ª Região concedeu tutela provisória de urgência à associação Escola Sem Partido para que não se permitissem anulações de provas de redação cujos textos fossem ofensivos aos direitos humanos. Para os desembargadores que julgaram a favor da tese jurídica vencedora no âmbito daquele tribunal, o "conteúdo ideológico" do tema da redação deve ser um dos elementos de correção de prova e não "fundamento sumário para sua desconsideração", pois o ENEM avalia se o candidato possui "o domínio dos princípios científicos e tecnológicos que presidem a produção moderna e se detém conhecimento das formas contemporâneas de linguagem." Os julgadores citam a Portaria n. 468/2017, do Ministério da Educação (MEC). [42]

Contudo, a decisão do TRF1ª Região não foi unânime. Colaciona-se trecho de voto divergente:

---

[42] Segue-se a ementa da aludida decisão do TRF da 1ª Região: PROCESSUAL CIVIL. AÇÃO CIVIL PÚBLICA. TUTELA PROVISÓRIA DE URGÊNCIA. EXAME NACIONAL DO ENSINO MÉDIO. ATRIBUIÇÃO DE NOTA ZERO À PROVA DISCURSIVA DE REDAÇÃO, QUANDO CONSIDERADO SEU TEXTO OFENSIVO AOS DIREITOS HUMANOS. 1. Dentro do contexto do Exame Nacional do Ensino Médio, cujo objetivo primordial declarado é o de *"aferir se aqueles que dele participam demonstram, ao final do ensino médio, individualmente, domínio dos princípios científicos e tecnológicos que presidem a produção moderna e se detém conhecimento das formas contemporâneas de linguagem"* (Portaria 468, de 3 de abril de 2017, do Ministério da Educação, *artigo 2º), o* conteúdo ideológico do desenvolvimento do tema proposto é, ou deveria ser, um dos elementos de correção da prova discursiva, e não fundamento sumário para sua desconsideração, com atribuição de nota zero ao texto produzido, sem avaliação alguma em relação ao conteúdo intelectual desenvolvido pelo redator. 2. **Transforma-se, assim, mecanismo de avaliação de conhecimentos em mecanismo de punição pelo conteúdo de ideias, conforme o referencial dos corretores a propósito de determinado valor, no caso os direitos humanos, que, por óbvio, devem ser respeitados não apenas na afirmação de ideias desenvolvidas, mas também em atitudes e não só dos participantes do ENEM, mas de todo corpo do tecido social**. E, por óbvio, não só os direitos humanos devem ser respeitados, mas por igual os valores éticos e morais da sociedade e, da mesma forma, outros direitos fundamentais do corpo social. 3. Identificação, na hipótese em causa, em uma cognição sumária, própria dos juízos liminares, da presença concomitante dos requisitos estabelecidos pelo artigo 301 do Código de Processo Civil para a concessão de tutela provisória de urgência, assim a plausibilidade do direito defendido na ação civil pública, e o risco de advir aos participantes do Exame Nacional de Ensino Médio dano irreparável ou de difícil reparação, diante das consequências que atribuição de nota zero acarreta. 4. Agravo de instrumento provido. (BRASIL. TRIBUNAL REGIONAL FEDERAL DA PRIMEIRA REGIÃO, 2017). Grifos nossos.

> (...) Não se pode prestigiar uma redação formalmente perfeita que contenha apologia ao crime, apologia ao terror, apologia à discriminação racial ou de sexo ou de condição social. Não há como se admitir uma redação que possa incentivar o assassinato de *gays* ou de qualquer postura de pessoas que têm a liberdade de optar pelo gênero que possa lhe traduzir numa condição de bem-estar e de felicidade humana. Qualquer redação que traga esse conteúdo negativo dos valores fundamentais da pessoa humana numa tradução agressora da dignidade da pessoa humana como fundamento maior do Estado democrático do direito merece nota zero.[43]

Com os requerimentos de suspensão das medidas cautelares propostos pela Advocacia Geral da União[44] e pela Procuradoria Geral da República[45], a matéria foi levada à apreciação do Supremo Tribunal Federal, que, por meio de decisão monocrática da Ministra Cármen Lúcia, confirmou a decisão do Tribunal de Segundo Grau.

A Procuradoria Geral da República sustentou que o Manual do ENEM explicava aos candidatos a definição de direitos humanos, trazia exemplos de textos de redações que foram anuladas em exames anteriores e espelhos de correção de prova, o que permitia aos candidatos questionar perante o Poder Judiciário eventuais excessos ou falhas nas correções. Argumenta, ainda, ser um retrocesso social a possibilidade de candidatos, em seus discursos escritos, exprimirem ofensas aos direitos fundamentais de seus semelhantes. Alegou que exigir o respeito a direitos humanos não se trata de questão ideológica, mas significa garantir o exercício responsável do direito por todos os candidatos do certame.[46]

Em sua decisão liminar, a Ministra Cármen Lúcia asseverou que:

> (...) O cumprimento da Constituição da República impõe, em sua base mesma, pleno respeito aos direitos humanos, contrariados pelo racismo, pelo preconceito, pela intolerância, dentre outras práticas inaceitáveis numa democracia e firmemente adversas ao sistema jurídico vigente. Mas não se combate a intolerância social com maior intolerância estatal. Sensibiliza-se para os direitos humanos com maior solidariedade até com os erros pouco humanos, não com mordaça. **O que se aspira é o eco dos direitos humanos garantidos, não o silêncio de direitos emudecidos**. Não se garantem direitos fundamentais eliminando-se alguns deles para se impedir possa alguém insurgir-se pela palavra contra o que a outro parece

[43] Desembargador Federal Souza Prudente.

[44] STA 864.

[45] SL 1123.

[46] Vide notas de rodapé n. 17 e n. 18.

> instigação ou injúria. **Há meios e modos para se questionar, administrativa ou judicialmente, eventuais excessos**. E são estas formas e estes instrumentos que asseguram a compatibilidade dos direitos fundamentais e a convivência pacífica e harmoniosa dos cidadãos de uma República. (...) [47] Grifos nossos.

A douta ministra decisora fez alusão ao seu voto na Ação Direta de Inconstitucionalidade n. 4.815/DF, em que o STF julgou inexigível autorização prévia da pessoa biografada relativamente a obras biográficas literárias ou audiovisuais, "advertindo" que:

> A cultura do politicamente correto, expressão adotada desde a década de 80 do séc. XX, significando políticas tendentes a tornar a linguagem neutra para se evitar ofensa a pessoas ou grupos sociais discriminados historicamente, também vem sendo levada ao paroxismo, passando a constituir forma de censura da expressão. **Adotam-se formas de censura implícita e particular, exercida de forma a tolher ou a esvaziar o direito à liberdade de expressão. Com o politicamente correto, adotam-se formas de censura que mitigam ou dificultam o pluralismo ao qual a liberdade pessoal conduz, porque a censura, estatal ou particular, introduz o medo de não ser bem acolhido no grupo social**. O medo e a vergonha fragilizam o ser humano em sua dignidade. Sem dignidade, não se resguarda a identidade, que faz cada ser único em sua humanidade insubstituível. [48] Grifos nossos

Esclarece-se que as medidas cautelares em questão, as quais, repita-se: foram decididas monocraticamente pela referida ministra, já transitaram em julgado.[49]

Quanto à afirmação da excelentíssima ministra de que os candidatos, no ENEM, estão sendo cerceados em seu direito à liberdade de expressão, na

---

[47] Ementa do aludido julgamento: DECISÃO SUSPENSÃO DE TUTELA ANTECIPADA. EXAME NACIONAL DO ENSINO MÉDIO – ENEM DE 2017. REDAÇÃO DESRESPEITOSA AOS DIREITOS HUMANOS: ANULAÇÃO DA PROVA. AFASTAMENTO JUDICIAL DA PREVISÃO DO EDITAL. ALEGADO RISCO DE LESÃO À ORDEM PÚBLICA. DIREITO À LIBERDADE DE EXPRESSÃO: APARENTE CERCEAMENTO. MEDIDA LIMINAR INDEFERIDA. PROVIDÊNCIAS PROCESSUAIS. Vide notas de rodapé n. 17 e n. 18.

[48] Vide notas de rodapé n. 17 e n. 18.

[49] Ressalta-se que o Partido Socialista Brasileiro (PSB) ajuizou, em agosto de 2019, a Arguição de Descumprimento de Preceito Fundamental (ADPF) n. 613, em que requer que o INEP seja autorizado a inserir em seus editais a previsão de atribuição de nota zero ao candidato que desrespeitar valores constitucionais, entre eles os direitos humanos. Os autos estão conclusos à relatora, Ministra Rosa Weber, ainda pendente de apreciação. (BRASIL. SUPREMO TRIBUNAL FEDERAL, 2019).

medida em que as normas do certame desclassificam redações que agridem direitos humanos, indaga-se: que direito é esse? O ordenamento jurídico brasileiro, como se explicitou no item 2 deste estudo, não admite a ofensa a direitos humanos. Logo, não há que se falar em direito de expressar impropérios nitidamente em desacordo com as regras elementares de convivência social a que todo cidadão brasileiro está sujeito.

Além disso, quanto à observação de Sua Excelência de que "há meios e modos para se questionar, administrativa ou judicialmente, eventuais excessos" praticados pelos candidatos, tal alternativa, em nossa visão, caminha na contramão de todos os programas e planos de educação em direitos humanos idealizados e executados pelo Estado Brasileiro. A vedação à ofensa a direitos humanos nas redações do ENEM espelhava políticas públicas estatais nessa seara, que estavam em harmonia com a legislação vigente. O Estado deve evitar agressões aos valores e princípios constitucionais de proteção à dignidade humana, por regras editalícias, em conformidade com o ordenamento jurídico, e não aguardar a ocorrência de ofensas e ajuizar ações em face de cada candidato que redigir textos contrários a direitos humanos.

Ademais, como se admitir que o Estado Brasileiro garanta o acesso a uma vaga em instituição pública e gratuita de ensino superior ou financie curso de graduação em instituição privada a um candidato que desrespeite direitos humanos, ou em outras palavras, infrinja às leis fundamentais vigentes no país?

Quanto à assertiva da ministra julgadora, no sentido de que a "cultura do politicamente correto" impede o pluralismo de pensamento, com a devida vênia, pela leitura dos editais do ENEM de 2013 a 2017, não se identificam exigências de condutas politicamente corretas. Nos aludidos editais, não se admitiam redações com menoscabo aos direitos inerentes à condição de ser humano, e, portanto, direitos considerados universais e indivisíveis, como o de não ser assassinado, de não sofrer violência física ou psicológica, de não ser vítima de racismo, e de não sofrer agressões em razão de origem, de crença, de classe social, ou de orientação sexual.

A par disso, a bandeira defendida pela associação Escola Sem Partido, no sentido de que a educação não deve ser "ideologizada" não é passível de concretização, pois, até mesmo as ciências exatas, contêm espaços de debate e formas diferenciadas de interpretação. Sem embargo, no que se refere às provas de redação do ENEM, não se impõe aos candidatos interpretação x ou y sobre determinado fato social, o que se pressupõe é que os textos discursivos não defendam condutas e valores que são absolutamente ilegais e contrários aos padrões mínimos de cidadania, reconhecidos na Constituição Brasileira e em normas internacionais das quais o Brasil é signatário.

Paulo Freire escreveu que "ensinar exige reconhecer que a educação é ideológica". Para o autor, é fundamental à prática educativa se contrapor a ideologias que apregoam vilipêndio a valores humanitários. Cita exemplos de discursos para os quais educadores não podem deixar de reagir: "O negro é geneticamente inferior ao branco. É uma pena, mas é isso que a ciência nos diz". "Em defesa de sua honra, o marido matou a mulher". "Quando negro não suja na entrada, suja na saída". "Que vergonha, homem se casar com homem, mulher se casar com mulher". Freire defende posturas críticas e despertas, por parte dos professores, o que pressupõe a presença de ideologia contrária à ideologia aviltante de direitos fundamentais. (FREIRE, p. 141-149).

Todavia, não se pode olvidar que é essencial e emergencial que o Brasil fortaleça os programas de educação em direitos humanos, em linguagem didática e acessível a distintas faixas etárias e diferentes realidades socioeconômicas, nas mais variadas instituições de ensino do país.

CONCLUSÃO

A educação em direitos humanos fortalece o Estado Democrático de Direito, na medida em que contribui para uma sociedade mais justa e solidária.

Verifica-se que o ordenamento jurídico brasileiro, o qual abrange as normas de direito internacional ratificadas pelo país, realça a importância de se efetivamente implantar a educação para a formação de cidadãos com valores éticos, nas mais variadas instâncias de ensino, e de acordo com as diversas faixas de idade e classes sociais.

Nesse cenário, conclui-se ser juridicamente possível, aliás, juridicamente recomendável que as entidades responsáveis pela confecção e aplicação de exames seletivos para vagas em cursos de instituições públicas de ensino superior desclassifiquem provas de redação cujos conteúdos violem direitos humanos.

A liberdade de expressão não é ilimitada, pois está condicionada à observância dos demais princípios constitucionais, sobretudo aos que se relacionam à proteção da dignidade da pessoa humana, devendo o intérprete das leis proceder à ponderação de princípios, ou seja, à análise harmônica e sistematizada dos direitos fundamentais.

REFERÊNCIAS E BIBLIOGRAFIA.

BRASIL. CONSELHO NACIONAL DE DIREITOS HUMANOS. **Relatório Final da XII Conferência Nacional de Direitos Humanos.** 2016. Disponível em: < https://participa.ma.gov.br/articles/0003/0179/12aCN_DH_Caderno-Final.pdf>. Acesso em 31.out.2019.

BRASIL. CONSELHO NACIONAL DE EDUCAÇÃO. **Resolução n. 1, de 30/05/2012:** estabelece diretrizes nacionais para a educação em direitos humanos. Disponível em: <http://portal.mec.gov.br/dmdocuments/rcp001_12.pdf>. Acesso em: 20. out.2019.

BRASIL. Constituição da República Federativa do Brasil de 1988.

BRASIL. INEP. **Redação do ENEM 2017**: cartilha do participante. Brasília: INEP/MEC, 2017.

BRASIL. INEP. **Redação do ENEM 2019**: cartilha do participante. Brasília: INEP/MEC, 2019.

BRASIL. **Lei n. 9.394/1996:** estabelece as diretrizes e bases da educação nacional.

BRASIL. MINISTÉRIO DA EDUCAÇÃO. CONSELHO NACIONAL DE EDUCAÇÃO. **Diretrizes Nacionais para a Educação em Direitos Humanos (DNEDH).** Resolução n. 1, de 30-05-2015. Disponível em: <http://portal.mec.gov.br/dmdocuments/rcp001_12.pdf>. Acesso em: 30.out. 2019.

BRASIL. MINISTÉRIO DOS DIRETOS HUMANOS. **Plano Nacional de Educação em Direitos Humanos.** 3ª reimpressão simplificada. Brasília: MDH, 2018. Disponível em: https://www.mdh.gov.br/navegue-por-temas/educacao-em-direitos-humanos/DIAGRMAOPNEDH.pdf. Acesso em: 30.set.2019.

BRASIL. MINISTÉRIO DOS DIREITOS HUMANOS. **Resolução CNDH n. 3, de 21/03/2016**: regimento interno da 12ª Conferência Nacional de Direitos Humanos. Disponível em: <https://www.mdh.gov.br/informacao-ao-cidadao/participacao-social/old/cndh/resolucoes/2016/regimento-interno-da-12a-conferencia-nacional-dos-direitos-humanos/view.> Acesso em: 3.set.2019.

BRASIL. MINISTÉRIO PÚBLICO FEDERAL. **Promoção de arquivamento n. 33/2019:** NF n. **1.31.000.000406/2016-36. Porto Velho-RO, 2016. Disponível em: <www.mpf.mp.br>. Acesso em: 04.nov.2019.**

BRASIL. PRESIDÊNCIA DA REPÚBLICA. **Decreto n. 6.317/2007:** aprova a estrutura regimental e o quadro demonstrativo dos cargos em comissão e das funções gratificadas do Instituto Nacional de Estudos e Pesquisas Educacionais

Anísio Teixeira - INEP, e dá outras providências. Disponível em: <http://www.planalto.gov.br/ccivil_03/_Ato2007-2010/2007/Decreto/D6317.htm>. Acesso em: 04.nov.2019.

BRASIL. SECRETARIA ESPECIAL DE DIREITOS HUMANOS DA PRESIDÊNCIA DA REPÚBLICA. **Programa Nacional de Direitos Humanos (PNDH-3).** Brasília: SEDH/PR, 2010. Disponível em: <https://www.ohchr.org/Documents/Issues/NHRA/ProgrammaNacionalDireitosHumanos2010.pdf>. Acesso 04. out.2019.

BRASIL. SUPREMO TRIBUNAL FEDERAL. **Arguição de Descumprimento de Preceito Fundamental (ADPF) 613**. 2019. Disponível em: <www.stj.jus.br>. Acesso em: 04.nov.2019.

BRASIL. SUPREMO TRIBUNAL FEDERAL. **Medida Cautelar na Suspensão de Liminar (SL) 1.127** – Distrito Federal. 2017. Disponível em: <www.stf.jus.br>. Acesso em: 04. nov.2019.

BRASIL. SUPREMO TRIBUNAL FEDERAL. **Medida Cautelar na Suspensão de Tutela Antecipada (STA) 864** – Distrito Federal. 2017. Disponível em: <www.stj.jus.br>. Acesso em: 04. nov. 2019.

BRASIL. TRIBUNAL REGIONAL FEDERAL DA 1ª REGIÃO. **Processo n. 0072805-24.2016.4.01.0000/DF**. Disponível em: <www.trf1.jus.br>. Acesso em: 04.nov.2019.

ESCOLA SEM PARTIDO. **Quem somos e notícias.** Disponível em: <https://escolasempartido.org/>. Acesso em: 30.set.2019.

FREIRE, Paulo. **Pedagogia da autonomia**: saberes necessários à prática educativa. 7ªed. Rio de Janeiro: Paz e Terra - Coleção Leitura, 1998.

G1. *Enem*: **veja frases contra os direitos humanos que já levaram à nota zero na redação.** 26/10/2017. Disponível em: <https://g1.globo.com/educacao/enem/2017/noticia/enem-veja-frases-contra-os-direitos-humanos-que-ja-levaram-a-nota-zero-na-redacao.ghtml>. Acesso em: 10.out.2019.

NAGIB, Miguel. **O Escola sem Partido e a impostura dos "direitos humanos" do Enem.** 12/01/2018. Disponível em: <https://www.gazetadopovo.com.br/educacao/o-escola-sem-partido-e-a-impostura-dosdireitos-humanos-do-enem-ed4g330cx0kricbn7ecfz8qrz/>. Acesso em: 02.out.2019.

NEVES, Cynthia Agra de Brito. **Direitos humanos e educação**: a polêmica em torno da prova de redação do ENEM 2015 e 2017. *Trab. linguist. apl.*, Campinas, v. 57, n. 2, p. 731-755, ago. 2018.

ORGANIZAÇÃO DAS NAÇÕES UNIDAS. **Declaração Universal dos Direitos Humanos. 1948.** Disponível em: <https://nacoesunidas.org/wp-content/uploads/2018/10/DUDH.pdf>. Acesso em: 20.ago.2019.

ORGANIZAÇÃO DAS NAÇÕES UNIDAS. **Declaração das Nações Unidas sobre a Educação e Formação em Direitos Humanos 2011**. Disponível em: <https://www.ohchr.org/EN/Issues/Education/Training/Compilation/Pages/UnitedNationsDeclarationonHumanRightsEducationandTraining(2011).aspx>. Acesso em: 20.ago.2019.

EDUCAÇÃO EM DIREITOS HUMANOS E MEMÓRIA: A JURISPRUDÊNCIA DA CORTE INTERAMERICANA DE DIREITOS HUMANOS EM RELAÇÃO AO ESTADO BRASILEIRO.

HUMAN RIGHTS EDUCATION AND MEMORY: THE JURISPRUDENCE OF THE INTER-AMERICAN COURT OF HUMAN RIGHTS IN RELATION TO BRAZIL.

Celma Tavares[50]

"A memória abre expedientes que o direito considera arquivados"
(Walter Benjamin)

RESUMO: A educação em direitos humanos, que integra o direito à educação, é composta por três elementos: a formação do sujeito de direito; o empoderamento individual e coletivo; e o educar para o nunca mais. Este último é o que nos interessa neste texto, considerando sua relevância nos processos de justiça de transição. Em contextos pós ditatoriais, como o do Brasil, a forma de viabilizar o direito coletivo de conhecer seu passado marca a diferença entre a preservação da memória e verdade ou a opção pelo esquecimento. Este artigo tem o objetivo de analisar a jurisprudência da Corte Interamericana de Direitos Humanos em relação ao Estado brasileiro no campo do direito à memória e verdade. As sentenças do 'Caso Gomes Lund y otros vs. Brasil' de 2010 e do 'Caso Herzog y otros vs. Brasil' de 2018 obrigam a investigar e punir graves violações de

50 Licenciada em Pedagogia, Mestre em Ciência Política (UFPE), Doutora em Direitos Humanos pela Universidade de Salamanca/Espanha (USAL) e Pós-Doutora em Direitos Sociais e Direitos Humanos pela USAL. Pesquisadora e Vice Coordenadora do Núcleo de Estudos e Pesquisas de Educação em Direitos Humanos, Diversidade e Cidadania da UFPE. Atualmente em estância de investigação no Seminário Internacional de História Contemporânea dos Direitos Humanos (SIHCSH/USAL).

direitos humanos, em ambos casos crimes contra a humanidade que são inanistiáveis e imprescritíveis. Ademais, a Corte estabelece em sua jurisprudência que o direito à memória e verdade se situa no marco do direito de acesso à justiça. O país tem a obrigação de cumprir ambas sentenças e o dever de efetuar o controle de convencionalidade entre suas normas internas e a Convenção Americana de Direitos Humanos. Por fim, é fundamental que se compreenda que as políticas de memória e verdade não tem relação apenas com o passado, mas também com nosso presente e futuro, tendo um papel chave no processo de consolidação democrática.

Palavras-chave: Memória e verdade; Educação em Direitos Humanos; Democracia; Corte Interamericana; Brasil.

ABSTRACT: *Human rights education, which includes the right to education, is composed of three elements: the training of the subject of rights, individual and collective empowerment and education for the never again. In this last aspect we will focus on this text, considering its importance in the processes of justice in transition. In post-dictatorial contexts, such as the Brazilian, the way to make the collective right to know the past makes the difference between the preservation of memory and truth or the choice of oblivion. The purpose of this article is to analyze the jurisprudence of the Inter-American Court in relation to Brazil in the field of memory and truth. The sentences of the case of Gomez Lund and others vs Brazil 2010 and the case of Herzog and others vs. Brazil 2018 make it necessary to investigate and punish serious human rights violations. In fact, both cases concern crimes against humanity, impossible to amnesty and imprescriptible. In addition, the Court states in its case law jurisprudence that the right to memory and truth falls within the framework of the right to access to justice. The Brazilian state has the obligation to comply with both judgments and the duty to carry out the control of conventionality between its internal rules and the American Convention of Human Rights. Finally, it is essential to understand that memory policies are not only related to the past but also to the present and the future as they play a key role in democratization consolidation processes.*

Key words: *Memory and truth; Human Rights Education; Democracy; Inter-American Court; Brazil.*

INTRODUÇÃO

Os direitos sociais, que integram o conjunto dos direitos humanos, constituem direitos que devem ser respeitados e garantidos em todos os âmbitos, posto que nos colocam questões básicas para a dignidade humana. Nesta direção, "a interrelação dos direitos humanos nunca esteve mais evidente que nos processos educativos, de modo que o direito à educação é ademais uma garantia individual e um direito social cuja máxima expressão é a pessoa exercendo sua cidadania planetária" (MUÑOZ, 2009, p.64).

O direito social à educação, e na perspectiva dos direitos humanos, nos conduz a refletir sobre os desafios da educação como caminho para transformar a realidade, ou seja, uma educação libertadora (FREIRE, 2009), que excede a ideia de educação como direito humano, ampliando-a à esfera da educação em direitos humanos.

A educação em direitos humanos (EDH) é a que possibilita a sensibilização e a conscientização das pessoas sobre a importância do respeito ao ser humano e da exigibilidade dos direitos. Seu objetivo é construir uma nova cultura a partir da compreensão de que toda pessoa deve ser respeitada em razão de sua dignidade[51]. Neste sentido, a comunidade internacional considera que a EDH integra o direito à educação[52], destacando de maneira continuada seu consenso em torno à radical importância desta na realização dos demais direitos[53].

Considerando a EDH como um direito social importante para o alcance dos demais direitos, esta é compreendida como um processo sistemático e multidimensional que orienta a formação do sujeito de direito (BRASIL,

---

51 Entendendo por dignidade, "não o simples acesso aos bens, mas que dito processo seja igualitário e não esteja hierarquizado a priori por processos de divisão do fazer que colocam a uns em âmbitos privilegiados a hora de aceder aos bens e a outros em situação de opressão e subordinação. Ademais, falar de dignidade não implica fazê-lo de um conceito ideal ou abstrato; a dignidade é um fim material" (HERRERA FLORES, 2008, p.10).

52 Essa compreensão, de acordo com estudos do Instituto Interamericano de Direitos Humanos, se legitima em documentos como a Declaração Universal e, mais recentemente, o Protocolo Adicional à Convenção Americana sobre Direitos Humanos em matéria de Direitos Econômicos, Sociais e Culturais (IIDH, 2002, p.6).

53 Durante o I Encontro Interamericano de Ministros de Educação sobre EDH, realizado em 2007, essa posição foi colocada na Ata do Panamá. No II Encontro Ministerial Interamericano sobre EDH, realizado em 2013, na Guatemala, essa postura foi mantida.

2006), indicando-se sua relação intrínseca com a democracia[54] e o Estado de Direito[55].

Ao mesmo tempo, a EDH é composta por três elementos: a formação do sujeito de direito; o empoderamento individual e coletivo; e o educar para o nunca mais (SACAVINO, 2000). Este último elemento é o que nos interessa mais especificamente neste texto. Em especial por sua relevância nos processos de justiça de transição[56] e de consolidação democrática, assim como por possibilitar o resgate da memória e verdade.

Os países que viveram períodos autoritários, com regimes ditatoriais[57], trilharam distintos caminhos para o restabelecimento da democracia. Uns avançaram mais que outros no processo de justiça de transição, que inclui o direito à memória e à verdade; reformas institucionais; reparações simbólicas e econômicas; e a responsabilidade penal dos crimes praticados por agentes do Estado autoritário (MEYER, 2013). Nesta direção, o educar para o nunca mais é o elemento que perpassa todos esses momentos.

No Brasil a ditadura militar foi iniciada por meio de um golpe de estado em abril de 1964 e se estendeu até 1985, quando assumiu o primeiro governo civil eleito de forma indireta. Uma vasta bibliografia[58] existente sobre o período analisa as questões socioeconômicas e políticas, como também o arcabouço jurídico e institucional responsável pela política de terrorismo de Estado, que incluiu não só a perda de liberdades civis e políticas, mas principalmente as torturas, assassinatos e desaparecimentos cometidos pelos agentes estatais, com apoio civil-empresarial.

Já com um regime democrático, o país começa a ratificar os principais instrumentos normativos de direitos humanos do sistema internacional e

---

54 Referindo-se, neste caso, à democracia substantiva (FERRAJOLI, 2008).

55 O Estado de Direito, segundo Ferrajoli (1995, pp. 885-887) "designa não apenas um 'estado legal' ou 'regulado pela Lei', mais também um modelo de estado nascido com as modernas Constituições e caracterizado: a) no plano formal, pelo princípio da legalidade; b) no plano substancial, pelo funcionamento de todos os poderes do estado ao serviço da garantia dos direitos fundamentais dos cidadãos".

56 Teitel (2011, p. 135) a define como "a concepção de justiça associada a períodos de mudança política, caracterizados por respostas no âmbito jurídico que tem por objetivo enfrentar os crimes cometidos por regimes opressores do passado".

57 Nomeadas, dependendo da linha de cada autor, de ditadura militar, ditadura civil-militar, ditadura empresarial-militar, ditadura de segurança nacional, Estado burocrático autoritário, Terrorismo de Estado, entre outros.

58 A título de exemplo, ARQUIDIOCESE DE SÃO PAULO (1985); CASTRO, D´ARAÚJO, SOARES (1994).

interamericano. E ante a pressão e articulação dos familiares de mortos e desaparecidos políticos, em 1995, dá como resposta a Lei 9.140/1995, que, entre outras providências, cria a Comissão Especial sobre Mortos e Desaparecidos Políticos[59]. Anos mais tarde, em 2002, é constituída a Comissão de Anistia[60], no âmbito do Ministério da Justiça. Fechando esse ciclo de atenção a alguns dos elementos da justiça de transição[61], a Comissão Nacional da Verdade (CNV) foi criada pela Lei 12.528/2011 e instituída em maio de 2012, com o objetivo de "examinar e esclarecer as graves violações de direitos humanos" praticadas entre 18 de setembro de 1946 até cinco de outubro de 1988[62], "a fim de efetivar o direito à memória e à verdade histórica". O relatório final da CNV foi apresentado no dia 10 de dezembro de 2014 com a principal conclusão de que "a tortura foi uma política de Estado durante a ditadura militar no Brasil"[63]. A CNV também relacionou nomes de 377 agentes públicos responsáveis por graves violações de direitos humanos cometidas no período e recomendou de

---

59 A Comissão tem como objetivos: a) reconhecer as vítimas da ditadura que foram mortas ou estão desaparecidas; b) conceder indenização aos familiares; c) localizar e identificar os restos mortais dos/as desaparecidos/as políticos/as.

60 A Comissão de Anistia foi criada pela Medida Provisória n.º 2.151, que depois foi revogada e convertida na Lei nº 10.559/2002, para analisar os pedidos de indenização de pessoas impedidas de exercer atividades econômicas por motivação exclusivamente política. Além disso, a Comissão de Anistia investiu no campo da reparação simbólica, com as Caravanas da Anistia, e no campo da memória e verdade com a criação do Centro de Referência das Lutas Políticas no Brasil, denominado "Memórias Reveladas".

61 O âmbito da justiça de transição que permanece intocado é o da punição. Após a condenação do Brasil na Corte Interamericana no Caso Gomes Lund o Ministério Público Federal criou o Grupo de Trabalho de Justiça de Transição e até 2017 tinham sido iniciadas 27 ações penais contra 47 agentes que estariam envolvidos em 43 crimes; mas até agora nenhuma delas foi julgada procedente. Contudo, após a condenação da Corte nota-se uma mudança de interpretação jurídica no âmbito do Ministério Público, que começa a adotar a terminologia crimes contra a humanidade para caracterizar os crimes da ditadura militar, interpretação que se contrapõe a possibilidade de prescrição e anistia a tais crimes. Registra-se ainda que a Justiça Federal de Campos/RJ aceitou em outubro de 2019 a denúncia contra o ex-delegado Cláudio Guerra por ocultação de cadáver e destruição dos corpos de 12 militantes políticos assassinados pela ditadura entre 1973-1975. A juíza do caso considerou que não cabe prescrição do crime pelo fato de a ocultação de cadáver neste contexto constituir-se crime contra a humanidade.

62 Período previsto no art. 8° do Ato das Disposições Constitucionais Transitórias, da Constituição Federal Brasileira de 1988.

63 Ademais o relatório da CNV evidenciou a prática sistemática de torturas, prisões arbitrárias, execuções e desaparecimentos forçados pelo Estado, e reconheceu 434 pessoas que foram mortas ou desaparecidas políticas no período de 1946 a 1988.

forma expressa sua responsabilização por crimes contra a humanidade, que segundo o Direito Internacional são crimes inanistiáveis e imprescritíveis.

Assim, diante desse contexto e considerando a importância do educar para o nunca mais, em especial para a consolidação da democracia e o respeito ao Estado de Direito, este artigo tem o objetivo de analisar a jurisprudência da Corte Interamericana de Direitos Humanos em relação ao Estado brasileiro no campo do direito à memória e verdade. Para isso, utilizou-se a abordagem qualitativa (GHEDIN; FRANCO, 2008) e a análise de conteúdo (BARDIN, 1977).

O texto está organizado em duas partes mais as considerações finais. Na primeira são apresentadas as categorias analíticas direitos humanos, EDH e memória e verdade. Na segunda se examina o posicionamento da Corte com base no 'Caso Gomes Lund y otros (Guerrilha do Araguaia) vs. Brasil' e no 'Caso Herzog y otros vs. Brasil'.

1. EDUCAR PARA O NUNCA MAIS: DIREITOS HUMANOS E MEMÓRIA

O estudo sobre a EDH com o olhar posto no educar para o nunca mais requer uma discussão, ainda que breve, das seguintes categorias analíticas: direitos humanos, EDH e memória e verdade.

1.1. Os direitos humanos como espaços de lutas sociais.

Os direitos humanos reúnem uma variedade de significados. Aqui são compreendidos como "processos institucionais e sociais que possibilitem a abertura e consolidação de espaços de luta pela dignidade humana" (HERRERA FLORES, 2008, p. 13).

Nesta perspectiva, Herrera Flores (2005) propõe o modelo rizomático, que permite compreender os direitos humanos de forma holística, em seus vínculos, conexões e redes. Além disso, ao propor uma inversão do campo estritamente normativo para o campo dos bens, este modelo possibilita não deixar à margem os objetivos para os quais os direitos foram reconhecidos, porque são os bens que facilitam ter uma vida digna. É preciso reconhecer a relevância das normas que tentam garantir a efetividade dos direitos, mas ao mesmo tempo entender que esses direitos não se reduzem a estas normas. Em especial porque as normas não são neutras nem assépticas, posto que os sistemas de valores dominantes na sociedade se impõem nas normas jurídicas.

Por fim, em relação aos direitos humanos, igualmente é preciso superar a situação anestésica na qual se encontram os segmentos sociais e que se alimenta da "concepção jurídico-positivista, estatal, formalista dos direitos humanos". De acordo com Sánchez Rubio (2011), costumamos circunscrever estes direitos a uma concepção pós-violatória dos mesmos, sendo fundamental inverter essa lógica e acrescentar a dimensão pré-violatória em nossas práticas. Isso implica compreender que os ordenamentos jurídicos não são a única forma de garantir direitos e adotar uma "noção mais complexa dos direitos humanos, que processual, relacional e dinamicamente se constroem a partir de práticas sociais e ações humanas que empoderem os sujeitos" (SÁNCHEZ RUBIO, 2011, pp. 51-52). Por tanto, é essencial alcançar uma atitude sinestésica dos direitos humanos, o que exige potencializar uma cultura de direitos humanos.

1.2. A EDH como requisito para uma cultura de direitos

A ideia de potencializar uma cultura de direitos demanda prioritariamente processos de educação em direitos humanos. Na esfera internacional, EDH foi consolidando seu raio de ação. Desde a Declaração Universal (1948) se destaca o papel da educação para o respeito a estes direitos, em especial no seu artigo XXVI. Em seguida outros instrumentos incorporaram disposições relativas à EDH, como o Pacto Internacional dos Direitos Sociais, Econômicos e Culturais (1966), entre outros.

A relevância da EDH se reafirmou durante a II Conferência Mundial dos Direitos Humanos, de 1993, com a Declaração e o Plano de Ação de Viena. E esta atitude avançou, primeiro, com o Decênio das Nações Unidas para a Educação na Esfera dos Direitos Humanos (1994-2004) e, depois, em 2004, com o Programa Mundial para a EDH[64], em suas três etapas: Plano de Ação 2005-2009; Plano de Ação 2010-2014; e Plano de Ação 2015-2019.

No âmbito interamericano, Magendzo (1999, p.4-5) recorda que o tema da EDH se instalou em muitos países na década de 1980, quando teve "um papel central na (re) democratização das sociedades tão afetadas pelas violações sistemáticas dos direitos fundamentais". Nos anos de 1990, de acordo com o autor, a EDH alcançou mudanças significativas. E sua expansão continuou nos

64 O Programa também orientou o desenvolvimento da EDH com base em três eixos: a) conhecimentos e técnicas; b) valores, atitudes e comportamentos; c) adoção de medidas para promover os direitos humanos.

anos 2000 e posteriores, ainda que com algumas fragilidades e lacunas[65]. Em relação aos documentos, se destacam o Protocolo de São Salvador (1988), a Carta Democrática Interamericana (2001) e o Pacto Interamericano pela EDH (2010), como também as Resoluções da OEA sobre a EDH.

No Brasil, a EDH é um campo recente, considerando que os períodos democráticos foram breves e frágeis (SILVA; TAVARES, 2011). Neste sentido, a estruturação de um arcabouço normativo-institucional para a área foi fundamental para sua inserção na agenda política, destacando-se a criação, em 1997, da Secretaria de Direitos Humanos e a elaboração do Programa Nacional de Direitos Humanos nas suas versões de 1996, 2002 e 2009, e do Plano Nacional de Educação em Direitos Humanos, de 2006. O componente mais recente nesse quadro foi a homologação, em 2012, das Diretrizes Nacionais para a Educação em Direitos Humanos pelo Conselho Nacional de Educação.

1.3. O educar para o nunca mais: a memória como justiça

O passado é parte essencial do presente. Pós contextos autoritários, a forma de viabilizar o direito coletivo de conhecer este passado marca a diferença entre a preservação da memória e verdade ou a opção pelo esquecimento. Este último não parece ser o melhor caminho, como afirma Zgustova (2008, p.1):

> Todos devemos refletir sobre as razões pelas que mal vivemos tantos anos sob ditaduras. Porque uma sociedade que permite que um poder ditatorial ou totalitário a submeta durante décadas é uma sociedade doente (...). E os bacilos dessa doença podem ainda continuar no corpo social e em cada um de nós. Por isso é necessário conhecer o que aconteceu e refletir sobre isso. Nenhuma doença se cura com o esquecimento.

Nesta mesma direção, Reyes Mate (2011a) nos explica, por um lado, que o dever da memória nasce de Auschwitz, e, por outro lado, que a memória é conhecimento e não apenas sentimento. E justifica sua afirmação pontuando que "a memória nos proíbe de confundir realidade com fatos, porque da realidade fazem parte os não fatos, tudo o que não chegou a ser" (REYES MATE, 2011a, p.1). Por isso a memória é um elemento fundamental para compreender que "nosso presente está construído sobre muitas injustiças (REYES MATE, 2009, p.4), além de "dar sentido ao que a cultura dominante, fundamentalmente

---

[65] Para conhecer a evolução da EDH na América Latina é interessante consultar os relatórios de acompanhamento de processo elaborados pelo Instituto Interamericano de Direitos Humanos em relação aos países signatários do Protocolo de São Salvador, disponíveis em www.iidh.ed.cr

amnésica, privou de conhecimento, por exemplo, a figura das vítimas" (REYES MATE, 2011b, p. 37).

Neste sentido, se revela a importância da memória e verdade para a construção e/ou fortalecimento das relações democráticas nas instituições e na sociedade depois de regimes autoritários: "a correlação entre transparência pública e conhecimento da violência é um dos indicadores da solidez democrática do estado de direito ou de seu déficit" (RUIZ, 2011, p. 5).

Ao que Ruiz (2011, p. 2;5) acrescenta

> Na transição pactuada a violência cometida persiste como continuidade viva e dolorosa na vida das vítimas, ou em sua ausência. As marcas da violência não se anulam pelos meros acordos políticos. (...) A pesar de a transição do estado de exceção para o estado de direito possa ser feita mediante um acordo de esquecimento, as sequelas da violência não podem ser apagadas pelos acordos. (...) A memória (*anamnesis*) é o antídoto mais eficiente para neutralizar a violência, qualquer violência.

Por isso, as políticas de memória e verdade não tem relação apenas com o passado, mas também com nosso presente e futuro, posto que refletem como se disputa a construção ou reconstrução da democracia hoje. Os processos de democratização (O'DONNELL, 1997) e seus graus de consolidação se relacionam diretamente à capacidade social de atuar neste sentido.

Segundo Zalaquett (1998, p.6)

> É importante não apenas que se conheça a verdade, mas também que seja reconhecida pelas instituições e as pessoas diretamente envolvidas, assim como por toda sociedade. Reconhecer a verdade implica aceitar a veracidade dos fatos revelados e admitir que eram condenáveis.

Assim, um dos aspectos centrais da memória e verdade é o de buscar garantir que as experiências traumáticas nunca mais possam ser repetidas; o que indica como o sentido da memória ultrapassa o recordar e reparar simbolicamente para situar-se no âmbito da prevenção.

Essa prevenção é exatamente uma das finalidades do educar para o nunca mais. De acordo com Candau (2013) isso supõe promover a importância da memória e verdade em lugar de deixar espaço para o esquecimento. Dessa forma, educar para o nunca mais busca questionar, denunciar e exigir memória, verdade e justiça, com uma proposta reflexiva que possa promover uma educação transformadora, ao mesmo tempo em que se constitui como dimensão importante da EDH para "aprofundar e melhorar a qualidade de nossas democracias" (SACAVINO, 2015, p. 72).

2. A MEMÓRIA E VERDADE NA JURISPRUDÊNCIA DA CORTE INTERAMERICANA EM RELAÇÃO AO ESTADO BRASILEIRO

De início é importante assinalar que a Corte Interamericana de Direitos Humanos, cuja competência foi reconhecida pelo Estado brasileiro em 1998, estabeleceu em sua jurisprudência[66] uma clara vinculação entre o direito à memória e verdade e a dimensão de justiça. Além disso, também de acordo com sua jurisprudência, e segundo Dulitzky (2017, p.584), a Corte entende que a memória que preserva "é a que visibiliza às vítimas como titulares de direitos e ao Estado no seu duplo e complexo papel de violador e garantidor de tais direitos".

Em relação ao Estado brasileiro, na jurisprudência da Corte se destacam duas sentenças – o 'Caso Gomes Lund y otros vs. Brasil' de 2010 e o 'Caso Herzog y otros vs. Brasil' de 2018 – que obrigam a investigar e punir graves violações de direitos humanos, reconhecendo que o direito a conhecer a verdade se situa no marco do direito de acesso à justiça[67].

2.1. 'Caso Gomes Lund y otros vs. Brasil'

O caso refere-se ao desparecimento forçado de militantes do Partido Comunista durante a Guerrilha do Araguaia, pela ditadura militar. Apresentado inicialmente à Comissão Interamericana, e pela falta de cumprimento das recomendações por parte do Estado brasileiro, a Comissão o remeteu à Corte Interamericana para seu julgamento.

A sentença foi ditada no dia 24 de novembro de 2010, reconhecendo o Estado brasileiro como responsável pelo desaparecimento forçado de 62 pessoas, e, portanto, pela violação dos direitos ao reconhecimento da personalidade jurídica, da vida, da integridade e da liberdade dessas pessoas, estabelecidos na Convenção Americana; também pela violação do direito à liberdade de pensamento e de expressão, **pelo comprometimento do direito a buscar e receber informação, assim como do direito a conhecer a verdade do ocorrido**[68]; e pela violação ao direito à integridade pessoal em prejuízo dos familiares.

---

[66] Desde o caso Velásquez Rodríguez vs. Honduras, com a sentença ditada em 1988.

[67] Além disso, cabe recordar que o direito a verdade possui duas dimensões, "uma individual que salvaguarda o direito das vítimas e familiares, e uma dimensão coletiva que protege o direito da sociedade a conhecer a verdade, ter acesso à informação e reconstruir a memória coletiva" (CORTE INTERAMERICANA, 2018, p.85).

[68] Para evitar a repetição de notas de rodapé com a mesma informação, explicamos que todos os grifos em negrito ao longo do texto não estão no original, são grifos da autora.

Além disso, a sentença declarou que a Lei de Anistia é incompatível com a Convenção Americana, carecendo de efeitos jurídicos, e que "não pode continuar representando um obstáculo para a investigação do presente Caso, nem para a identificação e castigo dos responsáveis", nem ter igual impacto sobre outros casos de graves violações de direitos humanos (CORTE INTERAMERICANA, 2010, pp.115-116). Como também declarou que o país não cumpriu a obrigação de adequar seu direito interno à Convenção (controle de convencionalidade).

E condenou o Estado brasileiro a, entre outras questões, conduzir a investigação penal dos fatos, determinar as responsabilidades e aplicar as devidas sanções; realizar todos os esforços para determinar o paradeiro das vítimas desaparecidas e, em seu caso, identificar e entregar os restos mortais aos familiares; realizar um ato público de reconhecimento da responsabilidade internacional dos fatos do presente caso; adotar as medidas necessárias para tipificar o crime de desaparecimento forçado; continuar realizando as iniciativas de busca, sistematização e publicação sobre a Guerrilha do Araguaia assim como as violações de direitos humanos que ocorreram na ditadura militar (CORTE INTERAMERICANA, 2010, pp.116-177).

As obrigações geradas com a sentença, além da responsabilização e punição dos agentes estatais pelos crimes cometidos, reforçam o direito à memória e verdade e à justiça, como é a investigação penal dos fatos, a determinação do paradeiro das vítimas ou localização dos restos mortais e a busca, sistematização e publicação sobre a Guerrilha do Araguaia e de outras violações cometidas pela ditadura militar.

Da sentença, e considerando o objetivo deste artigo, é importante reproduzir duas de suas alegações:

> 201. Por sua parte, a Corte Interamericana considerou o conteúdo do direito a conhecer a verdade em sua jurisprudência, em particular em casos de desaparecimento forçado. Desde o Caso Velázquez Rodríguez o Tribunal afirmou a existência de um 'direito dos familiares das vítimas de conhecer qual foi o destino desta e, em seu caso, onde se encontram seus restos'. A Corte reconheceu que o direito dos familiares das vítimas de graves violações dos direitos humanos a conhecer a verdade se situa no direito do acesso à justiça. (CORTE INTERAMERIACANA, 2010, p.78).
> 212. Com fundamento nas considerações precedentes, a Corte conclui que o Estado violou o direito a buscar e receber informações consagrados no artigo 13 da Convenção Americana em relação com os artigos 1.1, 8, e 25 da mesma (CORTE INTERAMERICANA, 2010, p.82).

Além disso, é igualmente relevante assinalar os dois argumentos centrais que sustentam a sentença, e que tem implicações também no campo do direito à memória e verdade. O primeiro é que o caso julgado constitui um crime de desaparecimento forçado, portanto, um crime compreendido como violação múltipla e continuada de direitos humanos e um crime contra a humanidade. O segundo é o controle de convencionalidade e a jurisprudência da Corte em relação às leis de anistia. Adiante abordaremos estas questões.

Em 17 de outubro de 2014 a Corte divulgou sua resolução de seguimento de cumprimento da sentença do Caso Gomes Lund. Nela, resolveu, entre outras questões: declarar que o Brasil deu cumprimento total a duas de suas obrigações e cumprimento parcial a três delas[69]; declarar que "a interpretação e aplicação da Lei de Anistia em determinadas decisões judiciais continua sendo um obstáculo para a investigação dos fatos e eventual punição dos responsáveis"; e manter aberto o procedimento de supervisão de cumprimento das medidas de reparação ordenadas que estão pendentes de serem acatadas[70]

3.2. 'Caso Herzog y otros vs. Brasil'

O Caso Herzog diz respeito à prisão ilegal, tortura e morte do jornalista da TV Cultura, Vladimir Herzog, em outubro de 1975, dentro das dependências do DOI-CODI de São Paulo[71]. A versão oficial da ditadura brasileira foi a de suicídio. A Corte Interamericana recebeu o caso em abril de 2016.

No dia 15 de março de 2018 a Corte declarou o Estado brasileiro como responsável pela violação dos direitos às garantias judiciais e à proteção judicial em prejuízo de seus familiares pela falta de investigação e do julgamento e punição dos responsáveis pela tortura e assassinato de Vladimir Herzog, bem

[69] Ponto dispositivo 12° e 19° em relação ao cumprimento total, e ponto dispositivo 16°, 17° e 18° em relação ao cumprimento parcial.

[70] Entre as quais, conduzir a investigação penal dos fatos, determinar as responsabilidades e aplicar as devidas sanções; realizar todos os esforço para determinar o paradeiro das vítimas desaparecidas e, em seu caso, identificar e entregar os restos mortais aos familiares; realizar ato público de reconhecimento de responsabilidade internacional pelos fatos do presente caso; adotar as medidas necessárias para tipificar o crime de desaparecimento forçado; continuar realizando as iniciativas de busca, sistematização e publicação sobre a Guerrilha do Araguaia assim como as violações de direitos humanos que ocorreram na ditadura militar (CORTE INTERAMERICANA, 2014, pp. 41-42)

[71] Em 1978 a Justiça brasileira responsabilizou civilmente a União pela prisão ilegal, tortura e morte de Herzog. Em 1996 a Comissão de Mortos e Desaparecidos Políticos reconheceu seu assassinato e concedeu indenização à família, que a recusou porque queria que as investigações continuassem. O atestado de óbito só foi retificado, para constar a real causa da morte, em março de 2013, por solicitação da CNV.

como da aplicação da Lei de Anistia (e outras excludentes de responsabilidade), que é proibida pelo direito internacional em casos de crime contra a humanidade. O declarou igualmente responsável pela **violação do direito** de seus familiares **a conhecer a verdade** em virtude de não ter esclarecido judicialmente os fatos do presente caso. E também pela violação do direito à integridade pessoal em prejuízo de seus familiares (CORTE INTERAMERICANA, 2018, p.104).

O Estado brasileiro foi condenado, entre outras questões a: reiniciar prontamente a investigação e processo penal dos fatos ocorridos em 25 de outubro de 1975 para identificar e processar e, em seu caso, punir os responsáveis pela tortura e morte de Vladimir Herzog; adotar medidas mais idôneas para que suas instituições reconheçam, sem exceção, a imprescritibilidade dos crimes contra a humanidade; realizar ato público de reconhecimento da responsabilidade internacional pelos fatos do presente caso em desagravo da memória de Vladimir Herzog e a falta de investigação, julgamento e sanção dos responsáveis (CORTE INTERAMERICANA, 2018, p.105).

Novamente as obrigações geradas com a sentença, além da responsabilização e punição dos agentes estatais pelos crimes cometidos, reforçam o direito à memória e verdade e à justiça. Igualmente entre os argumentos da sentença estão a caracterização do caso como um crime contra a humanidade, a incompatibilidade da Lei de Anistia com a Convenção Americana e o dever de controle de convencionalidade.

Merece destaque, também considerando o objetivo deste texto, os seguintes parágrafos:

> 328. **Este Tribunal estima pertinente que conforme sua jurisprudência constante, toda pessoa, incluindo os familiares das vítimas de graves violações de direitos humanos, tem o direito a conhecer a verdade**. Em consequência, os familiares das vítimas e a sociedade devem ser informados de todo o ocorrido com relação a ditas violações. **Se bem o direito a conhecer a verdade se situa fundamentalmente no direito de acesso à justiça, aquele tem uma natureza ampla e sua vulneração pode afetar distintos direitos consagrados na Convenção Americana**, dependendo do contexto e circunstâncias particulares do caso. Neste sentido, a Corte reitera que este direito se encontra situado e protegido pelos artigos 1.1, 8.1, 25, assim como – em determinadas circunstâncias – no artigo 13 da Convenção, tal e como ocorreu no caso Gomes Lund y otros vs. Brasil (CORTE INTERAMERICANA, 2018, p.87)
> 337. De conformidade com o princípio da boa-fé no acesso à informação, o Tribunal considera que o Estado não pode liberar-se de suas obrigações positivas de garantir o direito à verdade e o acesso aos arquivos públicos

alegando simplesmente que a informação foi destruída. Pelo contrário, o Estado tem a obrigação de buscar essa informação por todos os meios possíveis. Para cumprir com esse dever, o Estado deve realizar um esforço substantivo e aportar todos os recursos necessários para reconstruir a informação supostamente destruída (CORTE INTERAMERICANA, 2018, p. 89).

3.3. O dever de memória e verdade e a obrigação do controle de convencionalidade

As duas sentenças convergem para a obrigação do Estado brasileiro em investigar, julgar e punir os responsáveis pelos crimes relacionados aos dois casos, como também para o direito de toda pessoa à memória, verdade e justiça. Convergem também para o reconhecimento de que os familiares das vítimas são igualmente vítimas[72]. Contudo, o cumprimento das sentenças em relação a estas obrigações não vem sendo aplicado sob a alegação da anistia e prescrição dos crimes[73].

Em relação à prescrição dos crimes, a Corte Interamericana teve o entendimento de que como se tratam de crimes contra a humanidade[74] são, portanto, crimes imprescritíveis e inanistiáveis. Este é um princípio geral de Direito Internacional, o qual vem sendo afirmado desde a Resolução nº 2.338, da Assembleia Geral da ONU de 1967, até o Estatuto de Roma de 1988, que criou o Tribunal Penal Internacional para julgar crimes contra humanidade (tribunal cuja competência o Brasil igualmente reconheceu).

Para a Corte:

---

72 "253. A Corte considerou em numerosos casos que os familiares das vítimas de violações dos direitos humanos, podem ser, por sua vez, vítimas. Ao respeito, este Tribunal estimou que se pode presumir um dano à integridade psíquica e moral dos familiares diretos de vítimas de certas violações de direitos humanos (...)" (CORTE INTERAMERICANA, 2010, p.88).

73 Como bem destacam Amaral, Eugenio e Ribeiro (2018, p.431): "Observa-se que das decisões judiciais que negam o processamento das ações penais referentes aos crimes da ditadura, sem exceções, o fundamento é o mesmo: 'causas de extinção da punibilidade da anistia e da prescrição', sem referir-se à natureza permanente dos crimes, nem a provas ou qualquer face do mérito"

74 São crimes que violam normas internacionais e obrigações *jus cogens* - de caráter *erga omnes* - e nenhuma prescrição, anistia ou estatuto de limitações podem evitar a punição pelos atos cometidos. As normas *jus congens* são normas que existem independente da vontade dos Estados e legisladores. Uma obrigação *erga omnes* é aquela que tem efeito estendido a todos.

> 222. Os crimes contra a humanidade são um dos crimes de direito internacional reconhecidos, juntamente com os crimes de guerra, o genocídio, a escravidão e o crime de agressão. Isso significa que seu conteúdo, sua natureza e condições de sua responsabilidade são estabelecidos no Direito Internacional com independência do que possam ser estabelecidos no direito interno dos Estados (...) Trata-se de crimes de Estado, planejados e parte de uma estratégia política contra uma população ou grupo de pessoas. Os perpetradores são agentes estatais em cumprimento de dita política que participam de atos de assassinato, tortura, estupro e outros atos repudiáveis contra civis de maneira sistemática ou generalizada (CORTE INTERAMERICANA, 2018, p. 50)
> 230. (...) **a proibição dos crimes contra a humanidade é uma norma imperativa de direito internacional (jus congens)**. O anterior significa que essa proibição é aceita e reconhecida pela comunidade internacional de Estados em seu conjunto como norma que não admite acordo em contrário e que só pode ser modificada por uma norma posterior de direito internacional geral que tenha o mesmo caráter. Em concreto, a primeira obrigação dos Estados é evitar que estas condutas ocorram. Se isso não sucede, o dever do Estado é assegurar que estas condutas sejam perseguidas penalmente e seus autores sancionados, de modo a não deixar na impunidade essas condutas (CORTE INTERAMERICANA, 2018, p. 52)

Sobre os casos concretos, a Corte se posicionou da seguinte forma:

> 105. A Corte verificou a consolidação internacional na análise desse crime, o qual configura grave violação de direitos humanos, dada a particular relevância das transgressões que possui e a natureza dos direitos violados. **A prática de desaparecimento forçado** implica um crasso abandono dos princípios essenciais nos quais se fundamenta o Sistema Interamericano de Direitos Humanos e **sua proibição alcançou caráter de *jus cogens*** (CORTE INTERAMERICANA, 2010, p.40)
> 242. A Corte conclui que os fatos praticados contra Vladimir Herzog devem ser considerados como um crime como a humanidade, tal e como é definido pelo direito internacional desde, pelo menos, 1945. Assim mesmo, conforme o afirmado na Sentença do Caso Almonacid Arellano, para o momento dos fatos relevantes do caso (25 de outubro de 1975) a proibição dos delitos de direito internacional e crimes contra a humanidade tinha alcançado o status de norma imperativa do direito internacional (*jus cogens*), o que impunha ao Estado brasileiro, e em efeito a toda a comunidade internacional, a obrigação de investigar, julgar e punir os responsáveis por ditas condutas uma vez que constituem uma ameaça para a paz e a segurança da comunidade internacional (CORTE INTERAMERICANA, 2018, p. 61).

Outra questão relacionada ao não cumprimento das sentenças se situa na alegada coisa julgada material em virtude da Lei de Anistia. Cabe, portanto, assinalar a posição da Corte Interamericana, cujas decisões não colidem com o direito interno brasileiro. Em nenhum dos dois casos a Corte foi chamada a examinar a Lei de Anistia em relação à Constituição de 1988, mas sim sua incompatibilidade com as obrigações internacionais do Brasil no tocante à Convenção Americana. E de acordo com sua análise a Corte chegou à conclusão, nos dois casos, de que a Lei de Anistia brasileira não é compatível com a Convenção[75], carecendo então de efeitos jurídicos, e que também por isso as decisões judiciais internas não podem estar fundadas na decisão do Supremo Tribunal Federal em relação à Lei de Anistia (ADPF 153)[76]. Como exemplo, sua alegação na sentença do Caso Gomes Lund e no seguimento de seu cumprimento:

> 171. Este Tribunal já se pronunciou anteriormente sobre o tema e não encontra fundamentos jurídicos para distanciar-se de sua jurisprudência constante, a qual, ademais, concorda com o estabelecido de forma unânime pelo direito internacional e pelos precedentes de órgãos dos sistemas universais e regionais de proteção dos direitos humanos. De tal modo, a efeitos do presente caso, o Tribunal reitera que 'são inadmissíveis as disposições de anistia, as disposições de prescrição e o estabelecimento de excludentes de responsabilidade que pretendam impedir a investigação e sanção dos responsáveis das graves violações dos direitos humanos tais como a tortura, as execuções sumárias, extralegais ou arbitrárias e os desaparecimentos forçados, todas elas proibidas por contrariar direitos inderrogáveis reconhecidos pelo Direito Internacional dos Direitos Humanos (CORTE INTERAMERICANA, 2010, p.65).
> 22. (...) Por conseguinte, **o Brasil não pode alegar decisões adotadas a nível interno como justificativa do descumprimento da sentença emitida por este tribunal internacional de direitos humanos, nem sequer quando tais decisões provenham do tribunal da mais alta hierarquia no ordenamento jurídico nacional** (CORTE INTERAMERICANA, 2014, p. 12)

Como resultado, a Corte indicou em suas sentenças a obrigação do país em exercer o controle de convencionalidade entre as normas internas (neste caso a Lei de Anistia) e a Convenção Americana.

---

[75] O Caso Barrios Altos vs. Peru foi o primeiro no qual a Corte declarou as leis de anistia incompatíveis com a Convenção Americana em casos de graves violações de direitos humanos ou crimes contra a humanidade. Depois se seguiram o 'Caso Almonacid Arellano vs. Chile', o 'Caso La Cantuta vs. Peru', o 'Caso Gelmán vs. Uruguay', e o 'Caso Masacre de El Mozote y lugares aledaños vs. El Salvador'.

[76] A Corte igualmente entende que a aplicação das leis de anistia pelos órgãos estatais e por funcionários públicos são também violações à Convenção Americana.

> 176. Este Tribunal estabeleceu na sua jurisprudência[77] que é consciente de que as autoridades internas estão sujeitas ao império da lei e, por isso, estão obrigadas a aplicar as disposições vigentes no ordenamento jurídico. Entretanto quando um Estado é Parte de um tratado internacional como a Convenção Americana, todos os seus órgãos, incluindo seus juízes, também estão submetidos àquele, o qual lhes obriga a velar para que os efeitos das disposições da Convenção não se vejam enfraquecidos pela aplicação de normas contrárias a seu objeto e fim e que desde um início carecem de efeitos jurídicos. **O Poder Judicial, em tal sentido, está internacionalmente obrigado a exercer um 'controle de convencionalidade'** ***ex officio*** **entre as normas internas e a Convenção Americana**, evidentemente no marco de suas respectivas competências e das regulações processuais correspondentes. Nesta tarefa, o Poder Judicial deve ter em conta não apenas o tratado, mas também a interpretação do mesmo feito pela Corte Interamericana, intérprete última da Convenção Americana (CORTE INTERAMERICANA, 2010, p. 66).
> 180. Com base nas considerações anteriores, a Corte Interamericana conclui que devido à interpretação e aplicação dada à Lei de Anistia, a qual carece de efeitos jurídicos em relação às graves violações de direitos humanos nos termos antes indicados, o Brasil descumpriu sua obrigação de adequar seu direito interno à Convenção, contida no artigo 2 da mesma, em relação com os artigos 8.1, 25, e 1.1 do mesmo tratado (CORTE INTERAMERICANA, 2010, p. 67).

Após a sentença de 2010 o Brasil continuou descumprindo a obrigação de exercer o controle de convencionalidade, e a Corte voltou a se posicionar no mesmo sentido, tanto na Resolução de Supervisão de Cumprimento de Sentença do Caso Araguaia em 2014 quanto na sentença do Caso Herzog em 2018.

> 19. (...) A Corte insiste na obrigação dos juízes e tribunais de efetuar um controle de convencionalidade, principalmente quando existe coisa julgada internacional, já que os juízes e tribunais têm um importante papel no cumprimento ou implementação da Sentença da Corte Interamericana. **O órgão judicial tem a função de fazer prevalecer a Convenção Americana e as decisões desta Corte sobre a normatividade interna**, interpretações e práticas que obstruam o cumprimento do disposto em um determinado caso (CORTE INTERAMERICANA, 2014, p. 11).
> 311. No presente caso [Herzog], o Tribunal conclui que **não foi exercido o controle de convencionalidade pelas autoridades jurisdicionais do Estado que encerraram a investigação em 2008 e 2009. Assim mesmo,**

[77] Em 2010, no julgamento do 'Caso Cabrera García y Montiel Flores vs. México', a Corte estabeleceu que o controle de convencionalidade deve ser exercido por todos os órgãos jurisdicionais do Estado.

> **em 2010 a decisão do Supremo Tribunal Federal confirmou a validade da interpretação da Lei de Anistia sem considerar as obrigações internacionais do Brasil derivadas do direito internacional**, particularmente aquelas estabelecidas nos artigos 8 e 25 da Convenção Americana, em relação com os artigos 1.1 e 2 da mesma. **O Tribunal estima oportuno recordar que a obrigação de cumprir com as obrigações internacionais voluntariamente contraídas corresponde a um princípio básico do direito sobre a responsabilidade internacional dos Estados, respaldado pela jurisprudência internacional e nacional, segundo o qual aqueles devem acatar suas obrigações convencionais internacionais de boa-fé** (CORTE INTERAMERICANA, 2018, p. 84).

Neste ponto é preciso assinalar, para além da obrigatoriedade, a importância do controle de convencionalidade. Segundo Amaral, Eugenio e Ribeiro (2018, p. 418;421).

> O controle de convencionalidade tem como principal objetivo a compatibilização das leis internas de um país com o que está prescrito nos tratados internacionais de direitos humanos por ele ratificado e em vigor no seu território. O mecanismo surgiu como forma de impedir que o Estado utilize de sua legislação interna com o fim de deixar de observar norma prevista em uma convenção. (...) apenas a compatibilidade da lei com o texto constitucional não lhe garante mais a validade no ordenamento interno. Essa garantia plena só lhe é conferida se estiver em consonância também com os tratados ratificados pelo país.

Igualmente é interessante pontuar que, conforme explica Marques (2018, p.175) citando a pesquisa de Sikkink e Walling, na América Latina, "dos 19 países que passaram por transição, 16 usaram leis de anistia. Contudo, apenas num país o Judiciário interpretou a lei de maneira a barrar julgamentos: o Brasil". Nesta mesma direção, Amaral, Eugenio e Ribeiro (2018, p. 428) alertam para o fato de que no âmbito da Corte Interamericana "todas as condenações de inconvencionalidade de leis de anistia foram acatadas pelos países". A exceção novamente é o Brasil.

Por outro lado, o STF não teve reparos em aplicar o controle de convencionalidade no caso da prisão por dívida no país (por uma parte a Constituição de 1988 a autorizava e por outro a Convenção Americana a proibia):

> No julgamento do RE 466.343-SP, o STF não aplicou a disposição contida na Constituição Federal no art. 5º, inciso LXVII, parte final, mas sim o referido tratado internacional. Além disso, instituiu a Súmula Vinculante nº 25, sedimentando a vedação à prisão civil do depositário infiel. Como consequência, toda legislação empregada para regulamentar a prisão civil do depositário infiel, seja direta ou indiretamente, deixa de ser aplicada

> (como o art. 652 do Código Civil pátrio). Foi uma decisão pro *homine*, que protegeu os direitos da pessoa conforme a norma menos restritiva. Contudo, e de forma contraditória, a mesma interpretação não foi realizada em face de outra conhecida situação de análise entre norma interna e norma internacional, que é a convencionalidade da Lei da Anistia, a Lei nº 6.683/1979, que ainda vigora no Brasil, e mais: foi declarada recepcionada pelo Supremo Tribunal Federal na ADPF 153 em 2010. Assim, nossa Corte maior entendeu que a prisão civil do depositário infiel era incompatível, mas a norma que impede a investigação e punição de torturadores, homicidas, repressores seria constitucional e não passível de revisão (AMARAL, EUGENIO e RIBEIRO, 2018, pp. 424 - 425).

Sobre a alegação da ADPF 153 para o descumprimento das sentenças também é preciso destacar, seguindo análise de Meyer e Tirado (2018, p. 330), que:

> O fato de que dois ministros divergiram da maioria é digno de nota. Seu argumento principal era que a frase "crimes conexos" não pode ser interpretada como crimes perpetrados por agentes públicos. Esses agentes não podiam lutar contra o regime. Como poderiam os seus crimes estar logicamente ligados aos crimes políticos perpetrados pelos opositores do regime? De fato, os crimes políticos são aqueles cometidos para combater o governo, não para defendê-lo. Não poderia ter havido nenhum acordo teleológico entre aqueles que lutaram e aqueles que apoiaram o regime.

Complementando esse raciocínio, Meyer e Tirado (2018, pp. 330-331) defendem que ao analisar a decisão do STF em relação à ADPF 153 seria possível identificar três pontos equivocados:

> O primeiro foi mencionado por uma das opiniões divergentes: o fato de que uma norma, o art. 8º do ADCT, havia explicitamente modificado o conceito do que instituía a Constituição, recebendo a anistia, apenas em relação àqueles que lutaram contra o regime ou foram perseguidos por ele. Essa regra constitucional poderia dar um significado completamente diferente à Lei da Anistia. Em segundo lugar, o tribunal acabou por distorcer várias decisões da Corte IDH (como no Caso Almocinad Arellano, por exemplo), mencionando-as apenas quando pareceu favorável à opinião de que a "anistia de duas vias" deveria prevalecer. Dizia-se, por exemplo, que o caso brasileiro era de uma anistia recíproca, não uma autoanistia. Esse último tipo de anistia já havia sido rejeitado pela Corte IDH, mas o STF sustentava que, ao postular uma anistia recíproca, poderia ignorar as decisões do tribunal regional. Terceiro, o tribunal não estava de acordo com suas próprias decisões em casos de extradições exigidas com base na perpetração de desaparecimento forçado: já havia sido decidido, na Extradição nº 974 (e a mesma decisão se aplicaria a outro caso após o julgamento de ADPF nº 153, a Extradição nº 1.150)

Cabe aqui o registro de que em 2014 o STF foi novamente acionado em ação ajuizada pelo Partido Socialismo e Liberdade, que propôs a ADPF 320 com o pedido de que as instituições governamentais brasileiras sejam obrigadas a cumprir todos os 12 itens citados na sentença do Caso Gomes Lund. A ADPF aguarda julgamento.

Ao mesmo tempo, ainda refletindo sobre a alegação da coisa julgada para evitar a obrigação de cumprir as sentenças da Corte, Marx (2018) analisa as possibilidades jurídicas de desconsideração da coisa julgada nos casos de crimes contra a humanidade. O autor defende inicialmente que "a proibição de duplo julgamento (baseada na segurança jurídica) não representa um direito absoluto, podendo ser objeto de ponderação quando presente a confrontação com outros princípios"[78]. Em seguida recorda que no país "a coisa julgada tem alcance constitucional (art. 5º, inciso XXXVI) na qualidade de cláusula pétrea, de modo que não admite supressão"; mas isso *a priori*, explica ele, porque pode haver "uma situação de colisão desse princípio com outro também constitucional, na qual este último merecera um peso maior que aquele em uma análise de ponderação de valores". E, para o autor, "esse seria o caso do princípio do acesso à justiça (como direito das vítimas) o qual também detém alcance constitucional no Brasil (CF/88 art. 5º, inciso XXXV14), em caráter de cláusula pétrea, tal qual a coisa julgada" (MARX, 2018, p.300;304;305).

Além disso, o autor explica que:

> Em casos de crimes comuns, o respeito à coisa julgada não viola o princípio de acesso à justiça, já que a própria ocorrência da coisa julgada demonstra o exercício do Direito Penal em respeito ao acesso à justiça por parte das vítimas. Ademais, o princípio exerce um papel importante ao impedir o abuso do poder punitivo estatal. No entanto, em alguns casos (destacando-se os crimes contra a humanidade), em que o Estado que comete o crime se autoprotege e impede o exercício da atividade penal, o princípio de acesso à justiça resulta violado (MARX, 2018, p.305).

E igualmente apresenta, citando a Suiami, outros dois casos nos quais poderia caber a desconsideração da coisa julgada: primeiro, "os de que essa não

[78] Ele recorda que "de acordo com a jurisprudência da Corte IDH, o princípio do *ne bis in idem* deve ser ponderado com o direito das vítimas baseado no princípio do acesso à justiça" e traz como exemplo a resolução do cumprimento de sentença no caso Bámaca Velásquez. Também afirma que "no mesmo sentido, cabe referir o conteúdo do artigo 20 do TPI, que confere um caráter limitado à coisa julgada em casos similares" (MARX, 2018, p.302;304).

se estende a processos nulos[79]" e, segundo, "que não se aplica a crimes permanentes cuja consumação se prolonga posteriormente ao julgamento" (MARX, 2018, p.307).

Portanto, o autor apresenta "três soluções" para desconsiderar a coisa julgada, no caso de uma sentença absolutória de crimes contra a humanidade (podendo ser declarada ilegítima ou ter sua aplicação afastada): "a ponderação de princípios, a desconsideração da sentença em casos de processos inexistentes e sua inaplicabilidade a crimes permanentes cuja consumação se prolonga posteriormente ao julgamento" (MARX, 2018, p.314).

Quanto ao direito à memória e verdade, ainda que não haja sua previsão constitucional expressa há possibilidade jurídica desse reconhecimento via a "chamada 'cláusula de abertura material dos direitos fundamentais' para o reconhecimento de direitos fundamentais atípicos, não expressos no texto constitucional, mas decorrentes do regime e dos princípios consignados na Constituição Federal de 1988" (BOLONHA; RODRIGUES, 2013, p.19). Além disso, na legislação infraconstitucional este direito "foi formalmente reconhecido pelo Estado" com o Programa Nacional de Direitos Humanos de 2009, por meio do Decreto nº 7.037, de 21 de dezembro de 2009. Bolonha e Rodrigues (2013, p.17) ainda destacam o voto de um dos Ministros do STF durante o julgamento da ADPF 153, que "acatou parecer da Procuradoria Geral da República, que se pronunciou sobre a necessidade de se concretizar o 'direito fundamental à verdade histórica' " e que concluiu seu voto "reconhecendo não somente a dimensão da verdade, mas também à da memória, ao afirmar que 'é necessário não esquecermos, para que nunca mais as coisas voltem a ser como foram no passado' ". O que para os autores significa o reconhecimento da existência desse direito por parte desse tribunal.

---

79 Neste ponto o autor recorda que "a Suprema Corte brasileira admite que não viola a coisa julgada a desconsideração de sentença considerada inexistente, como no caso de sentença absolutória baseada em registro de óbito falso. A esse caso, por analogia, poder-se-iam agregar as sentenças absolutórias baseadas na anistia ou mesmo na prescrição, já que, ao passo que a primeira resultava, desde sempre, inconstitucional e inconvencional para crimes contra a humanidade, a última nunca existiu para os casos em que se julgavam crimes contra a humanidade. De maneira que a sentença baseada em tais causas de extinção de punibilidade também resultaria inexistente". Além disso, também explica que "segundo a Corte IDH (Caso Bámaca Velásquez vs. Guatemala), as restrições à coisa julgada se aplicam de maneira mais simples aos casos de sobreseimiento (casos extintos sem julgamento de mérito), em que não houve uma sentença definitiva sobre a culpabilidade da pessoa. E é isso justamente o que ocorre quando a sentença absolutória se baseia na anistia ou na prescrição" (MARX, 2018, p.307).

CONCLUSÃO

A EDH com sua vertente do educar para o nunca mais possibilita o resgate da memória e verdade e contribui para o processo de consolidação democrática em contextos pós-autoritários. Conforme pontuado anteriormente, um dos aspectos centrais da memória e verdade é o de buscar garantir que as experiências traumáticas nunca mais possam ser repetidas; o que indica como o sentido da memória ultrapassa o recordar e reparar simbolicamente para situar-se no âmbito da prevenção.

Nas palavras de Ferreira (2018, p.262)

> A edificação da memória coletiva propõe um reescrever honesto da História, respeitadas e incluídas as versões de quem sofreu direta ou indiretamente com as dores da violência, da opressão, e não somente a exposição daqueles que se valeram do uso da máquina pública e das instituições com o desiderato de fazer prevalecer a História dos vencedores[80]

Na jurisprudência da Corte Interamericana em relação ao Estado brasileiro no campo do direito à memória e verdade encontramos as sentenças do 'Caso Gomes Lund y otros vs. Brasil' de 2010 e do 'Caso Herzog y otros vs. Brasil' de 2018 que obrigam a investigar e punir graves violações de direitos humanos. As obrigações geradas com a sentença, além da responsabilização e punição dos agentes estatais pelos crimes cometidos, reforçam o direito à memória e verdade e à justiça. Entre os argumentos das sentenças estão a caracterização dos casos como um crime contra a humanidade, e, portanto, inanistiáveis e imprescritíveis; a incompatibilidade da Lei de Anistia com a Convenção Americana; e o dever de controle de convencionalidade.

Nesta direção, país tem a obrigação de cumprir ambas sentenças e o dever de efetuar o controle de convencionalidade entre suas normas internas e a Convenção Americana. As escusas apresentadas pelo Estado brasileiro, especialmente no âmbito do Poder Judiciário, para o seu descumprimento, como são a anistia, a coisa julgada material e a prescrição dos crimes têm sido refutadas pela própria Corte Interamericana e também por diversos juristas brasileiros, conforme apresentado ao longo desse artigo.

Portanto, é fundamental que se compreenda que as políticas de memória e verdade não tem relação apenas com o passado, mas também com nosso

[80] Ele também destaca que: "a memória de cada indivíduo encontra alicerce na memória coletiva". Esta, por sua vez, permite que o indivíduo acesse fatos que, por exemplo, não foram vivenciados, mas que definem o imaginário e a História de um povo e a própria constituição da sua identidade individual e coletiva (FERREIRA, 2018, p.262).

presente e futuro. A Comissão Nacional da Verdade, por exemplo, ao examinar o cenário de graves violações de direitos humanos correspondente ao período por ela investigado, pôde constatar que este persiste nos dias atuais e compreende que esse quadro é resultado, entre outros aspectos, da não responsabilização e invisibilidade. Aqui é onde se percebe que a memória e verdade não são um mero adereço[81], mas, como afirmou a Corte Interamericana, situam-se no âmbito do direito à justiça.

Por fim, vale a pena reforçar, seguindo Meyer e Tirado (2018, p. 335) que "não dar efeito" as decisões de tribunais internacionais, como a Corte Interamericana, neste exemplo concreto a sentença do Caso Gomes Lund e a sentença do Caso Herzog "equivale a derrogar unilateralmente" os tratados internacionais, especificamente aqui a Convenção Americana, já que ambas decisões sustentam de forma expressa "que as disposições da Lei da Anistia já não podem ser um obstáculo para investigar e processar as graves violações dos direitos humanos".

REFERÊNCIAS E BIBLIOGRAFIA

AMARAL, Sérgio; EUGENIO, Alexia; RIBEIRO, Beatriz. A inconvencionalidade de leis de anistia e os reflexos do descumprimento da sentença do caso Gomes Lund. In: Brasil. Ministério Público Federal. **Justiça de transição, direito à memória e à verdade: boas práticas**. Brasília, MPF, 2018, pp. 414-438.

ARQUIDIOCESE DE SÃO PAULO. **Brasil: Nunca Mais**. Petrópolis, Vozes, 1985.

BARDIN, Laurence. **Análise de conteúdo**. Lisboa, Edições 70, 1977.

BOLONHA, Carlos; RODRIGUEZ, Vicente. Direito à memória e à verdade no Brasil: notas sobre um debate necessário para o campo da justiça de transição. In: **XXII Encontro Nacional CONPEDI**, Curitiba, maio-junho de 2013, 22p. Disponível em: http://www.conpedi.org.br Acesso em 20 de setembro de 2019.

BRASIL. **Plano Nacional de Educação em Direitos Humanos**. Brasília, MEC/SEDH, 2006.

---

81 Como alerta (MARQUES, 2018, p.175), "o esquecimento é justamente o que permite que esses crimes tornem a acontecer. De fato, o resgate da memória permite dar uma resposta a esse tipo de violência. Permite que se proteja e que se faça ouvir o discurso dos vencidos e dos oprimidos".

CANDAU, Vera et al. **Educação em direitos humanos e formação de professores(as)**. São Paulo: Cortez, 2013.

CASTRO, Celso; D'ARÚJO, Maria Celina e SOARES, Gláucio Ary. **Os Anos de Chumbo**: a memória militar sobre a repressão. Rio de Janeiro, Relume-Dumará, 1994.

CORTE INTERAMERICANA DE DERECHOS HUMANOS. ***Caso Gomes Lund y Otros ("Guerrilha do Araguaia") vs. Brasil.*** Sentencia de 24 de noviembre de 2010, 128p. Disponible en http://www.corteidh.or.cr Acceso en 16 de septiembre de 2019.

_______. ***Caso Herzog y Otros vs. Brasil.*** Sentencia de 15 de marzo de 2018, 106p. Disponible en http://www.corteidh.or.cr Acceso en 16 de septiembre de 2019.

_______. ***Caso Gomes Lund y Otros ("Guerrilha do Araguaia") vs. Brasil.*** Supervisión de cumplimiento de sentencia de 17 de octubre de 2014, 43p. Disponible en http://www.corteidh.or.cr Acceso en 16 de septiembre de 2019.

DULITZKY, Ariel. La memoria en la jurisprudencia de la Corte Interamericana de Derechos Humanos. En: VERA, Óscar; SIJNIENSKY, Romina; ARIAS, Gabriela (edit.). ***La lucha por los derechos humanos hoy.*** Valencia, Tirant lo Blanch, 2017, pp.581-604.

FERRAJOLI, Luigi. ***Derecho y razón:*** *teoría del garantismo penal.* Madrid, Editorial Trotta, 1995, pp.856-857.

_______. Democracia constitucional y derechos fundamentales: la rigidez de la constitución y sus garantías. En: FERRAJOLI, Luigi; MORESO, Josep; RODRÍGUEZ, Manuel. ***La teoría del derecho en el paradigma constitucional.*** Madrid: Fundación Coloquio Jurídico Europeo, 2008, pp.71-116.

FERREIRA, Alex. Memória e verdade como elementos de empoderamento democrático na experiência latino-americana. In: Brasil. Ministério Público Federal. **Justiça de transição, direito à memória e à verdade: boas práticas**. Brasília, MPF, 2018, pp. 260-279.

FREIRE, Paulo. **Educação como prática da liberdade**. 32. reimp. Rio de Janeiro: Paz e Terra, 2009.

GHEDIN, Evandro; FRANCO, Maria Amélia. **Questões de método na construção da pesquisa em educação**. São Paulo, Cortez, 2008.

HERRERA FLORES, Joaquín. ***Los derechos humanos como productos culturales:*** crítica del humanismo abstracto. Madrid, Catarata, 2005.

_______ . ***La reinvención de los Derechos Humanos***. Valencia: Atrapasueños, Colección Ensayando 1, 2008.

IIDH. ***Informe Interamericano de la Educación en Derechos Humanos***: un estudio en 19 países. Parte I, desarrollo normativo. San José, Costa Rica, IIDH, 2002.

MAGENDZO, Abraham. ***La educación en derechos humanos en América Latina***: una mirada de fin de siglo. San José, Costa Rica: IIDH, 1999.

MARQUES, Marcelo Henrique. A evolução do direito à memória e à verdade na administração pública brasileira. In: Brasil. Ministério Público Federal. **Justiça de transição, direito à memória e à verdade: boas práticas**. Brasília, MPF, 2018, pp. 170-185.

MARX, Ivan Cláudio. Desconsideração da coisa julgada em casos de crime contra a humanidade. In: Brasil. Ministério Público Federal. **Justiça de transição, direito à memória e à verdade: boas práticas**. Brasília, MPF, 2018, pp. 298-316.

MEYER, Emílio. O debate atual sobre a Lei de Anistia no Brasil. In: **Revista Coletiva**. Recife, Fundaj, n.12, set-dez 2013. Disponível em: http://www.coletiva.org/site/index.php?option=com_k2&view=item&layout=item&id=180&Itemid=76&idrev=15. Acesso: 20/10/2014.

MEYER, Emilio; TIRADO, Felipe. Responsabilidade criminal e direito internacional dos direitos humanos. In: Brasil. Ministério Público Federal. **Justiça de transição, direito à memória e à verdade: boas práticas**. Brasília, MPF, 2018, pp. 318-340.

MUÑOZ, Vernor. ***El mar entre la niebla***: el camino de la educación hacia los derechos humanos. Costa Rica, Luna Híbrida Ediciones, 2009.

O'DONNELL, Guillermo. ***Contrapuntos:*** ensayos escogidos sobre autoritarismo y transición. Buenos Aires, Paidós, 1997.

REYES MATE, Manuel. A memória como antídoto à repetição da barbárie. En: **Revista IHU On-Line**. Rio Grande do Sul, Universidade do Vale dos Sinos, 2009. Disponible en http://www.ihuonline.unisinos.br/index.php?option=com_content&view=article&id=2523&secao=291 Acceso en 01 de marzo de 2019.

________. O dever da memória. En: **Revista IHU On-Line**. Rio Grande do Sul, Universidade do Vale dos Sinos, 2011a. Disponible en http://www.ihuonline.unisinos.br/index.php?option=com_content&view=article&id=2523&secao=291 Acceso en 01 de marzo de 2019.

________. "Existe um deber de memoria porque al conocimiento se le escapa mucha realidad". En: ***Revista D´Estudis Comparatius***: art, literatura, pensament. Barcelona, Universitat Pompeu Fabra, 2011b, p. 35-41.

RUIZ, Castor. Esquecer a violência: uma segunda injustiça às vítimas. En: **Revista IHU On-Line**. Rio Grande do Sul, Universidade do Vale dos Sinos, 2011. Disponible en http://www.ihuonline.unisinos.br/artigo/3780-castor-ruiz-3 Acceso en 01 de marzo de 2019.

SACAVINO, Susana. Educação em direitos humanos e democracia. In: CANDAU, Vera & SACAVINO, Susana (Orgs.). **Educar em direitos humanos**: construir democracia. Rio de Janeiro: DP&A, 2000.

SÁNCHEZ RUBIO, David. Democracia y derechos humanos: una perspectiva crítica. En: ***Proyecto Socialización Digital del Conocimiento***. Documentos de Estudio, n.1, Heredia, Costa Rica: IDELA/UNA, 2011, pp. 7-61.

SILVA, Aida; TAVARES, Celma. A cidadania ativa e sua relação com a educação em direitos humanos. **Revista Brasileira de Política e Administração da Educação**, v. 27, p. 13-24, 2011.

TEITEL, R. Genealogia da justiça transicional. In: REÁTEGUI, F. (org.). **Justiça de transição: manual para a América Latina**. Brasília, Ministério da Justiça; Nova Iorque: ICTJ, 2011.

ZALAQUETT, José. Procesos de Transición a la Democracia y Políticas de Derechos Humanos en América Latina. En: ***Presente y Futuro de los Derechos Humanos***. Instituto Interamericano de Derechos Humanos, Costa Rica, 1998.

ZGUSTOVA, Monika. La risa de los culpables. En: ***El País***, Tribuna, Edición del 21 de noviembre de 2008. Disponible en: https://elpais.com/diario/2008/11/21/opinion/1227222012_850215.html Aceso: 21/11/2008.

O STF E O PRINCÍPIO DO NÃO RETROCESSO SOCIAL LABORAL (rapacidade legislativa - objeção judiciária – perfectibilidade humana)

THE SUPREME CORT AND THE PRINCIPLE OF SOCIAL NON-RETROGRESSION IN LABOR LAW (legislative rapacity - judicial objection - human perfectibility)

Geovane de Assis Batista[82]

RESUMO. O presente artigo tem dois objetivos básicos: (i) demonstrar que a primazia argumentativa do Plenário do Supremo Tribunal Federal (STF), no julgamento da ação declaratória de inconstitucionalidade (ADI 5.938/DF) da expressão "quando apresentar atestado de saúde, emitido por médico de confiança da mulher, que recomende o afastamento" (contida nos incisos II e III, do art. 394-A, da Consolidação das Leis do Trabalho CLT, inscridos pelo art. 1º da Lei 13.467/2017) está fundada na centralidade do dever estatal brasileiro de respeitar o Pacto Internacional dos Direitos Econômicos, Culturais e Sociais (PIDESC), substanciado pelas obrigações de progressividade e de não-regressividade dos direitos sociais laborais; e (ii) defender a hipótese de que a fundamentação jurídica ordenadora da objeção judiciária à rapacidade dos legisladores reformistas da norma consolidada pode perfeitamente ser galvanizada com o aporte epistemológico da propriedade da perfectibilidade humana teorizada no contrato social de Jean-Jacques Rousseau — expectação teleológica capaz de contribuir potencialmente para blindagem e atualização imediata dos direitos sociais laborais e, remotamente, da dignidade dos direitos humanos.

[82] Juiz do Trabalho do TRT da 5ª. Região. Mestre e Doutor em Filosofia. Pós-doutorando em Direitos Sociais: as gerações dos Direitos. (Universidad D Salamanca – Espanha).

Palavras-chave. Direitos sociais. Progresso social. Rapacidade legislativa. STF (ADI 5.938/DF). Perfectibilidade rousseauniana.

ABSTRACT. *This article has two basic objectives: (i) to demonstrate that the argumentative primacy of the Supreme Court Plenary (STF), in the judgment of the declaratory action of unconstitutionality (ADI 5.938 / DF) of the expression "when presenting health certificate issued by trusted doctor of women, who recommends removal "(contained in items II and III of article 394-A of the Consolidation of Labor Laws - CLT, inserted by article 1 of Law 13,467 / 2017) is founded on the centrality the Brazilian state duty to respect the International Covenant on Economic, Cultural and Social Rights (ICESCR), substantiated by the obligations of progressive and non-regressive social labor rights; (ii) and defend the hypothesis that the ordering legal grounding of the judicial objection to the rapacity of reformist legislators of the consolidated norma can be perfectly galvanized with the epistemological contribution of the property of human perfectibility theorized in the social contract of Jean-Jacques Rousseau — teleological expectation capable of potentially contributing to the screening and immediate updating of labor social rights and, remotely, the dignity of human rights.*

Key words: *Social rights. STF-ADI 5938. Legislative rapacity. Social progress. Rousseaunian perfectibility.*

INTRODUÇÃO

Heráclito de Éfeso filosofa que um homem não se banha duas vezes no mesmo rio, ao fundamento de que, no segundo banho, outras serão as águas e outro, o homem. Parece que essa inteligência também se aplica às leis, pois, segundo Aristóteles, as leis cambiam. Desde uma perspectiva moral da sociabilidade humana, a bondade e a maldade implicadas com as mudanças por que podem passar o homem e a lei dependem resolutamente do humor ético de um, e da regulação ideológica de outra.

Na esteira desse devir ético-legal, encontra-se a Consolidação das Leis do Trabalho, cuja regulamentação normativa imprimiu ao longo do tempo constantes transformações, sendo a mais recente a impulsionada pela Reforma Trabalhista, com a edição da Lei n. 13.465/2017. Mas se ao capital a Reforma se revelou benfazeja, aos trabalhadores (empregados ou não) infundiu profundas perdas em seus direitos sociais, inclusive aqueles estandardizados como direitos sociais fundamentais[83]. Revelou-se malfazeja ao Direito do Trabalho, ao colocar, por assim dizer, em xeque-mate suas estruturas fundantes substanciadas pelo princípio da proteção social.

Malgrado as injunções dos trabalhadores (representados por entidades sindicais e centrais sindicais ideologicamente progressistas), de seguimentos da sociedade cientifica trabalhista (acadêmicos, professores, escritores, doutrinadores, economistas, sociólogos e filósofos) e de juristas do direito laboral (advogados, procuradores do trabalho e juízes) contra a tentativa reformista de colocar o Direito do Trabalho de "cabeça para baixo", a objeção de consciência da arquitetura contra minoritária não se revelou bastante hábil para refrear a sagacidade genética do poder executivo e a rapacidade legislativa da maioria das duas casas do Congresso Nacional.

De modo que, com a Reforma, parte significativa dos direitos sociais laborais resultou flagrantemente violada, não restando à classe trabalhadora outro caminho senão o da trincheira da judicialização sob o véu das ações declaratórias de inconstitucionalidade junto ao Supremo Tribunal Federal (STF), enquanto instrumento legítimo hábil para arrostar o desvio de finalidade social perpetrado pelos poderes executivo e legislativo; enquanto mecanismo de vigilância e censura capaz de exigir desses poderes — antirrepublicanos, por assim dizer —, efetivo cumprimento das obrigaçoes de progressividade e de não-regressividade dos direitos sociais laborais, assumidas perante o Pacto Internacional dos Direitos Econômicos, Sociais e Culturais (PIDESC).

Com efeito, a ADI n. 5.893/DF, julgada recentemente pelo Plenário do STF, constitui dado empírico expressivo da *justiciabilidad de los derechos económicos, social y culturales* de que falam Víctor Abramovic e Christian Courtis, enquanto ferramenta útil na prestação jurisdicional com vistas ao cumprimento das obrigações legais ou convencionais (nacional ou internacional); enquanto aporte constitucional para efetividade dos direitos sociais laborais violados pela Reforma.

Não obstante o dispositivo consolidado inquinado de inconstitucionalidade passar pela questão da política de igualdade de gênero, o presente artigo dela não cuidará. Seu escopo básico é demonstrar que a primazia da fundamentação jurídica do Plenário do Supremo Tribunal Federal (STF), no julgamento da ação declaratória de inconstitucionalidade (ADI 5.938/DF) da expressão "*quando apresentar atestado de saúde, emitido por médico de confiança*

---

[83] Sobre os *direitos sociais fundamentais*, conferir: ALEXY, Roberty. ***Teoria de los derechos fundamentales***. 2ª. ed, Madrid: Centro de Estudios Fundamentales. 2017.

da mulher, que recomende o afastamento" (contida nos incisos II e III, do art. 394-A, da Consolidação das Leis do Trabalho - CLT, inseridos pelo art. 1º da Lei 13.467/2017) está fundada na centralidade do dever estatal brasileiro de observar o *Pacto Internacional dos Direitos Econômicos, Culturais e Sociais* (PIDESC), dando cumprimento às obrigações de progressividade e de não-regressividade dos direitos sociais laborais.

É dessa verificação empírica que exsurge a hipótese de que a motivação jurídica ordenadora da objeção judiciária da suprema corte à rapacidade legislativa dos reformadores da norma consolidada pode perfeitamente galvanizar as obrigações pactuadas com o aporte epistemológico da propriedade da *perfectibilidade humana* teorizada no contrato social do Jean-Jacques Rousseau — expectação teleológica potencialmente capaz de servir de blindagem e atualização imediata dos direitos sociais laborais e, remotamente, dos direitos humanos; de modo que o desmanche desses direitos pelos rapaces do neoliberalismo contemporâneo sejam sempre e tenazmente censurado pela opinião pública toda vez que flertarem com desdém à dignidade humana.

Para consecução desses fins, a temática virá a lume com um texto descritivo e explicativo, subdividido em cinco partes lógicas e redutíveis entre si, apresentando, inicialmente, uma narrativa acerca da normatividade dos direitos sociais laborais no Brasil; em seguida, o caráter das obrigações de progressividade e de não-regressividade dos desses direitos, oportunidade em que será exposto o ponto de vista dos autores Abramovich e Christian; num terceiro plano, o fenômeno da rapacidade legislativa no bojo da reforma da Consolidação das Leis do Trabalhos com o advento da Reforma Trabalhista; logo adiante, o primado da progressividade dos direitos sociais laborais no julgamento do STF da ADI 5.938/DF; e, por fim, a hipótese da faculdade perfectibilidade humana sob o véu do contrato social de Jean-Jacques Rousseau.

1. O STF E O PRINCÍPIO DO NÃO RETROCESSO SOCIAL LIBERAL.

1.1. Os direitos sociais laborais no Brasil.

De acordo com Andreas J. Krell (2006, p. 248-249), os direitos sociais nascem a partir da ideia de que a garantia da liberdade do desenvolvimento pessoal depende do asseguramento simultâneo das bases materiais para uma vida digna. Integram o rol desses direitos, o direito à saúde, à educação, à moradia, alimentação, à cultura, ao lazer, ao trabalho, entre outros.

O conjunto desses direitos estão sensivelmente disciplinados no *Pacto Internacional sobre Direitos Econômicos, Sociais e Culturais* (PIDESC), do qual o Brasil é membro signatário do desde 24 de abril de 1992 (ABRAMOVICH, 2004, p. 19), quando assumira o compromisso de adotar medidas — tanto por esforço próprio como pela assistência e cooperação internacionais, principalmente nos planos econômico e técnico, até o máximo de seus recursos disponíveis — que visassem à assegurar, *progressivamente*, e por todos os meios apropriados, o pleno exercício dos direitos econômicos, culturais e sociais, incluindo, em particular, a adoção de medidas legislativas.

Com a assinatura e ratificação do PIDESC, o Brasil avocara, livremente, a responsabilidade obrigacional de observar, executar e dar cumprimento a todo conteúdo programático e efetivo nele contido (Art. 1º, do Decreto n. 591, de 6 de julho de 1992 c/c o art. 7º, do seu Anexo) — sobremaneira o relacionado aos direitos sociais laborais, passando a reconhecer aos trabalhadores brasileiros: (a) o direito de gozar de condições de trabalho justas e favoráveis, capaz de assegurar, em especial, uma remuneração que proporcione, no mínimo, um salário equitativo e uma remuneração igual para um trabalho de igual valor, sem nenhuma distinção, devendo, em particular às mulheres, ser garantidas condições de trabalho não inferiores àquelas de que beneficiam os homens, com remuneração igual para trabalho igual; (b) uma existência decente para os próprios trabalhadores e suas famílias; (c) condições de trabalho seguras e higiênicas, além de iguais oportunidades para todos a serem promovidos no seu trabalho à categoria superior apropriada, sujeito a nenhuma outra consideração além da antiguidade de serviço e da aptidão individual; (d) o direito ao repouso-descanso e lazer, além de limitação razoável das horas de trabalho e férias periódicas remuneradas, bem como remuneração nos dias de feriados públicos. (Art. 7º, do PIDESC).

Em observância aos contornos sócio-político-econômico-filosóficos e normativos do PIDESC, sublimados pela Declaração Universal dos Direitos Humanos, Carta Internacional dos Direitos Humanos, Carta das Nações Unidas e a Organização Internacional do Trabalho, o Brasil promulgou a Constituição Federal de 1988 com a declaração de que constitui um Estado Democrático de Direito e com a obrigação de dar ênfase à prevalência dos direitos humanos e aos valores sociais do trabalho inscritos nos artigos 1º e 4º, da Constituição Federal. Assim é que, na esteira dos textos consolidado, constitucional e dos pactos internacionais, o trabalho passara a compreender o sagrado direito de todo brasileiro de ter a possibilidade de ganhar a vida mediante um trabalho livremente escolhido ou aceito.

Ao eleger o "trabalho" como um dos primados dos direitos sociais inalienáveis, a par de outros que visem à melhoria a condição social dos trabalhadores brasileiros, a Constituição Republicana de 1988 adotou medidas apropriadas para protegê-lo, consubstanciando-o no art. 6º do PIDESC e art. 6º, do Capítulo II (Dos Direitos Sociais), do Título I (Dos Direitos e Garantias Fundamentais), como *direitos sociais fundamentais.*

No esforço de contínua regulação[84] fundada no Estado Social dos Direitos, o compromisso brasileiro acerca da efetividade dos direitos sociais laborais, na forma do art. 2º, do PIDESC, há de se alinhar ao compromisso de perseguir o máximo de recursos disponíveis que visem a assegurar, *progressivamente*, por todos os meios apropriados, o pleno exercício dos direitos nele reconhecidos, incluindo, em particular, a adoção de medidas legislativas.

1.1.1. Dever de progressividade e de não-retroatividade social.

O observar e efetivar a exigibilidade de progressividade e de não-regressividade dos direitos sociais, constitui cláusula contratual multilateral da qual o Brasil não pode se afastar, sendo-lhe mesmo vedado formular qualquer interpretação no sentido de se dedicar a quaisquer atividades ou práticas de atos que tenham por objetivo destruir os direitos ou liberdades reconhecidos no PIDESC; não podendo, inclusive, impor-lhe limitações mais amplas do que aquelas nele previstas, ou qualquer restrição ou suspensão dos direitos humanos fundamentais reconhecidos ou vigentes em virtude de leis, convenções, regulamentos ou costumes, sob pretexto de que o Pacto não os reconheça ou os reconheça em menor grau.[85]

De fato, a obrigação de progressividade dos direitos econômicos, culturais e sociais é cláusula escrita na alínea c, do artigo 2º, do PIDESC, que prescreve que cada um dos Estados Partes se comprometa a adotar medidas (por si ou mediante assistência e/ou cooperação internacional — especialmente, econômicas e técnicas — até o máximo dos recursos de que se dispõe) para conseguir ***progressivamente*** (por todos os meios apropriados, inclusive a adoção de medidas legislativas) a plena efetividade dos direitos econômicos, culturais e sociais reconhecidos no Pacto.

É verdade que, na exegese do Comitê de Direitos Econômicos, Sociais e Culturais, o conceito de realização progressiva guarda o sentido de que

---

[84] Sobre as noções de "regulação" e "regulamentação", consultar: DUTRA, Renata Queiroz Trabalho, regulação e cidadania: a dialética da regulação social do trabalho. São Paulo: LTr, 2018.

[85] Arts. 2º e 5º do PIDESC.

referidos direitos não podem ser alcançados pelos pactuantes em um período curto. A temporalidade deve ser significada como um "mecanismo necessariamente flexível", que leva em conta as realidades do mundo real e a dificuldade que representa para todo país o asseguramento da plena realização dos direitos econômicos, sociais e culturais, sem que implique retardo no mover-se tão rápida e efetivamente quanto seja possível para cumprimento da meta firmada (ABRAMOVIC, Víctor; COURTIS, Christian, 2002, p. 93-95).

Em *Los derechos sociales como derechos exigibles*, Víctor Abramovich e Christian Courtis (2002, p. 93) asseveram que a noção de *progressividade* implica *progresso*, significando que o Estado Parte deve "mejorar las condiciones de goce y ejercício de los derechos económicos, socieales y culturales", de maneira que as medidas adotadas para implementação dos direitos reconhecidos devem ser deliberadas, concretas e orientadas para efetivo cumprimento das obrigações ajustadas no Pacto.

Esses autores advogam que a obrigação mínima, assumida por cada membro do Pacto, é de "*no regresividad*" — quer dizer, "*la prohibición*" de sancionar normas jurídicas ou desenvolver medidas e práticas políticas que precarizem a situação dos direitos econômicos, sociais e culturais existentes e gozados pela população à época da filiação ao tratado internacional. Dado que o signatário se obriga a melhorar a situação destes direitos, acrescem que, "*simultáneamente, asume la prohibición de reducir los niveles de protección de los derechos vigentes, o [...] de derrogar los derechos ya existentes*", razão pela qual a obrigação assumida pelo Estado deve ser sempre "*ampliatória*", haja vista "*la derogación o reducción de los derechos vigentes contradice claramente el compromiso internacional asumido*". Idem. Lembram que, sob o véu do devir progressivo, o Comité de Derechos Económicos, Sociales y Culturales de las Naciones Unidas adverte que "cualquier medida deliberadamente regresiva al respecto" requererá uma cuidadosa consideração, que deverá ser plenamente justificada referentemente à totalidade dos direitos no Pacto. Nesse sentido, anotam que:

> *[...] los Princípios de Maastricht consideram violatórias de los derechos económicos, sociales e culturales "la derogación o suspensión de la legislación necessária para el goce continuo de un derecho económico, social y cultural del que ya se goza" (princípio 14a) [...] y "la adopción de cualquier medida deliberadamente regressiva que reduzca el alcance en el que se garantiza el derecho" (princípio 14e). (ABRAMOVIC, Víctor; COURTIS, Christian, 2002, p. 94).*

A "obligación de no regresividad" constitui uma limitação que "los tratados de derechos humanos pertinentes y, eventualmente, la Constituición, imponem sobre los Poderes Legislativo y Ejecutivo a las possibilidades de reglamentación de los derechos econômicos, sociales y culturales. É dizer, "*la obligación veda al legislador y al titular del poder reglamentario la adopción de reglamentación que derogue ou reduzca el nível de los derechos económicos, sociales y culturales de los que goza la población*" (ABRAMOVIC, Víctor; COURTIS, Christian, 2002, p. 94-95).

Apesar da vedação, não são poucos os casos em que os poderes do Estado Parte do PIDESC agem com culpa ou dolo no descumprimento da diretiva obrigacional pactuada, situação em que caberá ao Poder Judiciário (quando provocado pela vigilância e censura da opinião pública) rever a prática de atos contrários ao primado da não-regressividade social desses direitos.

A vigilância panóptica do Poder Judiciário sobre os demais poderes se impõe na medida em que a rapacidade de príncipes e reformadores legislativos está sempre a espreitar e expropriar rapidamente a desregulamentação normativa infra e constitucional com intuito de mitigar ou excluir dos trabalhadores direitos sociais laborais historicamente assegurados, impondo-lhes, quando alcançados, manifesta regressão.

1.2. A rapacidade legislativa laboral.

O Direito somente pode ser legítimo e real se tiver por fundamento uma manifestação volitiva onde existam princípios constitutivos basilares concertados e observados livremente pelos cidadãos, instituições e poderes constituídos. A norma constitucional que repouse na contingência de uma lei malfazeja implica manifesta incompatibilidade com uma carta política fundamental estruturada em princípios com vistas ao engenho e disciplina das coisas públicas.

Segue-se que, se, por um lado, a transitoriedade está para lei, por outro, nunca estará para um princípio norteador de um Direito, na medida em que este deve sempre quedar-se em vigas estruturantes e mantenedoras de bens naturais e inalienáveis do homem, como a dignidade existencial. Isso porque um princípio não pode, a um só tempo, existir e não existir; ser e não ser. Tal hipótese colocaria em xeque sua essência, ante a visível contradição proposicional acerca da categoria temporal da imutabilidade. Ao modo kantiano, poder-se-ia mesmo dizer que a lei constitui o objeto de um princípio, já que ele não poderia alienar-se a ela; mas, ao contrário, é a lei que ao princípio se subordina, em estreita sintonia lógico-hierárquica.

Ora, considerando a imutabilidade e a universalidade, o princípio simplesmente *é;* e não só "*é*", como também só pode ser uno, verdadeiro, benfazejo e capaz de despertar no cidadão a confiança de sua idade e indestrutibilidade. Daí não parecer desarrazoado inferir que o princípio está para o repouso, e a lei para o movimento: o primeiro, enquanto ente incausado e o segundo, causado.

Neste arco, os princípios, como as leis, deveriam se encontrar no mesmo nível do direito natural, uma vez que, por natureza, ambos parecem gozar da mesma apodicidade. Assim como, em Aristóteles, a lei "é o que é", em Rousseau, o princípio também "é o que é", já que, de outra forma, a lei e o princípio não poderiam ser senão pelo fato de ser. Realmente, sob o risco de perder o caráter ontológico (substancial, essencial), um princípio não pode, temporal e espacialmente (acidentalidade), "existir" e "não-existir"; "ser" e "não-ser". Permissiva viabilidade implicaria perda do substrato do trinômio apodítico que o encerra: necessidade, imutabilidade e universalidade.

Os princípios — insista-se — constituem uma escala normativa fundante, nuclear, estruturante e, necessariamente, indestrutível. Se, não obstante, são destruídos, é porque não são ou nunca foram verdadeiros princípios, mas mera aparência, porque, o verdadeiro princípio deve sempre preceder a lei, e sem essa precedência lógico-jurídica não poderia gozar de tal *status*, porquanto careceria de poderes inatos e factíveis para formulação de um ordenamento jurídico legítimo. Numa metafísica aristotélica, poder-se-ia dizer que o princípio é para lei o *primeiro motor*, a causa primeira e final; o artífice eficiente e necessário, inspirador e criador.

Como bem acentua Celso Antônio Bandeira de Mello em seu *Curso de Direitos Administrativo* (1994, p. 450-451-527), o princípio é o "mandamento nuclear de um sistema"; o verdadeiro alicerce, "disposição fundamental que se irradia sobre diferentes normas". Violar um princípio, argumenta, é muito mais grave que transgredir uma norma qualquer. A desatenção aos princípios implica ofensa a todo sistema comandos, constituindo a mais grave forma de ilegalidade ou inconstitucionalidade, subversão de seus valores fundamentais, contumélia irremissível a seu arcabouço lógico e corrosão de sua estrutura mestra.

Sem embargo, Rousseau (O. C. III, *II, 12, 1964,* p. 394) entende que, seja qual for a situação, o povo é sempre senhor de mudar suas leis — mesmo as melhores, pois, se for de seu agrado fazer o mal a si mesmo, quem teria o direito de impedi-lo? Em *Aristóteles y la comunidad política*, Juan Carlos Pablo Ballesteros (2007, p. 103), assevera que, antecipando-se ao genebrino, Aristóteles já preconizava na *Política* (Pol. 1269 a 23-24) que "las leyes cambian", e quando sofrem mutabilidade é porque, circunstancialmente, podem se encontrar na contramão das causas principiológicas que a germinaram — destrutibilidade que se verifica independentemente de as causas morais terem sido ou não recepcionadas. Nessa quadra, quando o espectro do niilismo fere ou tenta ferir de morte uma lei, somente ela deve ser atingida e jamais o princípio que os norteou — malgrado o interesse niilista de algum segmento social hegemônico tentar fazê-lo à revelia da vontade qualitativa dos cidadãos constituintes.

Pois bem. A partir do pressuposto de que os princípios são "proposições ideais" convencionais, pareceria racional sustentar a tese de que, em dado momento histórico, essas idealidades pudessem ser autorizadas e destruídas pelos próprios convenentes. Diz-se "pareceria" — e não "parece" —, porque, desde uma perspectiva lógico-ontológico, não seria razoável a crença de que os idealizadores e realizadores de uma lei infra e/ou constitucional pudessem abraçar um projeto niilista de extinção de pilares principiológicos como o princípio da dignidade humana e da primazia da liberdade política. Entrementes, a *rapacidade 86 legislativa* constitui uma faceta niilista do neoliberalismo contemporâneo, com *animus* na engenharia da desregulamentação da normatividade legal e principiológica assecuratórias de direitos econômicos, sociais e culturais, agarrando-os rapidamente para mitigá-los, arruiná-los, destroçá-los, devastá -los; enfim, pô-los no chão, matando-os.

Sobre a rapacidade legislativa representativa, o iluminismo rousseauniano já se insurgira contra toda forma de *deputação* ou de alienação dos direitos políticos do cidadão, ao fundamento estrutural da impossibilidade de não só um indivíduo poder *representar* uma coletividade como também no fato de as unidades "físicas" (cidadãos) e "morais" (Estado) se concentrarem, a um só tempo, no representante. Nas *Considerações sobre o governo da Polônia* (1964, 978-979), Rousseau deixou claro que a *representação* constitui um dos maiores inconvenientes dos grandes estados, porque o poder legislativo não pode mostrar-se por si mesmo e só pode agir por deputação, onde, malgrado possua o seu bem, quem predomina é o mal. O legislador em corpo, acrescenta, é impossível de corromper, mas fácil de enganar; e se, por um lado, seus representantes são dificilmente enganados, por outro, são facilmente corrompidos e ocorre raramente que não o sejam. Na representação — explica o genebrino em seu *Contrato Social* (O. C. III, III, 6, p. 408) — não há movimentos opostos que se anulem reciprocamente.

Entre nós, parece que a rapacidade legislativa política concorre para o estigma da representação criticada por Rousseau, já que, por via de lei

[86] Trata-se de um termo equívoco. Aqui, tomar-se-á de empréstimo apenas o *Dicionário Houaiss da Língua Portuguesa* (HOUAISS, Antônio. **Dicionário Houaiss da Língua Portuguesa**. Rio de Janeiro: Objetiva, 2001, p. 2383), para significa-la como a "qualidade de rapace" (do etmo latino *rápax, àcis*); "que toma ou agarra rapidamente".

infraconstitucional pode afrontar o *princípio do não retrocesso social* de direitos laborais, conformemente se tornou visível na onda persecutória da retroatividade destrutiva nas águas Reforma Trabalhista encetada pela gênese neoliberal dos poderes executivos e legislativos. Sucede, porém — e não se pode olvidar —que os direitos sociais não são da propriedade da deputação legislativa, tampouco da magistratura executiva, ou judiciária, mas, sim, da pertença da cidadania e soberania popular.

A propósito, no *Discurso sobre a origem da desigualdade entre os homens*, o genebrino registra que a ideia de propriedade surgiu quando o primeiro homem, tendo cercado um terreno, lembrou-se de dizer "*isto* é *meu*" e encontrou pessoas simples para acreditar. Quantos crimes, guerras, assassínios, misérias e horrores — diz o genebrino — não teria poupado ao gênero humano aquele que, arrancando as estacas ou enchendo o fosso, tivesse gritado a seus semelhantes: defendei-vos de ouvir esse impostor; estareis perdidos se esquecerdes que os frutos são de todos e que a terra não pertence a ninguém (ROUSSEAU, O. C. III, 1964, p. 164).

Ora, nesse momento em que os direitos sociais laborais vêm sofrendo esbulhos palacianos, parece que o Supremo Tribunal Federal se apresenta e se ajunta à cidadania e soberania popular para também arrancar estacas e encher fossos, albergando à intervenção judicial meio idôneo e legítimo na defesa e proteção dos direitos dos trabalhadores contra os abusos perpetrados pela reforma trabalhista. E assim parece continuar a ser a postura do STF até que o cidadão brasileiro, já não mais atomizado pela miséria existencial, possa transcendê-la, deixando de ser o lobo de seu semelhante.

Até que esse futuro se faça presente, o Estado Social reclama que os direitos sociais trabalhistas sejam respeitados pelos poderes executivo, legislativo e, sobremaneira, Judiciário contra toda tentativa malfazeja à sociabilidade humana — conformemente parece inferir das linhas que emergem do julgamento do Supremo Tribunal Federal da ADI 5.938/DF sobre a questão do adicional de insalubridade pontuada na reforma trabalhista acerca da proteção contra a exposição da gestante e lactante a atividades insalubres.

1.3. O STF e o princípio do não retrocesso social dos direitos laborais na ADI 5.938/DF.

A ADI 5.938/DF julgada pelo Plenário do Supremo Tribunal Federal, promovida pela Confederação Nacional dos Trabalhadores Metalúrgicos, pleiteou a declaração de inconstitucionalidade da expressão "*quando apresentar atestado de saúde, emitido por médico de confiança da mulher, que recomende o afastamento*", contida nos incisos II e III, do art. 394-A, da Consolidação das Leis do Trabalho (CLT), inseridos pelo art. 1º, da Lei 13.467/2017, sob variados argumentos, entre eles o de que a norma consolidada em questão vulneraria dispositivos constitucionais sobre a proteção à maternidade, à gestante, ao nascituro e ao recém-nascido; vulneraria a dignidade da pessoa humana, os valores sociais do trabalho, o objetivo fundamental da República de erradicar a pobreza e reduzir as desigualdades sociais; afrontaria o primado do trabalho, bem-estar e justiça sociais, além de concorrer para manifesta violação do princípio da proibição do retrocesso social.

Na perspectiva da Presidência da República e da Advogada-Geral da União (AGU), o afastamento da gestante ou da lactante do exercício de atividades insalubres não implicaria supressão do adicional de insalubridade, sendo o texto atual mais benéfico à trabalhadora; e que a tese preambular de violação ao princípio da vedação do retrocesso social não poderia prosperar ao argumento de que ele não deve assumir uma feição absoluta, de verdadeira imutabilidade dos direitos e imobilizar todo o sistema de proteção dos direitos, devendo, antes, assegurar o núcleo essencial das garantias.

O opinativo da Procuradoria Geral da República foi pela procedência, com o fundamento de que as normas ventiladas padeciam de inconstitucionalidade material, porque *representariam* um retrocesso social.

Em que pese a importância da *questão de gênero* que permeou a querela constitucional em derredor da norma impugnada, a analítica do presente artigo se propõe basicamente a demonstrar que a primazia argumentativa do Plenário do STF pela procedência do pleito repousou na manifesta necessidade de os legislativos reformistas observarem as *obrigações de progressividade* e de não-regressividade dos direitos sociais laborais consagrados na carta republicana e nos pactos internacionais — revelando, nessa determinação, enfática censura, proteção e objeção à rapacidade legislativa praticada na esteira da Reforma Trabalhista. Na persecução desse objetivo básico, reproduzir-se-á então parte dos votos que balizaram a procedência da ação com esteio no princípio do não retrocesso social.

Pois bem, na relatoria, o Ministro Alexandre Moraes, após declarar que a norma impugnada se revelava inconstitucional porque diminuía a tutela de direitos sociais indisponíveis, acrescentou que o conjunto dos Direitos Sociais foi consagrado constitucionalmente como uma das espécies de direitos fundamentais, caracterizando-se como verdadeiras liberdades positivas, de observância obrigatória em um Estado Social de Direito, tendo por finalidade a melhoria das condições de vida aos hipossuficientes, visando à concretização da igualdade social, e são consagrados como fundamentos do Estado democrático, pelo art. 1º, IV, da Constituição Federal.

Para o Ministro Edson Fachin, não se trata de reconhecer às mulheres qualquer benesse constitucional, ao argumento de que o processo constituinte albergou um conjunto de elementos protetivos das mulheres, precisamente, pela sua conquista e luta histórica no plano da autodeterminação e da legitimidade de suas respectivas escolhas. Nessa mesma linha, também se colocou o Ministro Luís Roberto Barroso, para quem, a nova redação da norma consolidada afrontava o direito social à proteção da maternidade, o princípio do melhor interesse da criança e o chamado princípio da precaução, pelo qual, sempre que existe risco ou incerteza, se deve favorecer a posição mais conservadora e protetiva.

Já a Ministra Rosa Weber, em memorável voto, asseverou que o princípio da vedação do retrocesso social não implica o engessamento de todas as regras que assegurem direitos sociais. Assinalou que o legislador, ao alterar a redação do art. 394-A, da CLT, para autorizar o trabalho de gestantes e lactantes em condições insalubres, antes proibido, reduziu inadequadamente o nível de proteção à vida, à saúde, à maternidade, à infância e ao trabalho em condições dignas e seguras; de modo que a alteração legislativa revelou sensível retrocesso social, na medida em que tenta reduzir inegavelmente a efetividade dos direitos fundamentais envolvidos. Segue argumentando que, ao condicionar o afastamento de gestantes e lactantes de atividades insalubres a previa e expressa recomendação médica, o dispositivo impõe essa condição à parte mais frágil da relação jurídica e que é destinatária do princípio constitucional da melhoria das condições sociais:

> *A Justiça do Trabalho [...] aplica [...] um direito informado pelo princípio da proteção do trabalhador [...]. A Constituição Federal de 1988, a seu turno, ao erigir a dignidade da pessoa humana e o valor social do trabalho em fundamentos da República Federativa do Brasil, constituída em Estado Democrático de Direito (art. 1º, caput e incisos III e IV), e reconhecer expressamente os direito fundamentais sociais – dentre eles o direito ao trabalho, em seu art. 6º -, com o elenco de diretos assegurados como patamar mínimo aos trabalhadores, no art. 7º, provocou o deslocamento [...] do núcleo do Direito do Trabalho.*

As balizas erigidas pela Constituição, continua a Ministra, direcionam o legislador ao "aperfeiçoamento dos institutos protetivos já existentes, no sentido de otimização dos direitos fundamentais no trabalho", de maneira que o princípio do não retrocesso social obsta o desmantelamento das conquistas normativas já alcançadas em determinado contexto social. Seguindo o Ministro Celso de Mello, lembra que o princípio de proibição do retrocesso social traduz-se em dimensão negativa dos direitos sociais, em que veda a supressão ou redução dos patamares de sua concretização, sem que implementadas políticas compensatórias.

Reporta-se ainda ao princípio da proibição do retrocesso, que, em tema de direitos fundamentais de caráter social, impede que sejam desconstituídas as conquistas já alcançadas pelo cidadão ou pela formação social em que ele vive, acentuando que a cláusula que proíbe o retrocesso em matéria social traduz, no processo de sua concretização, verdadeira dimensão negativa pertinente aos direitos sociais de natureza prestacional (como o direito à saúde), impedindo, em consequência, que os níveis de concretização dessas prerrogativas, uma vez atingidos, venham a ser reduzidos ou suprimidos, exceto na hipótese – de todo inocorrente na espécie – em que políticas compensatórias venham a ser implementadas pelas instâncias governamentais:

> *A 'proibição de retrocesso social' nada pode fazer contra as recessões e crises econômicas (reversibilidade fática), mas o princípio em análise limita a reversibilidade dos direitos adquiridos [...], em clara violação do princípio da proteção da confiança e da segurança dos cidadãos no âmbito econômico, social e cultural, e do núcleo essencial da existência mínima inerente ao respeito pela dignidade da pessoa humana. [...] O princípio da proibição de retrocesso social pode formular-se assim: o núcleo essencial dos direitos já realizado e efectivado através de medidas legislativas ('lei da segurança social', 'lei do subsídio de desemprego', 'lei do serviço de saúde') deve considerar-se constitucionalmente garantido sendo inconstitucionais quaisquer medidas estaduais que, sem a criação de outros esquemas alternativos ou compensatórios, se traduzam na prática numa 'anulação', 'revogação' ou 'aniquilação' pura a simples desse núcleo essencial. [...] "A vedação do retrocesso, por fim, é uma derivação da eficácia negativa, particularmente ligada aos princípios que envolvem os direitos fundamentais. [...] o que a vedação do retrocesso propõe se possa exigir do Judiciário é a invalidade da revogação de normas que, regulamentando o princípio, concedam ou ampliem direitos fundamentais, sem que a revogação em questão seja acompanhada de uma política substitutiva ou equivalente.*

Na visão do Ministro Luiz Fux, porque instituído expressamente como um direito social, a proteção à maternidade impede que a gravidez ou a amamentação sejam motivos para fundamentar qualquer ato contrário ao interesse da mulher, ainda mais quando tal ato lhe impõe grave prejuízo, como soem acontecer com as normas impugnadas, porquanto desfavorecem a plena proteção dos interesses constitucionalmente protegidos.

No dizer do Ministro Ricardo Lewandowski, o Plenário estava "claramente diante de uma infração ao princípio da vedação do retrocesso", ante a existência de "um núcleo duro na Constituição Federal, um núcleo duro de direitos e garantias que correspondem ao mínimo existencial fundado em outro princípio, o da dignidade da pessoa humana"; e que, "com relação a essa barreira, não haver nenhuma possibilidade de retrocesso".

O Ministro Celso de Mello ressaltou que o princípio da proibiçao do retrocesso impede, em tema de direitos fundamentais de caráter social, que sejam desconstituídas as conquistas já alcançadas pelo cidadão ou pela formação social em que ele vive, aduzindo que a cláusula que proíbe o retrocesso em matéria social traduz, no processo de sua concretização, verdadeira dimensão negativa pertinente aos direitos sociais de natureza prestacional, impedindo, em consequência, que os níveis de concretização dessas prerrogativas, uma vez atingidos, venham a ser reduzidos ou suprimidos:

> *Lapidar, sob todos os aspectos, o magistério de J. J. GOMES CANOTILHO, cuja lição [...] estimula as seguintes reflexões: "O princípio da democracia económica e social aponta para a proibição de retrocesso social. A ideia aqui expressa também tem sido designada como proibição de 'contra-revolução social' ou da 'evolução reaccionária'. [...] os direitos sociais e econômicos [...], uma vez obtidos um determinado grau de realização, passam a constituir, simultaneamente, uma garantia institucional e um direito subjectivo. A 'proibição de retrocesso social' nada pode fazer contra as recessões e crises econômicas (reversibilidade fáctica), mas o princípio em análise limita a reversibilidade dos direitos adquiridos [...], em clara violação do princípio da proteção da confiança e da segurança dos cidadãos no âmbito econômico, social e cultural, e do núcleo essencial da existência mínima inerente ao respeito pela dignidade da pessoa humana [...]. O princípio da proibição de retrocesso social pode formular-se assim: o núcleo essencial dos direitos já realizado e efectivado através de medidas legislativas [...] deve considerar-se constitucionalmente garantido, sendo inconstitucionais quaisquer medidas [...] que, sem a criação de outros esquemas alternativos ou compensatórios, se traduzam na prática numa 'anulação', 'revogação' ou 'aniquilação' pura a simples desse núcleo essencial. A liberdade de conformação do legislador e inerente auto-reversibilidade têm como limite o núcleo essencial já realizado.".*

Do escólio desses votos é possível a afirmação de que o primado do não retrocesso social dos direitos sociais laborais, enquanto diretiva balizadora do Estado Social[87] e, por conseguinte, do Acórdão exarado na ADI 5.938/DF, deve

[87] Sobre a conceituação e suas caracteristicas, consulte-se: MARTINEZ, Vinício. **Estado do bem estar social ou Estado social?**. Revista Jus Navigandi, ISSN 1518-4862, Teresina, ano 10, n. 656, 24 abr. 2005. Disponível em: https://jus.com.br/artigos/6623. Acesso em: 18 out. 2019.

constituir a tônica do STF no julgamento de futuras arguições de inconstitucionalidades envolvendo dispositivos consolidados germinados pela redação da Lei 13.467/2017, tais como a ADI 6.050/DF ajuizada pela Associação Nacional dos Magistrados da Justiça do Trabalho, relativamente às reparações de danos de natureza extrapatrimonial decorrentes da relação de trabalho no tocante aos limites vinculados ao salário do trabalhador-empregado); e a ADI 5.766/DF aforada pela Procuradoria-Geral da República (PGR) contra dispositivos que alteram a gratuidade da justiça dos trabalhadores que comprovem insuficiência de recursos.

1.4. Os direitos sociais e a amálgama da perfectibilidade rousseauniana.

> *"[...] o dom específico que distingue os homens de todos os outros seres naturais é o da perfectibilidade («faculdade de aperfeiçoamento pessoal») 88 — donde brota a inteligência do homem e seus erros; suas virtudes e seus vícios. (Jean-Jacques Rousseau).*

Perfectibilidade é a qualidade ou característica de perfectível; aquilo que se pode aperfeiçoar, isto é: que é susceptível de ser aperfeiçoado (HOUAISS, 2001, p. 2186). Simon Blackburn (1997, p. 294) lembra que a ideia de perfectibilidade surge no século XVIII, "com a atenuação das barreiras teológicas que reservavam tal propriedade apenas a Deus", acrescendo que, para autores iluministas, como Condorcet e Godwin, "a perfectibilidade torna-se uma tendência susceptível de ser de fato realizada pela história humana". Para ele, Rousseau foi um dos pensadores que anteviram "a perfectibilidade como a capacidade para o progresso moral e para a autolegislação humana".

Realmente, no *Discurso sobre a origem da desigualdade entre os homens*, o genebrino diz que o homem (natural ou civil) possui, além do livre-arbítrio, a faculdade da perfectibilidade: a faculdade de aperfeiçoar-se, faculdade que, com o auxílio das circunstâncias, desenvolve, sucessivamente, todas as outras e se encontra, entre nós, tanto na espécie quanto no indivíduo (OC III, 1964, p. 142-143). Mas conforme a advertência de Cláudio Almir Dalbosco, Rousseau não considera a *perfectibilité* uma propriedade exclusiva desse ou daquele indivíduo e nem o patrimônio somente deste ou daquele grupo social. Ao contrário, é da propriedade de todos seres humanos — portanto, do pertencimento

---

[88] En el segundo *Discurso*, Rousseau la define como «facultad de perfeccionamiento personal».

dos indivíduos e da espécie. A "universalização" desta faculdade, aduz, é crucial para a crítica social de Rousseau, já que lhe permitiu concluir que a desigualdade social não é inata ou originária, como se fosse obra da natureza, mas sim de uma sociedade corrompida (DALBOSCO, 2012, p. 265-266).

Razão lhe assiste. Com efeito, repousando a vista sobre o edifício normativo fundacional de Rousseau, fácil será perceber que ele queda planificado na racionalidade de que as sociedades já se encontravam flagrantemente corrompidas, e que o direito político em voga já não revelava qualquer potência plasmática capaz de assegurar aos súditos direitos políticos fundamentais, senão o de sujeitar-se a autoridades que insistiam em subsistir no poder e na manutenção de ordenamentos político-jurídicos contrafeitos à sociabilidade pautada na dignidade humana.

Sendo assim, o leitor mais atento não hesitaria em inferir que a faculdade da perfectibilidade humana tende tanto para o bem como para o mal, já que todo homem pode mudar-se e mudar o seu meio, erigindo, sob o manto da malignidade, artefatos sociais nocivos a si mesmo. Donde segue que a faculdade da perfectibilidade pode ser positiva (benfazeja) e negativa (malfazeja) ou, por assim dizer, fonte de virtudes e de vícios.

A faculdade negativa ou malfazeja revela um paradoxo, ou melhor, uma absurda contradição semântica e fenomenológica em seus próprios termos, já que, por um lado, e a um só tempo, evidencia uma intencionalidade sociológica e filosófica matizada na faculdade de aperfeiçoamento (*lato sensu*) e, por outro, uma significação pautada na "defectibilidade" ou maldade humana, porquanto assentada em paixões moral e socialmente negativas. Com efeito, no Discours *sur les sciences et les arts*, o genebrino já denunciava a maquinação manejada pelos poderes constituídos para passar a ideia de que as ciências e as artes haviam contribuído benfazejamente para o aperfeiçoamento da sociabilidade. Para Rousseau, o propalado progresso não passava de uma aparência forjada para que os súditos amassem a escravidão e se vissem como civilizados:

> *Tandis que le Gouvernement et les Loix pourvoient à la sûreté et au bien-être dês hommes assemblés; les Sciences, les Lettres et les Arts, moins despotiques et plus puisan peu être étendent dês guirlades de fleurs sur les cahînes de fer dont ils son charges, étouffent en eux le sentiment de cette liberté originalle pour laquelle ils sembloient être nès, leur font aimer leur escalvage et em forment ce qu'on appelle dês peuples policès. Le besoin eleva les Trônes; les Sciences et les Arts les ont affermis.* (ROUSSEAU, O. C. III, 1964, p. 6).

Ainda na esteira da falsa ideia de progressividade, Rousseau reforça a denúncia no *Segundo Discurso* que a propriedade, a magistratura e o despotismo constituíram os sinais mais evidentes do progresso da desigualdade e do processo de alienação das liberdades: a primeira, por ter imposto desigualdade entre ricos y pobres , dando origem às sociedades e às leis; a segunda, o fortalecimento da desigualdade entre poderosos e fracos; e a terceira, o surgimento do poder arbitrário e das figuras do senhor e do escravo.

No tocante à faculdade positiva (a verdadeira perfectibilidade), a determinação do homem ou da espécie tenderá sempre para o aperfeiçoamento humano em suas diversas dimensões existenciais.

Mas ainda que sob a faculdade da perfectibilidade o homem possa exercitar paixões negativas (como a rapacidade legislativa de direitos sociais laborais) e positivas (promulgação de leis ampliatórias desses direitos; ou, nos casos de prestações jurisdicionais monocráticas ou colegiadas assecuratórias, quando violados pelo legislativo), a sociabilidade deve sempre expectar e jogar luz sobre as virtudes (paixões positivas).

A determinação legislativa e/ou judicial com escopo primordial e finalístico na efetividade do bem comum, traduzido na felicidade e liberdade públicas, seria um norte a ser seguido. De modo que, no jogo de xadrez dos "freios e contrapesos"[89], o tabuleiro normativo constitucional dos direitos sociais subsumidos à faculdade da perfectibilidade dos poderes legislativo e judiciário, deve constituir a base estrutural axiológica e determinante para o equilíbrio dos movimentos espasmódicos desses poderes, pois que dessa harmonização depende, em grande medida, o respeito à dignidade humana.

Na quadratura da autêntica perfectibilidade rousseauniana, revela-se razoável conceder que os poderes estatais são potencialmente capazes de gozar dessa faculdade tanto para o bem como para o mal. No caso em análise, as faculdades das perfectibilidades negativa (malfazeja) e positiva (benfazeja) recaíram lexicalmente nos poderes legislativo e judiciário: sobre o primeiro, por ocasião da malfadada reforma trabalhista, quando, sob a bandeira do "Ordem e Progresso", a rapacidade legislativa reformadora da norma laboral consolidada impôs manifesto retrocesso social a direitos laborais anteriormente assegurados e protegidos por normas infra e constitucionais; sobre o segundo, no julgamento da ADI 5.938/DF, quando o Plenário do STF, salvaguardando os direitos sociais da mulher e da criança, declarou — no autêntico sentido da "Ordem e Progresso" sob o véu do princípio do não retrocesso social — a inconstitucionalidade do dispositivo normativo impugnado.

---

89 Cf.: GOMES CANOTILHO, José Joaquim. **Direito Constitucional e Teoria da Constituição.** Coimbra: Almedina, 1999.

Transcendendo a necessitação estatal de estrita observância das obrigações de progressividade e de não regressividade dos direitos sociais laborais, a referência temática em derredor do princípio do não retrocesso social revela o amadurecimento da hipótese de que a causa finalística, expectada na contínua procedência de futuras ações declaratórias de inconstitucionalidade de dispositivos consolidados impugnados pela opinião e censura públicas, autoriza a recepção do aporte epistemológico rousseauniano substanciado na faculdade humana da perfectibilidade benfazeja, que, uma vez assimilada, apreendida e seguida pelo Plenário do STF, certamente funcionará como vetor paradigmático teleológico e contrapontístico aos futuros arranjos da rapacidade legislativa neoliberal contrária aos direitos sociais laborais.

CONCLUSÃO

Com a ratificação do Pacto Internacional dos Direitos Econômicos, Sociais e Culturais, corroborado pela constitucionalização dos direitos sociais, o estado democrático brasileiro se encontra amalgamado às obrigações de progressividade e de não regressividade desses direitos, sobretudo dos direitos sociais laborais.

Mas a rapacidade executiva, legislativa e judiciária é espectro que pode espreitar e tentar mitigar ou destruir a existência desses direitos, de modo que caberá à opinião pública vigilar e censurar odiosa prática neoliberal contrafeita ao caráter axiológico positivo do trabalho e, mais que isso, à dignidade humana.

O recente julgamento do STF na ADI 5.938 sobre a reforma trabalhista envolvendo a proteção contra a exposição da gestante e lactante a atividades insalubres, constitui, assim, exemplo empírico de rapacidade legislativa e de objecção judiciária substanciada no princípio do não retrocesso social e no primado da perfectibilidade humana.

Com vistas à preservação e continuidade do caráter paradigmático da progressividade social dos direitos trabalhistas, o aporte da faculdade da perfectibilidade do contratualismo rousseauniano revela expectação teleológica positiva na blindagem e atualização imediata desses direitos; e, remotamente, da dignidade dos direitos humanos.

A objeção de consciência externada pelo Plenário do Supremo Tribunal Federal à investida da rapacidade legislativa contrária aos direitos adquiridos dos trabalhadores certamente contribuirá para o fortalecimento de uma jurisprudência capaz de repor a estatalidade brasileira nos trilhos da regulação de um Estado Social efetivamente comprometido com o primado de uma regulamentação normativa socializante com assento nos princípios do não retrocesso social e da dignidade humana, donde se supõe emergir, à guisa de considerações finais, a importância do presente trabalho para o aperfeiçoamento da sociabilidade brasileira, no cuidado dos direitos sociais trabalhistas.

REFERÊNCIAS E BIBLIOGRAFIA

ABBAGNANO, Nicola. **Dicionário de Filosofia**. São Paulo: Martins Fontes, 2003.

ABRAMOVIC, Victor; COURTIS, Christian. ***Los derechos sociales como derechos exigibles***. 2. Ed. Madrid: Trotta, 2004.

ALEXY, Roberty. **Teoria de los derechos fundamentales**. 2. Ed. Madrid: Centro de Estudios Fundamentales. 2017.

ARISTÓTELES. **Política**. São Paulo: Nova Cultural, 2004.

BALLESTEROS, Juan Carlos Pablo. La Filosofía Política de la modernidad. In: ***Introducción a la Filosofía.*** Pablo Juan Carlos BALLESTEROS (Director). Santa Fe: Universidad Católica de Santa Fe, 2007.

BRASIL. **Consolidação das Leis do Trabalho**: Decreto-lei n. 5.452, de 1º de maio de 1943. Disponível em: https://www.planalto.gov.br/. Acesso: 01.10.2019.

_______. **Consolidação das Leis do Trabalho**. *Lei nº 13.467, de 13 de julho de 2017.* Disponível em: https://www.planalto.gov.br/. Acesso: 01.10.2019.

________. **Constituição (1988). Constituição da República Federativa do Brasil.** Disponível em: https: //. Acesso em 02.10.2019.

BLACKBURN, Simon. **Dicionário Oxford de filosofia**. Rio de Janeiro: Jorge Zahar, 1997.

DALBOSCO, Cláudio Almir. Perfectibilité e formação humana no pensamento de Jean-Jacques Rousseau. In: ESPÍNDOLA, Arlei de. (Org). **Rousseau: pontos e contrapontos.** São Paulo: Barcarolla, 2012.

DUTRA, Renata Queiroz. **Trabalho, regulação e cidadania: a dialética da regulação social do trabalho**. São Paulo: LTr, 2018.

GOMES CANOTILHO, José Joaquim. **Direito Constitucional e Teoria da Constituição.** Coimbra: Almedina, 1999.

HOUAISS, Antônio. **Dicionário Houaiss da Língua Portuguesa**. Rio de Janeiro: Objetiva, 2001.

JUNIOR, Antônio Umberto de Souza. **Reforma trabalhista: análise comparativa e crítica da Lei 13.467/2017.** São Paulo: Rideel, 2017.

KRELL, Andreas J. Direitos Sociais. In: BARRETO, Vicente de Paulo. **Dicionário de Filosofia do Direito**. São Leopoldo (RS): Unisinos; Rio de Janeiro: Renovar, 2006.

MARTINEZ, Vinício. **Estado do bem estar social ou Estado social?**. Revista Jus Navigandi, ISSN 1518-4862, Teresina, ano 10, n. 656, 24 abr. 2005. Disponível em: https://jus.com.br/artigos/6623. Acesso em: 18.10.2019.

MELLO, Celso Antônio Bandeira. **Curso de Direito Administrativo**. 5. ed. São Paulo: Malheiros, 1994.

ROUSSEAU. ***Discours sur l'origine et les fondements de l'ineégalité parmi les hommes***. In: Oeuvres complètes, v. 3. Paris: Gallimard, 1964. (Bibliothèque de la Pléiade).

________. ***Discours sur les sciences et les arts***. In: ___ . Oeuvres complètes. v. 3. Paris: Gallimard, 1964. (Bibliothèque de la Pléiade).

________. ***Du contract social, Écrits politique, Ou pricíncipes du droit politique***. In: ________. Oeuvres complètes. v. 3. Paris: Gallimard, 1964. (Bibliothèque de la Pléiade).

________. ***Considérations sur le gouvernement des Pologne et sur sa reformation projettée***. In: ___. Oeuvres complètes. V. 3. Paris: Gallimard, 1964. (Bibliothèque de la Pléiade).

SUPREMO TRIBUNAL FEDERAL. Disponível em: https://www.stf.jus.br. Acesso em: 01.09.2019.

O ASSISTENCIALISMO JURÍDICO NO OLHAR DAS CIÊNCIAS DA LINGUAGEM

LEGAL ASSISTANCE IN THE VIEW OF LANGUAGE SCIENCES.

Guilherme Beraldo de Andrade[90]

RESUMO: Desde a gênese da ciência linguística até a atualidade, várias vertentes do estudo da linguagem foram criadas e definidas. No presente artigo, mostra-se um breve referencial teórico cronológico, desde o precursor Saussure, até a formação da análise de discurso (AD) capitaneada por Pêcheux e Orlandi. Amparados na teoria da AD, analisamos o Acórdão RCL 4374 do Supremo Tribunal Federal, no intuito de compreender a produção de sentidos e seus efeitos quanto o termo assistencialismo, os quais são materializados pela opacidade da língua e a relação da ideologia e inconsciente que lhes constitui.

Palavras-Chave: Assistencialismo; Análise de Discurso; Sociedade.

ABSTRACT: Since the beginning of the science of the linguistics till the current theories, many aspects of the studies of the language have been created and defined. In this study, it is shown a brief and chronological theoretical referential, since its precursor Saussure, until the formation of the Discourse Analysis, headed by Pêcheux and Orlandi. Based on the AD theory, we have analyzed the judgment RCL 4374 of Supremo Tribunal Federal, in order to understand the meanings produced and their effects as the term welfare, which are established by the language opacity and the ideological relation and the unconscious that affects them.

Key words: Welfare; Discourse Analysis; Society.

---

90 Pós-doutorando em Direitos Sociais e Humanos pela Universidad de Salamanca/Espanha. Pós-doutorando em Letras pela Universidade Estadual do Centro-Oeste/Paraná. E-mail: guilhermeberaldo@hotmail.com. Lattes: http://lattes.cnpq.br/9598575823970326

INTRODUÇÃO

O Benefício de Prestação Continuada (BPC), instituído originalmente pela Lei Federal 8.742/1993, visava uma estabilidade social, amparada na correção e guarida especial àqueles ditos desamparados, tais como crianças e adolescentes carentes, idosos sem subsistência, deficientes, dentre outros.

Toda a questão vinculada ao benefício, redundou-se, cotidianamente, ao termo assistencialismo diante da necessidade de subsistência, o que depreendeu questionamentos reais acerca do que se poderia chamar, ou definir, o que vem a ser a miserabilidade, ou, em outras palavras, qual seria a definição legal para que o assistido tivesse direito ao recebimento do benefício pecuniário.

Frente às mudanças sociais, notadamente deste começo do século, consequência de um contexto capitalista, consumerista e excludente, as hermenêuticas jurisprudenciais tornaram-se diversificadas quanto à definição daqueles merecedores do BPC, passando a analisar, para a conceituação do mesmo, o ambiente macroeconômico, a fim de destacar – ou não – a proteção da assistência social.

Imergida em uma série de programas e benefícios sociais, os quais utilizaram definições das mais diversas para sua concessão, a sociedade brasileira clamou pela guarida do poder judiciário para tanto, o que determinou a presença do Supremo Tribunal Federal em reanálise de seu próprio anterior entendimento (exposto quando do julgamento da ADI 1232/1998) no momento do julgamento da RCL 4374, o qual explicitou o entendimento quanto ao Parágrafo 3º do artigo 20 da LOAS para o pagamento do benefício.

Em síntese, na mencionada oportunidade do julgamento da RCL 4374 (Pernambuco), o STF declarou a inconstitucionalidade parcial, sem pronúncia de nulidade, do §3º do art. 20 da Lei 8.742/93[91] – LOAS, o qual determinava, para a concessão do benefício a idosos ou deficientes, a comprovação da renda familiar mensal per capita inferior a um 1/4 do salário mínimo. A verdade é que a máxima Corte entendeu como defasado o conceito de miserável (ou miserabilidade) trazido pela LOAS; todavia, não direcionou quais critérios objetivos deveriam (ou passariam) a ser considerados para sua nova validade.

---

[91] Do Benefício de Prestação Continuada
Art. 20. O benefício de prestação continuada é a garantia de um salário-mínimo mensal à pessoa com deficiência e ao idoso com 65 (sessenta e cinco) anos ou mais que comprovem não possuir meios de prover a própria manutenção nem de tê-la provida por sua família.
(...)
§ 3º Considera-se incapaz de prover a manutenção da pessoa com deficiência ou idosa a família cuja renda mensal per capita seja inferior a 1/4 (um quarto) do salário-mínimo.

Indistintamente - e fazendo coro - aos problemas de ordem prática que mencionada decisão trouxe ao hermeneuta jurídico, fato é que, retirado o parâmetro objetivo de definição do miserável na legislação positiva, nos resta o questionamento acerca de quais seriam os critérios subjetivos a se adotar para a concessão, decorrente de anterior definição, do benefício social calcado na miserabilidade?

Sob outro viés, propomos que tal entendimento possa ser construído por meio das ciências da linguagem, o que redundaria numa potencial positivação da norma no futuro. Nesse aspecto, tal problematização nos leva a considerar a construção do imaginário acerca do termo miserável, distinguindo as reais características que o ampara e destaca como tal.

A partir dos pressupostos teóricos da análise de discurso, podemos considerar que a palavra miserável vai se constituindo discursivamente ao longo do tempo, se resignificando através da tecnologia da linguagem[92], o que suporta o estudo aqui pretendido, na medida em que não busca uma análise de conteúdo, mas, uma análise de uma prática discursiva (ORLANDI, 2012).

Em específico, quanto à tecnologia, apresenta Dias:

> Assim, o tratar da tecnologia, estou tratando com uma questão simbólica, política e ideológica. Estou tratando a tecnologia como instância de produção de discursos, de relações de poder [...]. Para Orlandi, a relação do homem com a linguagem, pelo processo de verbalização, constitui a "ideologia da comunicação", fator determinante para o modo como hoje, enquanto sujeitos, nos relacionamos com o mundo através da produção de sentidos (DIAS, 2013, p.50)

Tal qual a escrita foi um dos fatores necessários ao aparecimento das ciências da linguagem, o dicionário (vide mais abaixo) apresenta-se como ferramenta tecnológica fundamental para a linguagem e conhecimento, na medida em que os discursos só podem ser analisados sob um feixe de sentidos que ligam instituições, processos, ferramentas e sistemas.

Neste raciocínio, a seguir, traremos considerações acerca do início do estruturalismo e seus efeitos na ciência da linguagem.

---

92 "No caso da linguagem, a transferência tecnológica supõe um bom conhecimento da língua-fonte e de sua cultura (...) Podemos, no entanto, aí apreender a razão mais profunda que faz da escrita a condição de possibilidade do saber linguístico, enquanto o estatuto da escrita nas outras tradições deriva simplesmente do fato de que os textos foram a causa eficiente do aparecimento desse saber" (AUROUX, 2009, p.24-25).

As ciências da linguagem

A visão de Borba (1998) destaca uma evolução histórica da ciência linguística, o que a consolidou como segmento autônomo e próprio, mesmo que, em termos de volume, não tenha a mesma se apropriado de tantos novos procedimentos metodológicos, principalmente quando comparado à Física. Contudo, nessa evolução, ainda que lenta, destaca-se a segunda metade do século XX.

Qualquer ramo científico, como objeto, ganha corpo com a junção de 3 fatores: culturais, sociais e materiais. O primeiro e o segundo destacam-se na medida das condições intelectuais (excluído aqui o fator social) do grupo, o que, de certa maneira, com a influência de fatores diversos, pode contribuir para a expansão ou retração da ciência[93]. Já o fator material vincula-se ao desenvolvimento tecnológico em si, o que acaba por influenciar os métodos e a pesquisa.

Na efervescência dos ditames sociais em voga e sua constituição, o Estruturalismo Linguístico predominou no início do século XX, com relevância a Ferdinand de Saussure (1916).

As línguas naturais são manifestações da linguagem (as primeiras de ordem micro e a segunda macro). Segundo Saussure ([1916] 2002) "a língua é uma parte essencial da linguagem (...) um conjunto de convenções necessárias adotadas pelo corpo social para permitir o exercício dessa faculdade nos indivíduos".

O mestre genebrino destaca ser a língua um sistema de signos. É a parte social da linguagem, devendo o falante obedecer às regras a ela inerentes, estabelecidas pela comunidade em que está inserida. A existência da fala (que compõe a tríade junto à linguagem e à língua) exterioriza as combinações realizadas pelo sujeito falante.

A segmentação dos estudos dos termos que compõe a tríade saussuriana situa o objeto da linguística, notadamente aquela que perfaz seus estudos quanto à língua (priorizada por Saussure) e a que estuda a fala. Partindo do pressuposto que a língua se define como uma estrutura com elementos e valores específicos (motivo pelo qual se chama Estruturalismo a teoria que estuda estas "estruturas" da língua), tal período histórico pode ser considerado como de estudos de uma linguística de frase.

---

93 Nos Estados Unidos, o interesse pela integração social propiciou o desenvolvimento da linguística descritiva. Já na Rússia, o *Marrismo* – que amparava seus conceitos pelo que cada sistema politico e comunidade possuíam, o que determinava uma estrutura linguista particular – acabou por desfavorecer seu desenvolvimento.

Na medida das próprias indagações e questionamentos inerentes ao desenvolvimento da ciência linguística, a partir dos anos 50, se promovem novos conceitos fundamentados no conhecimento intuitivo da língua, aflorando os estudos de Émile Benveniste (1966).

Em sua teoria, o autor define a noção de *emprego das formas*, pela qual haveria um "conjunto de regras fixando as condições sintáticas nas quais as formas podem ou devem normalmente aparecer, uma vez que elas pertencem a um paradigma que arrola as escolhas possíveis". Por tal concepção, as condições de emprego das formas se diferenciam daquelas de emprego da língua. As primeiras dão lugar a inúmeros modelos na proporção da quantidade de tipos linguísticos; já as segundas se caracterizam por sua constância, que acaba por afetar a língua como um todo (BENVENISTE, [1966], 1988, p. 81-82).

O discurso, para esse autor, vem a ser o ato de produzir um enunciado por conta do uso próprio da língua pelo locutor. Salienta-se quanto à enunciação três aspectos: realização vocal da língua, conversão individual da língua em discurso e definição própria no quadro formal de sua realização. Quer dizer, para a enunciação, se considera o ato em si, suas condições e os instrumentos utilizados para sua realização. O ato próprio da fala destaca o locutor como parâmetro da enunciação. Essa, por sua vez, apropria-se da língua para sua realização, a qual, com efeito, sempre se vincula a outrem, chamado alocutário. Essa referência a outro (tu), destaca de igual forma ao locutor a característica prática de também ser um alocutário.

Assim, a enunciação fundamenta-se por meio dos tradicionais pronomes pessoais e demonstrativos[94], bem como das formas temporais, alicerçando o chamado presente em consequência direta para a criação da categoria tempo. Nesses termos, o presente formal jamais se dissocia da enunciação, eis que a mesma se renova a cada produção de discurso, criando-se o diálogo na existência enunciativa do locutor com o parceiro.

Em clara evolução da teoria trazida por Benveniste, surgem as pesquisas de Oswald Ducrot (1984), definidas como pragmática semântica ou pragmática linguística, as quais se vinculam à ação humana no ato da linguagem, destacando suas condições e alcance.

Consoante o autor:

> Não se trata mais do que se faz quando se fala, mas do que se considera que a fala, segundo o próprio enunciado, faz. Utilizando um enunciado interrogativo, pretende-se obrigar, pela própria fala, a pessoa a quem se dirige a

---

94 Agora chamados de "indivíduos linguísticos".

adotar um comportamento particular, o de responder, e, do mesmo modo, pretende-se incitá-lo a agir de certa maneira, se se recorre a um imperativo, etc. O ponto importante, a meu ver, é que esta incitação para agir ou esta obrigação de responder são *dadas como efeitos da enunciação* (DUCROT, [1984], 1987, p.163).

Buscam-se, agora, as imagens da enunciação que, a seu turno, darão conta do que é feito pela fala. Há, pois, diferença clara entre enunciado e frase, devendo o linguista buscar sempre o enunciado. Surge a questão da autonomia relativa, pela qual "uma sequência é independente se sua escolha não é imposta pela escolha de um conjunto mais amplo de que faz parte". A frase dá conta dos enunciados (DUCROT, [1984], 1987, p.164-166).

Da relação frase/enunciado emerge a enunciação, que pode determinar *(i)* uma atividade psico-fisiológica *(ii)* um produto da atividade do sujeito falante e *(iii)* um acontecimento pelo aparecimento de um enunciado, um acontecimento histórico que cria a enunciação.

Como não suficiente a oposição entre frase e enunciado, há que se destacar a diferença entre significação e sentido. Na frase, ao se buscar sua semântica, tem-se a "significação", ao passo que o "sentido" se relaciona ao enunciado. Não há que se falar em ser a significação parte do sentido; aquela materializa instruções indicadas às pessoas para interpretar os enunciados, ou seja, buscar seus sentidos (tal natureza da significação pode ser ressaltada quando se analisa as variáveis argumentativas).

Ducrot ([1984], 1987, p.172) define ainda o sentido do enunciado, o qual "consiste em considerar o sentido como uma descrição da enunciação. O que o sujeito falante comunica através de seu enunciado é uma qualificação da enunciação deste enunciado". Entra assim, em cena, a teoria da polifonia, a qual ressalta como primeira forma polifônica dois personagens: enunciador e locutor. Esse último, nas palavras do autor, seria:

> Por definição, entendo por locutor um ser que é, no próprio sentido do enunciado, apresentado como seu responsável, ou seja, como alguém a quem se deve imputar a responsabilidade deste enunciado. É a ele que se refere o pronome eu e a outras marcas da primeira pessoa. Mesmo que não se leve em conta, no momento do discurso relatado direto, ressaltar-se-á que o locutor, designado por eu, pode ser distinto do autor empírico do enunciado, de seu produtor – mesmo que as duas personagens coincidam habitualmente no discurso oral (DUCROT, [1984], 1987, p.182).

O locutor (presente no discurso) é diferente do sujeito falante, sendo possível ainda se distinguir dois locutores: o "locutor enquanto tal" e o "locutor enquanto ser do mundo". Este último é completo, sendo a origem do enunciado, ao passo que o primeiro vem a ser o responsável pela enunciação, a quem se atribui sentimento e que está diretamente relacionado ao ato de enunciar[95]. A distinção entre estes tipos de locutores remete aos chamados "performativos explícitos", o que significa ser "possível efetuar um ato elocutório pelo simples fato de se asseverar explicitamente que se efetua tal ato".

Na construção de tal raciocínio, ressalta-se a *ironia* para se exaltar a noção de enunciador; veja-se, o discurso de teor irônico sempre apresenta, por alguém que não o locutor, coisas absurdas e insustentáveis. Ou seja, o locutor "faz ouvir" o discurso de outro, apresentando a posição de enunciador. O absurdo é expresso na enunciação irônica, sendo o enunciador vinculado ao alocutário (ou até mesmo a outro, nos casos de auto-ironia).

Porém, não podemos esquecer que, ao afirmar ser a ironia vinculada à fala, a teoria proposta distancia-se de Saussure, contudo, o autor reitera a questão da significação e suas instruções para compreensão do enunciado, exigindo do intérprete uma posição, que não outra, de se determinar o lugar do locutor (que faz a enunciação) e do enunciador (responsável pelo ponto de vista). Tal ordem de raciocínio também seria observada nos chamados discursos de negação, tendo em vista os mesmos serem fatos da língua, determinando uma enunciação vinculada a dois enunciadores antagonicamente considerados.

Já ao fim dos anos 1960, novos estudos linguísticos começam a apontar um norte diferente daquele proposto pelo Estruturalismo, considerando a linguagem como opaca e com o sentido não evidente.

Muito se discute acerca da transparência da linguagem, principalmente quando a mesma apresenta imagens que lhe agregariam sentido. O desejo de entender as razões que levam a tais conclusões interpretativas geram uma questão relevante, capaz de se demonstrar como marco inicial para questionamento de tal amplitude. Em outras palavras, qualquer texto, ainda que aliado ao seu dado imagético, é capaz de produzir outros sentidos, processo este demonstrado por meio da análise que o analista de discurso faz do *corpus*.

É neste ínterim que surge a Análise de Discurso, notadamente de linha francesa, através do estudioso Michel Pêcheux (1969), em função do questionamento acerca da epistemologia da linguística, por meio da problematização do corte saussuriano, propondo a análise das condições de possibilidade e criação do discurso e dos processos discursivos.

[95] Considerando-se a linha da retórica – na qual a imagem utilizada pelo orador exterioriza seu *ethos* – poder-se-ia afirmar que a enunciação vincularia o locutor enquanto tal, no processo de construção de sua imagem (o locutor enquanto ser do mundo).

O discurso é efeito de sentidos (PÊCHEUX, [1990], 1997) entre interlocutores, sendo a conjugação da língua com a história. O discurso se insere entre a língua e a fala. "Porque é histórico muda, porque é histórico permanece" (ORLANDI, 1999, p.46).

A Análise do Discurso (AD) é produto de uma leitura e, por consequência, de uma interpretação (decorrente da deriva de sentidos causada pela ideologia e pelo inconsciente), reconhecendo sua universalidade através do interdiscurso. Fato é que o discurso somente pode ser entendido em sua plenitude quando considerados seus elementos históricos de formação.

Nesse aspecto, a AD se ampara na própria linguística, no materialismo histórico (com Marx e Althusser) e na Teoria do Discurso (sendo tais campos atravessados por uma teoria psicanalítica da subjetividade - Freud e Lacan).

A disciplina da análise do discurso, diferentemente da análise tradicional do conteúdo[96], procura se ocupar do sentido do texto no seguinte questionamento: como este texto significa? (ORLANDI, 2012). Por certo, muda o foco da linguística pragmática (pelos atos de linguagem) e de enunciação (vinculada ao sujeito), para aquela onde a noção de texto relaciona-se com o discurso.

Consoante a célebre autora, o texto não se define pela sua extensão (pode ser uma ou muitas frases, enunciados e/ou páginas) o que não altera sua análise. O que se busca é o efeito de sentidos entre os locutores. O texto é texto somente porque traz significação, importando à AD a relação da língua com a história e sua relação exterior (com o mundo). A disciplina não prioriza o texto em si, mas o utiliza para ter acesso ao discurso, cabendo ao analista percorrer esta jornada a fim de compreender como ele pode ser lido. Desta forma, os textos se compreendem como partes de um todo completo de compreensão (ORLANDI, 2012, p.69-73).

Consoante Cavallari:

> A perspectiva discursiva, perpassada pelo desconstrutivismo, entende a linguagem como um contínuo processo de produção de sentidos ou de efeitos de sentido, pois, de acordo com Derrida (1981 *apud* ARROJO, 1992), as palavras sempre carregam outros significados que elas colocam em movimento, apesar de nossos esforços para fechar o significado. Daí o distanciamento desta perspectiva em relação à visão estruturalista, segundo a qual cada significante corresponderia a um significado mais ou menos fixo ou socialmente convencionado e compartilhado (CAVALLARI, 2012, p.296).

---

96 A questão vinculada à análise do conteúdo determina: o que este texto quer dizer?

Ressalta-se que o dizer não é privativo, na medida que as palavras se significam pela história e pela língua. A verdade é que o sujeito não tem a real medida do que pretende dizer (e nunca terá!). Na linha de pesquisa da semântica, "o sentido é a intenção do locutor em dizer algo para alguém" (GUIMARÃES, 2010, p.31).

Observa-se assim a relação entre o já dito e o que se está dizendo, entre o interdiscurso e o intradiscurso, entre a constituição do sentido e sua formulação. O dizer, deste modo, se materializa através da memória (constituição) e sua atualidade (formulação), produzindo um sentido (ORLANDI, 2012, p.32-35).

Tem-se que o interdiscurso se materializa nas formulações feitas e já esquecidas e que impactam no que *se diz* na atualidade. Este impacto de sentidos pretéritos alcança o sujeito de acordo com sua própria relação com a história e ideologia. Para a festejada autora "o interdiscurso é da ordem do saber discursivo, memória afetada pelo esquecimento, ao longo do dizer".

Nas palavras de Pêcheux:

> Toda formação discursiva dissimula, pela transparência do sentido que nela se constitui, sua dependência com respeito ao "todo complexo com dominante" das formações discursivas, intricado no complexo das formações ideológicas definido mais acima (...) propomos chamar interdiscurso a esse "todo complexo com dominante" das formações discursivas, esclarecendo que também ele é submetido à lei da desigualdade-contradição-subordinação que, como dissemos, caracteriza o complexo das formações ideológicas (PÊCHEUX, [1988], 2014, p.148-149).

O autor francês nos apresenta que a busca de toda formação discursiva é *dissimular, na transparência do sentido que nela se forma, a objetividade material contraditória do interdiscurso, que determina essa formação discursiva como tal*, isto é, o sujeito apropria-se de seu próprio discurso através da influência das formações ideológicas[97], dando-lhe sua própria realidade, suportada em significações aceitáveis.

Ainda, no que tange à ordem da *enunciação*, a mesma se exterioriza pelo modo de dizer e pelas construções parafrásticas inerentes a ela, formando o contexto imediato.

Do miserável

Considerando-se a trajetória da ciência linguística até o seu desembarcar na Análise de Discurso, bem como um objeto de análise específico material,

---

[97] Ressaltando a presença do interdiscurso nesse complexo.

buscamos analisar a palavra miserável, para efeitos de guarida objetiva à norma jurídica. Assim, a palavra "miserável", consoante o Dicionário Aulete[98], significa:

1. Muito pobre
2. Digno de compaixão;
3. Desprezível, abjeto, vil.
4. Cruel, malvado, perverso
5. Avarento, sovina.
6. Minguado, ínfimo, irrisório.
7. Pessoa ou animal dignos de compaixão.
8. Aquele que está na miséria, que é muito pobre.
9. Pessoa cruel, desprezível.
10. Pessoa avarenta, sovina.

Por oportuno, convém destacar que a palavra miserável está exposta em vários dicionários, o que, de certo modo, lhe reporta unanimidade e estabilidade de uso. Tal característica, por si só, não lhe traduz questionamentos de ordem semântica, quiçá em sua utilização em um discurso jurídico.

Em explícito, contudo, considerando seu potencial uso em uma norma, outros sentidos podem vir a ser perpetrados, principalmente considerando-se o texto com seu interdiscurso. Relembrando Pêcheux:

> Os sentidos e os sujeitos se constituem em processos em que há transferências, jogos simbólicos dos quais não temos o controle e nos quais o equívoco (trabalho da ideologia e do inconsciente) estão muito presentes (PÊCHEUX, [1988], 2014, p.148-149).

No discurso jurídico, e, por consequência, quando da vinculação ao estado de miserabilidade, não existem somente os lugares do pobre excluído e do abastado privilegiado. Há um *outro*, conforme preconiza Eni Orlandi (2008, p. 137), que fala da própria constituição do país (e não *sobre* o mesmo). Remete-nos ao movimento de identidade que apaga a descontinuidade histórica e "permite as transformações que fazem a história das identidades" (p. 138).

Ora, não há como alcançar um único sentido para a questão do miserável necessitado da assistência estatal, principalmente aos olhos daqueles que

98 http://www.aulete.com.br/miseravel.

não prescindem da mesma, os quais, ao contrário, têm um imaginário distinto daquele objetivado pela potencial norma. São inúmeros construtos sociais e discursivos que possibilitam diversas interpretações. Em termos teóricos, significa que se articula, sempre, a estrutura e o acontecimento: nem o exatamente fixado, nem a liberdade em ato. Todos estão sujeitos, ao mesmo tempo, à língua e à história, ao estabilizado e ao irrealizado; os homens e os sentidos fazem seus percursos. "No discurso, no movimento do simbólico, que não se fecha e que tem na língua e na história a sua materialidade" (ORLANDI, 2012, p. 53).

Fato é que, na busca de um discurso que o justifique, o miserável se vê pelo próprio discurso do abastado (não necessitado). Através de uma análise crítica, alcança o lugar da produção de seus efeitos de sentido e compreende a formação de sua própria identidade.

De imediato, nos questionamos: para ser caracterizado como miserável – e digno do correspondente auxílio estatal – não poderia a pessoa ter qualquer tipo de posse econômica? Um modo de ser? Uma situação momentânea de dificuldade financeira? A verdade é que há um enunciado sem o devido predicado, formando uma elipse do ponto de vista sintático. Porém, não se parte de uma palavra estável em termo semânticos jurídicos, o que permite ao público deslizar os sentidos de seu objeto da forma que mais lhe aprouver. Nos dizeres de Chiaretti e Tfouni (2010, p.28) "dada a amplitude infinita de projeções possíveis não podemos supor de quais formas seria preenchida esta lacuna."

A verdade é que existe um imaginário, bastante difundido socialmente, de que o povo brasileiro se modifica conforme as necessidades, ou seja, na seara de discussão aqui empreendida, busca os elementos probatórios para ser classificado como receptor da norma benéfica. Quer dizer, modifica sua constituição – ainda que por vezes de modo não verdadeiro – para receber o auxílio estatal. Contudo, vincular o mérito do assistencialismo necessário àqueles que assim procedem, apresenta-se como um equívoco, na medida em que seu "real sentido"[99] (do miserável necessitado em si) está atravessado pela história e pela opacidade da língua. Relembrando Orlandi:

> Para que a língua faça sentido, é preciso que a história intervenha, pelo equívoco, pela opacidade, pela espessura material do significante. Daí resulta que a interpretação é necessariamente regulada em suas possibilidades, em suas condições. Ela não é mero gesto de decodificação, de apreensão de sentido. A interpretação não é livre de determinações: não é qualquer uma e é desigualmente distribuída na formação social (ORLANDI, 2012, p.47).

---

[99] E na doce ilusão de se ter ou achar um único sentido!

Todo o debate acaba por nos apresentar e instigar um imaginário do que é ser necessitado (verdadeiramente) em um país de 3º mundo, com uma das maiores desigualdades de distribuição de renda, sufocado por uma máquina estatal burocrática e, não raras vezes, injusta. Sem dúvidas a miserabilidade permeia milhares de brasileiros, mas não os consolida e singulariza, ainda que a norma jurídica possa vir a dispor adjetivos a fim de descrever o objeto da mesma, os quais, indubitavelmente, estão ligados à memória discursiva e ao próprio imaginário do que vem a ser um miserável em um país como o Brasil.

Orlandi e Rodrigues (2010, p.15), lecionam que as formações imaginárias se conceituam como a imagem que o sujeito do discurso faz dele mesmo, bem como a imagem que ele próprio faz de seu interlocutor e do próprio objeto do discurso, destacando a projeção da posição social neste.

O brasileiro traz também consigo o imaginário de um povo alegre e amistoso junto a outros diversos sentidos. Ser brasileiro pode até mesmo vir a ser um estado de espírito, porém, amparados no interdiscurso atual, também se vincula a ações de roubo, corrupção, desonestidade e miserabilidade em geral; características estas consideradas pela própria população brasileira.

Nessa conceituação da miserabilidade do brasileiro, não se busca o amparo no pensamento de Foucault quanto à individualização e separação dos indivíduos, "traçar o limite que definirá a diferença com relação a todas as diferenças" (FOUCAULT, [1975], 2011, p.214), mas, acima de tudo, a busca da produção de sentidos e exposição das características discursivamente aceitas – imaginárias – quanto à realidade econômica e necessária de subsistência de nosso povo em geral.

Levando em consideração que a norma jurídica alcança todo o território nacional, queda-se a tal dilema: o conceito de miserabilidade necessária de assistencialismo possui o mesmo teor em todas as cidades e regiões do país? Com efeito, por tal questionamento, o implícito acerca da característica já não é tão certeiro.

Recorramos a Achard:

> Do ponto de vista discursivo, o implícito trabalha então sobre a base de um imaginário que o representa como memorizado, enquanto cada discurso, ao pressupô-lo, vai fazer apelo a sua (re)construção, sob a restrição "no vazio" de que eles respeitem as formas que permitam sua intenção por paráfrase (ACHARD, 2015, p.13).

Até em função do sempre atravessar do interdiscurso, ser/estar miserável compreende práticas positivas e negativas, as quais ganham relevância consoante a posição discursiva, chegando a dizer que, quanto ao seu sentido, já se propõe um pré-construído corresponde ao "sempre-já-aí" da interpelação ideológica que fornece-impõe a "realidade" e seu sentido sob a forma da universalidade (o "mundo das coisas") (PÊCHEUX, [1988], 2014, p.151). Porém, não visualizamos tal homogeneidade para a palavra miserável num plano do discurso (norma) jurídica que, em sua constituição, aponta para consequências analíticas que movimentam as redes de filiações dos sentidos. Com efeito, um miserável da região Sudeste pode muito bem ser totalmente distinto daquele lotado na região Norte, por assim dizer.

CONCLUSÃO

Assim, por tudo aqui analisado, tem-se que, a bem da verdade, sob a ótica da tecnologia da linguagem aliada à análise de discurso, encontramos uma palavra que não é mais somente vinculada a um conjunto de frases ou a representação do sentido buscado pelo sujeito/autor da norma jurídica, na medida em que a mesma precisa ser considerada em relação aos aspectos exteriores e não controlados por ele. Com efeito, fica clarividente que o termo miserável concebe e produz sentidos diversos aos sujeitos leitores e – a priori e não raras vezes – opostos àqueles pretendidos em seu texto/apresentação, o que somente se evidencia com os dispositivos metodológicos suportados na ciência da linguagem.

A anterior eleição da renda per capita familiar para se aferir a condição de miséria do assistido foi uma restrição de sentido proposto pela norma jurídica, o que lhe trazia um aspecto objetivo. Com a sua declaração de imprestabilidade (ou ilegalidade sob o viés jurídico), resta a eleição de novos parâmetros diretos para a concessão da assistência e caracterização da miserabilidade de um indivíduo, o que, por certo, não permitirá divagações e decisões diversas quanto à aquiescência ou não da condição legal.

A apresentação de declarações fiscais, certidões negativas de propriedades imobiliárias, necessário e obrigatório pleito judicial através de Defensorias Públicas e tantas outras possibilidades, desmistificam a subjetividade linguística, dando amparo à apreciação concreta e direta da norma, suportando a eficácia e real aplicabilidade dos fins previstos na Lei Orgânica da Assistência Social, para aqueles desprovidos do mínimo necessário para a subsistência.

REFERÊNCIAS E BIBLIOGRAFIA

ACHARD, P. [et al.]. **Papel da Memória**. Tradução e Introdução José Horta Nunes. 4. ed. Campinas: Pontes, 2015.

AUROUX, S. **A revolução tecnológica da gramatização**. 2. ed. Campinas: Editora Unicamp, 2009.

BENVENISTE, Émile. [1966] **Problemas de Linguística Geral - I**. Campinas: Pontes, 1988 (p. 81-89)

BORBA, Francisco da Silva. **Introdução aos Estudos Linguísticos**. Campinas: Pontes, 1998 (p. 301-317)

BRASIL. **Constituição da República Federativa do Brasil de 1988**. Disponível em: <http://www.planalto.gov.br/ccivil_03/Constituicao/Constituicao.htm>.Acesso: 1 out. 2019.

______. **Lei nº 8.742, de 07 de dezembro de 1993**. Dispõe sobre a Lei Orgânica da Assistência Social dá outras providências. Disponível em: <http://www.planalto.gov.br/ccivil_03/Leis/L8742.htm>. Acesso em: 1 out. 2019.

______. **STF. Rcl nº 4374/PE**, do Supremo Tribunal Federal, de abril 2013. Assunto: análise da constitucionalidade do § 3º do art. 20 da lei 8;742/93 (Lei Orgânica da Assistência Social – LOAS). Disponível em: < http://www.stf.jus.br/arquivo/cms/noticianoticiastf/anexo/rcl4374.pdf>. Acesso em: 1 out. 2019.

CAVALLARI, J.S. Visões de leitura e Concepções que fundamentam os documentos oficiais de ensino e aprendizagem de língua estrangeira. In: **Trab. Ling. Aplic., Campinas**, n(51.2): 293-304, jul./dez. 2012. Disponível em: <http://www.scielo.br/pdf/tla/v51n2/a02v51n2.pdf>. Acesso em: 20 set. 2019.

CHIARETTI, P. TFOUNI, L. Uma nova identidade feminina em (re)vista – efeitos de verdade e constituição de sentidos sobre a mulher pela mídia. In: **Intersecções** - Revista de Estudos sobre Práticas Discursivas e Textuais. Centro Universitário Padre Anchieta Jundiaí/SP, Ano 3, Número 2, 2010. Disponível em: <http://www.academia.edu/25954009/Uma_nova_identidade_feminina_em_re_vista_Efeitos_de_verdade_e_constituição_de_sentido_sobre_a_mulher_pela_m%C3%ADdia>. Acesso em: 20 set. 2019.

DIAS, Cristiane. Linguagem e tecnologia: uma relação de sentidos. In: PETRI, Verli; DIAS, Cristiane. (orgs). **Análise de Discurso em perspectiva**: teoria, método e análise. Santa Maria: Ed da UFSM, 2013. pp. 49-62.

DUCROT, Oswald. [1984] **O dizer e o dito**; revisão técnica da tradução: Eduardo Guimarães. Campinas: Pontes, 1987 (p.161-219)

FOUCAULT, M. [1975] **Vigiar e Punir**. Petrópolis: Editora Vozes, 2011.

GUIMARÃES, E. **Os limites do Sentido**: Um estudo histórico e enunciativo da linguagem. 4. Ed. Campinas: Editora RG, 2010.

OLANDI, Eni P. **Análise de discurso**: princípios e procedimentos. Campinas: Pontes, 2012

______. **Discurso e Leitura**. Campinas/São Paulo: Editora da UNICAMP/ Cortez, 1999.

______. **Terra à vista**. Discurso do Confronto: Velho e Novo Mundo. Campinas/São Paulo: Editora da UNICAMP, 2008.

PÊCHEUX, M. [1990] **O discurso**: estrutura ou acontecimento. 2. ed. Campinas: Pontes, 1997.

______. [1988] **Semântica e Discurso**: uma crítica à afirmação do óbvio. Tradução Eni Puccinelli Orlandi et al. 5. ed. Campinas: Editora Unicamp, 2014.

RODRIGUES, Suzy L., ORLANDI, Eni P. **Introdução às ciências da linguagem** – Discurso e textualidade. Campinas: Pontes, 2010

SAUSSURE, F. [1916] **Curso de linguística geral**. Tradução de Antônio Chelini, José Paulo Paes e Izidora Blikstein. 24. ed. São Paulo: Cultrix, 2002.

SOUSA, T.B. A imagem da mulher nas enunciações sobre cerveja. *In*: **Simpósio Internacional Sobre Análise do Discurso**, 2016, Belo Horizonte. Anais do IV Simpósio Internacional Sobre Analise Do Discurso: Discurso e Desigualdades Sociais. Belo Horizonte: UFMG, 2016. v. 1.

EFETIVIDADE DOS DIREITOS SOCIAIS: O CARÁTER AUTORIZATIVO DO ORÇAMENTO FRENTE AO RECONHECIMENTO DE DIREITOS SUBJETIVOS NA PERSPECTIVA DO STF

EFFECTIVENESS OF SOCIAL RIGHTS: THE AUTHORIZATION OF THE BUDGET WITH REGARD TO RECOGNITION OF SUBJECTIVE RIGHTS IN THE STF PERSPECTIVE

Kalil Said de Souza Jabour[100]

RESUMO: O presente artigo aborda a questão da efetividade dos direitos sociais, na perspectiva do Supremo Tribunal Federal, pela via do reconhecimento de direitos subjetivos públicos. Neste propósito, a implementação de políticas públicas e a execução orçamentária se apresentam como meios para a concretização de direitos sociais e o orçamento passa a ter caráter impositivo na hipótese em que os direitos sociais são reconhecidos como direitos subjetivos públicos.

Palavras-chave: direitos sociais; direito público subjetivo; orçamento impositivo.

ABSTRACT: *This article addresses the issue of the effectiveness of social rights, from the perspective of the Brazilian Supreme Court, through the recognition of public subjective rights. In this regard, the implementation of public policies and budget execution are presented as means for the realization of social rights and the budget becomes enforceable in the hypothesis that social rights are recognized as public subjective rights.*

Keywords: *social rights; subjective public rights; enforceable budget.*

[100] Mestre em *Hacienda Pública* pelo *Instituto de Estudios Fiscales/Ministério de Hacienda/España*; doutor em *Ciencias Jurídicas y Sociales* pela UMSA/Argentina; Pós-doutor em Direito (Direitos Humanos e Democracia) pelo IGC/Universidade de Coimbra/Portugal e Pós-doutorando em *Derechos Humanos* pela *Universidad de Salamanca.*

INTRODUÇÃO.

O presente artigo tem como propósito enfrentar a questão sobre o caráter autorizativo ou impositivo do orçamento público em relação aos direitos sociais, na perspectiva do STF.

A importância da referida questão reside em deduzir critérios pelos quais se pode identificar hipóteses em que o orçamento dos direitos sociais deve ser entendido como impositivo e, ainda que ausente ou insuficiente a previsão legal orçamentária, o Poder Executivo se encontra obrigado às prestações materiais para a efetividade destes direitos.

O reconhecimento de direitos sociais subjetivos individuais, coletivos e difusos, por vários caminhos, desde o reconhecimento expresso na legislação pátria, a previsão em tratados internacionais que garantam efetividade aos referidos direitos e a construção jurisprudencial do STF nos permitem discernir as situações em que podemos afirmar as iniciativas de um ativismo judicial ou o reconhecimento consistente de direitos subjetivos manejáveis pelo titular destes direitos ou por seu substituto processual.

Por outro lado, em relação àqueles direitos sociais para os quais não se identifica uma densificação de efetividade, na concepção do mestre CANOTILHO[101], as situações concretas e o efeito indireto sobre os direitos fundamentais interdependentes é que vão demandar pautas de ativismo judicial que, por via reflexa, irão os garantir não obstante não esteja palpável o seu caráter subjetivo.

A elaboração da peça orçamentária e a formulação e implementação de políticas públicas relativas aos direitos sociais subjetivos individuais, coletivos ou difusos, correspondem aos meios e à margem de ação do Poder Executivo para garanti-los com a maior eficiência, eficácia e amplitude ante o poder/dever de prestá-los.

Nestas hipóteses de direitos subjetivos reconhecidos, a ausência total ou parcial de autorização orçamentária e das referidas políticas públicas representa gravíssima falha, quer seja do Poder Executivo ou do Poder Legislativo, por se tratarem de direitos imediatamente manejáveis que devem ser garantidos pelo Poder Judiciário.

Outro tema conexo, de extrema relevância, e de reconhecida repercussão geral pelo STF é o caráter federativo das competências legislativas, materiais e financeiras dos entes da federação na efetivação de determinados direitos

---

101 CANOTILHO, J. J. Gomes. **Direito Constitucional e Teoria da Constituição.** 7. ed. 4ª. reimp. Coimbra: Almedina, 2003.

sociais, o que demanda uma reflexão em matéria de federalismo político e fiscal em relação a estes direitos.

I – DIREITOS SOCIAIS COMO DIREITOS SUBJETIVOS FUNDAMENTAIS OU HUMANOS.

Os direitos sociais correspondem a 'direitos de segunda geração', relativos a prestações positivas e negativas do Estado e proteção a determinados bens jurídicos, em sua atuação na ordem social.

Historicamente, surgiram no século XIX, após a Revolução Industrial e ganharam densificação após as guerras mundiais, ficando patente que os 'direitos de primeira geração' que se baseavam na desconfiança do cidadão em relação ao Estado e realçavam o individualismo, a autonomia e a liberdade humana, não seriam mais suficientes na mediação dos novos e graves conflitos na ordem econômica e social.

Assim, novos direitos de feição econômica e social passaram se incorporar nos textos constitucionais, determinando-se uma atuação positiva do Estado nestes campos, em reconhecimento à fragilidade humana no contexto moderno, garantindo-lhe proteção em várias esferas da vida social.

Vale acentuar, contudo, o caráter predominantemente programático da normatização constitucional do tema e que, até a Constituição da República de 1988, não era tratado no rol dos direitos fundamentais.

Em nossa Constituição da República de 1934, se prometeu no preâmbulo um "*regime democrático, que assegure à Nação a unidade, a liberdade, a justiça e o bem-estar social e econômico*" e timidamente, se afirmou, nos termos da alínea 'a' do art. 138, que incumbe à União, aos Estados e aos Municípios "*assegurar amparo aos desvalidos, criando serviços especializados e animando os serviços sociais*".

O § 2º do seu art. 121 também estabelecia preceitos voltados à legislação do trabalho, como norma programática e o preceito de maior densidade nesta Constituição, contido em seu art. 149, passou a afirmar a educação como direito de todos.

Por outro lado, a Constituição da República de 1937 marcou intensamente a regulação das relações de trabalho e assinalou um retrocesso por não prever mais a educação como direito de todos.

A Constituição da República de 1946, por inspiração da Constituição de Weimar, introduziu um título próprio sobre a ordem econômica e social

(Titulo V), afirmando os princípios da justiça social e o bem- estar social, além dos preceitos voltados à legislação do trabalho e à previdência social.

A Constituição da República de 1967 manteve também o título voltado para a ordem econômica e social (Título III), além do rol de preceitos voltados à legislação do trabalho e da previdência social.

Por outro lado, preocupou-se o legislador constituinte de 1967 com as correspondentes fontes de receita ao dispor, no § 1º do art. 158, que "*nenhuma prestação de serviço de caráter assistencial ou de benefício compreendido na previdência social será criada, majorada ou estendida, sem a correspondente fonte de custeio total.*"

A menção às fontes de custeio revela um incipiente cuidado com o reflexo das prestações positivas do Estado no equilíbrio orçamentário.

Embora não qualificado como direito fundamental, o direito à educação na Constituição da República de 1967 voltou a ser afirmado como direito de todos, mediante a igualdade de oportunidades.

A menção à saúde na Constituição da República de 1967 é feita apenas para marcar a competência legislativa da União nesta matéria.

Quanto à segurança na Constituição da República de 1967, é tema tratado com enfoque no dever e não como direito, conforme a ideologia da segurança nacional, afirmando seu art. 89 que "*toda pessoa natural ou jurídica é responsável pela segurança nacional.*"

Como ressaltamos, nenhuma das referidas constituições tratou os direitos sociais como direitos fundamentais, até o advento da Constituição da República de 1988.

A Constituição da República de 1988 afirmou expressamente os direitos sociais como direitos fundamentais e, em sua redação original, os elencou nos seguintes temas: educação, saúde, trabalho, lazer, segurança, previdência social, proteção à maternidade e à infância e assistência aos desamparados.

Posteriormente, a Emenda Constitucional nº 26, de 2000, a Emenda a Constitucional nº 64, de 2010 e a Emenda Constitucional nº 90, de 2015, ampliaram o rol dos direitos sociais como direitos fundamentais, incluindo, respectivamente, o direito à moradia, o direito à alimentação e o direito ao transporte.

Assim, tais direitos, ao lado dos direitos individuais de primeira geração, foram alçados ao *status* de fundamentais, ou seja, passam a compor o acervo axiológico de nossa Carta Magna.

Em relação aos direitos sociais houve uma confluência entre sua elevação ao *status* de direitos fundamentais e seu tratamento entre os denominados direitos humanos, porquanto se a Constituição passou a inseri-los como fundamentais, o Direito Internacional Público, mais precisamente o Direito Internacional dos Direitos Humanos, já contemplava a maioria deles na categoria de direitos humanos.

Nesta esteira, faz-se necessário distinguir os campos relativos aos direitos fundamentais, direitos sociais e direitos humanos. Trata-se de campos distintos por envolver categorias diversas de direitos, embora possa se estabelecer uma interseção entre as diversas esferas:

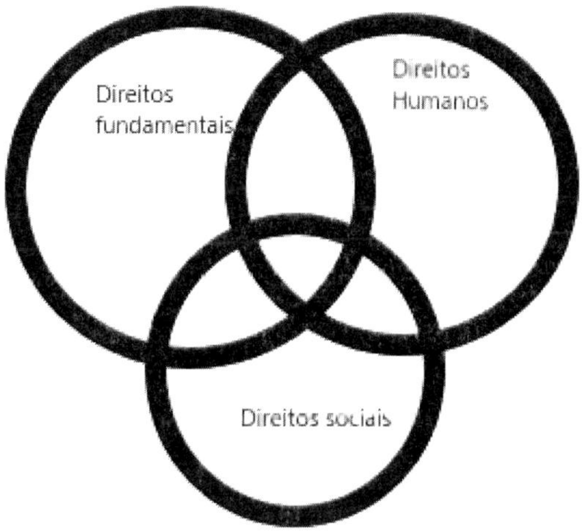

Os direitos fundamentais são direitos que cumprem, conforme CANOTILHO, 1993, p. 541, a função de direitos de defesa dos cidadãos sob uma dupla perspectiva: (1) constituem, num plano jurídico-objetivo, normas de competência negativa para os poderes públicos, proibindo fundamentalmente as ingerências destes na esfera jurídica individual; (2) implicam, num plano jurídico-subjetivo, o poder de exercer positivamente direitos fundamentais (liberdade positiva) e de exigir omissões dos poderes públicos, de forma a evitar agressões lesivas por parte dos mesmos (liberdade negativa).

Como característica essencial, os direitos fundamentais são direitos elevados ao nível de proteção constitucional e podem corresponder a direitos públicos subjetivos originários, caso o reconhecimento como direito subjetivo se dê na própria constituição, ou a direitos públicos subjetivos não originários, no caso de norma constitucional programática e o direito subjetivo vier a ser reconhecido por norma infraconstitucional.

Segundo o sítio eletrônico das Nações Unidas[102] os direitos humanos são direitos inerentes a todos os seres humanos, independentemente de raça, sexo, nacionalidade, etnia, idioma, religião ou qualquer outra condição. São direitos com abrangência universal e reconhecidos em tratados e convenções internacionais e que possuem as seguintes características:

- são fundados sobre o respeito pela dignidade e o valor de cada pessoa;
- são universais, o que quer dizer que são aplicados de forma igual e sem discriminação a todas as pessoas;
- são inalienáveis, e ninguém pode ser privado de seus direitos humanos;
- são indivisíveis, inter-relacionados e interdependentes, já que é insuficiente respeitar alguns direitos humanos e outros não,
- devem ser vistos como de igual importância, sendo igualmente essencial respeitar a dignidade e o valor de cada pessoa.

Os direitos sociais, como salientamos, correspondem a 'direitos de segunda geração', relativos a prestações positivas e negativas do Estado e a proteção a determinados bens jurídicos, em sua atuação na ordem social.

Cabe ressaltar, portanto que os direitos sociais não se limitam a prestações positivas e negativas do Estado, mas também, conforme SARLET e FIGUEIREDO, 2010, pag. 13, à proteção de determinados segmentos da sociedade, a exemplo dos direitos dos trabalhadores.

Vê-se que as diferentes categorias de direitos giram em núcleos distintos, não são excludentes e muitos deles se encontram na área de interseção das três categorias.

A título de exemplo, o direito à moradia antes da Emenda Constitucional nº 26, de 2000, embora se caracterize nitidamente como direito social, não se encontrava expressamente na categoria de direito fundamental, e já era contemplado como direito humano nos termos do art. 25 da Declaração Universal dos Direitos Humanos.

Um interessante exemplo para ilustrar as mencionadas categorias se refere ao direito social ao transporte, reconhecido como fundamental pela Emenda Constitucional nº 90, de 2015, mas que sequer era reportado como direito social pela doutrina tradicional que considera o serviço de transporte como serviço público essencial de caráter econômico. Tampouco o direito ao transporte é tratado como direito humano.

---

[102] Disponível em < https://nacoesunidas.org/direitoshumanos/ > Acesso em 16/10/2019.

Assim, antes da Emenda Constitucional nº 90, de 2015, o referido direito não se enquadraria em nenhuma das mencionadas categorias.

Em relação à área de interseção entre direitos sociais, direitos fundamentais e direitos humanos importa perceber que são direitos que, indubitavelmente, são marcados por serem fundamentais no plano material e formal.

Esta conclusão nos permite reconhecer que, nesta esfera de interseção, tais direitos se encontram amparados como cláusulas pétreas com fundamento no princípio da dignidade da pessoa humana e protegidos pela proibição do retrocesso.

O *status* dos direitos sociais como direitos fundamentais e como direitos humanos nos remete de imediato à preocupação com sua efetividade. Como compreender direitos fundamentais e direitos humanos destituídos de efetividade?

A presente questão da efetividade das normas constitucionais quanto aos direitos sociais fruíveis individual e coletivamente nos conduz ao problema do reconhecimento dos denominados direitos subjetivos.

A importância do enfoque dos direitos sociais como direitos subjetivos reside em que se reconhece a maximização destes direitos em sua extensão, mas, não em sua profundidade, ou seja, a questão da profundidade dos direitos sociais representa tema consideravelmente aberto no sentido de sua densificação a partir das normas programáticas.

Discorrendo sobre os direitos subjetivos, BARROSO, 2006, p. 100, assinala que são cumulativamente características destes direitos a presença de um dever jurídico, a possibilidade desse dever ser violado e o meio jurídico, que é a ação judicial, para exigir-lhe o cumprimento.

Neste propósito, para BARROSO, 2006, p. 89, o objetivo é que se reduza a discricionariedade dos poderes públicos na aplicação da Lei Fundamental e se propicie um critério mais científico à interpretação constitucional pelo poder judiciário, notadamente no que se refere aos comportamentos omissivos dos poderes executivo e legislativo.

Todavia, salta aos olhos a ausência de critérios no texto constitucional para a identificação de direitos subjetivos, posto que nem sempre que é empregada a expressão "direito" estaremos diante de um direito subjetivo. É nítido que, por exemplo, ao mencionar o direito à moradia como direito social fundamental, a constituição não atribuiu de imediato a todos os desabrigados e moradores de rua um direito subjetivo prontamente manejável como credor da prestação material relativa à entrega de uma casa.

Tais critérios, vamos identificar somente na legislação infraconstitucional, nos tratados e convenções internacionais a que a República federativa do Brasil se obrigou e nas situações que a jurisprudência do Supremo Tribunal Federal e dos Tribunais Superiores já consolidou.

Voltando ao exemplo relativo ao direito de moradia, os programas tais como Minha Casa Minha Vida, Aluguel Social e a concessão de uso especial para fins de moradia (CUEM) é que estabelecem, na legislação infraconstitucional, o direito público subjetivo. De ordem prática, tais programas contêm critérios legais e enfrentam restrições orçamentárias que acabam por alcançar apenas uma parcela das pessoas e famílias desabrigadas ou que moram em abrigos e locais extremamente precários.

Com efeito, não há clareza no capítulo constitucional dos direitos sociais se estamos diante de uma norma programática ou de eficácia plena, e seu caráter de direito fundamental, por si só, não se revelou suficiente para densificar os direitos sociais como direitos subjetivos.

Por outro lado, o reconhecimento de direitos sociais públicos subjetivos também é realizado por força da normatividade de tratados e convenções internacionais em direitos humanos.

A internalização no ordenamento jurídico pátrio de tratados internacionais que cuidam da proteção dos direitos humanos, por meio do procedimento de ratificação previsto na Constituição, tem o condão de paralisar a eficácia jurídica de toda e qualquer disciplina normativa infraconstitucional com ela conflitante, conforme teor de jurisprudência do STF (HC nº 123.246/2019).

Neste sentido, há um vasto campo de direitos humanos previstos em tratados internacionais, identificados também como direitos sociais notadamente em relação ao trabalho, à saúde, à educação, à alimentação e à moradia.

Quando não há o reconhecimento direto de direitos públicos subjetivos na legislação infraconstitucional ou por força da internalização no ordenamento jurídico pátrio de tratados internacionais que cuidam da proteção dos direitos humanos, resta o caminho do denominado ativismo judicial.

No Recurso Extraordinário nº 271286 AgR/RS, que garantiu o fornecimento gratuito de medicamentos a paciente com HIV/AIDS, destituído de recursos financeiros, se afirmou que o direito público subjetivo à saúde representa prerrogativa jurídica indisponível assegurada à generalidade das pessoas pela própria Constituição da República em seu art. 196 e que o caráter programático da regra inscrita neste art. 196 da Carta Política não pode se converter em promessa constitucional inconsequente.

Assim, se percebe uma contradição em razão de que se o art. 196 da Constituição da República corresponde a direito público subjetivo estaríamos diante de uma norma constitucional de eficácia plena e não de diante de uma norma constitucional programática.

Com efeito, no presente caso, a constatação do direito subjetivo, conforme a ementa do referido Acórdão se deu mediante reconhecimento judicial: *"O reconhecimento judicial da validade jurídica de programas de distribuição gratuita de medicamentos a pessoas carentes, inclusive àquelas portadoras do vírus HIV/AIDS, dá efetividade a preceitos fundamentais da Constituição da República (arts. 5º, caput, e 196) e representa, na concreção do seu alcance, um gesto reverente e solidário de apreço à vida e à saúde das pessoas, especialmente daquelas que nada têm e nada possuem, a não ser a consciência de sua própria humanidade e de sua essencial dignidade."*

A propósito, a Constituição espanhola de 1978 também não faz reconhecer direitos sociais subjetivos diretamente de seu texto ao afirmar, em seu art. 53, que *"el reconocimiento, el respeto y la protección de los principios reconocidos en el Capítulo tercero informarán la legislación positiva, la práctica judicial y la actuación delos poderes públicos. Sólo podrán ser alegados ante la Jurisdicción ordinaria de acuerdo con lo que dispongan las leyes que los desarrollen."*

O mencionado Capítulo terceiro da Constituição espanhola cuida essencialmente dos direitos sociais.

Sobre a prestação jurisdicional para a efetividade dos direitos sociais, BARROSO, 2006, p. 144, afirma que não existe, ao ângulo técnico-jurídico, qualquer obstáculo a que se mova contra o estado uma ação que tenha como objeto uma obrigação de fazer, inclusive com a cominação de pena pecuniária para o caso de descumprimento de sentença e, ainda que inviabilizadas todas as alternativas para o cumprimento em espécie da obrigação estatal, restará a possibilidade – embora insatisfatória – de obtenção de uma indenização pela omissão ilícita.

Vê-se, portanto, que embora na maioria das hipóteses não possa se extrair diretamente direitos públicos sociais subjetivos da Constituição da República de 1988, além do ordenamento jurídico infraconstitucional que os reconhece apontando critérios legais, há o reconhecimento de vários desses direitos por força da internalização no ordenamento jurídico pátrio de tratados internacionais que cuidam da proteção dos direitos humanos e por força do denominado ativismo judicial ao buscar a máxima efetividade dos direitos sociais fundamentais.

Neste sentido, são inúmeras as decisões do STF que reconheceram direitos públicos sociais subjetivos superando o caráter programático da norma constitucional, dentre outras:

Proteção à maternidade e a integral proteção à criança (ADI 5.938, rel. min. Alexandre de Moraes, j. 29-5-2019, P, DJE de 23-9-2019); Programa Universidade para Todos - PROUNI (ADI 3.330, rel. min. Ayres Britto, j. 3-5-2012, P, DJE de 22-3-2013), Direito fundamental à moradia (ARE 908.144-AgR, rel. min. Edson Fachin, j. 17-8-2018, 2ª T, DJE de 27-8-2018); Direito à segurança (RE 559.646 AgR, rel. min. Ellen Gracie, j. 7-6-2011, 2ª T, DJE de 24-6-2011); Legitimação do Ministério Público para o fornecimento de remédios (RE 605533 RG / MG rel. min. Marco Aurélio, 01-04-2010).

II – O CARÁTER AUTORIZATIVO OU IMPOSITIVO DO ORÇAMENTO E OS DIREITOS PÚBLICOS SUBJETIVOS.

Em uma análise entre fins e meios, considerando os direitos públicos subjetivos como fins, os remédios e garantias constitucionais são meios tanto quanto a implementação de políticas públicas e o devido orçamento são também meios essenciais para a satisfação desses direitos.

Assim, temos os meios processuais (outro direito subjetivo público) à disposição do titular dos direitos públicos subjetivos, o que, por si só não será suficiente se o Poder Público não dispuser dos meios materiais e financeiros para efetivação, principalmente em se tratando dos direitos públicos subjetivos sociais.

Daí a recente questão da judicialização das políticas públicas, podendo se cogitar mesmo de um direito subjetivo coletivo à implementação de política pública como meio essencial para a efetivação dos direitos sociais.

Apresenta-se atualmente, também, a questão da judicialização das políticas orçamentárias cuja discussão gira em torno do orçamento como norma que autoriza ou como norma que vincula e determina as ações de seu executor.

O debate sobre o tema acerca do caráter autorizativo ou impositivo do orçamento se inicia com o comando constitucional que trata da atividade de planejamento a cargo do setor público.

A propósito, o art. 174 da Constituição da República/88 dispõe que, como agente normativo e regulador da atividade econômica, o Estado exercerá, na forma da lei, as funções de fiscalização, incentivo e planejamento, sendo este determinante para o setor público e indicativo para o setor privado.

Segundo GRAU, 1978, p. 78, o planejamento público não traça definições ao setor privado, daí peculiaridade que o caracteriza como indicativo ao contrário do setor público cujas deliberações contidas no plano são impositivas.

À primeira vista, tal conclusão se choca com a opinião doutrinária, ainda majoritária, segundo a qual o orçamento (principal peça do plano estatal) tem caráter autorizativo.

Todavia, a corrente moderna do Direito Financeiro acompanha o jurista Eros Grau tal como o jurista HORVATH, 2014, p. 276, para quem a Constituição da República/88 obrigou o Estado a planejar e o orçamento público hoje não é uma peça estática contento a mera previsão das receitas e a autorização das despesas tal como caracterizado em seu conceito clássico.

De qualquer modo, faz-se necessário distinguir as espécies de leis orçamentárias haja vista que umas têm um conteúdo mais dirigente e outras têm um caráter mais concreto.

A Constituição da República/88 as especifica como lei de plano plurianual, lei de diretrizes orçamentárias e lei orçamentária anual.

Em relação a tais leis cabe destacar, segundo nosso entendimento, o papel programático do Plano Plurianual de Ação Governamental (PPA) e da Lei de Diretrizes Orçamentária (LDO) e o caráter autorizativo, com diversos conteúdos limitantes da discricionariedade administrativa (impositivo, neste aspecto), da Lei Anual Orçamentária (LOA).

A lei de plano plurianual estabelece as diretrizes, objetivos e metas da administração pública em relação às despesas de capital e outras delas decorrentes e para as relativas aos programas de duração continuada.

Ocupa-se, assim, o PPA das grandes diretrizes em relação ao investimento público e em relação aos programas de duração continuada, ou seja, ao conjunto de ações voltadas à solução ou minimização de problemas conjunturais ou específicos da sociedade cujo lapso temporal ultrapasse um exercício financeiro.

Por sua vez, a LDO compreende as metas e prioridades da administração pública, incluindo as despesas de capital para o exercício financeiro subsequente e a orientação da elaboração da LOA.

Por outro lado, a LOA, submissa às definições do PPA e da LDO possui elevado grau de concreção, em virtude do princípio de Direito financeiro da especialização ao prever todos os programas e ações do Poder Público em todas suas esferas de atuação, inclusive para satisfação de todos os direitos públicos subjetivos dos quais o estado é devedor.

Tal é o grau de detalhamento do orçamento que, como orçamento-programa, apresenta o objetivo a ser atingido, o indicador que quantifica em relação à meta a ser atingida e as ações que serão concretizadas.

Ainda em grau mais detalhado as ações são divididas em atividades, projetos e operações especiais.

Vê-se que, quanto ao elemento material e financeiro, em relação à diversidade das despesas consideradas obrigatórias (aqui incluímos os direitos públicos subjetivos), não há margem para se alterar estes conteúdos da LOA sem que haja comprometimento do Poder Público como devedor dos mencionados direitos.

Segundo a Lei de Responsabilidade Fiscal (Lei Complementar nº 101/2000), em seu art. 17, considera-se obrigatória de caráter continuado a despesa corrente derivada de lei, medida provisória ou ato administrativo normativo que fixem para o ente a obrigação legal de sua execução por um período superior a dois exercícios.

O que podemos deduzir deste dispositivo é que não basta a despesa prevista em lei orçamentária atrelada a uma norma programática para representar a fonte de despesa obrigatória de caráter continuado, mas sim uma conjugação entre despesa prevista em lei orçamentária e uma lei, medida provisória ou ato administrativo normativo que fixem para o ente a obrigação legal para caracterizar a referida despesa obrigatória, ou seja, o reconhecimento de direitos subjetivos por estes atos normativos cria a denominada despesa obrigatória.

Portanto, há uma relação entre reconhecimento de direitos públicos subjetivos e caráter impositivo do orçamento, porquanto tais dotações orçamentárias são de cumprimento obrigatório por representarem meios (materiais e financeiros) de efetivação destes direitos subjetivos não restando qualquer margem de discricionariedade para o executor do orçamento deixar de operar as respectivas despesas, sob pena de ter que executar por cumprimento forçado mediante provimento judicial.

Para o desfecho do argumento, conforme DALLARI, 2011, 327, pode-se afirmar, com segurança, que o antigo debate sobre o caráter autorizativo ou impositivo do orçamento não tem mais sentido, diante da pletora de normas que não deixam sombra de dúvida quanto ao fato de que o sistema de orçamentos é, na verdade, um subsistema do conjunto articulado de projetos e programas que devem orientar o planejamento governamental.

Envolvendo o reconhecimento de direitos públicos subjetivos por via judicial, especialmente no tocante ao STF, a avaliação do caráter impositivo das dotações orçamentárias relativamente aos direitos sociais depende do alcance das decisões em torno do que foi delimitado como 'reserva do possível' e 'mínimo existencial'.

Pela cláusula da reserva do possível, que tem origem em jurisprudência do Tribunal Constitucional Federal Alemão, as prestações positivas devidas pelo Estado estão sujeitas à verificação de possibilidade material ou financeira, ou seja, na hipótese de escassez de recursos o Estado não está obrigado a prestá-las além das referidas possibilidades.

Na ação de Intervenção Federal nº 470 cujo julgamento se deu em 26/02/2003, decidiu-se que a intervenção, como medida extrema, deve atender à máxima da proporcionalidade, não configurando atuação dolosa e deliberada do Estado de São Paulo com finalidade de não pagamento de precatórios judiciais e o voto do Ministro Gilmar Mendes se encaminhou no sentido de aplicação da denominada cláusula da reserva do possível.

Na ADPF 45 MC/DF, apesar de prejudicado o pedido em virtude da perda do objeto, o Ministro Celso de Mello ponderou que *"os condicionamentos impostos pela cláusula da "reserva do possível", ao processo de concretização dos direitos de segunda geração – de implantação sempre onerosa -, traduzem-se em um binômio que compreende, de um lado, (1) a razoabilidade da pretensão individual/social deduzida em face do Poder Público e, de outro, (2) a existência de disponibilidade financeira do Estado para tornar efetivas as prestações positivas dele reclamadas.*

Acrescentou também o ilustre ministro que é "*desnecessário acentuar-se, considerado o encargo governamental de tornar efetiva a aplicação dos direitos econômicos, sociais e culturais, que os elementos componentes do mencionado binômio (razoabilidade da pretensão + disponibilidade financeira do Estado) devem configurar-se de modo afirmativo e em situação de cumulativa ocorrência, pois, ausente qualquer desses elementos, descaracterizar-se-á a possibilidade estatal de realização prática de tais direitos.*"

Na STA 223 (AgR, rel. min. Celso de Mello, j. 14-4-2008, P, DJE de 9-4-2014) se reconheceu a inaplicabilidade da cláusula da reserva do possível sempre que a invocação dessa cláusula puder comprometer o núcleo básico que qualifica o mínimo existencial. Se asseverou o papel do Poder Judiciário na implementação de políticas públicas instituídas pela Constituição e não efetivadas pelo poder público e a impossibilidade de invocação da referida cláusula para legitimar o injusto inadimplemento de deveres estatais de prestação constitucionalmente impostos ao poder público.

Vê-se que o STF não confere aplicação irrestrita à cláusula da reserva do possível, especialmente diante do núcleo que qualifica o mínimo existencial, amparado como cláusula pétrea com fundamento no princípio da dignidade humana.

Esta interpretação é coerente com a ideia de uma relação entre reconhecimento de direitos públicos subjetivos e caráter impositivo do orçamento, porquanto o executor do orçamento não poderá se furtar a executá-lo diante de direitos sociais qualificados como direitos subjetivos diretamente pela própria Constituição, pelos tratados internacionais, pela norma infraconstitucional ou pelo próprio poder judiciário quando os reconhece no âmbito do ativismo judicial.

Assim, na hipótese em que não estejam expressos de forma direta em nenhuma norma tais direitos públicos subjetivos, o poder judiciário os tem reconhecido no núcleo do mínimo existencial e, em relação a tais direitos, por seu próprio caráter subjetivo (manejável e exigível) as dotações orçamentárias correspondentes têm caráter impositivo.

Também, na insuficiência ou ausência de dotações orçamentárias correspondentes, não há que se arguir cláusula da reserva do possível, com lastro nos precedentes do STF que afastam tal cláusula em relação ao mínimo existencial, e podemos afirmar, com maior razão, diante de direitos sociais públicos subjetivos expressamente reconhecidos.

Nesta seara, não é cabível arguir reserva de lei ou mesmo o princípio da separação de poderes, porquanto se há direito público subjetivo reconhecido não há que se falar em margem de discricionariedade do executor do orçamento e o papel do poder judiciário é dar guarida à faculdade de exigir exercida pelo titular do respectivo direito.

III – DIREITOS SOCIAIS NO ÂMBITO DO FEDERALISMO POLÍTICO E FISCAL.

A questão do federalismo político é central no tocante à esfera dos direitos sociais em razão de que a organização político-administrativa brasileira distribui, entre os entes da federação, competências materiais consistentes em execução de políticas públicas imprescindíveis para a sua efetivação e também, competências legislativas que determinam o âmbito de regulamentação.

Para isto, a Constituição da República/88 estabeleceu competências materiais exclusivas e comuns e competências legislativas privativas e concorrentes.

Neste propósito, a Constituição da República/88 estabeleceu que é competência comum da União, dos Estados, do Distrito Federal e dos Municípios cuidar da saúde e assistência pública, da proteção e garantia das pessoas portadoras de deficiência; proporcionar os meios de acesso à cultura, à educação e à ciência; promover programas de construção de moradias e a melhoria das condições habitacionais e de saneamento básico e combater as causas da pobreza e os fatores de marginalização.

É muito abrangente, portanto, a esfera de competência material comum dos entes da federação no tocante ao tema dos direitos sociais com reflexos nas questões de políticas públicas e nas questões orçamentárias, ou seja, em relação aos meios necessários para a efetivação desses direitos.

A propósito, o tema do federalismo político e fiscal no âmbito das questões que envolvem direitos sociais é fundamental, porquanto o STF decidiu pela responsabilidade solidária dos entes da federação nas matérias de competência comum que envolvem os direitos sociais.

Em tema de repercussão geral, decidiu-se no RE 855178 RG / SE a responsabilidade solidária dos entes federados em relação ao tratamento médico adequado aos necessitados, no sentido de que o polo passivo pode ser composto por qualquer um deles, isoladamente ou conjuntamente.

Vê-se que o que afirmamos, quanto à insuficiência ou ausência de dotações orçamentárias correspondentes a direitos sociais públicos subjetivos, se encaixa plenamente na solução adotada pelo acórdão relativo ao RE 855178 RG/SE, em razão de que, se não há dotações orçamentárias correspondentes ou se há dotação orçamentária e não houver disponibilidade financeira, quanto aos direitos sociais na esfera da competência material comum entre os entes federados, outro ou outros entes federados figurarão no polo passivo para cumprir com as prestações sociais devidas.

Em outras palavras, quanto aos direitos sociais públicos subjetivos o orçamento público é sim impositivo, inclusive nas hipóteses de omissão na lei orçamentária quanto às específicas dotações orçamentárias.

Na ADI 673 MC / DF, o STF, por maioria de votos, deferiu medida cautelar, para suspender e eficácia do art. 3º e seu parágrafo único do Decreto nº 430, de 20.01.1992.

O art. 3º do Decreto nº 430/1992 dispõe que nenhuma autoridade poderá autorizar pagamentos, decorrentes de decisão judiciária, em desacordo com o estabelecido neste regulamento, sob pena de incorrer nas sanções do artigo 315 do Código Penal.

Por sua vez, o parágrafo único deste artigo estabelece que a autoridade ou repartição responsável pelo cumprimento de decisão judicial, para cuja execução não haja disponibilidade de recursos orçamentários ou adicionais, se absterá de cumpri-la, disso dando ciência à autoridade judiciária e ao respectivo Ministro de Estado ou dirigente superior da entidade.

Trata-se de medida adotada à época pelo poder executivo federal para intimidar as autoridades executoras responsáveis pela execução orçamentária e fazê-los descumprir decisão judicial, com a ameaça de que eles estariam incorrendo no crime de emprego irregular de verbas ou rendas públicas.

O referido art. 3º nos remete à ideia de orçamento autorizativo e, portanto, discricionário, e em boa hora, teve sua eficácia suspensa pelo STF no sentido de que as decisões judiciais podem exigir a execução orçamentária adequada ao cumprimento de direitos públicos subjetivos.

Nesta esteira, retornando ao tema dos direitos sociais como um todo, podemos afirmar que o orçamento público tem caráter impositivo como meio de efetivação de direitos públicos subjetivos ainda que insuficientes ou ausentes dotações orçamentárias ou na hipótese de insuficiência financeira, fazendo o poder judiciário, se for o caso, comparecer ao polo passivo os entes da federação materialmente competentes, em responsabilidade solidária.

CONCLUSÃO.

Podemos concluir que a questão da efetividade dos direitos sociais, inclusive na perspectiva do Supremo Tribunal Federal, passa pela via do reconhecimento de direitos subjetivos públicos.

Assim, o reconhecimento de direitos sociais subjetivos individuais, coletivos e difusos se dá por vários caminhos, desde o reconhecimento expresso na legislação pátria a partir da norma programática, a previsão em tratados internacionais que garantam efetividade aos referidos direitos e a construção jurisprudencial do STF.

A elaboração da peça orçamentária e a formulação e implementação de políticas públicas relativas aos direitos sociais públicos subjetivos correspondem aos meios e à margem de ação do Poder Executivo para garanti-los com a maior eficiência, eficácia e amplitude ante o poder/dever de prestá-los.

Nas hipóteses de direitos sociais públicos subjetivos reconhecidos, a ausência total ou parcial de autorização orçamentária e das referidas políticas públicas representa gravíssima falha, quer seja do Poder Executivo ou do Poder Legislativo, por se tratarem de direitos imediatamente manejáveis que devem ser garantidos pelo Poder Judiciário.

Podemos afirmar que o orçamento público tem caráter impositivo como meio de efetivação de direitos públicos subjetivos reconhecidos ainda que insuficientes ou ausentes dotações orçamentárias ou na hipótese de insuficiência financeira, fazendo o Poder Judiciário, se for o caso, comparecer ao polo passivo os entes da federação materialmente competentes, em responsabilidade solidária, conforme já decidiu o STF.

REFERÊNCIA E BIBLIOGRAFIA.

ABRAMOVICH, Víctor; COURTIS, Christian. ***Los derechos sociales como derechos exigibles.*** Madrid: Trotta, 2002.

AFONSO DA SILVA, Virgílio. **O Judiciário e as Políticas Públicas** *in* Cláudio Pereira de Souza Neto & Daniel Sarmento, Direitos sociais: fundamentação, judicialização e direitos sociais em espécies, Rio de Janeiro: Lumen Juris, 2008: 587-599.

APPIO, Eduardo. **Controle judicial das políticas públicas no Brasil.** Curitiba: Juruá, 2008.

BANDEIRA DE MELLO, Celso Antônio. **Eficácia das normas constitucionais sobre a justiça social.** Tese apresentada à IX Conferência Nacional da Ordem dos Advogados do Brasil, Florianópolis, 1982.

BARROSO, Luís Roberto. **O Direito Constitucional e a Efetividade de suas Normas**. 8. ed. Rio de Janeiro, Renovar, 2006.

BOBBIO, Norberto. **A era dos direitos.** 8. ed. Rio de Janeiro: Campus,1992.

BONTEMPO, Alessandra Gotti. **Direitos sociais**: eficácia e acionabilidade à luz da Constituição de 1988. Curitiba: Juruá, 2005.

CANOTILHO, J. J. Gomes. **Direito Constitucional e Teoria da Constituição**. Coimbra: Almedina, 1993.

COMPARATO, Fábio Konder. *A afirmação histórica dos direitos humanos.* 4. ed. São Paulo: Saraiva, 2005.

CONSTITUICIÓN ESPAÑOLA. Disponível em: <https://www.tribunalconstitucional.es/es/tribunal/normativa/Normativa/CEportugu%C3%A9s.pdf > Acesso em: 10/10/2019.

DALLARI, Adilson de Abreu. **Orçamento Impositivo** *in* Orçamentos públicos e direito financeiro/ coordenadores José Mauricio Conti e Fernando Facury Scaff. - São Paulo: Editora Revista dos Tribunais, 2011, p. 309 a 327.

DECLARAÇÃO UNIVERSAL DOS DIREITOS HUMANOS. Disponível em: <https://nacoesunidas.org/wp-content/uploads/2018/10/DUDH.pdf> Acesso em 20/10/2019.

GRAU, Eros Roberto. **Planejamento Econômico e Regra Jurídica**. São Paulo: Revista dos Tribunais, 1978.

HORVATH, Estevão. **O orçamento no século XXI**: tendências e expectativas. 2014. Universidade de São Paulo, São Paulo, 2014.

NEVES, Marcelo. **A Constitucionalização Simbólica**. São Paulo: Acadêmica,1994.

PESSÔA, Leonel C. Os Paradigmas Jurídicos e a Relações entre Política e Direito. **Revista de Direito Administrativo**, n. 232, 2003. p. 115-131, abr./jun. 2003.

PINTO, Élida Graziane e XIMENES, Salomão Barros. **Financiamento dos Direitos Sociais na CRFB 88**: Do "pacto assimétrico" ao "estado de sítio fiscal" *in* Educ. Soc., Campinas, v. 39, nº. 145, p.980-1003, out.-dez., 2018.

PONTES DE MIRANDA, Francisco Cavalcanti. **Comentários à Constituição de 1967.** São Paulo: Revista dos Tribunais, 1974.

QUEIROZ, Maria do Socorro Azevedo de. **Judicialização dos direitos sociais prestacionais: a efetividade pela interdependência dos direitos fundamentais na Constituição Brasileira.** Curitiba: Juruá, 2011.

SARLET, Ingo Wolfgang e FIGUEIREDO, Mariana Filchtiner. **Reserva do possível, mínimo existencial e direito à saúde: algumas aproximações** *in* Direitos Fundamentais, orçamento e "reserva do possível". Org. Ingo Wolfgang Sarlet e Luciano Benetti Timm. 2ª ed. Porto Alegre: Livraria do Advogado Editora, 2010.

JURISPRUDÊNCIA CONSTITUCIONAL E POPULAÇÃO LGBTQI+: O SUPREMO TRIBUNAL FEDERAL COMO AGENTE DE EFETIVAÇÃO DE DIREITOS FUNDAMENTAIS DE MINORIAS NO BRASIL

JUDICIAL REVIEW AND LGBTQI+ COMMUNITY: THE SUPREMO TRIBUNAL FEDERAL AS AGENT FOR THE EFFECTIVENESS OF FUNDAMENTAL RIGHTS OF MINORITIES IN BRAZIL

José S. Carvalho Filho[103]

RESUMO: Esse trabalho apresenta reflexões acerca da possibilidade de concretização de direitos fundamentais da população LGBTQI+ pela jurisdição constitucional, a partir da análise do contexto fático brasileiro e de pesquisas bibliográfica e documental sobre a função e a legitimidade da Justiça constitucional, bem como a atuação do Supremo Tribunal Federal sobre o tema.

Palavras-chave: Jurisdição constitucional. Direito de minoria. Direitos LGBTQI+. Supremo Tribunal Federal.

ABSTRACT: *This paper presents some reflections about the possibility of enforcement of LGBTQI+ rights by injuctions of judicial review, analyzing the Brazilian factual context and using bibliographic and documentary research on the function and the legitimacy of judicial review, as well as the Brazilian Supreme Court's performance about this theme.*

Key words: *Judicial review. Minority rights.* LGBTQI+ *rights. Brazilian Supreme Court.*

[103] Pós-Doutor em Direitos Sociais pela *Universidad de Salamanca* (Espanha). Doutor em Direito Público pela *Aix-Marseille Université* (França). Mestre e Especialista em Direito Constitucional pelo Instituto Brasiliense de Direito Público – IDP. Professor de Direito Constitucional na Escola de Direito de Brasília – EDB/IDP. Líder do grupo de pesquisa Erga Omnes: Justiça Constitucional para todos. Assessor de Ministro do Supremo Tribunal Federal.

1. A LEGITIMIDADE DA JURISDIÇÃO CONSTITUCIONAL COMO MEIO DE EFETIVAÇÃO DE DIREITOS FUNDAMENTAIS

O critério antidemocrático da jurisdição constitucional tem sido historicamente invocado para criticar o controle de constitucionalidade exercido por órgãos jurisdicionais. O grande desafio à legitimidade da Justiça constitucional reside em saber qual é a justificativa democrática de uma decisão judicial para paralisar a vontade expressa pelos representantes do povo. Em outras palavras, como é possível harmonizar a representação popular com o papel que os juízes não eleitos e politicamente irresponsáveis desempenham?

A identificação de um possível conflito entre democracia representativa e o controle da constitucionalidade das leis remonta à doutrina americana dos anos cinquenta e sessenta, da qual Alexander Bickel é um dos representantes mais ilustres. O autor constatou que, quando o Tribunal declara a inconstitucionalidade de uma lei ou ato de um membro eleito do poder, frustra a intenção dos representantes do povo, de modo que exerce sua atividade não a favor, mas contra a maioria. Como resultado, o controle da constitucionalidade das leis seria antidemocrático, daí a dificuldade contramajoritária da Justiça constitucional que ele identificou (BICKEL, 1962, p. 16-17).

No entanto, a doutrina contemporânea enfatiza que tanto o eleito quanto o juiz são indispensáveis a qualquer democracia. Com efeito, o termo não pode ser compreendido como sendo apenas uma "democracia eleitoral" (DENQUIN, 2009), na medida em que o regime deve respeitar o Estado de Direito. Consequentemente, o Parlamento e o Tribunal Constitucional estão sujeitos às regras promulgadas pelo poder constituinte.

Trata-se de uma concepção substancial da democracia, que leva em conta não apenas o processo eleitoral, mas também a proteção dos direitos e liberdades fundamentais garantidos pela Constituição. Para Dominique Rousseau, a Constituição que carrega a democracia não é mais a Constituição que garante os direitos fundamentais pela separação de poderes, mas os garante pelo controle da constitucionalidade; não é mais a separação de poderes na Constituição, mas os direitos fundamentais na Constituição (ROUSSEAU, 2008).

Essa visão contemporânea do termo democracia visa impedir a instalação de uma tirania da maioria, representando a consequência indesejável da democracia eleitoral pela qual uma maioria poderia oprimir uma minoria. É por isso que o termo democracia inclui o reconhecimento de certos direitos para proteger minorias. Nesse sentido, Tocqueville argumenta que "o poder concedido aos tribunais para julgar a inconstitucionalidade das leis ainda é uma das barreiras mais poderosas que já foram levantadas contra a tirania das assembleias políticas" (TOCQUEVILLE, 1981, p.172).

Nessa conjuntura, percebe-se que as reflexões quanto à legitimidade da jurisdição constitucional passaram a reconhecer a necessidade de uma democracia constitucional, caracterizada pela existência de um catálogo de direitos fundamentais associada à ideia de supremacia da Constituição e ao exercício de controle de constitucionalidade por órgão jurisdicional (SWEET; MATHEWS, 2008, p. 71-164).

Por outro lado, não se deve admitir um discurso centrado na supremacia dos juízes, segundo o qual a Constituição seria "o que os juízes dizem que é".[104] Sobre o tema, há autores brasileiros que criticam a postura do Supremo Tribunal Federal e de seus membros, adjetivando sua atuação como "supremocracia" (VIEIRA, 2008, p. 441-464) e "ministrocracia" (ARGUELES; RIBEIRO, 2018, p. 13-32). No estrangeiro, para reagir à possibilidade de um governo de juízes, Cass Sustein (1993) formula uma teoria que conduz ao minimalismo judicial e Jeremy Waldron (1999) se propõe a defender a dignidade do Parlamento.

Em vista de todas essas posições, um grupo de juristas americanos composto por Larry Kramer (2004), Mark Tushnet (1999) e Jack Balkin (2011), entre outros, fundou a Escola do "Constitucionalismo Popular", que propõe soluções dialógicas para a interpretação da Constituição, para que a última palavra relativa ao sentido da Constituição não pertença a um único poder constituído, seja o juiz constitucional, seja o Parlamento. Assim, essa corrente doutrinária defende que a Constituição não é apenas o produto da atividade judicial, mas fruto de um processo de interação entre os tribunais e o povo, manifestando-se diretamente ou por meio de representantes eleitos.

Percebe-se, portanto, que as reflexões sobre a legitimidade da própria existência da jurisdição constitucional migraram para estudos sobre os limites de atuação do juiz constitucional. Dito de outro modo, em que medida pode a jurisdição constitucional agir, com fundamento na supremacia da Constituição, para resguardar direitos fundamentais dos jurisdicionados?

Em discurso dirigido ao grupo ideológico denominado *conservative majority*, Phyllis Schlafly lança contundentes críticas à atuação da Suprema

[104] Essa declaração foi feita pelo *Chief Justice* Charles Hughes em discurso na Câmara de Comércio, em 3 de maio de 1907, no qual argumentou que: "Estamos sob uma Constituição, mas a Constituição é o que os juízes dizem que é, e o Judiciário é a proteção de nossa liberdade e nossa propriedade sob a Constituição" (In: ***Addresses and papers of Chales Evans Hughes***. New York and London : G. P. Putnam's sons. 1908, p. 139).

Corte dos Estados Unidos, especialmente em relação a um bloco de decisões proferidas com o escopo de garantir direitos fundamentais estabelecidos na Constituição:

> Foi a Suprema Corte quem aboliu a oração e os dez mandamentos em escolas públicas. Foram decisões da Suprema Corte que forçaram a integração racial entre as crianças nos ônibus escolares que as transportavam para o outro lado da cidade, para escolas que seus pais não escolheram. Foram decisões da Suprema Corte que liberaram a pornografia que invadiu nossas bancas de revistas e televisores. Foram decisões da Suprema Corte que aboliram a pena de morte desencorajante do crime. E, claro, foi uma decisão da Suprema Corte que trouxe este trágico mal do nosso tempo; foi uma decisão da Suprema Corte de 1973 que inventou esse novo direito de uma mulher matar seu bebê não nascido (SCHLAFLY).

A jurista critica, respectivamente, os posicionamentos da Suprema Corte dos Estados Unidos sobre: I) a laicidade estatal, em *Stone v. Graham* (1980), que obstou a colocação de cópia dos dez mandamentos em todas as salas de aula de escolas públicas, em consequência da laicidade estatal; II) a segregação racial, em *Brown v. Board of Education of Topeka* (de 1954) e *Brown II* (1955), em que foi decidido serem inconstitucionais as divisões raciais entre estudantes brancos e negros em escolas públicas; III) a liberdade de expressão, em *Miller v. California* (1973), em que a Corte estabeleceu critérios para definição do caráter obsceno de material pornográfico comercializado; IV) a pena de morte, em *Furman v. Georgia* (1972), em que a Suprema Corte decidiu que a medida era inconstitucional, porque administrada arbitrariamente; e V) o direito ao aborto, em *Roe v. Wade* (1973), na qual a Suprema Corte reconheceu o direito das mulheres à interrupção voluntária da gravidez.

Esses temas são ilustrativos do conteúdo moral do direito, que divide a doutrina quanto à possibilidade de intervenção judicial nessa seara. Enquanto alguns autores, como Jeremy Waldron (2006, p. 1346-1406), desenvolvem a concepção de desarcordo moral razoável para assentar que o palco para a tomada de decisão quando há mais de uma possibilidade legítima é necessariamente político; outros doutrinadores, como Richard Fallon (2008, p. 1.710-1.714), pugnam por uma atuação moderada da jurisdição constitucional, nas hipóteses em que a autocontenção (*self-restreint*) é capaz de acarretar consequências mais gravosas do que a intervenção que efetiva os direitos fundamentais.

Para Waldron, nos contextos constitucionais em que há compromisso de respeito aos direitos fundamentais – inclusive de grupos minoritários – e onde as instituições democráticas são funcionais, porém há discordância razoável sobre o conteúdo dos direitos, não há justificativa para que a definição desses direitos, permeados por debates morais, ocorra no seio do poder Judiciário. Ao contrário, as decisões devem ser tomadas por meio de deliberação em processo democrático, no âmbito do poder Legislativo, porque os legisladores têm o dever de prestação regular de contas com os seus constituintes, por meio do processo eleitoral (WALDRON, 2006, p. 1346-1406).

Contrariamente a essa posição, Richard Fallon (2008, p. 1.718-1.727) defende que há argumentos de resultado fortes o suficiente para permitir a atuaçao do juiz constitucional. A despeito do déficit de legitimidade democrática, Fallon entende que erros resultantes da proteção insuficiente de direitos fundamentais (*underenforcement*) são mais graves do que erros que possam resultar da proteção exagerada (*overenforcement*), de modo que os custos da proteção judicial excessiva de direitos fundamentais são inferiores ao impacto negativo da proteção insuficiente, que ocorreria se não houvesse a *judicial review*. Além disso, o autor entende que a legitimidade democrática não é o único fator que justifica a atuação política, a qual se fundamenta também na contribuição institucional na proteção de direitos fundamentais. Assim, na medida em que outras instituições podem suprir a legitimidade democrática do regime político considerado globalmente, um modelo que estabeleça a jurisdição constitucional ainda mantém legitimidade democrática suficiente.

Ocorre que o próprio Fallon reconhece apenas a possibilidade de uma atuação moderada da Justiça constitucional, na medida em que propõe um sistema de controle de constitucionalidade em que haja certa deferência dos juízes constitucionais às decisões dos legisladores, notadamente porque se parte da premissa segundo a qual os direitos fundamentais devem ser protegidos por múltiplas instituições, e não da premissa de que os tribunais são melhores do que as legislaturas para resolver corretamente questões controversas sobre direitos fundamentais (FERNANDES, 2016). No ponto, as lições do autor vão ao encontro da doutrina do constitucionalismo popular.

Diante de todas dessas considerações doutrinárias, resta agora examinar o contexto social brasileiro relativamente à efetivação judicial de direitos fundamentais por meio da atuação do Supremo Tribunal Federal (STF), o que se propõe a refletir especificamente no âmbito da temática da jurisprudência constitucional em matéria LGBTQI+.

2. O CONTEXTO FÁTICO DA POPULAÇÃO LGBTQI+ NO BRASIL

LGBTQI+[105] é a sigla de Lésbicas, Gays, Bissexuais, Transgêneros, Intersexuais e outros, empregada para designar pessoas que não são heterossexuais ou cisgêneros (indivíduos que se identificam com seu gênero biológico). O termo é amplamente difundido em grupos sociais cujo escopo é promover a diversidade das culturas baseadas em identidades sexual e de gênero, e passou a ser oficialmente adotado no Brasil a partir da I Conferência Nacional de Lésbicas, Gays, Travestis e Transexuais, realizada em Brasília, em junho de 2008 (BRASIL).

Maria Berenice Dias observa que, dos segmentos minoritários, a população LGBTQI+ é a maior vítima da exclusão social e da discriminação. Projetos de lei que busquem atender a essa parcela de cidadãos acabam não avançando no Legislativo, diante do risco de os parlamentares desagradarem o eleitorado e comprometerem a reeleição. Sem olvidar da possibilidade de receberem o rótulo de homossexuais, pelo fato de atuarem na defesa de direitos fundamentais dessa população.

Esse contexto de grupo vulnerável carente de legislação protetiva efetiva propicia a estigmatização e a marginalização da comunidade LGBTQI+, que já sofre preconceito histórica e sistematicamente. Alguns dados sobre a violência dirigida especificamente a esse segmento social são bastante elucidativos da gravidade do problema.

Segundo o relatório de mortes elaborado pelo Grupo Gay da Bahia – a associação mais antiga de defesa dos direitos humanos dos homossexuais no Brasil –, a cada 20 (vinte) horas, um LGBTQI+ é barbaramente assassinado ou se suicida, vítima da LGBTfobia, o que coloca o Brasil como campeão mundial de crimes contra as minorias sexuais. Apenas em 2018, houve 420 (quatrocentos e vinte) mortes no Brasil, sendo 320 (trezentos e vinte) homicídios e 100 (cem) suicídios. O relatório assim sintetiza as tendências predominantes da violência contra a população LGBTQI+:

> Tendências predominantes do relatório: 420 LGBT+ foram vítimas no Brasil de morte violenta: 76% homicídios e 24% suicídios, 45% gays, 77% com até 40 anos, 58% brancos, predominam profissionais do setor terciário e prestação de serviços, 29% mortos com armas de fogo, 49% na rua, apenas 6% dos criminosos identificados. Suicídios de LGBT: 60% gays, 66% brancos, 84% com até de 30 anos, 15% enforcamento (MICHELS, 2019).

---

[105] Sobre o tema, recomenda-se a leitura de Patrícia Gorisch, que apresenta relevante análise histórica sobre a construção do termo LGBT no âmbito internacional de proteção aos direitos humanos (Cf. GORISCH, 2014).

O documento pondera, ainda, que as pessoas trans representam a categoria sexológica mais vulnerável a mortes violentas, na medida em que o risco de uma pessoa trans ser assassinada é dezessete vezes maior do que o de um gay. A Rede Trans Brasil complementa a informação para noticiar que, em sua maioria, o assassinato de pessoas trans ocorre de forma violenta, por meio de tiros de arma de fogo (71 casos), facadas (33 casos) e espancamento (10 casos) (REDE).

Quanto à faixa etária das vítimas, predominaram as mortes de jovens LGBTQI+ com idade entre dezoito e vinte e cinco anos (29%), sendo que 77% do total das vítimas tinham até de quarenta anos. Dentro desse grupo, há onze pessoas que perderam a vida com menos de dezoito anos de idade. O relatório apresenta alguns dos casos mais bárbaros:

> (...) o mais jovem, um pré-adolescente gay do Rio de Janeiro, que se matou com apenas 12 anos, por não suportar o *bullying*. Um adolescente negro de 15 anos foi assassinado com uma facada na cidade de São José dos Ramos, na região da Zona da Mata paraibana, quando tentou livrar o amigo homossexual que estava sendo insultado e agredido; o suspeito do crime fugiu após o homicídio. A transexual Kooeh Nikolly Silva, 16 anos, foi morta a pedradas numa rua em Cabo Frio (RJ) (MICHELS, 2019).

Consigne-se que os números fornecidos pelo referido relatório são obtidos por meio de análise de jornais que noticiam crimes cujo móvel é a intolerância à orientação sexual ou à identidade de gênero, de modo que essas estatísticas representam apenas parcialmente a dimensão do ódio direcionado à população LGBTQI+. Ademais, esses dados evidenciam somente os assassinatos cometidos, mas atos de violência homofóbica e transfóbica podem se manifestar por diversas outras formas, como a intimidação psicológica, a agressão física, a tortura, os sequestros e até a denominada "violência corretiva" ou "estupro punitivo" – aplicados sob o pretexto de tentar "curar" suas vítimas.

Diante dessa realidade fática caótica, o Estado não pode e não deve se manter inerte, pois a concepção material do direito à igualdade exige a adoção de medidas jurídicas para solucionar o problema. Flávia Piovesan defende que o Estado pode adotar ações promocionais e também medidas decorrentes de estratégia punitivo repressiva, para efetivar a igualdade em sentido substancial (PIOVESAN, 2006, p. 36-43).

No que diz respeito às providências voltadas à população LGBTQI+, cogita-se que a adoção de sistema educacional voltado ao respeito à pluralidade, a eventual opção por ações afirmativas para promover a inserção no mercado de trabalho – notadamente em relação aos transgêneros – e o estabelecimento de penalidades com o intuito de coibir condutas discriminatórias podem colaborar significativamente para a construção de uma sociedade sem preconceitos e livre de qualquer forma de discriminação odiosa, como determinado nos objetivos fundamentais da República Federativa do Brasil (art. 3º, IV, CR).

Se o Estado precisa agir na defesa dos direitos fundamentais dos grupos minoritários e o debate legislativo não avança satisfatoriamente, há uma consequente judicialização da demanda social, e o poder Judiciário, notadamente o Supremo Tribunal Federal, assume um papel de ator protagonista na efetivação de direitos fundamentais.

Há autores que criticam enfaticamente o ativismo judicial do STF quanto à concretização imediata de direitos fundamentais previstos na Constituição de maneira genérica, com sentido abstrato e plurissignificativo (GRAU, 2018). Ocorre que, retomando as lições de Richard Fallon, está-se diante de conjuntura em que é preciso optar entre uma proteção insuficiente de direitos fundamentais (*underenforcement*) e decisão judicial que pode eventualmente resultar na proteção exagerada (*overenforcement*). Assiste razão ao autor quando reconhece legitimidade para atuação moderada da jurisdição constitucional, uma vez que os riscos da proteção judicial excessiva de direitos fundamentais são menos graves do que impacto negativo da proteção insuficiente, que seria mantida se não houvesse controle de constitucionalidade dos atos e omissões do poder público (FALLON, 2008, p. 1.718-1.727).

Diante dessas premissas, é possível afirmar que as conquistas mais significativas da população LGBTQI+ em relação à proteção de direitos fundamentais no Brasil ocorreu no âmbito da jurisdição constitucional, nos famosos julgamentos do Supremo Tribunal Federal sobre a união homoafetiva, a criminalização da homotransfobia, a possibilidade de alteração de nome no registro civil por pessoa transgênero e a vedação de termos discriminatórios em lei, entre outros.

3. A JURISPRUDÊNCIA DO SUPREMO TRIBUNAL FEDERAL EM MATÉRIA LGBTQI+

Em relação à tutela de direitos titularizados por membros do grupo LGBTQI+, é preciso reconhecer que significativa parte das conquistas alcançadas se concretizou por meio de decisões paradigmáticas do Supremo Tribunal Federal. Este item apresenta, sinteticamente, os principais julgados do constitucionalismo brasileiro sobre o tema.

Relevante precedente em que a Corte reconheceu a inconstitucionalidade de termos discriminatórios, em razão da orientação sexual do destinatário da norma, foi o caso do crime de pederastia. Ao julgar a Arguição de Descumprimento de Preceito Fundamental 291, Rel. Min. Roberto Barroso, o STF assentou a inconstitucionalidade das expressões "pederastia ou outro" e "homossexual ou não" constantes do art. 235 do Código Penal Militar. Naquela oportunidade, a Corte entendeu que a criminalização de atos libidinosos praticados por militares em ambientes sujeitos à administração militar justifica-se para a proteção da hierarquia e da disciplina castrenses, contudo, refutou o uso de expressões pejorativas e discriminatórias pela lei, como corolário do reconhecimento do direito à liberdade de orientação sexual (BRASIL, 2016). Na prática, a decisão não alterou o âmbito de incidência da norma penal incriminadora, uma vez que as mesmas condutas continuaram sendo consideradas crime, entretanto se trata de importante decisão que simboliza a impossibilidade do emprego de termos discriminatórios em atos normativos.

Outro notório caso julgado pelo Supremo Tribunal Federal foi o das uniões homoafetivas, em que Suprema Corte conferiu interpretação conforme a Constituição (CARVALHO FILHO, 2019) à norma do Código Civil, para excluir qualquer significado que impeça o reconhecimento da união contínua, pública e duradoura entre pessoas do mesmo sexo como família (BRASIL, 2011). Assim, o reconhecimento como entidade familiar da união estável entre o homem e a mulher, previsto no art. 1.723 do Código Civil, não exclui a possibilidade de reconhecimento familiar das uniões entre pessoas do mesmo sexo, desde que configuradas na convivência pública, contínua e duradoura e estabelecida com o objetivo de constituição de família. Antes dessa decisão, muitas uniões entre pessoas do mesmo sexo eram consideradas sociedades de fato pela jurisprudência, o que gerava insegurança jurídica quanto à fruição de diversos direitos previdenciários e sucessórios.

No que diz respeito à alteração do registro civil para fazer constar o nome social de pessoas transgêneros, o STF assentou que a identidade de gênero é manifestação da própria personalidade da pessoa humana e, como tal, cabe ao Estado apenas o papel de reconhecê-la. Assim, comprovada, por autoidentificação, a dissonância entre identidade de gênero da pessoa e a que lhe foi designada ao nascer, tem ela o direito fundamental subjetivo à alteração do prenome e da classificação de gênero no registro civil, pelas vias administrativa ou judicial, independentemente de procedimento cirúrgico e laudos de terceiros, por se tratar de tema relativo ao direito fundamental ao livre desenvolvimento da personalidade (BRASIL, 2019). Posteriormente, a Suprema Corte reafirmou essa orientação no julgamento de recurso extraordinário com repercussão geral, para reformar decisão que havia condicionado a alteração do registro civil à realização de cirurgia de trangenitalização e fixar a seguinte tese:

> O transgênero tem direito fundamental subjetivo à alteração de seu prenome e de sua classificação de gênero no registro civil, não se exigindo, para tanto, nada além da manifestação de vontade do indivíduo, o qual poderá exercer tal faculdade tanto pela via judicial como diretamente pela via administrativa (BRASIL).

Registre-se, também, a decisão judicial que, ao reconhecer omissão legislativa inconstitucional sobre o tema, enquadrou a homofobia e a transfobia como crimes de racismo.[106] A Corte reconheceu a mora do Congresso Nacional para incriminar atos atentatórios a direitos fundamentais dos integrantes da população LGBTQI+, razão por que determinou a configuração da homofobia e da transfobia como tipo penal definido na Lei do Racismo (Lei 7.716/1989), enquanto o Congresso Nacional não editar lei sobre a matéria. A tese fixada pelo STF foi resumida em três pontos: I) até que o Congresso Nacional edite lei específica, as condutas homofóbicas e transfóbicas, reais ou supostas, se enquadram nos crimes previstos na Lei 7.716/1989 e, no caso de homicídio doloso, constitui circunstância que o qualifica, por configurar motivo torpe; II) o conceito de racismo ultrapassa aspectos estritamente biológicos ou fenotípicos, configurando-se também como a negação da dignidade e da humanidade de grupos vulneráveis; e III) a repressão penal à prática da homotransfobia não se aplica ao exercício da liberdade religiosa, desde que tais manifestações não configurem discurso de ódio (BRASIL, 2019b).

O STF também decidiu que a Lei 6.160/2018 do Distrito Federal, que estabelece políticas públicas de valorização da família, não pode excluir a união homoafetiva como entidade familiar. De acordo com o art. 2º, I, da referida lei, entende-se por entidade familiar "o núcleo social formado a partir da união entre um homem e uma mulher, por meio de casamento ou união estável". Ocorre que essa lei contraria o entendimento da Corte Suprema firmado por ocasião do julgamento das uniões homoafetivas, razão pela qual se atribuiu ao dispositivo o mesmo entendimento já adotado: a única interpretação

---

[106] Essa decisão foi muito criticada, ao fundamento de que o Supremo Tribunal Federal teria instituído crime por meio de decisão judicial, em flagrante violação ao princípio da legalidade estrita em matéria penal. Nesse contexto, é imperioso registrar que não foi a primeira vez que o STF adotou o expediente de ampliação do conceito de racismo previsto em lei. Ao julgar o caso Ellwanger, o STF entendeu que a prática de racismo abrangia a discriminação contra judeus. Consigne-se que os atos criminosos praticados por Ellwanger (publicação de livros) ocorreram sob a égide da redação originária da Lei 7.716/1989, a qual só foi modificada pela Lei 9.459 em 1997, para fazer constar expressamente, além da raça, as discriminações decorrentes de cor, etnia, religião ou procedência nacional (Cf. BRASIL, 2004).

constitucionalmente possível da norma questionada é aquela que não exclua do conceito de entidade familiar, para fins de aplicação das políticas públicas previstas na lei, o reconhecimento de união estável contínua, pública e duradoura entre pessoas do mesmo sexo (BRASIL, 2019c).

Na Ação Direta de inconstitucionalidade 5.543, o Supremo Tribunal Federal declarou a inconstitucionalidade de ato normativo da Agência Nacional de Vigilância Sanitária (ANVISA) que vedava a doação de sangue por gays do sexo masculino, por considera-los integrantes de grupo de elevado risco de contaminação por doenças sexualmente transmissíveis. A Corte entendeu que a norma, por focar no conceito ultrapassado de "grupo de risco", adotou tratamento discriminatório em relação aos homens homossexuais (BRASIL, 2020c).

Há, ainda, algumas decisões proferidas em sede de medida cautelar em controle abstrato de constitucionalidade que são bastante relevantes sobre a temática LGBTQI+. Dentre elas, destacam-se: I) a Arguição de Descumprimento de Preceito Fundamental 527, na qual o relator, Ministro Roberto Barroso, deferiu medida cautelar para determinar que as presas transexuais mulheres cumpram pena em presídios femininos, por entender que a medida protege a dignidade de pessoa integrante de um grupo extremamente estigmatizado e que, em relação ao contexto carcerário, sofre dupla vulnerabilidade (BRASIL, 2019d); e II) Ao julgar a Arguição de Descumprimento de Preceito Fundamental 467, o relator, Ministro Gilmar Mendes, por vislumbrar violações de ordem formal e material à Constituição e ao direito ao pluralismo, deferiu medida cautelar para suspender a eficácia de lei municipal de Ipatinga que proibia práticas pedagógicas de educação sexual nas escolas públicas. Esta última decisão foi ratificada pelo Plenário no julgamento de mérito do referido processo (BRASIL, 2019e)

Finalmente, há outros processos de interesse da população LGBT que ainda estão pendentes de julgamento definitivo e que servirão de paradigma para definir a extensão dos direitos fundamentais desse grupo vulnerável, como o Recurso Extraordinário 845.779, em que se discute a possibilidade de pessoas trângeneros utilizarem banheiros públicos compatíveis com o reconhecimento de sua identidade

Todos esses casos representam conquistas históricas do movimento LGBTQI+, na medida em que produzem efeitos jurídicos concretos para possibilitar a fruição de direitos fundamentais, como o casamento entre pessoas que se amam, a adoção por casais homoafetivos, o registro civil compatível com a identidade de gênero do cidadão e a possibilidade de responsabilização penal do autor de crimes homofóbicos e transfóbicos.

Reconhece-se que há instrumentos potencialmente mais efetivos de combate à discriminação odiosa, como as políticas educativas de conscientização da sociedade. Entretanto, elas demandam bastante tempo, em uma conjuntura onde violações aos direitos fundamentais da comunidade LGBTQI+ ocorrem diuturnamente.

Idealmente, os avanços normativos na construção de uma sociedade mais igualitária deveriam decorrer de lei deliberada pelos representantes do povo, e não de decisão judicial conformadora do Direito. Entretanto, a efetivação de direitos mínimos dos cidadãos, ainda que por meio da jurisdição constitucional, é melhor do que a perpetuação de um estado de omissão inconstitucional instalado, que permite a perpetuação da marginalização de pessoas.

Portanto, as decisões judicias do Supremo Tribunal Federal apresentadas neste trabalho representam expressiva vitória da pauta LGBTQI+, que, obstruída no âmbito do poder Legislativo, visualizou no Judiciário um campo valioso para efetivar as suas reinvindicações.

Por outro lado, Daniel Cardinali pondera que essas decisões têm um efeito legitimador apenas relativo, uma vez que despertam uma série de críticas ao ativismo judicial do STF e estimulam um contramovimento reacionário do Congresso Nacional quanto à definição dos significados constitucionais. O termo *blacklash* é empregado para designar justamente a resistência à implementação da decisão judicial e as medidas voltadas à sua reversão (CARDINALI, 2018, p. 180-181).

Porém, o *blacklash* também pode ser empregado em uma concepção positiva, como instrumento de construção dialógica do direito inspirada no constitucionalismo popular (*democratic constitucionalism*), na medida em que a reação popular a uma decisão judicial tem o condão de majorar a responsividade democrática da Constituição e conduzir a um saudável debate público sobre o significado da Constituição (POST; SIEGEL, 2007, p. 373-433).

Assim, as decisões do STF, ainda que provoquem reações contrárias, têm o condão de concretizar direitos mínimos de forma imediata e de provocar debate político, necessário ao aperfeiçoamento do Direito.

CONCLUSÃO

A concretização imediata de direitos fundamentais diretamente pelo Supremo Tribunal Federal é questão das mais difíceis do constitucionalismo brasileiro contemporâneo. Por um lado, é preciso atentar à organização funcional dos poderes públicos estabelecida pela Constituição e à legitimidade democrática que lhes foi atribuída para atuar em nome do povo; mas, por outro lado, a separação de poderes não segue critério rígido hermético, de modo que as instituições do Estado exercem controle simultâneo umas sobre as outras.

Nesse quadro, a questão que se põe é: diante de omissão estrutural da instituição preferencialmente responsável pela efetivação de direitos fundamentais, seja ela integrante do Legislativo ou do Executivo, pode o Judiciário intervir para assegurar direitos mínimos?

A resposta a essa problemática configura verdadeira escolha de Sofia,[107] tamanha é a complexidade das consequências tanto a favor como contra a atuação da jurisdição constitucional.

O dilema se apresenta em relação aos mais variados temas, como a concretização judicial de direitos sociais, que exigem prestação material para sua efetivação, e também no que diz respeito à proteção dos direitos de minoria. No primeiro caso, a dificuldade decorre da colisão entre orçamento finito e necessidades sociais múltiplas e onerosas; no último, a vicissitude reside na definição do órgão competente para atribuir significados e consequências aos direitos fundamentais abstratamente previstos no âmbito normativo.

Nessa conjuntura, embora se reconheça a problemática decorrente da concretização de direitos fundamentais pela Justiça constitucional, no que diz respeito especificamente à população LGBTQI+, trata-se praticamente do único canal estatal efetivo onde esse grupo marginalizado e vítima de preconceitos culturais violentos conseguiu ver algumas de suas pretensões atendidas.

Enfim, decisões judiciais não encerram debate sobre temas polêmicos nem convertem opositores, mas elas concretizam imediatamente alguns direitos básicos e, em consequência, lançam luz de esperança que encoraja os movimentos sociais a continuarem lutando por igualdade.

REFERÊNCIAS E BIBLIOGRAFIA.

ARGUELES, Diego Werneck; RIBEIRO, Leandro Molhano. **Ministrocracia**: o Supremo Tribunal individual e o processo democrático brasileiro. In: Novos Estudos. CEBRAP. São Paulo. V. 37, n. 1, jan.-abr. 2018, p. 13-32.

[107] Dilema vivido pela personagem de um filme estadunidense chamada Sofia, que é presa em um campo de concentração durante a Segunda Guerra e forçada por um soldado nazista a escolher um de seus dois filhos para ser morto.

BALKIN, Jack. ***Living originalism***. Cambridge, Mass.: The Belknap Press of Harvard University Press. 2011.

BICKEL Alexander. ***The least dangerous branch*** : *the Supreme Court at the bar of politics. Indianapolis* : Bobbs-Merrill, 1962.

BRASIL. Constituição da República Federativa do (1988).

BRASIL. Presidência da República. Anais da Conferência Nacional de Gays, Lésbicas, Bissexuais, Travestis e Transexuais – GLBT. In: **Direitos Humanos e Políticas Públicas**: o caminho para garantir a cidadania GLBT. Brasília, 2008

BRASIL, Supremo Tribunal Federal. **Ação Direta de Inconstitucionalidade 4.275**, Rel. Min. Marco Aurélio, Red. p/ acórdão Min. Edson Fachin, Tribunal Pleno, DJe 14/10/2019.

BRASIL, Supremo Tribunal Federal. **Ação Direta de Inconstitucionalidade 4.277**, Rel. Min. Ayres Britto, Tribunal Pleno, DJe 14/10/2011.

BRASIL, Supremo Tribunal Federal. **Ação Direta de Inconstitucionalidade 5.543**, Rel. Min. Edson Fachin, Tribunal Pleno, DJe 7/7/2020.

BRASIL, Supremo Tribunal Federal. **Ação Direta de Inconstitucionalidade 5.971**, Rel. Min. Alexandre de Moraes, Tribunal Pleno, DJe 26/9/2019.

BRASIL, Supremo Tribunal Federal. **Ação Direta de Inconstitucionalidade por Omissão** 26, Rel. Min. Celso de Mello, Tribunal Pleno, julgamento em 13/6/2019.

BRASIL, Supremo Tribunal Federal. **Arguição de Descumprimento de Preceito Fundamental 291**, Rel. Min. Roberto Barroso, Tribunal Pleno, DJe 11/5/2016.

BRASIL, Supremo Tribunal Federal. **Arguição de Descumprimento de Preceito Fundamental 467**, Rel. Min. Gilmar Mendes.

BRASIL, Supremo Tribunal Federal. **Arguição de Descumprimento de Preceito Fundamental 527**, Rel. Min. Roberto Barroso.

BRASIL. Supremo Tribunal Federal. **Habeas Corpus 82.424,** Rel. Min. Moreira Alves, red. p/ acórdão Min. Maurício Corrêa, Tribunal Pleno, DJ 19/3/2004.

BRASIL, Supremo Tribunal Federal. **Recurso Extraordinário 670.422**, Rel. Min. Dias Toffoli, Tribunal Pleno, julgamento em 15/8/2018.

BRASIL, Supremo Tribunal Federal. **Recurso Extraordinário 845.779**, Rel. Min. Roberto Barroso, Tribunal Pleno.

CARDINALI, Daniel Carvalho. **A judicilização dos direitos LGBT no STF**: limites, possibilidades e consequências. Belo Horizonte: Arraes Editores.

CARVALHO FILHO, José dos Santos. ***Théorie et pratique de l'activisme judiciaire en France et au Brésil***. Aix-en-Provence: Éditions Universitaires Européennes, 2019.

DENQUIN, J.M. ***Que veut-on dire par « démocratie »*** ? *L'essence, la démocratie et la justice constitutionnelle*. Jus Politicum, n°2, 2009, p. 1-25.

DIAS, Maria Berenice. **A homofobia e a omissão do legislador.** Disponível em: http://www.mariaberenice.com.br/manager/arq/(cod2_612)a_homofobia_e_a_omissao_do_legislador__rlatorio_azul.pdf. Acesso em 15 out. 2019.

FALLON, Richard H. Jr. ***The core of an uneasy case for judicial review***. Harvard Law Review, vol. 121, n. 7, mai. 2008, p. 1.693-1.736.

FERNANDES, Felipe Nogueira. A incorporação de elementos factuais às decisões em controle de constitucionalidade. In: **Clássicos do Direito**. Álvaro Luís de A. S. Ciarlini (Org.). Brasília: IDP/EDB, 2016.

GORISCH, Patrícia. **O reconhecimento dos direitos humanos LGBT:** de Stonewall à ONU. Curitiba: Appris, 2014.

GRAU, Eros Roberto. **Por que tenho medo dos juízes**: a interpretação/aplicação do direito e os princípios. 9. Ed. Malheiros: São Paulo, 2018.

KRAMER, Larry. ***The people themselves****: popular constitucionalism and judicial review*. New York,: Oxford University Press, 2004.

MICHELS, Eduardo et al. **População LGBT morta no Brasil**: Relatório GGB 2018. Disponível em: https://grupogaydabahia.files.wordpress.com/2019/01/relat%C3%B3rio-de-crimes-contra-lgbt-brasil-2018-grupo-gay-da-bahia.pdf. Acesso em 15 out. 2019.

PIOVESAN, Flávia. **Ações afirmativas e direitos humanos**. Revista da Universidade de São Paulo, n. 69, mar.-mai. 2006.

POST, Robert. SIEGEL, Reva. ***Roe Rage*** *: democratic constitutionalism and blacklash*. In Yale Law School Legal Scholarship Repository, n. 169, 2007.

REDE NACIONAL DE PESSOAS TRANS DO BRASIL (Rede Trans Brasil). Diálogos Sobre Viver Trans – Monitoramento: Assassinatos e Violação de Direitos Humanos de Pessoas Trans no Brasil – **Dossiê**, 2018.

ROUSSEAU, Dominique. **Constitutionnalisme et démocratie**. In : La vie des idées, 19 septembre 2008.

SCHLAFLY, Phyllis. Discurso proferido ao grupo *conservative majority*. In: Roe V. Wade: **o direito das mulheres nos EUA**. Direção de Ricki Stern e Anne Sundberg. Netflix, 2018 (99min).

SUNSTEIN, Cass R. ***The partial constitution***. Cambridge, Massachusetts: Harvard Universitary Press, 1993.

SWEET, Alec Stone; MATHEWS, Jud. ***Proportionality balancing and global constitutionalism***. Columbia Journal of Transnational Law. V. 47, n. 1, 2008, p. 71-164.

TOCQUEVILLE, Alexis de. ***De la démocratie en Amérique***, t. 1, partie 2, ch. 7. Paris : Éditions Flammarion, 1981.

TUSHNET, Mark. ***Taking the constitution away from the courts***. Princeton: Princeton University Press, 1999.

USA, Supreme Court. Furman v. Georgia (1972).

USA, Supreme Court. Miller v. California (1973).

USA, Supreme Court. Brown v. Board of Education of Topeka (1954).

USA, Supreme Court. Brown v. Board of Education of Topeka 2 (1955).

USA, Supreme Court. Roe v. Wade (1973).

USA, Supreme Court. Stone v. Graham (1980).

VIEIRA, Oscar Vilhena. **Supremocracia**. In: Revista Direito GV. São Paulo: jul-dez/2008, p.441-464.

WALDRON, Jeremy. ***The Dignity of Legislation***. Nova York: Cambridge, 1999.

WALDRON, Jeremy. ***The core of the case against judicial review***. The Yale Law Journal. V. 115, n. 6, abr. 2006, p. 1346-1406.

SISTEMA DE PROTEÇÃO DA MULHER EM SITUAÇÃO DE VIOLÊNCIA DOMÉSTICA NO BRASIL

PROTECTIO SYSTEM FOR WOMEN IN SITUATIONS OF DOMESTIC VIOLENCE IN BRAZIL.

José James Gomes Pereira[108]

RESUMO: As estatísticas sobre os casos de violência doméstica e familiar contra a mulher no Brasil revelam a necessidade de implantação de um sistema de proteção das mulheres em situação de risco, de modo efetivo, visando assegurar-lhes os direitos mais comezinhos a garantir a dignidade da pessoa humana.. O estudo acerca deste tema é de grande relevância no cenário atual, já que, como dito, é notório o crescente aumento deste fenômeno entre a população, evidenciando-se um problema social e de saúde pública, que afeta a integridade física e psíquica da mulher, além de constituir em flagrante violação aos direitos humanos. Frente a esse grave problema social, com o presente trabalho busca-se apontar os mecanismos disponibilizados pelo Estado brasileiros visando à proteção das mulheres em situação de vulnerabilidade. Inicialmente, apontam-se as situações mais comuns no cotidiano das mulheres para, em seguida, apontar os mecanismos legais disponibilizados pelo Estado no combate aos crimes perpetrados contra a mulher, assim como análise quanto à eficácia desses instrumentos e, ao final concluir que o Brasil conta com relevantes meios de combate à violência doméstica, mas que, apesar disso, muitos casos ficam impunes, por inércia das próprias vítimas.

Palavras-chave: Violência doméstica. Mulher. Proteção legal no Brasil.

[108] PEREIRA, José James Gomes. Bacharel em Direito pela Universidade Federal do Piauí. Desembargador do Tribunal de Justiça do Piauí. Prof. Universitário. Mestre pela Universidade Católica de Brasília. Doutor em Ciências Jurídicas e Sociais pela UMSA, Buenos Aires. Pós-doutor em Direito Constitucional na Universidade de Messina, Itália. Pós-doutorando em Direitos Humanos e Sociais pela Universidade Salamanca, Espanha.

***ABSTRACT**: Statistics on cases of domestic and family violence against women in Brazil reveal the need to effectively implement a system of protection for women at risk, in order to assure them of the milder rights to ensure dignity. of the human person. The study on this theme is of great relevance in the current scenario, since, as said, it is noticeable the increasing increase of this phenomenon among the population, showing a social and public health problem, which affects the physical and mental integrity of women. It is also a flagrant violation of human rights. In the face of this serious social problem, the present work seeks to point out the mechanisms provided by the Brazilian State aiming at the protection of women in vulnerable situations. Initially, we point out the most common situations in women's daily lives, then point out the legal mechanisms provided by the State in the fight against crimes perpetrated against women, as well as analysis of the effectiveness of these instruments and, finally, conclude that Brazil It has relevant means of combating domestic violence, but despite this, many cases go unpunished by the victims' own inertia.*

Key words: Domestic Violence. Woman. Legal protection in Brazil.

INTRODUÇÃO

Dados estatísticos sobre a violência doméstica contra mulher, emitidos por entidades estatais e paraestatais no Brasil, atestam elevados índices de agressões tanto físicas quanto psicológicas perpetradas contra a mulher.

Apesar de ser um crime e grave violação de direitos humanos, a violência contra as mulheres segue vitimando milhares de brasileiras reiteradamente.

Segundo relatos ao serviço ligue 180, no primeiro semestre de 2016, em 39,34% dos casos a violência ocorre diariamente; e em 32,76%, semanalmente. Isso significa que em 71,10% dos casos, a violência ocorre com uma frequência extremamente alta. Do total de relatos, 51,06% referem-se a agressões físicas e 31,10%, à violência psicológica.

Em 67,63% dos casos, as agressões são cometidas por homens com quem as vítimas mantêm ou mantiveram uma relação afetiva. Esses dados foram divulgados no Balanço dos atendimentos realizados pela Central de Atendimento à Mulher – Ligue 180, da Secretaria de Políticas para as Mulheres da Presidência da República.

Como reflexo desses dados e considerando a relevância social do tema, acredita-se que seja necessário dispender atenção peculiar por parte das instituições governamentais através da criação e desenvolvimento de políticas visando o combate dessas práticas, assim como proporcionar uma assistência mais adequada às vítimas, além de demandar estudos e discussões em torno dessa problemática, com o propósito de identificar o que ocorre com as mulheres vítimas de violência, para prestação de assistência.

Sabe-se que as múltiplas dimensões da violência, motivadas unicamente pelo fato de serem mulheres, evidencia-se a dimensão social do problema e a necessidade do Estado e da sociedade civil atuarem para mudar esta realidade.

Aliás, essa demanda não é recente, haja vista que a evolução histórica aponta que a violência contra a mulher remota, talvez, aos primórdios da humanidade.

Mesmo assim, a violência doméstica se mostra como ato inaceitável perante o corpo social, embora cultivando valores que resultam no incentivo à prática dessa modalidade de delito.

Para a percuciente jurista Maria Berenice Dias (2007:15-16):

> A cultura da violência doméstica decorre das desigualdades no exercício do poder, levando assim uma relação de 'dominante e dominado', que apesar de se obter avanços na equiparação entre homens e mulheres, a ideologia patriarcal ainda vigora, e a desigualdade sociocultural é uma das principais razões da discriminação feminina.

No olhar de Farias Júnior (2001:207):

> A mulher era subjugada através dos padrões patriarcais, sendo seu comportamento moldado rigidamente, todavia, fora das amarras severas do patriarquismo, vê-se que a mulher não conseguiu libertar-se dos padrões que lhe foram impostos.

Não é exagero afirmar a condição da mulher, desde as sociedades mais antigas, como subserviente ao homem, ao qual tinha a obrigação de servir como cozinhando, cuidando da casa e filhos, sem ter participação alguma em assuntos que somente os homens tinham o poder de decidir ou até mesmo na própria sociedade que a tratava como um ser inferior, pois somente eles, os homens, tinham o poder de decidir o que era bom ou ruim para a sociedade, e em algumas vezes até mesmo abusar da violência para punir suas esposas da forma que quisessem e achavam certo.

Graças à evolução do processo histórico, deu-se elevados passos em relação aos direitos das mulheres, com a edição de leis visando coibir as práticas abusivas, tornando crimes as relações violentas contra a mulher no ambiente familiar, em destaque a edição da Lei nº 11.340/2006, conhecida como LEI

MARIA DA PENHA[109], objetivando a proteção das mulheres no âmbito doméstico e familiar com mais vigor.

Esta lei, a princípio, protegia apenas as mulheres. Hoje, no entanto, pode ser, também, aplicada por analogia para a proteção de homens que sofrem agressão no ambiente familiar.

Além disso, recente alteração promovida pelo Legislativo brasileiro, foi incluído, também, a identidade de gênero, como forma de atender aos indivíduos transgêneros identificados com o sexo feminino.

Apesar da disponibilização de normas jurídicas de proteção, aparato administrativo e judicial, muitos ainda ignoram sua existência, desconhecem seus direitos.

O problema da violência contra a mulher, diga-se de passagem, essa espúria social não é devidamente reconhecida, graças a mecanismos históricos e culturais que geram e mantêm desigualdades entre homens e mulheres e alimentam um pacto de silêncio e conivência com estes crimes.

Dadas às circunstâncias da situação no corpo social, diversas leis e normas nacionais e internacionais frisam que é urgente reconhecer que a violência doméstica e familiar contra mulheres é inaceitável e, sobretudo, que os governos, organismos internacionais, empresas, instituições de ensino e pesquisa e a imprensa devem assumir um compromisso de não conivência com o problema.

1. A VULNERABILIDADE DA MULHER

A discussão acerca das desigualdades entre homens e mulheres, como sabemos, não é recente, contrário sensu, remota aos gregos, desde a antiguidade. Acreditava-se que a mulher era um ser inferior na escala metafísica que dividia os seres humanos, e, por isso, os homens detinham o direito de exercer uma vida pública.

Às mulheres, sempre foi reservado um lugar de menor destaque, seus direitos e seus deveres estavam sempre voltados para a criação dos filhos e os cuidados do lar, portanto, voltados para a vida privada.

Evento histórico marcante para ruptura dessa concepção foi a Segunda Guerra Mundial em que os homens se ausentaram de seus lares para lutarem

---

109 **Maria da Penha** Maia Fernandes (Fortaleza, Ceará, 1945) é uma farmacêutica brasileira que lutou para que seu agressor viesse a ser condenado. Tem três filhas e hoje é líder de movimentos de defesa dos direitos das mulheres, vítima emblemática da violência doméstica.

nos campos de batalhas. Com isso a mulher conquistou maior espaço na sociedade, provando ser capaz de fazer as mesmas atividades que antes eram exclusivamente executadas pelos homens.

Para AZEVEDO (1985, p. 36),

> as situações de violência contra a mulher resultam, principalmente, da relação hierárquica estabelecida entre os sexos, sacramentada ao longo da história pela diferença de papéis instituídos socialmente a homens e mulheres, fruto da educação diferenciada.

Assim, o processo de "fabricação de machos e fêmeas", desenvolve-se por meio da escola, família, igreja, amigos, vizinhança e veículos de comunicação em massa. Sendo assim, aos homens, de maneira geral, são atribuídas qualidades referentes ao espaço público, domínio e agressividade. Já às mulheres foi dada a insígnia de "sexo frágil", pelo fato de serem mais expressivas (afetivas, sensíveis), traços que se contrapõem aos masculinos e, por isso mesmo, não são tão valorizados na sociedade.

Na atualidade as mulheres têm encampado funções de natureza produtiva, encarado dupla jornada de trabalho, isto é, dentro e fora de casa com seus afazeres domésticos.

Para Sina (2005, p. 23 e 24):

> Esse lamentável conflito despertou nos Estados Unidos uma nova realidade: como milhares de homens foram deslocados para o palco das batalhas, na Europa, as mulheres tomaram as rédeas da produção, nas linhas de montagem das fábricas. É famosa a expressão *We can do it,* usada pelas operárias, orgulhosas de dar conta do recado onde quer que fosse.

Desde 1975, onde a Organização das Nações Unidas (ONU) instituiu o *Ano Internacional da Mulher*, a condição feminina passou por profundas transformações. Muitas lutas foram travadas pelo movimento de mulheres, internacional e nacionalmente falando, para mudar sua situação de subordinação.

No contexto, compromissos mundiais foram assumidos a exemplo da revisão da Declaração e Plataforma de Ação da IV Conferência Mundial Sobre a Mulher, realizada em 1995, em Pequim, ocasião em que os Estados reunidos constataram que a plena igualdade de gênero não é realidade em nenhum país no mundo, reforçando a necessidade de combater as desigualdades e discriminações contra mulheres e meninas, que resultam em violência e limitam seu acesso ao trabalho decente, à participação política, à educação e à saúde.

Dada à relevância da questão, o 5º dos 17 Objetivos de Desenvolvimento Sustentável apresentados pela Agenda 2030[110], estipula como meta o alcance da igualdade de gênero e o empoderamento de todas as mulheres e meninas, além de reafirmar em suas metas princípios contidos nas normas internacionais relativas aos direitos humanos das mulheres, tais como a Convenção para Eliminar Todas as Formas de Discriminação contra a Mulher e a Plataforma de Ação de Pequim.

Além destas, destacam-se no tema uma série de Convenções adotadas pela Organização Internacional do Trabalho, que definem as normas internacionais mínimas do trabalho; o Plano de Ação de Cairo adotado na Conferência Mundial de População e Desenvolvimento; e a própria Declaração Universal de Direitos Humanos.

Documentos como a Convenção pela Eliminação da Discriminação Racial, Declaração dos Povos Indígenas e a Declaração e Plano de Ação da III Conferência Mundial pela Eliminação do Racismo, Discriminação Racial, Xenofobia e Intolerâncias Correlatas, versam sobre a forma como mulheres negras e indígenas vivenciam de forma diferenciada o racismo e o sexismo.

Dos instrumentos regionais dos quais o Brasil é signatário, a Convenção Interamericana para Prevenir, Punir e Erradicar a Violência Contra a Mulher de 1994 destaca-se pelos importantes desdobramentos que teve para a legislação nacional de enfrentamento à violência contra as mulheres que, aliás, serve como guia para ação dos Estados Latino-americanos e Caribenhos.

No ponto, a Constituição Brasileira proíbe a discriminação contra as mulheres ao definir em seu artigo 3º como objetivo da República promover o bem de todos/as, sem preconceito de sexo, raça, cor e idade, entre outros e, no artigo 5º prevê que homens e mulheres são iguais em seus direitos e obrigações.

O país dispõe ainda de leis diretamente destinadas a garantir os direitos de mulheres, além de outras mais amplas que também impactam positivamente em suas vidas.

Das leis direcionadas às mulheres, são mais numerosas aquelas que se concentram no enfrentamento à violência, em relevo a Lei nº 11.340/2006, conhecida como Lei Maria da Penha, a mais notória nesta temática; criando mecanismos para coibir a violência doméstica e familiar contra a mulher.

---

[110] A Agenda 2030 para o Desenvolvimento Sustentável, com 17 Objetivos e 169 metas enuncia a nova Agenda universal, buscando concretizar os direitos humanos de todos e alcançar a igualdade de gênero e o empoderamento das mulheres e meninas. Eles são integrados e indivisíveis, e equilibram as três dimensões do desenvolvimento sustentável: a econômica, a social e a ambiental.

Mais recentemente, foi sancionada no Brasil a Lei nº 13.104/2015, Lei do Feminicídio, instituindo nova modalidade de homicídio qualificado que prevê como crime hediondo o assassinato de mulheres por razões da condição de sexo feminino, ocorridos em caso de violência doméstica e/ou familiar, menosprezo ou discriminação à condição de mulher.

Apesar do aparato legislativo, é imprescindível que sua aplicação se efetive de modo condizente às diferentes formas de violência sofridas por mulheres em função de seu pertencimento étnico-social.

Resultados, avanços e desafios retratados por dados estatísticas, mostram importantes avanços na garantia dos Direitos Humanos das mulheres. Entretanto, ainda insuficientes quando se fala em equidade e igualdade de oportunidades, mormente por que os direitos humanos da mulher e da menina fazem parte de forma inalienável, integral e indivisível dos direitos humanos universais.

A participação plena e igualitária da mulher na vida política, civil, econômica, social e cultural em nível regional, nacional e internacional e a erradicação de todas as formas de discriminação baseada no sexo são objetivos prioritários da comunidade nacional e internacional.

2. DOS CRIMES CONTRA A MULHER – DESIGUALDADE DE GÊNERO.

A identidade de gênero enquanto construção social, forma-se a partir do sentimento e convicção que se tem de pertencer a um sexo, é de natureza biológica, conquanto, o sexo e os aspectos biológicos ganham significados sociais decorrentes das possibilidades físicas e sociais de homens e mulheres, delimitando suas características e espaços onde podem atuar.

Com isto são estabelecidas as desigualdades entre os sexos, sendo vistas como normais e fruto da natureza.

Mesmo assim, não se pode dizer que é da natureza humana a prática de atos violentos.

A violência é ato que pode ser expresso sob diversas formas, podendo ser de podem física, moral, psicológica, sexual e patrimonial, podendo ainda, ser definido sob diversos enfoques. Trata-se de agressão injusta, ou seja, aquela que não é autorizada pelo ordenamento jurídico.

A Convenção de Belém do Pará[111], define violência contra a mulher como "qualquer ato ou conduta baseada no gênero, que cause morte, dano ou sofrimento físico, sexual ou psicológico à mulher, tanto na esfera pública como na esfera privada" (Capítulo I, Artigo 1º).

A violência doméstica contra a mulher, nas palavras de BENFICA, VAZ (2008, p. 20), é definida como aquela que ocorre no âmbito doméstico ou em relações familiares ou de afetividade, caracterizando pela discriminação, agressão ou coerção, com o objetivo de levar a submissão ou subjugação do indivíduo pelo simples fato deste ser mulher.

Em sentindo amplo, a violência pode ser considerada como qualquer comportamento ou conjunto de comportamentos que venham a causar dano a outras pessoas, ser vivo ou objeto. É o uso excessivo de força, muito além do necessário.

A violência pode ser considerada como um fenômeno multicausal, além de se apresentar sob várias formas e também ocorrer em distintos espaços sociais ou institucionais.

A preocupação com os altos índices no crescimento da violência é tida hoje como uma questão crucial para nossa sociedade, sendo vários os fatores que propiciam ao seu aumento, tais como, desigualdades econômicas, sociais e culturais, sendo certo que a violência doméstica é todo tipo de violência praticada entre os membros que habitam um ambiente familiar em comum. Pode acontecer entre pessoas com laços de sangue (como pais e filhos), ou unidas de forma civil (como marido e esposa ou genro e sogra).

Afere-se que as relações estabelecidas entre homens e mulheres são, quase sempre, de poder deles sobre elas, pois a ideologia dominante tem papel de difundir e reafirmar a supremacia masculina, em detrimento à correlata inferioridade feminina.

Desta forma, quando a mulher, em geral, é o polo dominado desta relação, não aceita como natural o lugar e o papel a ela impostos pela sociedade, os homens recorrem a artifícios mais ou menos sutis como a violência simbólica (moral e ou psicológica) para fazer valer suas vontades, e a violência física se manifesta nos espaços lacunares, em que a ideologização da violência simbólica não se faz garantir.

---

[111] A **Convenção de Belém do Pará**, como ficou conhecida a **Convenção** Interamericana para Prevenir, Punir e Erradicar a Violência contra Mulher, datada de 9 de junho de 1994.

2.1 Modalidades dos crimes.

A violência contra a mulher pode se manifestar de várias formas e com diferentes graus de severidade. Estas formas de violência não se produzem isoladamente. Fazem parte de uma sequência crescente de episódios, do qual o homicídio é a manifestação mais extrema.

A Lei 11.340/06, em seu art. 7º, traz critérios objetivos para categorizar o que seja a violência doméstica e familiar contra a mulher, dispondo, *expressis verbis*:

> Art. 7 º São formas de violência doméstica e familiar contra a mulher, entre outras:
> I- a violência física, entendida como qualquer conduta que ofenda sua integridade ou saúde corporal;
> II- a violência psicológica, entendida como qualquer conduta que lhe cause dano emocional e diminuição da autoestima ou que lhe prejudique e perturbe o pleno desenvolvimento ou que vise degradar ou controlar suas ações, comportamentos, crenças e decisões, mediante ameaça, constrangimento, humilhação, manipulação, isolamento, vigilância constante, perseguição contumaz, insulto, chantagem, ridicularização, exploração e limitação do direito de ir e vir ou qualquer outro meio que lhe cause prejuízo à saúde psicológica e à autodeterminação;
> III- a violência sexual, entendida como qualquer conduta que a constranja a presenciar, a manter ou a participar de relação sexual não desejada, mediante intimidação, ameaça, coação ou uso da força; que a induza a comercializar ou a utilizar, de qualquer modo, a sua sexualidade, que a impeça de usar qualquer método contraceptivo ou que a force ao matrimônio, à gravidez, ao aborto ou à prostituição, mediante coação, chantagem, suborno ou manipulação; ou que limite ou anule o exercício de seus direitos sexuais e reprodutivos;
> IV- a violência patrimonial, entendida como qualquer conduta que configure retenção, subtração, destruição parcial ou total de seus objetos, instrumentos de trabalho, documentos pessoais, bens, valores e direitos ou recursos econômicos, incluindo os destinados a satisfazer suas necessidades;
> V- a violência moral, entendida como qualquer conduta que configure calúnia, difamação ou injuria.

Referido dispositivo aponta as diferentes formas de violência doméstica e familiar praticada contra a Mulher que pode lhe causar a morte, lesão, sofrimento físico, sexual, psicológico, dano moral ou patrimonial.

A violência doméstica resulta, pois, em danos de natureza física, psicológica, sexual, patrimonial, moral, como sendo os mais acentuados.

A violência física ocorre quando uma pessoa que está em relação de poder em relação a outra, causa ou tenta causar dano não acidental, por meio do uso da força física ou de algum tipo de arma que pode provocar ou não lesões externas, internas ou ambas. Segundo concepções mais recentes, BRASIL[112] (2002:15), o castigo repetido, não severo, também se considera violência física.

Já a violência psicológica se manifesta pela ação ou omissão que causa ou visa causar dano à autoestima, à identidade ou ao desenvolvimento da pessoa. Inclui-se ameaças, humilhações, chantagem, cobranças de comportamento, discriminação, exploração, crítica pelo desempenho sexual, não deixar a pessoa sair de casa, provocando o isolamento de amigos e familiares, ou impedir que ela utilize o seu próprio dinheiro.

Dentre as modalidades de violência, a psicológica é a mais difícil de ser identificada. Apesar de ser bastante frequente, ela pode levar a pessoa a se sentir desvalorizada, sofrer de ansiedade e adoecer com facilidade, situações que se arrastam durante muito tempo e, se agravadas, podem levar a pessoa a provocar suicídio.

Noutro ângulo, a violência sexual, compreende uma variedade de atos ou tentativas de relação sexual sob coação ou fisicamente forçada, no casamento ou em outros relacionamentos.

A violência sexual é cometida na maioria das vezes por autores conhecidos das mulheres envolvendo o vínculo conjugal (esposo e companheiro) no espaço doméstico, o que contribui para sua invisibilidade. Esse tipo de violência acontece nas várias classes sociais e nas diferentes culturas. Diversos atos sexualmente violentos podem ocorrer em diferentes circunstâncias e cenários, como aponta a Organização Mundial da Saúde (OMS, 2002)[113]

A violência patrimonial se define como qualquer conduta que configure retenção, subtração, destruição parcial ou total de seus objetos, instrumentos de trabalho, documentos pessoais, bens, valores e direitos ou recursos econômicos, incluindo os destinados a satisfazer suas necessidades.

Por fim, a violência moral nas palavras de Feix (FEIX, 2014), configura-se diante de qualquer conduta que acarrete calúnia, difamação ou injúria.

A violência moral está fortemente associada à violência psicológica, tendo, porém, efeitos mais amplos, uma vez que sua configuração impõe, pelo

---

112 BRASIL. Ministério da Saúde. Secretaria de Políticas de Saúde. **Violência intrafamiliar: orientações para a prática em serviço.** Brasília: Ministério da Saúde, 2002, p. 15.

113 ORGANIZAÇÃO MUNDIAL DA SAÚDE (OMS). Relatório Mundial de Violência e Saúde. Genea: OMS, 2002.

menos nos casos de calúnia e difamação, ofensas à imagem e reputação da mulher em seu meio social.

Apresentada na forma de desqualificação, inferiorização ou ridicularização, a violência moral contra a mulher no âmbito das relações de gênero sempre é uma afronta à autoestima e ao reconhecimento social.

Válido lembrar que diante das novas tecnologias de informação e redes sociais na internet, a violência moral contra a mulher tem tomado novas dimensões, sendo necessário que o Direito e seus operadores atentem para novos padrões de violação dos direitos de personalidade em geral.

Em última análise, apreende-se que a violência moral está intimamente conexa a uma ideia de inferiorização e desqualificação da vítima, por questão de gênero, reforçando um sistema social que subordina o sexo feminino.

Para combater e/ou minimizar os efeitos da violência doméstica, diversos institutos jurídicos têm sido postos à disposição das vítimas desse espúrio social, em relevo a Lei conhecida como MARIA DA PENHA.

2. 2 LEI n. 11.340/06 – LEI MARIA DA PENHA.

A violência doméstica contra mulher é crime, e, para evitar este ato e punir quem o pratica, foi em 7 de agosto de 2006, editada a Lei nº 11.340, cognominada de Lei Maria da Penha, em homenagear a mulher Maria da Penha Maia Fernandes, que foi violentada pelo marido que a deixou paraplégica, mas que o algoz somente foi punido dezenove anos depois e ficou apenas dois anos preso.

Seu caso foi abordado pela Comissão Interamericana dos Direitos Humanos da Organização dos Estados Americanos que responsabilizou o Brasil por ficar omisso diante de tal fatalidade.

A Organização dos Estados Americanos realizou no Brasil a Convenção do Belém do Pará, em 9 de junho de 1994, para punir e evitar a violência doméstica contra a mulher e buscou investigar como estava o caso de Maria na justiça. Diante da situação exigiram que o Brasil criasse uma lei para punir a violência doméstica contra mulher.

Apenas para dimensionar essa lei, transcreve-se a seguir o seu artigo 1º.

> Art. 1º. Esta Lei cria mecanismos para coibir e prevenir a violência doméstica e familiar contra a mulher, nos termos do § 8º do art. 226 da Constituição Federal, da Convenção sobre a Eliminação de Todas as Formas de Violência contra a Mulher, da Convenção Interamericana para Prevenir,

> Punir e Erradicar a Violência contra a Mulher e de outros tratados internacionais ratificados pela República Federativa do Brasil; dispõe sobre a criação dos Juizados de Violência Doméstica e Familiar contra a Mulher; e estabelece medidas de assistência e proteção às mulheres em situação de violência doméstica e familiar.

A partir desse dispositivo compreende-se que ela a lei criada para combater qualquer tipo de violência contra a mulher seja ela moral, sexual, física, psicológica, ou outra modalidade, sendo sua finalidade punir aquele que praticar o ato de violência doméstica contra mulher.

Para Hermann (2007, p. 83):

> A proteção da mulher, preconizada na Lei Maria da Penha, decorre da construção de sua condição (ainda) hipossuficiente no contexto familiar, fruto da cultura patriarcal que facilita sua vitimação em situações de violência doméstica, tornando necessária a intervenção do Estado a seu favor [...].

Conforme esse pensamento, entende-se que a mulher tem o estereótipo de um ser frágil, dona de casa que dedica a vida à família. É vítima de agressões do marido e, na maioria das vezes, não o denuncia por medo, insegurança, por depender economicamente dele, e/ou, ainda, por estar iludida pelas promessas de mudança do parceiro.

Apesar da gravidade do problema, a previsão de uma lei específica no Brasil que trata da violência contra as mulheres, em especial nas relações domésticas familiares e afetivas, é algo recente e só ocorreu com a Lei Maria da Penha.

Como descreve em sua página no site Jusbrasil Andre Edson (EDSON, 2018):

> A lei serve para todas as pessoas que se identificam com o sexo feminino, hétero e homossexuais. Isto quer dizer que as mulheres trans também estão incluídas. Igualmente, a vítima precisa estar em situação de vulnerabilidade em relação ao agressor. Este não precisa ser necessariamente o marido ou companheiro: pode ser um parente ou uma pessoa do seu convívio. A lei Maria da Penha não contempla apenas os casos de agressão física. Também estão previstas as situações de violência psicológica como afastamento dos amigos e familiares, ofensas, destruição de objetos e documentos, difamação e calúnia.

Apesar disso, despontou a necessidade de ajuste da lei em alguns pontos, dada à evolução social, de modo a impedindo que a proteção à mulher ficasse aquém da realidade.

Mesmo assim o Supremo Tribunal Federal, a partir do julgamento da ADC 19 e da ADI 4424, fixou entendimento com caráter vinculante que passou a guiar a atuação de todo o Judiciário brasileiro quanto ao tratamento que deve ser dado aos processos relacionados à violência doméstica contra a mulher.

No caso, a Corte Suprema declarou a constitucionalidade dos artigos 1º, 33 e 41 da Lei nº 11.340/2006, aí considerando o histórico de discriminação enfrentado pelas mulheres na esfera afetiva, culminando com a retirada da invisibilidade e do silêncio a vítima de hostilidades ocorridas na privacidade do lar, assegurando às mulheres agredidas o acesso efetivo a reparação, a proteção e a justiça.

Ademais, referida legislação importou na criação dos Juizados de Violência Doméstica contra a Mulher, com competência cumulativa das ações cíveis e criminais envolvendo violência doméstica ante a necessidade de conferir tratamento uniforme especializado e célere, além de modo a viabilizar o acesso aos serviços jurisdicionais.

De se acentuar que depois de reconhecida a constitucionalidade dos mencionados dispositivos legais, chegaram à Corte Suprema outras ações envolvendo a jurisprudência sobre a Lei Maria da Penha. Em destaque o julgamento da Reclamação 20367 de relatoria da Ministra Carmem Lúcia que cassou acórdão do Tribunal de Justiça de Minas Gerais (TJ-MG) que havia extinto a punibilidade de um condenado pela prática da contravenção de vias de fato contra mulher em ambiente doméstico, por falta de representação da vítima. A relatora determinou a realização de um novo julgamento segundo os critérios definidos pelo STF na ADI 4424.

No mesmo sentido, o ministro Marco Aurélio, na Reclamação 19525, cassou acórdão do Tribunal de Justiça do Rio Grande do Sul (TJ-RS) que, em razão do desinteresse da vítima no prosseguimento da ação penal, manteve a absolvição do acusado de agredir a companheira.

Já o ministro Luiz Fux cassou decisão do juízo da Vara Criminal da Comarca de Limeira (SP) que havia extinto a punibilidade do acusado de ter agredido a própria mãe, em razão de renúncia à representação por parte da vítima. Ao julgar procedente a Reclamação 18391, o relator garantiu ao Ministério Público do Estado de São Paulo o direito de prosseguir com a ação penal contra o suposto agressor. Segundo relator, "há perfeita aderência entre o ato reclamado e os acórdãos paradigmas, posto que o Plenário do STF conferiu expressamente, com efeito *erga omnes* e vinculante, interpretação conforme a Constituição à Lei Maria da Penha".

Há casos também em que ministros do STF impediram a flexibilização da Lei Maria da Penha a exemplo da decisão do ministro Teori Zavascki, que, ao rejeitar Habeas Corpus nº 130124, impetrado em favor de um condenado pela prática do crime de lesão corporal praticado em ambiente doméstico, afastou a aplicação do princípio da bagatela. Na decisão, o ministro ressaltou que, "nos delitos penais que são cometidos em situação de violência doméstica, não é admissível a aplicação do princípio da bagatela imprópria, tudo sob o pretexto de que a integridade física da mulher (bem jurídico) não pode ser tida como insignificante para a tutela do Direito Penal".

Outro exemplo é a decisão unânime da Segunda Turma do STF ao indeferir o HC 129446, também de relatoria do ministro Teori Zavascki, no qual se pedia a substituição da pena privativa de liberdade por sanção restritiva de direitos a um condenado à pena de três meses de detenção, em regime aberto, pelo crime de lesão corporal praticado em ambiente doméstico contra a esposa. O relator afastou o argumento de que o artigo 17 da Lei Maria da Penha autorizaria a substituição da pena, assentando que "Não parece crível imaginar que a lei, que veio justamente tutelar com maior rigor a integridade física das mulheres, teria autorizado a substituição da pena corporal, mitigando a regra do artigo 44 do Código Penal, que a proíbe".

Urge destacar a jurisprudência consolidada na Corte Suprema com o propósito de preservar a Lei Protetiva dos interesses de gêneros, na forma ilustrada pelos arestos seguintes:

> AÇÃO PENAL – VIOLÊNCIA DOMÉSTICA CONTRA A MULHER – LESÃO CORPORAL – NATUREZA. A ação penal relativa a lesão corporal resultante de violência doméstica contra a mulher é pública incondicionada – considerações. (ADI 4424, Relator(a): Min. MARCO AURÉLIO, Tribunal Pleno, julgado em 09/02/2012, PROCESSO ELETRÔNICO DJe-148 DIVULG 31-07-2014 PUBLIC 01-08-2014).
>
> VIOLÊNCIA DOMÉSTICA E FAMILIAR CONTRA A MULHER – REGÊNCIA – LEI Nº 9.099/95 – AFASTAMENTO. O artigo 41 da Lei nº 11.340/06, a afastar, nos crimes de violência doméstica contra a mulher, a Lei nº 9.099/95, mostra-se em consonância com o disposto no § 8º do artigo 226 da Carta da República, a prever a obrigatoriedade de o Estado adotar mecanismos que coíbam a violência no âmbito das relações familiares. (ADC 19, Relator(a): Min. MARCO AURÉLIO, Tribunal Pleno, julgado em 09/02/2012, ACÓRDÃO ELETRÔNICO DJe-080 DIVULG 28-04-2014 PUBLIC 29-04-2014).

Percebe-se que a aplicação da lei de proteção da mulher em situação de violência, nos casos concretos, tem sido feito de modo mais rigoroso, visando, sobretudo, a proteção do bem jurídico maior, a integridade física da mulher.

2.3 Benefícios legais trazidos pela proteção da mulher.

A Constituição Federal, em seu art. 226, § 8º, impõe ao Estado o dever de assegurar a "assistência à família, na pessoa de cada um dos que a integram, criando mecanismos para coibir a violência, no âmbito de suas relações".

A Constituição demonstra, expressamente, a necessidade de políticas públicas no sentido de coibir e erradicar a violência doméstica.

Por esse pressuposto, busca-se atender aos princípios de ação afirmativa que têm por objetivo implementar ações direcionadas a segmentos sociais, historicamente discriminados, como as mulheres, visando a corrigir desigualdades e a promover a inclusão social por meio de políticas públicas específicas, dando a estes grupos um tratamento diferenciado que possibilite compensar as desvantagens sociais da situação de discriminação e exclusão a que foram expostas. As iniciativas de ações afirmativas visam corrigir a diferença entre o ideal igualitário predominante e legitimado nas sociedades democráticas e um sistema de relações sociais, marcado pela desigualdade e hierarquia tal assunto tem lugar em diversos dispositivos do ordenamento jurídico brasileiro precisamente por constituir um resultado dirigido ao princípio da igualdade.

A necessidade de se criar uma legislação que coíba a violência doméstica e familiar contra a mulher, prevista tanto na Constituição como nos tratados internacionais dos quais o Brasil é signatário, é reforçada por pesquisas que comprovam sua ocorrência no cotidiano da mulher brasileira.

O respeito à igualdade está a exigir proteção específica e digna às mulheres vítimas de violência doméstica. Não haverá igualdade real enquanto o problema da violência doméstica não for devidamente considerado. Os direitos à vida, à saúde e à integridade física das mulheres são violados quando um membro da família tira vantagem de sua força física ou posição de autoridade para infligir maus tratos físicos, sexuais, morais e psicológicos.

Para o atendimento das vítimas de violência doméstica, é de fundamental importância o atendimento por equipe multidisciplinar, formada por profissionais de diversas áreas de conhecimento, inclusive externa ao meio jurídico, tais como psicólogos, assistentes sociais e médicos.

Esse sistema viabiliza o conhecimento das causas e os mecanismos da violência. A implementação deste sistema em alguns Juizados Especiais Criminais tem se mostrado eficaz no combate à violência doméstica contra as mulheres.

Ação recente para ampliar a garantia de proteção à mulher, em maio de 2019, o presidente Jair Bolsonaro sancionou mudanças na Lei Maria da Penha para facilitar a aplicação de medidas protetivas de urgência a mulheres ou a seus dependentes, em casos de violência doméstica ou familiar, com a introdução do artigo 12-C, nos seguintes termos:

> Art. 12-C. Verificada a existência de risco atual ou iminente à vida ou à integridade física da mulher em situação de violência doméstica e familiar, ou de seus dependentes, o agressor será imediatamente afastado do lar, domicílio ou local de convivência:
> I- pela autoridade judicial;
> II - pelo delegado de polícia, quando o Município não for sede de comarca; ou
> III - pelo policial, quando o Município não for sede de comarca e não houver delegado disponível no momento da denúncia.
> § 1º. Nas hipóteses dos incisos II e III do caput deste artigo, o juiz será comunicado no prazo máximo de 24 (vinte e quatro) horas e decidirá, em igual prazo, sobre a manutenção ou a revogação da medida aplicada, devendo dar ciência ao Ministério Público concomitantemente.
> § 2º. Nos casos de risco à integridade física da ofendida ou à efetividade da medida protetiva de urgência, não será concedida liberdade provisória ao preso.

Finalmente, a nova mudança permite um maior controle sobre as decisões tomadas em favor da mulher agredida.

Essa medida é inerente à função do Estado de evitar a violência doméstica e desvendar os motivos que levam o agressor à prática da violência contra sua parceira, descobrir o motivo de tantas mulheres se manterem em silêncio diante das agressões, e, principalmente, verificar as consequências causadas à mulher.

A partir desses dados pode-se desenvolver campanhas para evitar a violência doméstica com a propagação da lei para conhecimento da sociedade.

CONCLUSÃO

Do que foi apresentado no corpo do presente trabalho conclui-se que a realidade em todo o mundo é que a situação da mulher está longe de ser igualitária à do homem, destoando das premissas básicas dos direitos humanos que primam pela igualdade plena, a não-discriminação entre os sexos.

Mesmo assim é de se reconhecer que a discriminação contra a mulher está recebendo, gradativamente, o nível de atenção que merece, em relevo os mecanismos principais para a promoção e a proteção dos direitos humanos das mulheres.

Todavia, o combater a violência contra a mulher perpassa pela promoção do ensino direcionado a todos, e, sobretudo aos que estão em formação, que homens e mulheres merecem igual respeito e consideração. Só o distanciamento da cultura patriarcal, permitirá erradicar a violência contra as mulheres. Isto quer dizer que homem e mulher devem desfrutar dos mesmos direitos e liberdades em plena equidade e sem nenhuma distinção adversa por qualquer motivo.

REFERÊNCIAS E BIBLIOGRAFIA.

AZEVEDO, Maria Amélia. **Mulheres espancadas: a violência denunciada**. São Paulo: Cortez, 1985.

BENFICA, Francisco Silveira; Vaz, Márcia. **Medicina Legal.** Porto Alegre: Livraria do Advogado, 2008.

BRASIL. 2011. Disponível em: <http;//compromissoeatitude.org.br/wp-content/uploads/2012/08/Avon-Ipsos-pesquisa-violencia-2011.pdf&...;. Acesso em: 04 nov. 2012.

Constituição Federal de 1988.

DIAS, Maria Berenice. Manual de **Direito das Famílias**: LEI 12.344/10: Regime obrigatório de bens. Lei 12.398/11: Direito de Visita dos Avós. 9. ed.rev. atual.e ampl. São Paulo: Revista dos Tribunais,2013.

EDSON, Andre. **Você é mulher e está cansada de apanhar de seu cônjuge, ou companheiro**? JusBrasil,2018.Disponível em: https://advogadoandrevieira.jusbrasil.com.br/noticias/603306494/voce-e-mulher-e-esta-cansada-de-apanhar-de-seu-conjuge-ou-companheiro.

FARIAS JÚNIOR, João. **Manual da Criminologia**.3. Ed. Atual. Curitiba: Juruá, 2001

FEIX, Virgínia. **Das formas de violência contra a mulher** – artigo 7º. 2014. Disponível em:<http://www.compromissoeatitude.org.br/wp-content/uploads/2014/02/2_artigo-7.pdf>.

HERMANN, Leda Maria. **Maria da Penha:** lei com nome de mulher: violência doméstica e familiar, considerações à lei n.11.340-2006, comentada artigo por artigo. Campinas: Servanda, 2007.

ORGANIZAÇÃO MUNDIAL DA SAÚDE (OMS). **Relatório Mundial de Violência e Saúde**. Geneva: OMS, 2002

SINA, Amalia. **Mulher e trabalho:** o desafio de conciliar diferentes papéis na sociedade. São Paulo: Saraiva, 2010.

STJ. Superior Tribunal de Justiça. Habeas Corpus n.º 2010/0170141-9. Ministra LAURITA VAZ. Brasília: STJ, (18/10/2012). Acesso em: 23 nov. 2012.

A LEI MARIA DA PENHA E SUA CONSTITUCIONALIDADE PERANTE O SUPREMO TRIBUNAL FEDERAL BRASILEIRO: uma análise da Ação Declaratória de Constitucionalidade (ADC) n.º 19 e da Ação Direta de Inconstitucionalidade (ADI) n.º 4.424

THE MARIA DA PENHA LAW AND ITS CONSTITUTIONALITY BEFORE THE SUPREME BRAZILIAN FEDERAL COURT: an analysis of Declaratory Constitutionality Action (ADC) n.º 19 and Direct Action of Unconstitutionality (ADI) n.º 4.424

Laís Locatelli[114]
Maria da Glória Costa Gonçalves de Sousa Aquino[115]

[114] Advogada. Especialista em Violência de Gênero. Pós-doutora em Ciências Sociais; Pós-Doutora e Doutora em Direitos Humanos pela Universidade de Salamanca (USAL/ES). Professora nos Programas de Pós-Doutorado pela Universidade Portucalense Infante D. Henrique (UPT/PT) e pela Universidade de Salamanca (USAL/ES). Mestre em Ciências Jurídico-Políticas pela Universidade Autónoma de Lisboa (UAL/PT). Mestre em Psicanálise pela Universidade de León (ULeón/ES). Especialista em Terapia Psicanalítica pela Universidade de Barcelona (UB/ES). Correio eletrônico: laislocatelli@gmail.com.

[115] Advogada e Professora Adjunta do Departamento de Direito da Universidade Federal do Maranhão - Brasil (UFMA/BR). Pós-doutora em Direitos Humanos e em Direitos Sociais pela Universidade de Salamanca (USAL/ES). Doutora em Políticas Públicas pela Universidade Federal do Maranhão (UFMA/BR). Membro da Comissão da Mulher do Instituto dos Advogados Brasileiros (IAB nacional). Membro do Instituto Brasileiro de Direito Processual (IBDP). Investigadora do Centro de Investigação Justiça em Governação da Escola de Direito da Universidade do Minho - Portugal. Correio eletrônico: mgcgn@email.iis.com.br

RESUMO: O presente artigo tem o objetivo de abordar a efetividade da Lei Maria da Penha (Lei n.º 11.340/2006), a partir do posicionamento jurisprudencial firmado pelo Supremo Tribunal Federal brasileiro na Ação Declaratória de Constitucionalidade (ADC) n.º 19 e na Ação Direta de Inconstitucionalidade (ADI) n.º 4.424. A pesquisa parte da perspectiva de que a entrada em vigor da Lei Maria da Penha demandou uma mudança dos padrões de comportamentos culturalmente enraizados na sociedade brasileira no que se refere a violência de gênero mas que, por decorrência dos valores patriarcais fortemente presentes no seio da própria estrutura estatal e da ambiência do Poder Judiciário, ensejou uma série de decisões contraditórias acerca da temática. Assim sendo, busca-se compreender como o posicionamento do Supremo Tribunal Federal possibilitou a demarcação do alcance da legislação, bem como, a solidificação do entendimento jurisprudencial do Judiciário brasileiro.

Palavras-chave: Violência de Gênero; Lei Maria da Penha (Lei n.º 11.340/2006); Direitos das Mulheres; Poder Judiciário; Supremo Tribunal Federal.

ABSTRACT: *This article aims to address the effectiveness of the Maria da Penha Law (Law n.º 11.340/2006), based on the jurisprudential position signed by the Brazilian Federal Supreme Court in the Declaratory Action for Constitutionality (ADC) n.º 19 and in Direct Action of Unconstitutionality (ADI) n.º 4.424. The research starts from the perspective that the entry into force of the Maria da Penha Law demanded a change in the behavior patterns culturally rooted in Brazilian society with regard to gender violence but that, due to the patriarchal values strongly present in the very structure of the state and the ambience of the Judiciary, gave rise to a series of contradictory decisions on the subject. Therefore, it seeks to understand how the position of the Supreme Federal Court enable the demarcation of the scope of the legislation, as well as the solidification of the jurisprudential understanding of the Brazilian Judiciary.*

Key words: *Gender violence; Maria da Penha Law (Law n.º 11.340/2006); Women's Rights; Judicial Power; Federal Court of Justice.*

INTRODUÇÃO

A construção legislativa acerca dos Direitos das Mulheres, bem como a sua aplicação e consolidação, sofreu diversos percalços e encontrou resistências na sociedade brasileira, especialmente, porque a violência contra mulher, compreendida como violência de gênero por ser direcionada à mulher pelo fato de "ser mulher", se perpetuou historicamente com um tema doméstico a ser resolvido em âmbito privado e familiar.

No entanto, o tema ganhou novos contornos com o trabalho desenvolvido pela Organização das Nações Unidas, órgão responsável pelo embasamento jurídico-normativo internacional, que exerce pressão sobre os estados signatários, inclusive o Estado brasileiro, no sentido de fomentar a elaboração de legislações específicas contra a violência de gênero, *pari passu*, com a forte pressão social interna exercida pelos movimentos de mulheres na politização do debate sobre a temática, visando a regulamentação de norma tendente a salvaguardar os direitos das mulheres. Nesse sentido, assevera Bandeira (2014, p. 7):

> É sabido que, no final dos anos 1970, os assassinatos de mulheres cometidos pelos respectivos maridos, ex-maridos e companheiros localizados nos segmentos de classe média, ganharam visibilidade midiática e das autoridades, o que culminou com a mobilização da militância feminista a demandar políticas públicas de combate à violência contra as mulheres. Até então, os registros jornalísticos e as práticas jurídicas desses assassinatos assentavam-se no argumento da legitima defesa da honra, cuja espetacularidade teve exemplo no caso Doca Street, no qual Raul Fernando Street (Doca Street), em 1976, matou a socialite Ângela Diniz com quem teve um relacionamento amoroso. Com grande repercussão na época, o réu foi absolvido com a justificativa de que havia sido um crime de traição da mulher. A reação popular resultou em cancelamento do julgamento e, em uma segunda ocasião, acabou sendo condenado por homicídio. Tal episódio tornou-se paradigmático às reivindicações feministas, pois indicava o quanto o machismo estava presente na aplicação da lei.

No Brasil, a entrada em vigor da lei de proteção da mulher, que trata especificamente da violência doméstica, proporcionou o embasamento legal para que denúncias pudessem ser realizadas pelas vítimas. Tais denúncias, revelam apenas a ponta do *iceberg* relativamente a patente desigualdade de gênero existente na sociedade brasileira. Existe uma parte oculta, maior do que se pode imaginar, no qual o patriarcado[116] está compreendido nela. Acerca

---

[116] Sobre o patriarcado escreve Martínez Quinteiro: "A lo largo de la Historia, el patriarcado, entendiendo por tal el duradero y extendido sistema dirigido a asegurar la dominación de las mujeres por los varones, capaz de acomodarse a momentos, culturas e ideologías muy distintas, experimentará avances y retrocesos no lineales, mostrando coyunturales o prolongadas variaciones de grado". (HIDALGO RODRÍGUEZ; CUBAS MARTÍN; MARTÍNEZ QUINTEIRO, 2011, p. 10).

da metáfora do *iceberg*, Cantera Espinosa (2004, p. 11) traz à tona que o tema demanda uma ação integrada, uma resposta clara do Estado quanto a não relevância da mesma, nem dentro do âmbito familiar, nem da sociedade em geral. De acordo com a autora:

> En los últimos tiempos, numerosas víctimas de la violencia en la pareja van "saliendo a la luz", porque empiezan a creer que pueden llegar a ser escuchadas y atendidas. Este nuevo panorama representa una especie de "cambio climático" de un importante impacto social. Gracia usa la metáfora freudiana del *iceberg* para expresar un doble significado: que las aguas gélidas del tradicionalismo cultural (patriarcal) constituyen el entorno ecológico adecuado para la "invisibilidad" de la "violencia familiar" y que un cambio en el clima ideológico que comporte un calentamiento significativo de las aguas de la conciencia social y de la opinión pública es la condición indispensable para un cambio social orientado a diluir la magnitud del problema oculto de esta violencia.

Note-se que, com a elaboração de legislação específica no Brasil, para além dos entraves culturais, os movimentos sociais e as vítimas de violência, se depararam com a resistência do próprio Poder Judiciário brasileiro, quer pelos posicionamentos traduzidos em sentenças singulares, quer pelos posicionamentos colegiados proferidos pelas altas cortes do país.

1. O IMPACTO DA LEI MARIA DA PENHA NO ORDENAMENTO JURÍDICO BRASILEIRO

A Lei da violência contra a mulher traz o nome de uma vítima, Maria da Penha, cuja história está permeada pelo medo e pela violência a que foi submetida pelo marido, cujo fato encontra-se detalhadamente descrito no relatório da Comissão Interamericana de Direitos Humanos[117].

A legislação em vigor à época em que ocorreu a tentativa de homicídio da senhora Maria da Penha era ineficiente e seus instrumentos procedimentais ineficazes, a exemplo do modelo de medidas cautelares visando afastar os agressores antes que pudessem praticar atos ainda mais violentos e atrozes,

117 "Sua denúncia não representa uma situação isolada no Brasil e que este caso é um exemplo do padrão de impunidade nos casos de violência doméstica contra mulheres no Brasil, pois a maioria das denúncias não chegam a converter-se em processos criminais e, dos poucos que chegam a ser processados, somente uma minoria chega à condenação dos perpetradores". (COMISSÃO INTERAMERICANA DE DIREITOS HUMANOS, 2000)

as quais não evitaram a morte por violência de diversas mulheres brasileiras, vítimas de seus agressores.

Os percentuais estarrecedores das vítimas da violência contra a mulher trouxe à tona a falibilidade do sistema estatal, notadamente, pela ausência de ferramentas jurídico-processuais capazes de materializar e tornar eficazes os direitos constitucionais – sedimentados na premissa maior da proteção à dignidade da pessoa humana.

Soma-se a isso o descaso policial e jurídico, que levou Maria da Penha a denunciar o Estado brasileiro pela omissão investigativa e punitiva (o crime aconteceu em maio de 1983 e o agressor somente foi preso em setembro de 2002) para a Comissão Interamericana de Direitos Humanos da Organização dos Estados Americanos (OEA), órgão cuja competência abrange a análise dos casos de violação aos direitos humanos ocorridos em países integrantes da organização.

Em 2001, a Comissão Interamericana responsabilizou o Estado brasileiro por omissão e negligência no que diz respeito à violência doméstica, tendo como efeito realizar uma série de recomendações[118] para o Estado, visando inibir a violência no âmbito doméstico contra as mulheres, que ensejou na elaboração da Lei n.º 11.340/2006.

A Lei Maria da Penha trouxe no seu cerne mecanismos para coibir a violência contra a mulher, em consonância com o § 8º do art. 226 da Constituição Federal brasileira[119], com a Convenção sobre a Eliminação de Todas as Formas de Discriminação contra as Mulheres e com a Convenção Interamericana para Prevenir, Punir e Erradicar a Violência contra a Mulher, entre outros. A Lei, ainda, dispôs sobre a criação dos Juizados de Violência Doméstica e Familiar contra a Mulher, alterou o Código de Processo Penal, o Código Penal e a Lei de Execução Penal e, por fim, estabeleceu medidas de assistência e proteção às mulheres.

---

[118] "A CIDH ordenou o Estado brasileiro por negligência e omissão em relação à violência doméstica, recomendando as seguintes medidas: 1) prosseguir e intensificar o processo de reforma da legislação processual, a fim de romper com tolerância estatal e o tratamento discriminatório com respeito à violência doméstica; 2) determinar o imediato cumprimento da decisão interna que condenou o réu; 3) realização de políticas públicas com o objetivo de prevenir a violência doméstica contra as mulheres no Brasil". (ORSINI; PIRES)

[119] Art. 226. A família, base da sociedade, tem especial proteção do Estado. § 8º O Estado assegurará a assistência à família na pessoa de cada um dos que a integram, criando mecanismos para coibir a violência no âmbito de suas relações.

Conforme a Secretaria de Políticas Públicas para as Mulheres (BRASIL, 2015), a Lei Maria da Penha foi elaborada abrangendo diferentes tipos de violência contra a mulher, a partir de uma relação de convivência, afeto ou laço consanguíneo e tem aplicação a todo tipo de relação íntima, incluindo ex-companheiros, independente de conviverem juntos. Além da violência cometida por um companheiro, a Lei também se estende à violência cometida por outros membros da família, como o pai, mãe, irmão, irmã, padrasto, madrasta, filho, filha, sogro, sogra – desde que a vítima seja uma mulher ou entre pessoas que moram juntas ou frequentam a casa, mesmo sem ser parentes.

Para além de uma mudança jurídico-normativa, a Lei n.º 11.340/2006 tem o objetivo de promover uma mudança cultural na sociedade brasileira. Seu propósito é estancar e erradicar a violência contra a mulher, garantindo, em um primeiro momento, a proteção integral da mulher no ambiente familiar, evitando a subjugação pelo fato de ser mulher, prática comum e indiretamente aceita pela sociedade, propiciada pelo enraizamento de padrões culturais patriarcais, que se constituem em verdadeiros *habitus*[120]e, que não encontram o devido respaldo e proteção jurídica do Estado. A lei em questão foi elaborada com tal abrangência de conteúdo que a Organização das Nações Unidas a reconheceu como uma das três melhores legislações do mundo no enfrentamento a esse tipo de violência.

A intenção da Lei Maria da Penha de dar uma resposta efetiva e um atendimento integral às mulheres que estão em situação de violência contou com uma série de mecanismos legais e de suporte que, apesar de não criar um tipo penal novo, "dá tratamento distinto das demais infrações penais existentes, com a necessária adequação processual penal" (FERNANDES; RESENDE, 2012, p. 47).

Uma das previsões legais que merecem destaque é que a mulher depois de fazer uma denúncia, somente pode renunciar ao seu direito perante o juiz, modificando a possibilidade de desistir na própria delegacia, o que tinha um efeito "vai e volta", dando a sensação que era um tema raso e sem implicações

---

[120] Bourdieu interpreta as produções simbólicas como instrumentos de dominação, os quais servem para contribuir com a legitimação da ordem estabelecida (Bourdieu, 2011, p. 10). A respeito, assevera o autor: "O poder simbólico, poder subordinado, é uma forma transformada, quer dizer, irreconhecível, transfigurada e legitimada, das outras formas de poder: só pode passar para além da alternativa dos modelos energéticos que descrevem as relações sociais como relações de força e dos modelos cibernéticos que fazem delas relações de comunicação [...] garante uma verdadeira transubstanciação das relações de força fazendo ignorar-reconhecer a violência que elas encerram objectivamente e transformando-as assim em poder simbólico, capaz de produzir efeitos reais sem dispêndio aparente de energia" (BOURDIEU, 2011, p. 15).

sérias. Ainda, para evitar o efeito rebote, são previstas medidas protetivas de urgência, solicitadas na delegacia de polícia ou ao juiz (que conta com um prazo de 48 horas para analisar a concessão) e o direito de ficar até seis meses afastada do seu trabalho, garantida a sua permanência no mesmo posto, se for indispensável para a sua segurança, bem como o encaminhamento para serviços de acolhimento, atendimento, acompanhamento e abrigos.

Também o fato de anteriormente ser possível a substituição da pena privativa de liberdade por pena restritiva de direitos e, ainda mais grave, penas que somente decretavam o pagamento de prestações pecuniárias, como por exemplo o pagamento de cestas básicas, concretizavam o temor de se fazer uma denúncia formal que não teria uma punição efetiva e, infelizmente, muitas vezes o resultado era uma agressão ainda maior por ter "desafiado" o poder do homem.

Outra medida que veio para consolidar a proteção é que quem entrega a intimação judicial não é mais diretamente a mulher. O agressor deverá ser informado que contra ele foi feita uma denúncia – e que responderá a um processo, através dos meios oficiais do Estado assim como, para efetivar a proteção durante os primeiros trâmites legais, está prevista a prisão em flagrante e preventiva do maltratador, em caso de necessidade.

Para confirmar que a vítima estará bem informada e legalmente amparada, em todos os atos processuais tem que estar presente um advogado, garantindo a assistência jurídica e "deixando a mulher mais segura e protegida, pois dessa forma, toma conhecimento de quais são seus direitos, e não se sente acuada, sente-se protegida e segura de si, retomando sua dignidade" (FERNANDES; RESENDE, 2012, p. 47).

Ademais, foram criados juizados/varas especializadas para julgar os crimes previstos na Lei, tanto em matéria civil como criminal, que devem contar com pessoal treinado e com equipes multidisciplinares aptos a dar um atendimento especializado e humanizado.

Além dos mecanismos citados, a Secretaria de Políticas para as Mulheres destaca as seguintes modificações e implementações decorrentes da Lei Maria da Penha: *A Lei determina que a violência contra a mulher é uma responsabilida de do Estado brasileiro e não uma mera questão familiar; incentiva a criação de serviços especializados de atendimento às mulheres, que integram a Rede de Atendimento à Mulher como as delegacias especializadas de atendimento à mulher, os centros especializados da mulher em situação de violência, as defensorias especializadas na defesa da Mulher, as promotorias especializadas ou núcleos de gênero do Ministério Público, os juizados especializados de violência contra a mulher, os serviços de abrigamento e os serviços de saúde especializados* (BRASIL, 2015).

É essencial e de primordial importância a formação e capacitação de toda a rede de profissionais que tenham contato com a violência, inclusive os juízes, operadores jurídicos centrais que definem como será a aplicação da Lei. A criação dos Juizados dá um grande passo neste sentido, considerando que, em teoria, os profissionais que trabalham diretamente com mulheres que estão ou estiveram em situação de violência estejam preparados para desempenhar este trabalho com uma perspectiva humana, igualitária e com a sensibilidade que a matéria exige.

Apesar de todo empenho e aparato legal, existe um problema que ultrapassa a lei escrita que é a aplicação desta. Especialmente importante, como dizia Kafka, é o porteiro que está diante da lei: os juízes de direito[121], que nem sempre aplicam a Lei Maria da Penha com o fim de terminar com a situação de violência contra a mulher, muitas vezes desempenhando o papel de "conciliador", "pró-dogma cristã", de manutenção da família "doa a quem doer", "custe o que custar". Nesse sentido Rinaldi (p. 14) escreve que "não há como pensar a realidade jurídica brasileira isolada da trajetória dos direitos humanos das mulheres".

Um exemplo que demonstra a imprescindibilidade da formação e capacitação dos magistrados, especialmente dos que trabalham diretamente com o problema da violência de gênero, é a sentença[122], decretada pelo magistrado Edílson Rumbelsperger Rodrigues, em 2007, em um caso demandava a aplicação da Lei Maria da Penha. Descreve o magistrado: "Assim, de plano surge-nos a seguinte indagação: devemos fazer um julgamento apenas jurídico ou podemos nos valer também de um julgamento histórico, filosófico e até mesmo religioso para se saber se esse texto tem ou não autoridade?"

Em um primeiro momento chama a atenção a quebra do princípio constitucional do Estado Laico, em um julgamento baseado em uma perspectiva pessoal das crenças, tanto religiosa como de cultura patriarcal (que ele define como filosófica e histórica). O magistrado usa a própria constituição para justificar sua decisão, assim escrevendo:

> Se, segundo a própria Constituição Federal, é Deus que nos rege – e graças a Deus por isto – Jesus está então no centro destes pilares, posto que, pelo mínimo, nove entre dez brasileiros o têm como Filho Daquele que nos

---

121 Hermann e Barsted no livro "O judiciário e a violência contra a mulher: a ordem legal e a (des)ordem familiar" avaliaram sobre a violência de gênero e a resposta da justiça, e como a diferença entre os estereótipos terminava em desigualdade social (HERMAN; BARSTED, 1995).

122 Sentença decretada em Sete Lagoas, Minas Gerais, nos Autos nº 222.942-8/06. (MARMELSTEIN).

> rege. Se isto é verdade, o Evangelho Dele também o é. E se Seu Evangelho — que por via de consequência também nos rege – está inserido num Livro que lhe ratifica a autoridade, todo esse Livro é, no mínimo, digno de credibilidade – filosófica, religiosa, ética e hoje inclusive histórica.

Esta "Lei Maria da Penha" – como posta ou editada – é portanto de uma heresia manifesta. Herética porque é antiética; herética porque fere a lógica de Deus; herética porque é inconstitucional e por tudo isso flagrantemente injusta.

Ora! A desgraça humana começou no Éden: por causa da mulher – todos nós sabemos – mas também em virtude da ingenuidade, da tolice e da fragilidade emocional do homem. Deus então, irado, vaticinou, para ambos. E para a mulher, disse: "(...) o teu desejo será para o teu marido e ele te dominará (...)"

Pode-se visualizar através desta sentença a transcrição em palavras do significado real de uma sociedade na qual a desigualdade entre o homem e a mulher era, além de normalizada, fundamentada em preceitos religiosos e patriarcais, utilizando-se de um poder essencial para o funcionamento de um Estado Democrático de Direito, que é o judiciário, para tomar força de lei e ser, assim, institucionalizado. Volta-se à sentença, que apresenta "respeitosamente", na expressão do próprio juiz de direito:

> "A mulher moderna dita independente, que nem de pai para seus filhos precisa mais, a não ser dos espermatozóides – assim só o é porque se frustrou como mulher, como ser feminino. Tanto isto é verdade – respeitosamente – que aquela que encontrar o homem de sua vida, aquele que a complete por inteiro, que a satisfaça como ser e principalmente como ser sensual, esta mulher tenderá a abrir mão de tudo (ou de muito), no sentido dessa "igualdade" que hipocritamente e demagogicamente se está a lhe conferir. Isto porque a mulher quer ser amada. Só isso. Nada mais. Só que "só isso" não é nada fácil para as exigências masculinas. Enfim! Todas estas razões históricas, filosóficas e psicossociais, ai invés de nos conduzir ao equilíbrio, ao contrário vêm para culminar nesta lei absurda, que a confusão, certamente está rindo à toa! Porque a vingar este conjunto normativo de regras diabólicas, a família estará em perigo, como inclusive já está:
>
> (...)Tudo em nome de uma igualdade cujo conceito tem sido prostituído em nome de uma "sociedade igualitária".

Não! O mundo é e deve continuar sendo masculino, ou de prevalência masculina, afinal, se os direitos são iguais – porque são – cada um, contudo, em seu ser, pois as funções são, naturalmente diferentes. Se se prostitui a essência, os frutos também serão. Se o ser for conspurcado, suas funções também o serão. E instalar-se-á o caos. É portanto por tudo isso que de nossa parte concluímos que do ponto de vista ético, moral, filosófico, religioso e até histórico a chamada "Lei Maria da Penha" é um monstrengo tinhoso.

Frente a casos como esses urgia um posicionamento da corte suprema do Estado. A própria Secretaria de Políticas Públicas para as Mulheres (BRASIL, 2015) salienta que, "embora a Lei tenha apoio significativo de toda a sociedade, sua implementação trouxe à tona muitas resistências. Resistências que conviviam com a aceitação da violência doméstica como crime de menor poder ofensivo (...)" ou seja, ela "representou uma verdadeira guinada na história da impunidade".

2. A CONTITUCIONALIDADE DA LEI MARIA DA PENHA E O RECONHECIMENTO COMO INSTRUMENTO JURÍDICO-NORMATIVO PARA COIBIR A VIOLÊNCIA DOMÉSTICA E FAMILIAR CONTRA A MULHER

Passados quarenta e cinco dias após a entrada em vigor da Lei Maria da Penha começaram a chegar ao Poder Judiciário brasileiro, processos questionando o teor legal da mesma, e que ensejou interpretações divergentes dos magistrados quanto à sua aplicabilidade. Para resolver tais conflitos, a Presidência da República ajuizou a Ação Declaratória de Constitucionalidade (ADC) n.º 19, referente aos artigos 1°, 33 e 41[123], com o objetivo de pacificar

[123] Art. 1° Esta Lei cria mecanismos para coibir e prevenir a violência doméstica e familiar contra a mulher, nos termos do § 8° do art. 226 da Constituição Federal, da Convenção sobre a Eliminação de Todas as Formas de Violência contra a Mulher, da Convenção Interamericana para Prevenir, Punir e Erradicar a Violência contra a ulher e de outros tratados internacionais ratificados pela República Federativa do Brasil; dispõe sobre a criação dos Juizados de Violência Doméstica e Familiar contra a Mulher; e estabelece medidas de assistência e proteção às mulheres em situação de violência doméstica e familiar.
Art. 33. Enquanto não estruturados os Juizados de Violência Doméstica e Familiar contra a Mulher, as varas criminais acumularão as competências cível e criminal para conhecer e julgar as causas decorrentes da prática de violência doméstica e familiar contra a mulher, observadas as previsões do Título IV desta Lei, subsidiada pela legislação processual pertinente.
Parágrafo único. Será garantido o direito de preferência, nas varas criminais, para o processo e o julgamento das causas referidas no caput.
Art. 41. Aos crimes praticados com violência doméstica e familiar contra a mulher, independentemente da pena prevista, não se aplica a Lei n° 9.099, de 26 de setembro de 1995 (Dispõe sobre os Juizados Especiais Cíveis e Criminais e dá outras providências).

o entendimento sobre a aplicação da lei e, assim, permitir decisões uniformes em todas as instâncias do Judiciário. Nesse sentido, a Procuradoria-Geral da República também ajuizou a Ação Direta de Inconstitucionalidade, nº 4.424, questionando a constitucionalidade dos artigos 12 (inciso I) 16 e 41[124], perante o Supremo Tribunal Federal brasileiro (STF), sendo ambas julgadas em 9 de fevereiro de 2012[125].

O STF proferiu decisão histórica, confirmando a constitucionalidade da Lei Maria da Penha e reconhecendo a flagrante desigualdade ainda existente entre homens e mulheres no julgamento da Ação Declaratória de Constitucionalidade, momento em que os ministros, por unanimidade, declararam constitucionais os artigos 1º, 33 e 41 da citada Lei.

O ministro Marco Aurélio, relator do processo, declarou que a Lei Maria da Penha "retirou da invisibilidade e do silêncio a vítima de hostilidades ocorridas na privacidade do lar e representou um movimento legislativo claro no sentido de assegurar às mulheres agredidas o acesso efetivo à reparação, proteção e justiça" (BRASIL, 2016).

Quanto a Ação Direta de Inconstitucionalidade (ADI) nº 4.424, ajuizada pela Procuradoria-Geral da República, a mesma foi julgada procedente por maioria dos votos, decidindo-se pela não aplicação da Lei nº 9.099/1995, denominada Lei dos Juizados Especiais Cíveis e Criminais, quando se tratar dos crimes elencados na Lei Maria da Penha. As principais consequências jurídicas dessa decisão foram: a retirada da competência do JECrim nos casos previstos na Lei; a não

---

124 Art. 12. Em todos os casos de violência doméstica e familiar contra a mulher, feito o registro da ocorrência, deverá a autoridade policial adotar, de imediato, os seguintes procedimentos, sem prejuízo daqueles previstos no Código de Processo Penal:
I - ouvir a ofendida, lavrar o boletim de ocorrência e tomar a representação a termo, se apresentada;
Art. 16. Nas ações penais públicas condicionadas à representação da ofendida de que trata esta Lei, só será admitida a renúncia à representação perante o juiz, em audiência especialmente designada com tal finalidade, antes do recebimento da denúncia e ouvido o Ministério Público.

125 Art. 12. Em todos os casos de violência doméstica e familiar contra a mulher, feito o registro da ocorrência, deverá a autoridade policial adotar, de imediato, os seguintes procedimentos, sem prejuízo daqueles previstos no Código de Processo Penal:
I - ouvir a ofendida, lavrar o boletim de ocorrência e tomar a representação a termo, se apresentada;
Art. 16. Nas ações penais públicas condicionadas à representação da ofendida de que trata esta Lei, só será admitida a renúncia à representação perante o juiz, em audiência especialmente designada com tal finalidade, antes do recebimento da denúncia e ouvido o Ministério Público.

aplicação da suspensão condicional do processo; da transação penal e a composição civil dos danos"[126]. Salienta-se que o crime de lesão corporal contra a mulher, mesmo as consideradas lesões corporais leves, passaram a ser consideradas ação penal pública incondicionada, sem possibilidade de retratação.

Outro ponto questionado quanto a constitucionalidade foi a fixação da competência cumulativa das varas criminais, responsáveis de processar e julgar causas cíveis e criminais previstas na Lei Maria da Penha enquanto não estiverem em funcionamento os Juizados de Violência Doméstica e Familiar contra a Mulher, sendo que o STF brasileiro decidiu pela constitucionalidade da citada competência.

Estipular um novo órgão competente pelo julgamento dos casos de violência contra a mulher foi essencial para garantir a eficácia da Lei, sendo que anteriormente competia ao Juizado Especial Criminal, conhecido como JE-Crim, o julgamento e execuções de infrações penais consideradas de menor potencial ofensivo, que abrangiam uma grande parte da violência contra a mulher. Cabia, ainda, ao JECrim a realização de conciliações, o que acarretava, em muitos casos, a continuidade dos ciclos de violência, podendo inclusive a vítima retirar a queixa a qualquer momento, o que a deixava em uma situação de maior vulnerabilidade frente as ameaças do agressor.

De acordo com Lovisaro do Nascimento[127]:

> É totalmente estéril qualquer argumentação de que a Lei Maria da Penha estaria interferindo na autonomia da vontade da mulher e na harmonia dos casais. Este argumento, que é sempre um dos primeiros a ser lançado na defesa dos agressores das mulheres, nasce com a mácula do "pecado original", pois em matéria de direitos humanos nenhuma interpretação que busque vilipendiar ou diminuir esses direitos pode ser aceita. O raciocínio é justamente o inverso, e isso não precisaria sequer ser dito, pois o fim visado é a máxima efetividade dos direitos humanos e não a sua violação (...) e a razão é muito simples: os direitos humanos são inalienáveis.

O ministro Ricardo Lewandowski salientou que retirar os crimes de violência doméstica do rol dos crimes menos ofensivos e, dessa forma, da alçada dos Juizados Especiais, evidencia "uma política criminal com tratamento mais severo, consentâneo com sua gravidade".

Destaca Lovisaro do Nascimento (2019) quanto a estes órgãos:

---

[126] BRASIL. *Compromisso e Atitude Lei Maria da Penha*. Op. Cit.

[127]

> Salvo algum posicionamento isolado, a maioria dos estudiosos e as estatísticas apontam na direção de que a Lei dos Juizados não combateu de forma satisfatória os casos de violência doméstica contra a mulher. Pelo contrário, o instrumento jurídico em questão serviu para banalizar e vulgarizar os crimes de gênero, perpetuando os casos de violência contra a mulher. O objetivo está patente: implantar um novo tratamento jurídico protetor dos direitos humanos da mulher vítima de violência doméstica, a partir de um novo paradigma que é a perspectiva de gênero, expurgando qualquer pressuposto teórico minimalista, mesmo para aquelas situações em que o crime ainda seja de menor potencial ofensivo.

As decisões do STF brasileiro, de fato, garantiram uma proteção mais efetiva às mulheres. A respeito, se pronunciou o ministro Marco Aurélio Mello, relator, dizendo que tal decisão está de acordo com os princípios constitucionais e com a Convenção sobre a Eliminação de todas as Formas de Discriminação contra a Mulher e a Convenção Interamericana para Prevenir, Punir e Erradicar a Violência contra a Mulher (Convenção de Belém do Pará), com as quais o Estado brasileiro se comprometeu.

CONCLUSÃO

Destaca-se que a Lei Maria da Penha se constitui como uma norma que representou e representa um grande avanço para a consolidação da igualdade e para a eliminação da violência de gênero. A importância da proteção à mulher determinada por lei é imensurável, como bem aponta o Informe Anual 2012-2013 da ONU Mulheres: *"Pese a grandes logros, la desigualdad de género es todavía uno de los mayores desafíos de nuestro tiempo. Alimentada por una discriminación profundamente arraigada contra mujeres y niñas, es dañina y costosa, pues interrumpe el progreso económico, menoscaba la paz y limita la calidad del liderazgo. Su eliminación debe ocupar un lugar prominente entre las metas mundiales y nacionales."*

Apesar da Lei Maria da Penha ter sua constitucionalidade questionada, o julgamento da ADC nº 19 e da ADI nº 4.424 realizado pelo Supremo Tribunal Federal brasileiro fixou entendimento, com caráter vinculante, que passou a guiar a atuação de todo o Judiciário brasileiro quanto ao tratamento que deve ser dado aos processos relacionados à violência doméstica contra a mulher, eliminando qualquer dúvida sobre a constitucionalidade da Lei bem como o rito processual que deveria ser seguido.

O posicionamento da alta corte de justiça foi fundamental para a efetivação da Lei de forma ampla e com uma resposta integral tanto na prevenção como em uma efetiva aplicação em casos de violência contra a mulher.

No âmbito da função revisora do STF brasileiro, observou-se a preocupação do órgão em alinhar o entendimento jurisprudencial, bem como de alterar posicionamentos ultrapassados ainda emanados pelos órgãos de primeiro grau. Dessa forma, quando o STF brasileiro rompe com decisões de primeiro grau que não garantiam proteção efetiva às mulheres, forma um acervo jurídico substancial que poderá ser utilizado por tribunais e varas de todo o Brasil para fundamentar suas decisões.

REFERÊNCIAS E BIBLIOGRAFIA.

BANDEIRA, Lourdes Maria. Violência de gênero: a construção de um campo teórico e de investigação. **Revista Sociedade e Estado**, v. 29, n. 2. mai/ago. 2014.

BOURDIEU, Pierre. **O poder simbólico**. Lisboa: Difel, 2011.

BRASIL. Secretaria de Políticas para as Mulheres Presidência da República Abril/2015. **Viver sem violência é direito de toda a mulher.** Disponível em: <https://assets-compromissoeatitude-ipg.sfo2.digitaloceanspaces.com/2015/05/Livreto-Maria-da-Penha-2-WEB-2015-1.pdf>. Acesso em: 05 out. 2019.

BRASIL. Supremo Tribunal Federal. **Jurisprudência do STF é destaque nos 10 anos da Lei Maria da Penha.** 08 de agosto 2016. Disponível em: <http://www.stf.jus.br/portal/cms/verNoticiaDetalhe.asp?idConteudo=%20322468>. Acesso em: 05 out. 2019.

CANTERA ESPINOSA, Leonor M. "Más allá del género. Nuevos enfoques de "nuevas" dimensiones y direcciones de la violencia en la pareja". 2004. 279 f. **Tese** (Doutorado em Psicologia Social) – Universitat Autònoma de Barcelona, Barcelona. 2004.

COMISSÃO INTERAMERICANA DE DIREITOS HUMANOS. **Relatório Anual 2000, nº 54/01, caso 12.051 Maria da Penha Maia Fernandes Brasil, 4 maio 2001**. Organização dos Estados Americanos. Disponível em: <http://www.cidh.oas.org/annualrep/2000port/12051.htm>. Acesso em: 19 out. 2019.

FERNANDES, Almir Garcia; RESENDE, Aline Helen. "O dano moral nas relações conjugais e os reflexos da Lei Maria da Penha". **Revista Jurídica UNIARAXÁ,** Araxá, v. 16, nº 15, ago. 2012, p. 38-63.

HERMAN, Jacqueline; BARSTED, Leila L. **O judiciário e a violência contra a mulher: a ordem legal e a (des)ordem familiar.** Rio de janeiro: Cepia, 1995.

HIDALGO RODRÍGUEZ, David; CUBAS MARTÍN, Noemí; MARTÍNEZ QUINTEIRO, M.ª Esther (Eds.). **Mujeres en la historia, el arte y el cine. Discursos de género, variantes de contenidos y soportes: de la palavra al audiovisual.** Salamanca: Universidad Salamanca, 2011.

LOVISARO DO NASCIMENTO, Danilo. **A polêmica sobre a necessidade de representação nos crimes de lesão corporal leve e culposa praticados contra a mulher no contexto de violência doméstica, familiar ou relação íntima de afeto (Lei nº 11.340/2006).** Disponível em: <http://professorlovisaro.com.br>. Acesso em: 05 out. 2019.

MARMELSTEIN, George. **Pérolas jurisprudenciais: decisões judiciais politicamente incorretas.** Disponível em: <http://direitosfundamentais.net/2007/08/08/perolas-jurisprudenciais-decisoes-judiciais-politicamente-incorretas/>. Acesso em: 05 out. 2019.

ORSINI, Adriana G. de Sena; PIRES, Simone Maria Palheta. **O Sistema Interamericano de proteção dos Direitos Humanos como instrumento para fortalecer o direito de acesso à justiça interna.** Disponível em:

<http://www.publicadireito.com.br/artigos/?cod=a59e802e5d70af6b>. Acesso em: 19 set. 2019.

RINALDI, Alessandra de Andrade. **Violência e gênero – A construção da mulher como vítima e seus reflexos no Poder Judiciário: a lei Maria da Penha como um caso exemplar**. Disponível em: <http://www.estacio.br/publicacoes/direitovivo/pdf/Artigo_Menezes.pdf>. Acesso em: 20 nov. 2019.

A LEI ANTIMANICOMIAL E OS DIREITOS SOCIAIS – uma luta que não para

ANTIMANICOMIAL LAW AND SOCIAL RIGHTS - a struggle that does not stop

Márcia Regina Madeira Pourchet[128]
Stella Luiza Moura Aranha Carneiro[129]

RESUMO: Os significados acerca da loucura estão intimamente relacionados às antigas funções dos manicômios, ou seja, recolhimento dos loucos em razão de sua suposta incapacidade e improdutividade para a sociedade. Essa ideia produzia o preconceito contra os chamados loucos e sem razão, que de certa forma ainda é reproduzido socialmente, defendendo-se o seu isolamento social. Por um outro lado, o paciente psiquiátrico necessita de intervenções e trabalhos específicos para uma melhoria da sua qualidade de vida, preservando-o do preconceito e excluindo a ideia de que o manicômio é o lugar de cura e de normalização de comportamentos. Este artigo tem por objetivo examinar, de forma sucinta, a história da loucura e do surgimento das instituições psiquiátricas, situando a construção social da loucura e movimentos de Reforma Psiquiátrica no Brasil, desde os seus primórdios até o período atual. Com base em fontes secundárias e em

---

128 Psicóloga, Doutora e Mestre em Psicanálise, Saúde e Sociedade pela Universidade Veiga de Almeida Pós-Doutoranda em Direitos Humanos pela Universidade de Salamanca, Espanha. Pesquisadora e Psicóloga do Instituto Nacional da Saúde da Mulher, da Criança e do Adolescente Fernandes Figueira IFF /FIOCRUZ. Membro de Formações Clinicas e do Fórum do Campo Lacaniano do Rio de Janeiro. Participante da Curadoria da Revista Digital Stylete Lacaniana. Psicanalista em atendimentos clínicos

129 Psicóloga, Especialista em Psicologia Jurídica, pela UERJ, Mestre em Psicologia Clínica, pela PUC-RJ, Doutora em Saúde Mental, pela UNICAMP. Pós-Doutoranda em Direitos Humanos pela Universidade de Salamanca, Espanha. Professora universitária e da Escola da Magistratura do Estado do Rio de Janeiro – EMERJ. Mediadora e supervisora de Mediação de conflitos do Tribunal de Justiça do Rio de Janeiro. Psicanalista, Membro Efetivo e Docente da Sociedade Psicanalítica do Rio de Janeiro - SPRJ - IPA.

trabalhos de terceiros, buscou-se esboçar algumas reflexões sobre as diferentes experiências históricas instituidoras da loucura, dos manicômios/hospitais psiquiátricos, e do movimento de reforma psiquiátrica no Brasil, evidenciando o surgimento da Lei Antimanicomial (10.216/2010) e as suas ligações com as garantias dos direitos sociais para essa população tão desprovida de cidadania e, ainda , em busca do reconhecimento de sua dignidade e respeito. Ao final do trabalho são apresentados importantes julgados que redirecionam o modelo assistencial em Saúde Mental no Brasil.

Palavras-chave: Lei Antimanicomial – Direitos Sociais – Transtornos mentais

ABSTRACT: *The meanings about madness are closely related to the old functions of asylums, that is, the withdrawal of the mad because of their supposed incapacity and unproductivity to society. This idea produced prejudice against the so-called crazy and without reason, which is still socially reproduced, defending their social isolation. On the other hand, psychiatric patients need specific interventions and work to improve their quality of life, preserving them from prejudice and excluding the idea that the asylum is the place of healing and normalization of behaviors. This article aims to examine, briefly, the history of the madness and the emergence of psychiatric institutions, situating the social construction of the madness and movements of Psychiatric Reform in Brazil, from its beginnings to the present period. Based on secondary sources and on the work of third parties, we sought to outline some reflections on the different historical experiences that instituted madness, asylums / psychiatric hospitals, and the psychiatric reform movement in Brazil, highlighting the emergence of the Antimanicomial Law (10.216 / 2010) and its links with the guarantees of social rights for this population so devoid of citizenship and also seeking recognition of their dignity and respect. At the end of the work, important judgments are presented that redirect the mental health care model in Brazil.*

Key words*: Antimanicomial Law – Social Rights – Mental disorders*

INTRODUÇÃO

O adoecimento psíquico em nossa cultura apresenta uma ideia de incapacidade e improdutividade, levando a sentimentos de vergonha nos familiares e pessoas próximas que se relacionam com este sujeito que sofre. O preconceito em razão desse sofrimento ocorre não apenas na sociedade, de uma maneira geral, mas até mesmo nas próprias instituições que se destinam a receber e tratar essas pessoas – manicômios/hospitais psiquiátricos e hospitais gerais, principalmente. Estigmatiza-se o paciente, considerando-o um perturbado ou que perdeu o juízo.

O relatório "A carga dos transtornos mentais na região das Américas, 2018" (ONU News, 2019), indica que os países dessa região devem aumentar o nível de financiamento atual para atender de forma satisfatória as necessidades das pessoas com transtornos mentais. Os déficits de financiamento em saúde mental variam de três vezes a mais que os gastos atuais em países de alta renda a quatrocentos e trinta e cinco vezes os gastos nos países de mais baixa renda da região. Na América Latina e Caribe, os problemas de saúde mental, incluindo o uso de substâncias psicoativas, respondem por mais de um terço da incapacidade total na região.

O investimento em hospitais psiquiátricos contraria as recomendações da Opas/OMS[130] (ONU News, 2019), que pedem o fechamento desses locais e a prestação de serviços integrados para transtornos mentais na atenção primária ou em hospitais gerais, acompanhado de apoio social. O Opas acredita que essas medidas, além de serem menos dispendiosas, fazem que pessoas afetadas por transtornos mentais sejam mais propensas a procurar tratamento. Isso porque é mais fácil ter acesso a serviços locais e estes nao levam ao estigma e ao isolamento geralmente associados aos hospitais psiquiátricos.

Este artigo, de caráter exploratório, baseado em fontes secundárias e em trabalhos de terceiros, tem por objetivo examinar, de forma sucinta, a questão da Lei Antimanicomial (2001) e os Direitos Sociais. Não se pretende empreender aqui uma exaustiva reconstituição histórica das práticas de cuidados à loucura, entendida também como um tipo especial de existência-sofrimento, mas esboçar as principais questões relacionadas à institucionalização da loucura, de uma forma geral, destacando a história da loucura no Brasil e sua institucionalização. A importância dos principais movimentos relacionados à Reforma Psiquiátrica, que geraram a Lei antimanicomial (Lei 10.216/2001), é evidenciada, buscando contextualizá-los dentro de uma realidade histórica. A Lei Antimanicomial (10.216/2001) é apresentada, juntamente com algumas questões ligadas aos direitos sociais dos portadores de transtornos mentais, apontando os progressos que estão sendo criados nesse setor mas, também, as dificuldades e obstáculos que ainda persistem. Na seção final, alguns julgados, sobre o tema, do Supremo Tribunal Federal são apresentados, garantindo e efetivando os direitos previstos nesta Lei.

---

130 Opas/OMS - Organização Panamericana de Saúde / Organização Mundial de Saúde

1. A INSTITUCIONALIZAÇÃO DA LOUCURA.

O interesse pela loucura é relatado desde a Antiguidade grega e romana, aliado a outras doenças, principalmente, relacionadas às questões sobrenaturais e à mitologia. O louco poderia ser identificado a partir da ideologia religiosa ou através de preconceitos sagrados. A partir do fortalecimento da Igreja católica, no período da Inquisição, a loucura foi considerada como uma manifestação demoníaca que deveria ser perseguida, porque seus portadores eram considerados hereges ou possuidores de forças malignas.

Com o enfraquecimento da Igreja católica e a consequente modificação da interpretação do mundo de forma religiosa, um novo olhar recaiu sobre a doença e o portador do transtorno mental. A Inquisição passa a dar lugar ao complexo alienista-doente mental. No século XVII, a loucura se constitui como um modelo de exclusão, que não tem lugar nas novas relações políticas e no desenvolvimento da industrialização.

Nessa época foram criados, na Europa, os primeiros locais destinados ao louco, que pareciam cárceres, que não apenas aprisionavam essas pessoas, mas, também, portadores de várias doenças, mendigos, bandidos, entre outros. Todos aqueles que tinham algum problema da ordem da razão, da moral e do social, corriam o risco de serem internados. Em Paris, em 1656, foi criado o Hospital Geral, que era uma instituição representativa da polícia e da justiça, onde ocorriam essas internações.

As casas de internação eram locais de correção e controle, visando proteger a sociedade das pessoas indesejáveis. Os internos eram obrigados a trabalhar em troca de baixa remuneração, evitando a ociosidade e a mendicância. A loucura passa a ser condenada a partir da ociosidade. Os indivíduos, que por algum critério estabelecido, apresentavam a possibilidade de cura, eram submetidos a banhos, sangrias e purgações.

No decorrer de meados do século XVII, os internos não loucos começaram a protestar por estarem dividindo um espaço de internação com portadores de insanidade mental. O internamento, para essas pessoas, deveria ser só para os loucos. A partir da Revolução burguesa e as várias crises econômicas, chegou-se a conclusão de que a população de internos deveria ser absorvida pelo mercado de trabalho, apenas os que representavam um perigo para a sociedade deveriam permanecer trancafiados.

Durante o século XVIII, em muitos estabelecimentos na Europa, os loucos eram separados por sexo, entretanto eram mantidos aglomerados e sem condições adequadas de tratamento. Não havia um cuidado diário dessas pessoas porque havia o temor da contaminação e do mal que a sociedade, em geral, acreditava fazer parte dessa patologia. A ideia de irracionalidade, ligada a um comportamento animal, fazia com que o louco devesse permanecer enjaulado.

No final do século XVIII, observou-se que trancar apenas os loucos, piorava a sua loucura e, assim, a ideia de internação como repressão se modifica para a busca de libertação idealizada pelos asilos. Um dos pioneiros no tratamento dos portadores de transtornos mentais, mais conhecido, Pinel, estabeleceu medidas humanitárias no tratamento dessas pessoas. Utilizou estudos e observações dos comportamentos deles, passando a tratá-los como doentes comuns. A partir desses estudos, mais humanizados, passou-se a considerar os transtornos mentais como acarretados pelas questões sociais, psicológicas, hereditárias e, até mesmo, por acidentes físicos.

É importante compreender que o fato de liberar os loucos do encarceramento não os levou à liberdade, mas, sim, tornando-se objeto de saberes, discursos e práticas médicas, foi possível transferi-los para o hospital, que agora se apropria da loucura. O processo de normalização dessas pessoas seria constituído pela prática médica e pelo tratamento moral. Elas deveriam ser dominadas e adestradas pelo alienista.

A prática da medicina, pela dificuldade de explicar a loucura, se propôs a considerar uma classificação a partir de critérios morais, comportamentos e gestos. A loucura resistiu a essa classificação porque não pode ser explicada pelos princípios tradicionais da ciência médica. A cura, nessa área mental, deveria envolver a transformação dos sintomas e as modificações morais, a partir de uma prática inovadora: o tratamento moral.

A Psiquiatria, dessa forma, estava identificada com essa prática, que foi sendo constituída como a arte de diferenciar as doenças mentais e separá-las das patologias físicas. No final do século XIX, a histeria foi diagnosticada como uma enfermidade mental, que podia atingir tanto homens quanto mulheres, resgatando a hipnose como uma das possibilidades de tratamento. A prática se sobrepôs à teoria possibilitando o desenvolvimento de importantes estudos, nessa área.

Após a Segunda Guerra Mundial, período de reconstrução social, os diferentes movimentos, principalmente aqueles ligados à intolerância em relação às diferenças e minorias, começaram a entender que o hospital psiquiátrico deveria ser modificado. A procura coletiva, ocidental, de criar sociedades com mais liberdade, igualdade e solidariedade, além de vários avanços na medicina e na psicoterapia, foram tornando possível os movimentos ligados à reforma psiquiátrica. As características sociais e políticas de cada país, além do seu sistema de Saúde, tornaram diferenciados os caminhos desta Reforma, como será abordado no caso do Brasil.

2. A HISTÓRIA DA LOUCURA NO BRASIL E SUA INSTITUCIONALIZAÇÃO.

A assistência aos doentes mentais no Brasil colonial era extremamente precária. A maior parte dos cuidados era prestada por curandeiros, inclusive padres católicos (especialmente os jesuítas). Os médicos formados eram raros, e mesmo os cirurgiões e barbeiros licenciados não eram encontrados com facilidade, a não ser nos centros maiores, entretanto serviam, em geral, as pessoas importantes. Não havia especialistas em Psiquiatria, mas os hospitais da Irmandade da Santa Casa abrigavam, mais que tratavam, os doentes mais necessitados, sem casa e sem recursos. Os hospitais, até o século XVIII, eram confundidos com hospedagens para pessoas doentes que não tivessem quem cuidasse delas. Nesses hospitais as condições sanitárias eram muito precárias.

No final do século XVIII e início do XIX, o avanço do conhecimento científico e da consciência social, fez com que a Medicina começasse a ficar mais semelhante à forma atual. A Revolução Francesa, no plano político, e os avanços científicos relacionados com a Revolução Industrial, no plano econômico, foram as influências mais significativas desse processo. Foi nesse momento, como já foi apresentado anteriormente, que a assistência aos doentes mentais se tornou médica. Surgiu na França, com a reforma realizada por Pinel e serviu de modelo para as transformações na assistência psiquiátrica de todo o mundo ocidental. A assistência aos doentes mentais se transformou em responsabilidade médica e estatal. No Brasil, também foi aí que nasceu a assistência psiquiátrica pública, já reformada segundo os valores da época.

Com a corte portuguesa mudando de forma apressada para o Rio de Janeiro, pela invasão das tropas napoleônicas, o Brasil sofreu grandes transformações socioeconômicas e políticas. O país deixou de ser colônia para ser transformado em Reino Unido com Portugal e Algarve, o que representou uma promoção em sua condição política. A abertura dos portos, o fim da proibição de atividades econômicas e educacionais que havia caracterizado o regime colonial deu origem a uma nova situação econômica, cultural e política. A Independência, a superação da monarquia absoluta e a adesão ao liberalismo econômico marcaram esse momento e se refletiram em todos os aspectos da vida nacional – inclusive na assistência psiquiátrica.

O início da urbanização, consequência dessa transformação, mudou a aparência do Rio de Janeiro, de Ouro Preto e Salvador (únicas cidades brasileiras, na época, consideradas "urbanizadas") e, por outro lado, criou, ampliou e expôs novos problemas de Saúde Pública. Um deles dizia respeito aos portadores de transtornos psiquiátricos, que se tornavam visíveis e perturbadores no meio urbano. Os cuidados dessas pessoas passaram a ser um peso difícil de ser suportado pelas famílias, tanto no plano objetivo como no subjetivo.

O Hospício do Rio de Janeiro foi inaugurado como parte da comemoração da Declaração da Maioridade do Imperador Pedro II, em 1852. Tinha instalações modernas porque seguiu o recém-instituído modelo francês e serviu de exemplo para os demais que o seguiram. Era um estabelecimento médico cujo objetivo era a recuperação dos doentes. Essas situações acerca das enfermidades mentais graves deram origem a duas interpretações opostas. Os historiadores otimistas explicavam como sendo alvo da caridade cristã, do desejo de diminuir o sofrimento alheio, de solidariedade com quem tem uma doença que todos temem. Os pessimistas atribuíam, essas questões, ao desejo de esconder a miséria e a loucura, de aumentar o sofrimento do sofredor. De qualquer forma, ambos têm parte da verdade.

Apesar dos prédios majestosos, a falta de recursos eficientes para o tratamento desses doentes e a pobreza dos pacientes internados determinaram sua progressiva deterioração e declínio, ainda que o aumento da população enferma exigisse a expansão do sistema, com a ampliação de suas unidades. Em 1912, foi promulgada a primeira Lei Federal de Assistência aos Alienados, acrescentando o título de especialidade médica autônoma aos psiquiatras e aumentando o número de instituições destinadas aos doentes mentais. Percebe-se que estava sendo criada uma estrutura manicomial, que tinha uma preocupação com a criação de espaços de poder disciplinares por meio de hospitais ou clínicas especializadas, segundo Caponi (2009).

A disciplina que era estabelecida nessas instituições produzia socialmente a normalização de comportamentos, sendo estes passíveis de intervenção do saber psiquiátrico, atuando na higienização social. Dessa forma, outros dispositivos disciplinadores foram criados, aliados à essas instituições de saber, como leis e decretos, orientando práticas médicas no tratamento da loucura. Entre os anos 20 e 30 do século XX, aconteceu o primeiro esforço de Reforma: Juliano Moreira e Ulisses Pernambucano foram os primeiros idealizadores. Ulisses realizou a diferenciação entre os serviços de psicóticos agudos dos crônicos. Foi instituído um serviço aberto para tratamento em regime de pensão livre, criou um sistema de educação especial e um serviço de saúde mental.

> Em 1926, é criada a Liga Brasileira de Higiene Mental – importante testemunho do pensamento psiquiátrico brasileiro. Finalmente, em 1934, o Decreto 24.559 promulgava a segunda Lei Federal de Assistências aos Doentes Mentais [...] determinando o hospital psiquiátrico como única alternativa de tratamento. (RAMMINGER, 2002, p. 114).

A falta de remédios específicos para os enfermos psiquiátricos continuava e o processo de degradação da assistência psiquiátrica pública no Brasil, assim como no resto do mundo, seguia e piorava. A descoberta dos fármacos psicotrópicos possibilitou o enfrentamento das enfermidades mentais, naquele momento. Junto com a penicilina, que tratava efetivamente a sífilis, somaram-se os neurolépticos e os antidepressivos, que transformaram muitos dos portadores das grandes psicoses em pacientes ambulatoriais. Esse avanço acarretou em outro problema: a assistência psiquiátrica pública se dividiu em duas: a assistência patrocinada pelo Estado e aquela mantida pela previdência social pública, que se multiplicou movida única ou predominantemente pela busca de lucro. O portador de transtorno mental foi transformado em uma fonte de lucro para empresários que viviam dessa condição.

Para a assistência pública direta, o principal era o enfrentamento desse problema a partir da tentativa de expandir o tratamento ambulatorial. O Serviço Nacional de Doenças Mentais, desde a primeira gestão, do Professor Jurandyr Manfredini, iniciou essa tentativa de reforma, elegendo como principal meta a substituição da hospitalização pela assistência ambulatorial. Nos anos 50 e 60, esses recursos se multiplicaram, principalmente em unidades sanitárias e como anexos de hospitais psiquiátricos públicos. A principal crítica a esse sistema era a manutenção da segregação do enfermo e da enfermidade psiquiátrica, além dos cuidadores da rede de assistência. Esse esforço não foi adiante porque o Estado Brasileiro era privatista, nessa área, segundo Miranda-Sá Junior (2007).

Na assistência previdenciária, o processo aconteceu de forma oposta. A hospitalização foi priorizada porque era mais lucrativa. Esse fator foi importante para a assistência pública direta, porque se transformou no modelo terapêutico da consciência social e da ideologia de muitos terapeutas. Ocorreu, também, o fenômeno de transferência de pacientes não hospitalizados na rede pública para serem internados em serviços credenciados pela previdência social. Na ditadura militar essa situação foi agravada pelo avanço ideológico neoliberalista.

No Brasil, as redes assistenciais eram ofertadas de forma massiva, nos anos 1960 até a década de 1980, sustentadas por recursos advindos da unificação da Previdência Social (GOULART, 2006). Essa rede trabalhava com modelos terapêuticos precários, com uso abusivo de psicofármacos e com o isolamento dos doentes mentais em manicômios. As consequências foram inúmeras, como a superlotação, erros médicos, altos índices de mortalidade e segregação dos usuários (GOULART, 2006). Esta situação se baseava na legislação de 1934, composta pelos artigos 9º, 10º e 11º, que ficou em vigor no Brasil até o ano de 2000 (GOULART, 2006, p. 5):

> Art. 9° Sempre que, por qualquer motivo, for inconveniente a conservação do psicopata [doente mental] em domicílio, será o mesmo removido para estabelecimento psiquiátrico.
> Art. 10° O psicopata ou indivíduo suspeito que atentar contra a própria vida ou de outrem, perturbar ou ofender a moral pública, deverá ser recolhido a estabelecimento psiquiátrico para observação ou tratamento.
> Art. 11° A internação de psicopatas, toxicômanos e intoxicados habituais em estabelecimentos psiquiátricos, públicos ou particulares, será feita:
> a) por ordem judicial ou requisição de autoridade policial;
> b) a pedido do próprio paciente ou por solicitação do cônjuge, pai ou filho ou parente até quarto grau, inclusive, e, na sua falta, pelo curador, tutor, diretor de hospital civil ou militar, diretor ou presidente de qualquer sociedade de assistência social, leiga ou religiosa, chefe de dispensário psiquiátrico ou ainda por alguns interessados, declarando a natureza de suas relações com o doente e as razões que determinantes da sua solicitação.

Dessa forma, as internações ocorriam de forma automática e arbitrária. Era uma verdadeira autorização de sequestro, privando o paciente de liberdade, mantendo-o em cativeiro. A partir de reivindicações, ainda nesse período, ocorreu um incentivo à multiprofissionalidade dentro dos hospitais psiquiátricos, tendo como ponto central a entrada do profissional de Psicologia na Saúde Pública. Foram implementados os ambulatórios juntamente a um modelo preventivista. Na prática, esse modelo começou a demonstrar fragilidade e incapacidade em relação ao processo de desospitalização, em decorrência da intensificação de sintomas (ZAMBENEDETTI; SILVA, 2008).

A Divisão Nacional de Saúde Mental (DINSAM), apoiada pelos órgãos federais e estaduais, iniciaram uma tentativa de reforma para que fosse colocado o avanço técnico a serviço dos pacientes. Com o fim da ditadura, foram criadas condições para uma reação mais eficaz dos esforços reformistas. Para Miranda-Sá Junior (2007), a reação à má assistência psiquiátrica ocorreu a partir de três frentes antagônicas: o plano médico-psiquiátrico, o plano antipsiquiátrico e o plano tecnocrático. A reação psiquiátrica foi realizada pela Associação Brasileira de Psiquiatria, a antipsiquiátrica foi encarnada por agentes do Partido dos Trabalhadores e a reação burocrática esteve representada pelos dirigentes de serviços públicos e alguns agentes do chamado Movimento Sanitarista.

Miranda-Sá Junior (2007, p.3) complementa:

> A Associação Brasileira de Psiquiatria preparou um Projeto de Lei para estabelecer o que poderia vir a ser o Estatuto do Enfermo Psiquiátrico, que previa a desospitalização progressiva, à medida que fossem instalados serviços de cuidados primários (nas unidades sanitárias), secundários (nas policlínicas e hospitais gerais) e terciários (hospitais especializados e centros de habilitação e reabilitação), todos integrados na rede geral de assistência médica e social (integração que se considerava essencial para prevenir a discriminação e a exclusão).

Essa proposta foi derrotada pelo Projeto Paulo Delgado, que tinha o apoio dos partidos de esquerda, de amplas camadas do movimento médico, do movimento sanitarista e da burocracia sanitária federal. Muitos anos se passaram, até que o projeto fosse aprovado, e mesmo assim, de acordo com Miranda-Sá Junior (2007), bem descaracterizado. Acredita-se que os burocratas apoiaram o projeto de Paulo Delgado porque ele era menos oneroso e possibilitava que o Governo Federal repassasse o encargo para os Municípios, esquivando-se das responsabilidades que havia assumido desde 1930.

3. OS DIREITOS SOCIAIS E A REFORMA PSIQUIÁTRICA NO BRASIL.

Como já mencionado brevemente, o pós-guerras marcou o início de uma fase de grande questionamento e reflexões ao redor de todo o mundo, em reação às barbáries cometidas na Segunda Guerra Mundial. Nesse contexto de conscientização, a humanidade compreende como seu principal fundamento e valor- princípio a dignidade da pessoa humana, tornando-se o principal eixo referencial e elemento norteador, não só no Brasil, como em todo o mundo, colocando o homem como o novo centro gravitacional na esfera internacional.

Nesse contexto, consagraram-se em todo o mundo os direitos intrínsecos e inerentes ao homem, ou, como futuramente foram nomeados, os Direitos Humanos. Têm-se como direitos humanos todos aqueles direitos indispensáveis pra uma vida digna. Esses direitos, quando internalizados nos ordenamentos jurídicos dos países, são nomeados de Direitos Fundamentais.

Sendo assim, na segunda metade do século XX, houve grandes transformações nos ordenamentos jurídicos ao redor do mundo, influenciadas pela Declaração Universal dos Direitos Humanos (10 de dezembro de 1948, proclamada pela Assembleia Geral das Nações Unidas - ONU), marco histórico que configura um dos mais importantes documentos que tutelam os direitos humanos, bem como as demais Declarações e Tratados, nos quais os países reconheciam a necessidade de colocar o homem no centro de seus ordenamentos jurídicos, sempre direcionados à proteção e efetivação da dignidade da pessoa humana – que se torna a base nuclear para todo o regime de direitos humanos.

Esse panorama global dos Direitos Humanos dá novo protagonismo aos direitos sociais (que já vinham sendo apresentados em direitos internos de alguns países, como na Constituição mexicana de 1917 e de Weimer, de 1919, (Silva, 2009)), galgando-os ao patamar internacional. O mundo acabara de constatar a insuficiência da abstenção estatal como forma de garantia de direitos. Em face de alguns direitos, como é o caso do direito ao trabalho, à educação e à saúde, somente a intervenção estatal é capaz de garanti-los (KONDER, 2008).

Assim, ao se entender que, para que a dignidade seja concretizada é imprescindível que esses Direitos Humanos sejam efetivados, acabam por estabelecer também uma proibição à "proteção deficiente do Estado" - ou seja, o Estado deve agir proativamente.

Dessa forma, passa a se reconhecer, a nível mundial, que mais do que necessidade de impor limites à atuação estatal (coibir os abusos do poder estatal); é necessário, principalmente, que o Estado efetive os direitos ali contidos, provendo condições mínimas para seus cidadãos. O mundo passa a questionar: De que valeria a liberdade, outrora reconhecida, sem garantias mínimas para seu exercício?

Nessa perspectiva é que ocorre o fortalecimento e plena afirmação dos direitos sociais, direitos que reclamam do Estado atividades positivas, prestacionais, que tem por objetivo a minoração das desigualdades sociais. São direitos intimamente relacionados ao princípio da solidariedade e denominados de direitos humanos de segunda dimensão.

Os direitos sociais se realizam pela execução de políticas públicas, destinadas a garantir amparo e proteção social de toda sociedade, em especial aos mais fracos e mais pobres; ou seja, aqueles que não dispõem de recursos próprios para viver dignamente ou que encontram-se em situação de vulnerabilidade (COMPARATO, 2010). Ao se afirmar que todos são iguais perante a lei; é indispensável que sejam assegurados a todos, na prática, um mínimo de dignidade e igualdade de oportunidades.

É nesse contexto que se inicia no Brasil a mudança de perspectiva no campo da saúde mental, em especial, na forma como eram tratados os doentes mentais.

Embora esse movimento já se refletisse em algumas legislações esparsas no Brasil, ao longo da segunda metade do século XX, somente após a Constituição Federal de 1988 é que ele foi positivado e consequentemente, afirmado. A Carta Magna brasileira reflete, em toda sua extensão, a preocupação com esse e demais valores humanos, trazendo o homem como o novo centro gravitacional e eixo referencial de todo o ordenamento, trazendo nova carga axiológica, consagrando diversos valores e princípios a serem implementados em todo ordenamento. Além disso, em seu artigo 1º, inciso III, traz de forma expressa, como fundamento da Republica Federativa do Brasil a dignidade da pessoa humana.

Essa mudança acabou por refletir em todas as áreas do direito pátrio, em especial em temas o do presente artigo, por estar inserido no rol de direitos fundamentais, ou, mais ainda, por estar intimamente ligado aos direitos sociais.

Historicamente, o movimento da Reforma Psiquiátrica teve início nos anos 1970, quando surgiram momentos de questionamento conceitual-filosófico com consequências diretas no cuidado ao doente mental, já como reflexo dessa mudança de paradigma. Como afirmam Colvera; Machado (2000), citados por Maciel (2012), esses anos foram marcados por debates sobre os direitos humanos dos pacientes psiquiátricos internados em manicômios. Inúmeras denúncias sobre maus-tratos e desassistências começaram a surgir na mídia, criando condições favoráveis para a motivação da opinião pública e de certos meios políticos sobre as questões da atenção à saúde mental.

A Reforma Psiquiátrica surgiu, então, no sentido de questionar a instituição asilar e a prática médica e humanizar a assistência, segundo Maciel (2012), fazendo com que houvesse ênfase na reabilitação ativa em detrimento da custódia e da segregação. Para Macêdo; Jorge (2000), atrelado ao processo de reforma e modernização da assistência surgiu a proposta de equipe multiprofissional. A justificativa principal estava na dissolução do saber e do poder, que seriam melhores distribuídos, além da articulação da noção de multiplicidade dos problemas e da necessidade de diferentes terapias, incluindo o apoio e a orientação à família.

De acordo com Amarante (2000), no Brasil, o movimento de Reforma Psiquiátrica teve como desencadeante a Crise da Divisão Nacional de Saúde Mental (DINSAM), órgão do Ministério da Saúde, e o Movimento dos Trabalhadores da Saúde Mental (MTSM). Esse movimento denunciou a falta de recursos das unidades e a consequente precariedade das condições de trabalho prejudicando a atenção dispensada à população, tendo como prioridade o caráter humanitário. A trajetória do movimento foi marcada pela noção de desinstitucionalização e teve início na segunda metade dos anos 1980, momento de um contexto político de grande importância para a sociedade brasileira. Em termos políticos, na década de 1980, tinha início a luta pela construção de um Estado democrático, após 20 anos de ditadura militar.

Nesse contexto reformista, ocorreu em Brasília (DF), em março de 1986, a 8ª Conferência Nacional da Saúde que, pela primeira vez, segundo Maciel (2012), teve consulta e participação popular, reunindo representantes de diversos setores da comunidade. A partir dessa Conferência, surgiu uma nova concepção de saúde, expressa pela ideia de "a saúde como direito do cidadão e dever do Estado" (MACIEL, 2012, p.76). Essa nova definição tornou possível o surgimento de alguns princípios básicos, como: universalização do acesso à saúde, descentralização e democratização, promoção de políticas de bem-estar social através do Estado e visão da saúde como qualidade de vida.

Em junho de 1987, no Rio de Janeiro, ocorreu a I Conferência Nacional de Saúde Mental, na qual - muito embora um ano antes da promulgação da Carta Magna de 88 - já refletindo os novos ideais ao redor do mundo, com fundamento na dignidade da pessoa humana e direitos humanos, o MTSM decidiu rever suas estratégias e repensar seus princípios. Segundo Maciel (2012), nesse evento foi criado o primeiro movimento da luta antimanicomial. A partir desse momento, as críticas relacionadas à Psiquiatria passaram a ser dirigidas ao conjunto das questões sociais, tendo como princípios a inclusão e a cidadania. De acordo com Oliveira (2002), citado por Maciel (2012), nesse mesmo ano, no II Congresso Nacional de Trabalhadores em Saúde Mental, realizado em Bauru (SP), foi lançado o lema "Por uma Sociedade sem Manicômios", determinando o dia 18 de maio como o Dia Nacional de Luta Antimanicomial.

Em 1989, já sob a égide da Constituição da República Federativa do Brasil de 1988, foi apresentado o Projeto de Lei no 3.657/89, de autoria do deputado Paulo Delgado, que regulamentava os direitos dos doentes mentais em relação ao tratamento e indicava a extinção progressiva dos manicômios, públicos e privados, e sua substituição pelos serviços extra hospitalares. A partir desse momento, foram iniciadas as principais transformações no campo jurídico-político, que provocaram polêmica na mídia e na sociedade em geral, principalmente, em alguns familiares de portadores de transtornos mentais. Alguns se posicionaram contra, e outros, a favor, mas o mais importante foi que os temas da loucura, da assistência psiquiátrica e dos hospitais psiquiátricos passaram a ser discutidos a nível nacional. O Projeto de Lei foi transformado na Lei nº 10.216, de 6 de abril de 2001, atualmente em vigor, que dispõe sobre a extinção progressiva dos manicômios e sua substituição por novas modalidades de atendimento, como Hospitais-Dia (HDs), Centro de Atenção Psicossocial (CAPS) e Lares Protegidos.

A alteração dessa perspectiva na saúde mental, tendo um caráter humanitário, está intrinsecamente ligada às transformações no mundo jurídico, decorrentes do movimento pós-guerras, que trouxeram conscientização à humanidade, culminando em inúmeras consequências positivas, como por exemplo a ascensão dos direitos e garantias fundamentais do homem, dentre eles, os direitos sociais.

Portanto, podemos afirmar que no Brasil, a reforma psiquiátrica se constituiu, desde as suas raízes, como um movimento social de construção de um novo discurso e uma nova prática no lidar com a loucura e o sofrimento mental, fora do discurso psicopatológico e contra a exclusão social dos sujeitos em crise ou vulnerabilidade psicossocial, e a favor de uma sociedade sem manicômios. Os marcos históricos e a vasta produção iconográfica, artística, militante, do movimento antimanicomial no Brasil demonstram que a Reforma Psiquiátrica nasce das bases políticas de crítica ao autoritarismo e pela liberdade, e se constitui como movimento social de reivindicação de direitos de cidadania, de inclusão das pessoas "diferentes" e sob o signo dos direitos humanos.

4. A LEI 10216/2001 E O SUPREMO TRIBUNAL FDERAL.

Diante desse contexto de uma nova perspectiva, foi promulgada a Lei 10.216 de 2001, conhecida como a Lei da Reforma Psiquiátrica, trazendo inúmeros avanços para a área de saúde mental, avanços esses que tinham por objetivo tutelar direitos fundamentais e de dignificar como ser humano a pessoa com transtorno mental, trazendo novas formações, novas abordagens de tratamento e novos olhares.

Esta lei propõe a substituição gradativa dos leitos em hospitais especializados e a internação psiquiátrica involuntária. Ela deu início a um processo de discussão em todo o Brasil sobre as formas mais adequadas de atenção em Saúde Mental aos portadores de transtornos mentais. Isso levou a Coordenação de Saúde Mental do Ministério da Saúde a abrir o financiamento de outras modalidades de assistência substitutivas à internação tradicional. Além disso, desencadeou mudanças na legislação e na concepção e adequação do tratamento aberto e comunitário, recomendado pela Organização Mundial de Saúde (OMS) e pelo Ministério da Saúde.

Com a proposta de mudança do modelo de atenção mental por serviços substitutivos ao hospital psiquiátrico, a própria comunidade e a família tornaram-se parte da rede social que se forma colaborando com esses serviços, baseada no texto constitucional. A ênfase reside, a partir dessa legislação (Lei 10.216/2001), na desinstitucionalização do portador de transtornos mentais. A partir desse documento, vários Estados brasileiros elaboraram e aprovaram projetos de lei com o mesmo objetivo. Entretanto, a sociedade organizada foi eficiente para lutar pelas mudanças legislativas, mas parece não ter tido o mesmo sucesso no que diz respeito à sua implementação. Foi de grande relevância a Lei antimanicomial, em termos sociais, sem dúvida, ela mudou o perfil das instituições psiquiátricas, mas algumas de suas características persistem como entraves para a realização dos princípios que prescrevem.

A Lei prevê a proteção dos indivíduos "[...] acometidos de transtorno mental" (Lei nº10.216/01, art.1); são seus direitos: terem acesso ao melhor sistema de saúde, serem tratados com humanidade e respeito "[...] visando a alcançar sua recuperação pela inserção na família, no trabalho e na comunidade" (Lei nº 10.216/01, art.2, parágrafo único). Nesse contexto, o trabalho integrado, marcado por reciprocidade e enriquecimento mútuo bem como pela democratização, possibilitaria a compreensão do indivíduo portador de transtorno mental e da loucura, como fenômenos complexos que necessitam de vários saberes para lidar com o mesmo indivíduo (VASCONCELOS, 2000).

Os profissionais integrados a esse trabalho seriam agentes de reintegração na vida do portador de transtorno mental, desvinculando-o da instituição, viabilizando o resgate da sua cidadania, combatendo a cronificação, tentando evitar novas crises e demonstrando que o "louco" tem direito a buscar e realizar seus desejos, como o de estudar, trabalhar, ter e conquistar seus direitos plenos (RIBEIRO, 1998). As mudanças nas políticas públicas em saúde mental, que incluem a lei antimanicomial, são frutos de um extenso e longo trabalho de uma variedade de movimentos sociais, contudo, a participação da comunidade acadêmica é muito limitada (PAULIN; TURATO, 2004).

Além disso, a referida Lei também trouxe a agregação de serviços psicossociais aos hospitais psiquiátricos. Nesse aspecto, tem-se a reabilitação psicossocial, que é um conjunto de estratégias capazes de resgatar a singularidade, a subjetividade e o respeito à pessoa com transtorno mental, buscando proporcionar melhor qualidade de vida e, inclusive, auxiliando-a restabelecer links com a vida. É necessário que ela contemple quatro vértices da vida de qualquer cidadão: moradia, trabalho, família e criatividade (lúdico/artística).

Para Delgado (2001), é temerário afirmar que o ciclo dos asilos e das colônias tenha sido finalizado. Entretanto, se tais instituições ainda constituem uma triste realidade em todos os Estados do País, esse modelo de atendimento centralizado na internação, em hospitais públicos ou particulares, deixou de ser objeto da crítica solitária de alguns setores da psiquiatria brasileira para tornar-se algo consensual, condenado nos documentos oficiais e legais sobre a matéria. A entrada em vigor da Lei antimanicomial (2001) foi um marco importante, mas não suficiente para criar as condições de um atendimento genuinamente interdisciplinar, voltado para o cuidado integral do "louco".

No nosso país, a precariedade de acesso a direitos sociais para sobrevivência é cotidiana. O portador de transtorno mental em intenso sofrimento psíquico parece, muitas vezes, experimentar um duplo processo de exclusão: ser brasileiro e louco. Grande parte da população tem os seus direitos sociais básicos desrespeitados. No caso do portador de transtornos mentais, por experimentar formas de relação com o mundo e com o outro que contrastam com os códigos socialmente estabelecidos, geralmente, nem sequer tem acesso à informação sobre seus direitos.

O fechamento dos hospícios não soluciona a questão dos direitos dos portadores de transtornos mentais, mesmo sendo o primeiro ponto a ser estabelecido. O exercício do direito por parte dessas pessoas está ligado à instituição loucura que perdurou ao longo dos séculos. A emergência de sujeitos de direitos, nesse caso, só pode ocorrer se for a partir do coletivo, por um lado, como prática vivida de intersubjetividade, como afirmam Emerich; Campos; Passos (2014) e, também, a partir de uma gestão coletiva e compartilhada do cuidado, que possibilite formas de existir com mais liberdade e com a integração efetiva da autonomia dos portadores de transtornos mentais e dos direitos humanos

Nesse sentido, o surgimento do sujeito de direitos aproxima-se de uma práxis em saúde que pode ter nas diferentes modalidades de assistência substitutiva à internação um meio para a realização do direito dessas pessoas. É fundamental que a temática dos direitos seja retomada e problematizada pela Reforma Psiquiátrica Brasileira, devido ao risco que esse Movimento corre de "tornar-se apenas retórica, presente nos textos e discursos, vazio de sentido na vida dos portadores de transtornos mentais. Pensar a democracia psíquica extrapola o campo da Saúde Mental, comprometendo-nos com a construção de uma democracia social" (EMERICH; CAMPOS; PASSOS,2014, p.694). É importante que todos, loucos ou não, sejam capazes de construir, de maneira coletiva, formas de impedir o esquecimento dos direitos humanos. A universalidade do acesso a esses direitos não deve ser considerada apenas a partir da abertura de portas concretas representadas pelas Portarias, Habeas Corpus e outros documentos legais.

Nesse contexto de ineficácia e ineficiência do Estado, o Supremo Tribunal Federal (STF) tem tido papel importante na busca pela garantia e efetivação dos direitos previstos nesta Lei. É pacifico o entendimento nas cortes superiores brasileiras que o direito à saúde – ou, mais ainda, o direito ao tratamento adequado - é dever do Estado, como pode se depreender, a título exemplificativo, do julgamento do RE 855.178 RG, de relatoria do Ministro Luiz Fux "O tratamento médico adequado aos necessitados se insere no rol dos deveres do Estado, porquanto responsabilidade solidária dos entes federados"; ou ainda, do julgado AI 734.487 AgR, de relatoria da Ministra Ellen Gracie, que dispõe que " O direito à saúde é prerrogativa constitucional indisponível, garantido mediante a implementação de políticas públicas, impondo ao Estado a obrigação de criar condições objetivas que possibilitem o efetivo acesso a tal serviço".

Esse entendimento estende-se, principalmente, ao direito fundamental à saúde dos portadores de transtornos mentais. Nesse contexto, importante ressaltar o papel garantidor do STF nessa busca pela efetivação desses direitos, cabendo destacar dois julgados importantes acerca do tema:

> O direito fundamental à saúde dos portadores de transtornos mentais encontra arrimo não somente nos arts. 5º, 6º, 196 e 197 da Carta da República, como também nos arts. 2º, § 1º, e 6º, I, d, da Lei 8.080/1990, na Portaria 3.916/1998 do Ministério da Saúde, além dos arts. 2º, 3º e 12 da Lei 10.216/2001, que, conforme visto, redireciona o modelo assistencial em saúde mental no Brasil. A linha de argumentação desenvolvida pelo Estado requerido quanto à insuficiência orçamentária é inconsistente, porquanto comprovado que os recursos existem e que foram repassados pela União, não se podendo opor escusas relacionadas com a deficiência de caixa. Comprovação nos autos de que não se assegurou o direito à saúde dos portadores de transtornos mentais no Estado do Pará, seja da perspectiva do fornecimento de medicamentos essenciais ao seu tratamento, seja no que diz respeito à estrutura física e organizacional necessárias à consecução dos objetivos previstos pelo legislador constitucional e também pelo ordinário ao editar a Lei 10.216/2001. A hipótese dos autos não cuida de implementação direta de políticas públicas, mas, sim, de cobrança realizada diretamente pela União, com fundamento na competência constitucional concorrente, para que os requeridos cumpram a sua parcela de responsabilidade no atendimento da política nacional de assistência aos pacientes com transtornos mentais. A omissão dos réus em oferecer condições de saúde dignas aos portadores de transtornos mentais exigiu a intervenção do Judiciário, tal como solicitado pela União para que, pelo menos, o núcleo essencial da dignidade da pessoa humana lhes seja assegurada, (...) Análise exaustiva do acervo probatório, tanto da perspectiva da falta de medicamentos quanto no que se refere a instalações físicas, passando,

> ainda, pela reiteração de comportamento omisso por parte dos réus em oferecer condições de saúde dignas aos portadores de transtornos mentais. Assim, contrariamente ao sustentado pelas agravantes, in casu, o Judiciário está plenamente legitimado a agir, sobretudo em benefício dos portadores de transtornos mentais, pessoas vulneráveis que necessitam do amparo do Estado. Prazo razoável fixado para a adoção de medidas de extrema importância para o atendimento dos portadores de deficiência mental e a multa bem aplicada em patamar proporcional para estimular o cumprimento da obrigação, sem prejudicar a prestação pela parte ré de outras políticas públicas.(ACO 1.472 AgR-segundo, rel. min. Ricardo Lewandowski, j. 1º-9-2017, P, DJE de 18-9-2017, grifo nosso).

E ainda:

> DECISÃO RECURSO EXTRAORDINÁRIO COM AGRAVO. CONSTITUCIONAL. POLÍTICAS PÚBLICAS. OBRIGAÇÃO DE FAZER. LEI ESTADUAL N. 10.216/2001. (...) RECURSO EXTRAORDINÁRIO COM AGRAVO AO QUAL SE NEGA SEGUIMENTO. Relatório 1. Agravo nos autos principais contra inadmissão de recurso extraordinário interposto com base na al. a do inc. III do art. 102 da Constituição da República. A Quarta Câmara Civil do Tribunal de Justiça de Minas Gerais decidiu: "EMENTA: REEXAME NECESSÁRIO - APELAÇÕES CÍVEIS - AÇÃO CIVIL PÚBLICA - TRATAMENTO PSIQUIÁTRICO - SAÚDE - DIREITO HUMANO FUNDAMENTAL SOCIAL COM GARANTIA CONSTITUCIONAL DE ACESSO UNIVERSAL E IGUALITÁRIO COM ATENDIMENTO INTEGRAL - PREVISÃO LEGAL DE ATENDIMENTO AOS PORTADORES DE SOFRIMENTO MENTAL - OMISSÃO DO PODER PÚBLICO - COMPETÊNCIA DO PODER JUDICIÁRIO PARA DETERMINAR A IMPLEMENTAÇÃO DE POLÍTICAS PÚBLICAS PARA ASSEGURAR O CUMPRIMENTO DE GARANTIA CONSTITUCIONAL PARA ACESSO À SAÚDE - AUSÊNCIA DE VIOLAÇÃO À INDEPENDÊNCIA E REPARTIÇÃO DOS PODERES. 1- A saúde é um direito humano fundamental social, tratando-se de direito de todos e dever do Estado, a quem cumpre assegurar o acesso universal e igualitário e com atendimento integral; 2- A responsabilidade solidária imposta no art. 23, II, da Constituição Federal somente estará fracionada caso sejam implementadas as políticas públicas que repartam a competência e distribuam as atribuições entre os entes; 3- A Lei nº 10.216/01 fixa normas gerais e critérios básicos para a proteção dos direitos das pessoas portadoras de transtornos mentais; (...) "A Lei nº 10.216, de 06/04/2001, regula a proteção e os direitos das pessoas portadoras de transtornos mentais e redireciona o modelo assistencial em saúde mental. É de se notar, conforme salienta Lenir Santos, em seu artigo intitulado "Saúde Mental: a implementação da Lei 10.216, 2001" que: A Lei n. 10.216/2001 surgiu no âmbito do SUS como medida destinada a definir necessidades de saúde do indivíduo com transtorno mental, impondo-lhe

o dever de adoção de serviços que garantam a sua inclusão social, assegurando-lhe vida digna. (...) Vê-se que a intenção do legislador foi a de garantir à pessoa com transtorno psíquico direito à uma vida de dignidades, que lhe seja assegurada e esgotadas todos os meios possíveis de inserção na vida comunitária, como elemento primordial de garantia de sua dignidade. Assim, faz-se necessário indagar se o Estado, após o advento da Lei, está provendo todas as medidas assecuratórias desse direito de inclusão social: família, trabalho, lazer, educação, renda, moradia e vida afetiva. Ter direito a viver uma vida sem marcar sua vida com terapêuticas e a pior delas, a de que toda a sua vida é terapêutica, escapando-lhe o direito de ser plenamente dentro de suas limitações, sem pechas e estigmas de doente mental, deficiente mental, incapaz para a vida de normalidades, vendo-se sempre como um doente até mesmo quando se pretende traçar-lhe caminhos que sempre estarão no campo da "terapêutica", ou seja, aquele que diz respeito a como tratar doentes e aplicar-lhes medicamentos ou qualquer outra medida que tenha o cunho de 'tratar' alguma coisa anormal (...) A referida Lei reconhece a responsabilidade do Estado pelo desenvolvimento da política de saúde (...) Entretanto, vê-se, claramente, a nítida intenção do legislador (mens legis) de praticar uma política de desinternação, ao considerar que internação não é a regra, mas exceção a ser praticada diante da ineficácia dos recursos extra-hospitalares, criando-se a chamada desinstitucionalização. (...) Na verdade, a política pública nacional caminha no sentido da desinternação, da desospitalização, da desinstitucionalização, na busca de um tratamento mais efetivo e eficaz, mas que também garanta o respeito e proteção ao portador de transtorno mental (art. 2º, Lei 10.216/01). (...) Examinando a legislação acima, não há como fechar os olhos ao fato de que é mesmo da competência/obrigação do Estado o desenvolvimento da política de saúde mental, bem como de assistência e promoção de ações de saúde aos portadores de transtornos mentais. Vale ressaltar que as normas contidas na Lei nº 10.216/01, segundo a dogmática analítica, são imperativas, cogentes ou injuntivas, não dispondo o seu destinatário de espaço para escolha. Sobre outra perspectiva, as normas são preceptivas, pois impõem uma obrigação (deontos: dever-ser), no caso, uma obrigação de fazer, consubstanciada na realização de atos materiais que impliquem assistência aos doentes mentais desamparados. O direito à saúde é norma de efeito concreto e de eficácia plena, de modo que cabe ao Poder Público adotar as providências necessárias para criar os meios para abrigo e tratamento das pessoas com sofrimento mental. O destinatário da norma não possui alternativa: deve cumpri-la, sendo que, em caso de recalcitrância, caracterizada a lide (conflito de interesses qualificado por uma pretensão resistida), deve ser compelido pelo Poder Judiciário a fazê-lo, de modo autoritativo e em última instância. Embora não caiba ao Poder Judiciário substituir a atividade administrativa, possui o poder/dever de ordenar ao administrador adotar as medidas para que a lei seja cumprida. Nesse contexto, a

> condenação do Estado de Minas Gerais em obrigação de fazer não ofende a independência entre os Poderes, na medida em que qualquer ato administrativo, omissivo ou comissivo, que cause dano está sujeito à apreciação do Poder Judiciário. Ocorre que compete ao Poder Público a defesa e a proteção de direitos constitucionais do cidadão, de modo que há o dever de agir para preservação desses direitos. Quanto à obrigatoriedade de atendimento das pessoas com sofrimento mental, inexiste discricionariedade. A discricionariedade existe no modo pelo qual as políticas públicas devem ser instituídas". Pelo exposto, nego seguimento a este recurso extraordinário com agravo. (ARE 1161551, Relator(a): Min. CÁRMEN LÚCIA, julgado em 24/09/2018, publicado em PROCESSO ELETRÔNICO DJe-222 DIVULG 17/10/2018 PUBLIC 18/10/2018, grifo nosso).

Desses importantes julgados depreende-se que as normas contidas na Lei nº 10.216/01, redirecionam o modelo assistencial em saúde mental no Brasil. A Lei surge no âmbito do SUS como medida destinada a definir necessidades de saúde do indivíduo com transtorno mental, impondo-lhe o dever de adoção de serviços que garantam a sua inclusão social, assegurando-lhe vida digna. A Suprema Corte entende que a intenção do legislador foi a de garantir à pessoa com transtorno psíquico direito à uma vida de dignidades, que lhe seja assegurada e esgotadas todos os meios possíveis de inserção na vida comunitária, como elemento primordial de garantia de sua dignidade.

Além disso, tais normas são imperativas, ou seja, o seu destinatário não dispõe de espaço para escolha. Assim, o Estado não possui alternativa: deve cumpri-la, sendo que, em caso de recalcitrância deve ser compelido pelo Poder Judiciário a fazê-lo. Ainda segundo a jurisprudência do STF, o direito à saúde é norma de efeito concreto e de eficácia plena, gerando ao Estado uma obrigação de fazer, consubstanciada na realização de atos materiais que impliquem assistência aos doentes mentais desamparados.

Sendo assim, é possível afirmar que é da competência/obrigação do Estado o desenvolvimento da política de saúde mental, bem como de assistência e promoção de ações de saúde aos portadores de transtornos mentais, de modo que cabe ao Poder Público adotar as providências necessárias para criar os meios para abrigo e tratamento desses cidadãos, para que, pelo menos, o núcleo essencial da dignidade da pessoa humana lhes seja assegurada.

Tem-se que, diante da omissão estatal, o STF torna-se o principal vetor de efetivação dos direitos fundamentais constitucionalmente instituídos, por seu papel de guardião da Constituição. É pacifico, portanto, o entendimento de que embora não caiba ao Poder Judiciário substituir a atividade administrativa, possui o poder/dever de ordenar ao administrador adotar as medidas para que a lei seja cumprida, não ofendendo a independência entre os Poderes, pois quaisquer atos administrativos, inclusive os omissivos, que causem dano estão sujeitos à apreciação do Poder Judiciário. Nas palavras do Ministro Ricardo Lewandowski, "o Judiciário está plenamente legitimado a agir, sobretudo em benefício dos portadores de transtornos mentais, pessoas vulneráveis que necessitam do amparo do Estado" (LEWANDOWSKI, 2017).

CONCLUSÃO

Em 2019, o movimento da Luta Antimanicomial completou 32 anos de existência. Desde a sua formação, o seu objetivo é a luta em prol de serviços de saúde pautados pela atenção, dignidade e cuidado para com os usuários da saúde mental. Seus princípios estão fundamentados na criatividade e no protagonismo destes usuários, bem como na transformação da representação da sociedade frente à loucura. O movimento da Luta Antimanicomial e, neste sentido, o processo da Reforma Psiquiátrica tem despertado reações e atenção da sociedade. Nas últimas décadas, essa Reforma, no Brasil, tem sido uma das mais importantes políticas de saúde mental e inclusão da diferença no mundo. Além disso, é considerado um dos mais importantes movimentos de defesa dos direitos humanos no país, com transformações nos modos de tratamento e cuidado da loucura e nas formas de participação social e política dos sujeitos em sofrimento mental.

Atualmente, a visão do louco e da loucura como algo a ser excluído do convívio social tem sido amplamente questionada, na medida em que a proposta de desinstitucionalização vem sendo incorporada, cada vez mais, na agenda pública. Entretanto, o portador de transtorno mental, ainda que não seja mais um recluso no asilo, pode manter-se num estado de invalidez permanente ou sofrer uma exclusão social "aberta" ou outras formas de exclusão, acarretadas pelo seu estado mental.

Um dos maiores desafios da Reforma Psiquiátrica parecer ser ainda a superação do estigma do "louco" como pessoa perigosa ou incapaz no imaginário social. A permanência do estigma em relação ao portador de sofrimento psíquico pode colaborar na perpetuação da exclusão social, na dificuldade de inserção no mercado de trabalho e na comunidade, na construção de relações afetivas e no isolamento, muitas vezes realizado pelos seus familiares, na intenção de proteger seus membros do risco do escárnio social.

De acordo com Bezerra Junior (1992), o conceito de cidadania é complexo, mas pode ser expresso "... por um processo ativo de ampliação da capacidade de todos e de cada um, agirem de modo livre e participativo" (p. 120). Sendo assim, os direitos de cidadania dos portadores de transtornos mentais estariam assegurados e desvinculados das representações de defeito, falha ou desqualificação. A nova ética do cuidado, estabelecida pela Lei 10.216/2001 estaria fundamentada no acolhimento, na compreensão, na inclusão e nos direitos dos cidadãos. A mudança de paradigmas conceituais que sustentaram, durante séculos, a Psiquiatria manicomial, atualmente apresenta uma proposta de cidadania para os portadores de transtornos mentais, construção compartilhada da autonomia, respeito às diferenças e o direito ao cuidado em saúde e saúde mental como dever do Estado.

Tem-se que a Lei 10.216/2001 trouxe mudanças significativas na busca pela mudança de paradigma da pessoa com transtornos mentais, mas o que se vê é que ainda estamos longe de sua plena efetivação, especialmente pela ineficácia do Estado. É nesse contexto que o STF se destaca, pois, através de seus julgados, reafirma o dever de fazer do Estado, exigindo dos entes federados tais prestações; e impondo seu cumprimento rápido e efetivo. Assim, assume papel essencial nessa luta para assegurar o cumprimento da garantia constitucional de acesso à saúde frente à omissão estatal.

É fundamental que o Estado cumpra seu papel, através do desenvolvimento de políticas eficientes, não só na garantia do direito à saúde de maneira efetiva e adequada, como também na promoção de políticas públicas que visem à conscientização da sociedade, trazendo mais informações e diminuindo preconceitos.

De acordo com Jacobina (2008), é necessário criar uma noção de cidadania que inclua o próprio psicótico, que não o exclua porque está além ou aquém da sua própria capacidade como ser humano pleno e diferente, como todos nós somos. Deve ser valorizada uma noção de cidadania que não parta de "desempenhos eleitos pelos profissionais como desejáveis segundo a sua própria concepção de autonomia. Para esse autor (JACOBINA, 2008), pensar a questão da insanidade na sua relação com a cidadania é repensar os próprios conceitos de cidadania e dignidade da pessoa humana.

REFERÊNCIAS E BIBLIOGRAFIA.

AMARANTE, P.; DIAZ, F. Os Movimentos Sociais na Reforma Psiquiátrica. **Cadernos Brasileiros de Saúde Mental: Movimentos Sociais e Saúde Mental. ABRASME, Rio de Janeiro, 4(8), 2012, p.83-95**

BARBOSA, G. C.; COSTA, T. G.; M. V. Movimento da Luta Antimanicomial: trajetórias, avanços e desafios. **Cadernos Brasileiros de Saúde Mental: Movimentos Sociais e Saúde Mental. ABRASME, Rio de Janeiro, 4(8), 2012, p.45-50.**

BARROSO, Luís Roberto. **Curso de Direito Constitucional Contemporâneo**: os conceitos fundamentais e a construção do novo modelo. 3.ed. São Paulo: Saraiva, 2011.

BEZERRA JUNIOR, B. **Cidadania e loucura: um paradoxo? In BEZERRA JUNIOR, B.; AMARANTE, P. D.(orgs.) Psiquiatria sem hospício. Rio de Janeiro: Relime-Dumará, 1992, p. 113-26.**

BRASIL. **Constituição da República Federativa do Brasil**. Disponível em: < http://www.planalto.gov.br/ccivil_03/constituicao/constituicao67.htm>. Acesso em: 11 fev 2020.

______. Supremo Tribunal Federal. <http://www.stf.jus.br/portal/constituicao/artigobd.asp?item=%201814>. Acesso em 8 fev 2020.

______. Supremo Tribunal Federal. ARE 1161551, Relatora Min. Carmen Lúcia, Brasília, 24 de setembro de 2018.. <http://www.stf.jus.br/portal/jurisprudencia/visualizarEmenta.asp?s1=000413182&base=baseMonocraticas> Acesso em 14 fev 2020.

______. Ministério da Saúde. Secretaria Executiva. Legislação em saúde mental. In___. Lei nº 10.216, de 6 de abril de 2001. 3. ed. rev. atual., Brasília, 2002. Disponível em: <http://www.saudemental.med.br/> Acesso em 28 out.2019.

COMPARATO. F. K. **A afirmação histórica dos direitos humanos**. 6.ed. São Paulo: Saraiva, 2008, p. 37-68.

______. **A afirmação histórica dos direitos humanos**. 7.ed. Rev. e atual. São Paulo: Saraiva, 2010, p. 77.

CAPONI, S. **Michel Foucault e a persistência do poder psiquiátrico. Ciência & Saúde** Coletiva, v.14, n.1, 2009, p.95-103.

CORREIA, L. C. Desigualdade social. In **Guia de direitos humanos loucura cidadã.** Salvador: AMEA, 2011, p. 17.

EMERICH, B. F.; CAMPOS, R. O.; PASSOS, E. Direitos na loucura: o que dizem usuários e gestores dos Centros de Atenção Psicossocial (CAPS). **Comunicação Saúde Educação** 18(51), 2014, p.685-96.

GOULART, M. S. B. **A construção da mudança nas instituições sociais: a reforma psiquiátrica. Pesquisas e Práticas Psicossociais, São João Del-Rei, v.1, n.1, jun. 2006, p.1-19.**

JACOBINA, P. V. **Direito Penal da loucura e Reforma Psiquiátrica. Brasília: ESMPU, 2008.**

LUCHMANN, L.H. H.; RODRIGUES, J. **O movimento antimanicomial no Brasil. Ciência e Saúde Coletiva, Rio de Janeiro 12(12), 2007, p.399-407.**

MACÊDO, A.; JORGE, M. **Concepções de loucura e sua influência na prática psiquiátrica. In JORGE, M.; SILVA, W.; OLIVEIRA, F. (Eds.). Saúde mental: da prática psiquiátrica asilar ao 3º milênio. São Paulo: Lemos, 2000. p. 125-148.**

MACHADO, P. de F.; SCARPARO, H. B. K.; HERNANDEZ, A. R.C. Narrativas do silêncio: movimento da luta antimanicomial, Psicologia e Política. **Revista Psicologia Política. v. 15. n 34, 2015, p.599-616.**

MACIEL, S. C. Reforma Psiquiátrica: algumas reflexões. **Cadernos Brasileiros de Saúde Mental: Movimentos Sociais e Saúde Mental. ABRASME, Rio de Janeiro, 4(8), 2012, p.73-82.**

MILLANI, H. de F. B.; VALENTE, M. L. L. de C. O caminho da loucura e a transformação da assistência aos portadores de sofrimento mental. **Revista Eletrônica de Saúde Mental, Álcool e Drogas, v.4, n.2, 2008. Disponível em** http://pepsic.bvsalud.org/pdf/smad/v4n2/v4n2a09.pdf Acesso em 27 out. 2019, p. 1-19.

MINISTÉRIO DA SAÚDE. Memórias da loucura. Disponível em http://www.ccs.saude.gov.br/memoria%20da%20loucura/mostra/retratos06.html Acesso em 27 out.2019

MIRANDA-SÁ JUNIOR, L. S. de Breve histórico da Psiquiatria no Brasil: do período colonial à atualidade. **Rev. Psiquiatria RS. 29 (2), 2007, p.156-8.**

ONU News. **Relatório alerta que é preciso aumentar investimentos em saúde mental nas Américas. OMS. Saúde. 5 mar. 2019.**

PAULIN, L. F.; TURATO, E. R. Antecedentes da Reforma Psiquiátrica no Brasil: as Contradições dos Anos 1970. **Hist. Cienc. Saúde – Manguinhos**, 2004, p.241-258.

RIBEIRO, M. A. Atelier de Trabalho para Psicóticos. **Revista Psicologia Ciência e Profissão**, Brasília, ano 18, n.1, p. 12-27.

SARLET, I. W. **A Eficácia Horizontal dos Direitos Fundamentais: uma teoria geral dos direitos fundamentais na perspectiva constitucional**. 10.ed. Rev. Atual. e ampl. Porto Alegre: Livraria do Advogado, 2009.

______. **Dignidade da Pessoa Humana e Direitos Fundamentais na Constituição de 1988**. 7.ed. Rev. e atual. Porto Alegre: Livraria do Advogado, 2009.

SILVA, J. A. da. **Curso de Direito Constitucional Positivo.** 32.ed. Rev. e atual. São Paulo: Malheiros Editores, 2009, p. 285.

TRINDADE, A. A. C. **Tratado de direito internacional dos direitos humanos**. Volume I. 2.ed. Porto Alegre: Sérgio Antônio Fabris, 2003, p. 33-121.

VASCONCELOS, E.M. Reinvenção da cidadania, empowerment no campo da saúde mental e estratégia política no movimento de usuários. In AMARANTE, P. (org.). **Ensaios: subjetividade, saúde mental, sociedade**. Rio de Janeiro: Fiocruz, 2000. cap. 12, p. 267-277.

ZAMBENEDETTI, G.; SILVA, R. A. N. A noção de rede nas reformas sanitária e psiquiátrica no Brasil. **Psicologia em Revista**, Belo Horizonte, v.14, n.1, 2008,130-150.

A CRIMINALIZAÇÃO DA HOMOFOBIA POR MEIO DE DECISÃO JUDICIAL: ESTUDO SOBRE A ADO 26 E O MI 4.733

THE CRIMINALIZATION OF HOMOPHOBIA THROUGH JUDICIAL DECISION: STUDY ON ADO 26 AND MI 4.733.

Patrícia Gorisch[131]
Paula Carpes Victório[132]

RESUMO: O presente artigo tem como Objetivo Geral a análise da inicial e da atuação dos *amici curiae* na tese da Ação Direta de Inconstitucionalidade por Omissão 26 e do Mandado de Injunção e como Objetivo Específico, analisar o posicionamento do STF no caso a fim de que seja reconhecida a omissão e inércia do Poder Legislativo em relação às matérias protetivas às pessoas LGBTI+, criminalizando os atos LGBTIfóbicos, equiparando-se à lei de racismo. Como metodologia utilizamos a bibliográfica casuística, onde verificamos a construção das teses de defesa e contestação de ambas as partes, inclusive das organizações da sociedade civil, bem como do Senado e Congresso Federal, com a construção jurisprudencial da década de 70 até os dias atuais, bem como a construção da tese vencedora no Direito internacional dos Direitos Humanos e sua aplicação no Brasil

Palavras-chave: Homofobia; transfobia; racismo; LGBTIfobia.

---

[131] Pós-doutora em Direito e Saúde pela Università Degli Studi di Messina/Itália. Doutora em Direito Internacional Ambiental e Mestre em Direito Internacional. Graduada em Direito. Diretora e fundadora da ABRAFH – Associação Brasileira de Famílias Homotransfetivas. Fundadora do GADVS – Grupo de Advogados pela Diversidade Sexual.

[132] Mestre em Toxicologia e Análises Toxicológicas pela USP/SP. Perita Judicial Farmacêutica. Graduada em Farmácia e Bioquímica pela UniSantos. Pesquisadora do Observatório dos Direitos do Migrante/UNISANTA.

ABSTRACT: *This article has as general objective the analysis of the initial and action of the amici curiae in the thesis of direct action of unconstitutionality by Omission 26 and the Order of Injunction and as a Specific Objective, analyze the positioning of the Supreme Court in the case in order to be recognized the omission and inertia of the Legislative Branch in relation to protection matters to LGBTI+ people, criminalizing LGBTPhobic acts, equating with the law of racism. As a methodology we used the case-by-case bibliographic, where we verified the construction of the theses of defense and challenge of both parties, including civil society organizations, as well as the Senate and Federal Congress, with the jurisprudential construction of the 1970s to the present day, as well as the construction of the winning thesis in international human rights law and its application in Brazil*

Key words *homofobia; transphobia; racismo, LGBTIphobia.*

INTRODUÇÃO

O Brasil, de acordo com os dados do Relatório Sobre Violência Homofóbica no Brasil no ano de 2012, elaborado pela Secretaria de Direitos Humanos da Presidência da República, revelam a gravidade e a amplitude dos atos discriminatórios praticados contra a população LGBT (BRASIL, 2012), com 3.084 denúncias, com percentual de aumento de 166,09% em relação ao ano anterior, sendo 9.982 violações, 4.851 vítimas relatadas, 4.784 suspeitos e média diária de violação ou vítima, com assustadores 27,34 casos diários.

Os crescentes casos de homofobia[133] e transfobia[134] vêm crescendo vertiginosamente, como relata o GGB – Grupo Gay da Bahia, bem como a Secretaria de Direitos Humanos do Governo Federal – SDH (GORISCH, 2012). No ano de 2012, 52% das vítimas de homicídios eram travestis ou transexuais (SDH, 2012). Os números se repetem aos mostrados pela Secretaria de Direitos Humanos do Governo Federal, já que no ano de 2011, foram de 278 mortos.

---

[133] A homofobia é observada como um comportamento crítico e hostil, assim como a discriminação e a violência com base na percepção de que a orientação não heterossexual é negativa.

[134] É a condição onde a expressão de gênero e/ou identidade de gênero de uma pessoa é diferente daquelas atribuídas ao gênero designado no nascimento.1 Mais recentemente o termo também tem sido utilizado para definir pessoas que estão constantemente em trânsito entre um gênero e outro. O prefixo trans significa "além de", "através de".

A urgência da proteção das pessoas LGBTI+[135] é urgente e necessária, com base nos relatórios da SDH e também tendo como base nos comunicados da Corte Interamericana de Direitos Humanos, condenando o Brasil pela homofobia e transfobia existentes no país (CIDH, 2012).

Desde 2011 o Conselho de Direitos Humanos da ONU reconhece que os Direitos LGBTI+ fazem parte do rol dos Direitos Humanos e a sua consequente proteção é urgente e necessária. Infelizmente, o protagonismo brasileiro na violência homo e transfóbica. Neste mesmo quadro brasileiro, temos subnotificações reconhecidas no próprio relatório, possivelmente pelo medo e preconceito.

Por outro lado, temos diversos projetos de lei em tramitação no Congresso Nacional sobre o tema, como o PLS 101/2014, o PL 5576/2013, a LN 1959/2011, PL 1846/2011, PL582/2011, PL 81/2007, PL 2665/2007, PL 7072/2006, PL122/2006, PL 6317/2005, PL 3143/2004, PLS 309/2004, PL 5/2003, PL 6186/2002, PL 6840/2002, PL 5003/2001, PLS 52/1997, dentre outros.

Todos eles, de alguma forma, têm como objeto a proteção das pessoas LGBTI+ contra o crime de discriminação ou preconceito em razão da orientação sexual ou identidade de gênero. O presente estudo visa relatar as teses e as decisões pertinentes a Ação Direta de Inconstitucionalidade por Omissão 26, proposta pelo antigo Partido Popular Socialista – PPS, atual Cidadania e o Mandado de Injunção 4733, proposto pela ABGLT – Associação Brasileira de Gays, Lésbicas e Transgêneros, que versa sobre o mesmo tema: a omissão e inércia parlamentar ao elaborar e aprovar leis protetivas ao grupo vulnerável LGBTI+, equiparando tais agressões ao crime de racismo, decidido pelo STF em 13 de junho de 2019, que tal lei deve ser aplicada para atos de homofobia e transfobia enquanto não houver edição de lei punitiva pelo Congresso Nacional.

OS PEDIDOS DA ADO 26

A Ação Direta de Incontitucionalidade por Omissão 26, proposta pelo então PPS – Partido Popular Socialista, hoje com nova nomenclatura, Cidadania, sustentou que o remédio constitucional é cabível pelo fato de que, de acordo com a jurista PIOVESAN (2003):

---

[135] Sigla usada pela ONU para as pessoas lésbicas, gays, bissexuais, transexuais, travestis, intersexo e outras identidades e expressões sexuais.

> "O não cumprimento do dever especial de legislar, que se manifesta constitucionalmente quando há uma ordem concreta de legislar"

teve como tese principal a obtenção do reconhecimento de todas as formas de homofobia e transfobia das ofensas (individuais e coletivos), das agressões, ameaças e discriminações motivadas pela orientação sexual e/ou identidade de gênero, real ou suposta, da vítima (VECCHIATTI, 2013) para criminalizar, com base no racismo (art.5º., XLII, CF) ou de forma subsidiária, às discriminações atentatórias a direitos e liberdades fundamentais (art.5º., XLI, CF) ou ainda de forma subsidiária, ao princípio da proporcionalidade de acordo com a teoria da proteção deficiente (art.5º, LIV, CF).

A tese tem como base o crime de racismo, já que se considera o racismo toda a ideologia que considera a inferioridade ou superioridade de determinado grupo em relação ao outro (STF, HC n.82.424/RS) – como ocorre com a discriminação pelos heterossexuais em relação aos homossexuais, bissexuais, transexuais e intersexo, ou seja, de acordo com a sua orientação sexual[136] ou identidade de gênero[137].

Aduz ainda que o art.5º., XLII, da Constituição Federal ao afirmar que:

> Art. 5º Todos são iguais perante a lei, sem distinção de qualquer natureza, garantindo-se aos brasileiros e aos estrangeiros residentes no País a inviolabilidade do direito à vida, à liberdade, à igualdade, à segurança e à propriedade, nos termos seguintes:
> XLII - a prática do racismo constitui crime inafiançável e imprescritível, sujeito à pena de reclusão, nos termos da lei;

Impõe o legislador o dever de elaborar uma legislação criminal que puna o racismo e que ao ignorar o racismo homofóbico e transfóbico, gera omissão inconstitucional parcial, enquadrando ambos no conceito de racismo social, bem como no conceito de discriminações atentatórias a direitos e liberdades

---

136 Capacidade de cada pessoa de experimentar uma profunda atração emocional, afetiva ou sexual por indivíduos de gênero diferente, do mesmo gênero ou de mais de um gênero, assim como de ter relações íntimas e sexuais com essas pessoas. Cf. http://www.dhnet.org.br/direitos/sos/gays/principios_de_yogyakarta.pdf Acesso em 30.10.2019.

137 Experiência interna, individual e profundamente sentida que cada pessoa tem em relação ao gênero, que pode, ou não, corresponder ao sexo atribuído no nascimento, incluindo-se aí o sentimento pessoal do corpo (que pode envolver, por livre escolha, modificação da aparência ou função corporal por meios médicos, cirúrgicos ou outros) e outras expressões de gênero, inclusive o modo de vestir-se, o modo de falar e maneirismos. Cf. http://www.dhnet.org.br/direitos/sos/gays/principios_de_yogyakarta.pdf Acesso em 30.10.2019.

fundamentais, de acordo com o art. 5º, XLI, CF, sob pena de hierarquização das opressões.

Afirma ainda em inicial, que os números de violência contra a população LGBTI+ são aviltantes e que a atual legislação penal não pune o agressor de forma adequada e por consequência, não coíbe a homofobia e a transfobia, pois a proteção resta-se insuficiente.

O brilhante Advogado e Professor Paulo Iotti Vecchiatti, cria ainda uma expressão baseada na famosa expressão de Hannah Arendt, a "banalização do mal homofóbico", quando se debate o direito à segurança e o dever de proteger.

O Estado brasileiro tem ciência desta banalização do mal homofóbico de forma oficial, há anos. Desde o PNDH 2 (Plano Nacional de Direitos Humanos n.2, há o reconhecimento quanto a necessidade de proteger e seu Congresso queda-se inerte:

> "Propor o aperfeiçoamento da legislação penal no que se refere à discriminação e à violência motivadas por orientação sexual".

O STF, ao reconhecer o direito fundamental à segurança pública e o dever estatal de promovê-la eficazmente (ADI, 3112/DF), nas palavras do eminente Ministro Gilmar Mendes, afirma que o direito fundamental à proteção estatal classifica-se como dever de proibição, dever de segurança e dever de evitar riscos, ou seja, o Estado tem que atuar com o objetivo de evitar riscos para o cidadão em geral.

O pedido de enquadramento na ordem constitucional de criminalizar o racismo, constante do art. 5º, XLII, da CF/88, deve-se ao fato de que inferiorizam pessoas LGBTI+ relativamente a pessoas heterossexuais cisgêneras (que se identificam com o sexo biológico e ao gênero social) ou de forma subsidiária, que a homofobia e a transfobia sejam reconhecidas como discriminações atentatórias a direitos e liberdades fundamentais, de acordo com o art. 5º, XLI, da CF/88, já que a não criminalização de tais condutas constitui, no atual contexto social brasileiro, uma proteção deficiente do Estado Brasileiro que faticamente restringe tais direitos fundamentais da população LGBTI+, ao caracterizar inconstitucionalidade por afronta ao princípio da proporcionalidade na acepção de proibição de proteção deficiente.

A inicial ainda requer que seja declarada a mora inconstitucional do Congresso Nacional a fim de operar a criminalização específica da homofobia e da transfobia, especialmente (mas não exclusivamente) as ofensas (individuais e coletivas), os homicídios, as agressões, ameaças e discriminações motivadas pela orientação sexual e/ou identidade de gênero, real ou suposta, da vítima; - seja fixado prazo razoável para o Congresso Nacional aprovar legislação criminalizadora de todas as formas de homofobia e transfobia, especialmente (mas não exclusivamente) as ofensas (individuais e coletivas), os homicídios, as agressões, ameaças e discriminações motivadas pela orientação sexual e/ou identidade de gênero, real ou suposta, da vítima".

Prevendo a defesa de entidades conservadoras, o pedido da ADO 26 ainda explica a tese do Direito Penal Mínimo, ou seja, o direito penal só deve ser utilizado falharam os outros ramos do Direito e ainda com relação a tese da liberdade de expressão, que não pode ser plena como no direito estadunidense, mas mitigada, já que a liberdade de expressão não garante o direito a discursos de ódio e à disseminação do preconceito e da discriminação contra determinado grupo social, não se sobrepondo ao princípio da dignidade da pessoa humana (art.1º., III, CF).

Discorre ainda, sobre o direito fundamental à livre orientação sexual e à livre identidade de gênero, de acordo com o art.3º, IV, CF, já que a ausência de segurança e a ausência de lei que puna a homotransfobia, estaria inviabilizando o exercício dos direitos e liberdades constitucionais da população LGBTI+.

Os pedidos da ADO 26, resumem-se ao reconhecimento de que a homofobia e a transfobia se enquadram no conceito ontológico-constitucional de racismo, que seja declarada mora inconstitucional do Congresso Nacional na criminalização específica da homofobia e da transfobia, especialmente (mas não exclusivamente) das ofensas (individuais e coletivas), dos homicídios, das agressões, ameaças e discriminações motivadas pela orientação sexual e/ou identidade de gênero, real ou suposta, da vítima, determinando-se que se aprove uma legislação penal que puna tais atos e que para tanto, seja fixado um prazo razoável para o Congresso Nacional aprovar legislação criminalizadora de transfobia e homofobia, com atividade atípica da Corte, incluindo a tipificação na lei de racismo.

O pedido carrega ainda, a ânsia de requerer ao STF, que inste o Congresso Nacional, em um prazo razoável, a elaborar uma lei que pune e criminaliza a homofobia e a transfobia, no prazo de um ano, já que o Congresso Nacional discute tal temática desde 2001 e queda-se inerte e por fim, que o Estado Brasileiro indenize as pessoas de todas as pessoas que foram vítimas de homofobia e transfobia, tendo como prequestionamento o art.5º., XLII, XLI, CF e o princípio da proporcionalidade, na acepção da proteção deficiente.

O NOVO CONCEITO DE RACISMO: STF, HC 82424/RS, o caso Ellwanger

Muitos juristas e jornalistas ficaram surpresos com a tese da ADO 26, ao querer comparar a homofobia e a transfobia ao crime de racismo. Ocorre que sendo a raça humana única, o crime de racismo, levando-se por base somente o critério biológico, seria considerado crime impossível, de acordo com o Ministro Nelson Jobim, no voto do *habeas corpus* 82424/RS, perante o STF:

> Embora hoje não se reconheça mais, sob o prisma científico, qualquer subdivisão da raça humana, o racismo persiste enquanto fenômeno social, o que quer dizer que a existência das diversas raças decorre de mera concepção histórica, política e social e é ela que deve ser considerada na aplicação do direito. É essa circunstância de natureza estrita e eminentemente social, negativa ou positiva, conforme o objetivo que se lhe queira dar.

Ou seja, o racismo na atualidade apresenta-se com um conceito de raça social, como uma construção histórico-social, voltada para justificar a desigualdade (LAFER, HC 82424/RS) e de acordo com o doutrinador NUCCI (2010), raça é

> um grupo de pessoas que comunga das ideias ou comportamentos comuns, ajuntando-se para defendê-los, sem que, necessariamente, constituam um grupo homogêneo ou um conjunto de pessoas fisicamente parecidas. Aliás, assim pensando, homossexuais discriminados podem ser, para os fins de aplicação desta Lei, considerados um grupo racial.

Sendo a sociedade heteronormativa, o racismo social é aplicado quando se discrimina e diferencia direitos às pessoas com orientação sexual e/ou identidade de gênero diversa da heteronormativa.

DOS *AMICI CURIAE* E TESES

Houve uma grande participação de entidades prol e contra a tese de criminalização da homotransfobia pelo viés do racismo. O GADVS (Grupo de Advogados pela Diversidade Sexual, a ABGLT (Associação Brasileira de Gays, Lésbicas, Bissexuais, Travestis e Transexuais), Defensoria Pública do Distrito Federal, Grupo Dignidade – pela cidadania de gays, lésbicas e transgêneros, ANTRA (Associaçao Nacional de Travestis e Transexuaiss), o CFP (Conselho Federal de Psicologia), o GGB (Grupo Gay da Bahia), peticionaram à favor das teses apresentadas em inicial e a Associação Eduardo Banks, ANAJURE (Associação Nacional de Juristas Evangélicos), COBIM (Convenção Brasileira das

Igrejas Evangélicas Irmãos Menonitas, Frente Parlamentar da Família e Apoio á Vida, peticionaram contra as teses apresentadas.

O GADVS e a ABGLT apresentaram como escopo inicial a proteção da orientação sexual como um dos objetivos fundamentais da República Federativa do Brasil, quando da Assembleia Nacional Constituinte de 1987-1988, retirando a expressão "orientação sexual" e preferindo os nossos legisladores por uma expressão mais aberta: "quaisquer outras formas de discriminação", de acordo com o art.3º. IV, CF. Apresentaram, ainda, números de pesquisa da Fundação Perseu Abramo de 2008, sobre a proporção de preconceituosos com relação à pessoa LGBTI+ na sociedade, bem como apresentaram números oficiais da Secretaria de Direitos Humanos – SDH com relação ao Disque 100, que monitora a violência LGBTI+ no país e sendo o Congresso omisso a tal matéria, já que a violência contra as pessoas LGBTI+ é conhecida, foi-lhe dada oportunidade para se manifestar, com procrastinação absoluta das duas Casas, sem resposta há décadas. Na contextualização, citaram-se exemplos de outros países que punem especificamente em suas leis, a homotransfobia, como na França (2013), nos EUA (2013), bem como avanços em direitos civis das pessoas LGBTI+ nas uniões homofativas[138], casamento homoafetivo[139] e adoção[140]. Importante ainda destacar os Pactos e Tratados de Direitos Humanos que o Brasil é signatário e que o vinculam na temática da ADO 26: DUDH (Declaração Universal dos Direitos Humanos), em especial o art.2º., 1, a Convenção Internacional sobre a Eliminação de todas as formas de Discriminação Racial (1965), o Pacto Internacional sobre Direitos Civis e Políticos (1966), em especial o art.26, a Declaração sobre a Eliminação de Todas as Formas de Intolerância e Discriminação fundadas na Religião ou nas Convicções (1981), o Pacto de San Jose da Costa Rica, em especial os arts.3º., 4º., 5º., 11, 13, 18 e 24, assim como a Resolução 2435 (2008), Resolução 2653 (2001), Resolução 2721 (2012) e Resolução 2807 (2013) da OEA (Organização dos Estados Americanos), assim como a Declaração da ONU A/63/635 e a Declaração do Conselho de Direitos Humanos da ONU A/HRC/19/41. Importante ainda destacar nesta peça de *amicus curiae*, as duas notas para a imprensa em que a Comissão In-

[138] Dinamarca (1989), Noruega (1993), Suécia e Israel (1994), Islândia e Hungria (1996), Holanda (1998), França (1999), Finlândia, Inglaterra e Portugal (2001), Alemanha (2002), Luxemburgo, Itália e Austrália (2004), Nova Zelândia (2005), República Tcheca (2006), Suíça e Colômbia (2007), Uruguai (2008) e Equador (2009)

[139] Holanda (2001), Canadá e Espanha (2004), África do Sul (2006), Noruega e Suécia (2009), Portugal, Islândia e Argentina (2010) e Uruguai (2013).

[140] Dinamarca (1999), Holanda (2001), África do Sul e Suécia (2002), Espanha (2005), Bélgica (2006) e Noruega (2009).

teramericana de Direitos Humanos condena a apatia do Estado Brasileiro nos assassinatos de pessoas LGBTI+[141]

Já a peça de *amicus curiae* da ANAJURIS entende que a dissuasão do crime de homotransfobia não ocorre eficazmente através de simples tipificação penal, mas sim através de políticas públicas de conscientização e prevenção na sociedade civil. Aduz ainda o Direito Penal Mínimo e o Princípio da Liberdade de Expressão, bem como da ausência de números oficiais, somente os números do GGB (Grupo Gay da Bahia) e que nas estatísticas o autor do crime também é gay, tratando-se tão somente de crime passional. Aduz ainda a inexistência de mandado constitucional de criminalização da homofobia e transfobia na Constituição Federal, bem como a ofensa aos princípios da legalidade e da reserva legal (art.62, par.3º., CF) e que no Mandado de Injunção 4733/DF, há pedido idêntico, com manifestações contrárias do Senado Federal, Câmara dos Deputados, Advocacia Geral da União e Procuradoria Geral da República, bem como a inexistência de conceituação e abrangência da eventual tipificação. Por fim, apresenta como óbice a livre manifestação do pensamento, a liberdade de consciência e crença.

A especial participação da ANTRA, apresentou números da violência homofóbica e transfóbica no país, com 2.964 violações de direitos LGBTI no ano de 2015, com apresentação do último Relatório de Violência Homofóbica no Brasil (BRASIL, 2016), com 1.695 denúncias de 3.398 violações relacionadas à população LGBTI+, envolvendo 1906 vítimas e 2461 suspeitos, sofrendo ainda com violência sexual, sendo que em 2013, foram notificadas 74 denúncias de violência sexual contra a população LGBTI+ no Brasil e o mesmo relatório afirma que a imprensa relatou 317 violações contra as pessoas LGBTI+.

A Associação Eduardo Banks foi bastante contundente quando afirmou em sua peça que o autor, o Cidadania, antigo PPS, pratica ato de vingança e perseguição judicial, já que no seu pedido inicial inclui a responsabilização do Estado brasileiro, inclusive parlamentares, pela inércia inconstitucional. Afirma categoricamente, que a homossexualidade (ou "uranismo", como afirma), como uma doença, que faz mal à pessoa humana e à sociedade e que o PPS (ora Cidadania), quer poder político, tão somente. Aduz que a ONU deixou de incluir os direitos LGBTI+ no Estatuto de Roma, quando enumera os crimes contra a humanidade, no art.1º, em respeito às execuções que ocorrem diuturnamente contra homossexuais no Irã, na Arábia Saudita e nos Emirados Árabes Unidos. Tendo como base o art.226, CF, em que há especial proteção da família, a ADO caberia um eventual restabelecimento do crime de adultério,

---

141 Comunicado de imprensa 79/12 e 89/12.

muito mais do que criminalizar a homofobia. Aduziu ainda que o simples fato de xingar alguém de "bicha" ou "viado", acarretaria nas sanções do art.20 da lei de racismo, igualando que xingaria um negro de "macaco" ou mesmo "tição". Afirma que o brasileiro médio tem o impulso de repreender os homossexuais e transexuais que se beijam e/ou namoram em público e que se apresentem "travestidos" (sic) com roupas do sexo oposto ou que simplesmente assumem para a sociedade a sua condição, sendo restrita a prática do "homossexualismo" (sic) no art.218, art.233, do Código Penal e art.235 do Código Penal Militar, que ainda considera como crime a "pederastia". Afirma também que o casamento entre homossexuais não é permitido (art.226, par.3º., CF) e que ainda é possível anular o casamento invocando erro quanto à honra e boa fama do cônjuge (art.1557, I, CC), assim como na adoção de crianças (art.1622, CC) e no exercício do poder familiar (art. 1638, III, CC). Aduz também que a maioria dos brasileiros é cristã e que os valores religiosos fazem parte da consciência nacional e que a garantia constitucional de imunidade parlamentar exclui a responsabilidade civil dos parlamentares como o Senador Magno Malta e o então deputado, hoje presidente da República, Jair Bolsonaro. Por fim, defende que o art. 20 da lei 7716/89 da lei do racismo é inconstitucional pois a prática do racismo, não é incitação ou indução ao crime, afrontando, desta forma ainda, o princípio da proporcionalidade e que o comportamento homossexual, de acordo com julgado do ano de 1977[142] é um perversão instintiva e quem o apresenta é portador de personalidade psicopática.

A COBIM em sua peça apresenta a impossibilidade jurídica do pedido, eis que não se pode substituir um legislador na produção das normas, mesmo que a inércia deste esteja inviabilizando a própria eficácia da Constituição. No mérito, alegou o perigo de imposição da vontade da minoria à maioria, não se podendo ignorar os valores sociais, como questões que envolvem a liberdade religiosa e a liberdade de pensamento, que não podem ser retirados.

A Defensoria Pública do Distrito Federal apresentou dados estatísticos no número de mortes motivadas por homotransfobias, sendo que em 2017, de acordo com o GGB, foram registradas 445 mortes, um acréscimo de 30% comparado ao no de 2016. Aduz o art.1º. III, CF, como princípio norteador da Constituição Federal, com o supraprincípio da dignidade da pessoa humana, bem como o art.5º., na inviolabilidade do direito à vida, à igualdade, à liberdade e segurança, a Declaração Universal dos Direitos Humanos, DUDH, que que afirma no seu art.7º., os princípios da igualdade e não discriminação, apresenta os Princípios

[142] Duplo Grau Obrigatório de Jurisdição 009.0091 Reg. Em 14.06.1977, 6ª. Câm. Civ. Vu., Rel. Des. LOPES DE SOUSA J., TJERJ.

de Yogyakarta como normas jurídicas internacionais vinculantes, a Declaração de Durban, em que o Brasil foi propositor (GORISCH, 2013).

O Grupo Dignidade apresentou dados que corroboram com o pedido inicial, ou seja, de que há discriminação homotransfóbica no Brasil com incidência grande (cerca de 60% dos estudantes se sentem inseguros na escola por conta da orientação sexual e 42,8% se sentiam inseguros em expressar o seu gênero no mesmo local.

A Frente Parlamentar "Mista" da Família e Apoio à Vida aduziu que as liberdades de pensamento, notadamente as de consciência, crença e expressão tem que ser efetivamente livres, sem ameaças de sanções cíveis ou criminais. Que o uso indevido do direito penal está sendo utilizado na ADO 26, eis que não se decide controvérsias ideológicas pela via da criminalização e que há violação aos princípios da legalidade ou reserva legal em matéria penal, bem como o da inviolabilidade parlamentar, e que a liberdade de expressão não pode ser capturada pela minoria, mas sim pela maioria.

O GGB afirmou que a ADO alcança impacto social e político, já que existe mandado constitucional de criminalização que obriga o legislador a tipificar criminalmente a homofobia e a transfobia, pela questão do racismo e que atentam contra os direitos e liberdades fundamentais e que a orientação sexual e identidade de gênero vem sendo reconhecidas como direitos de liberdade sexual (RIOS, 2007), na modalidade direta e indireta. Aduz ainda que erroneamente, políticos preconceituosos dizem em suas falas que há relação da homossexualidade e doença, assim como homossexualidade e zoofilia e pedofilia, atribuindo a tais falas a técnica do pânico moral. Indica ainda a DADH – Declaração Americana dos Direitos do Homem, o Pacto Internacional dos Direitos Civis e Políticos, a Declaração e Projeto de ação de Viena (1993) e os Princípios de Yogyakarta, a fim de embasar os pedidos da inicial.

A Câmara dos Deputados, em somente dois parágrafos, respondeu ao STF no pedido de informações, afirmou que reitera por ela decidido ao aprovar o PL 5003/2001 em prol da criminalização da discriminação por orientação sexual e identidade de gênero, imputando a mora constitucional ao Senado Federal, já que este não aprovou o PL 5003/2001.

Já o Senado Federal refutou a mora constitucional, já que o tema está sendo debatido no Congresso desde 2006 e que o não-decidir já é uma decisão, que seria questionável a existência de ordens constitucionais para se legislar criminalmente e que não houve má-fé institucional do Senado ao apensamento do PLC 122/06 ao novo projeto do Código Penal, com o arquivamento definitivo do projeto de lei.

DOS VOTOS DOS MINISTROS DO STF.

O Relator do processo, o Ministro Celso de Mello decidiu pela procedência da ação, afirmando que condutas contrárias à liberdade de orientação sexual possuem nítido caráter discriminatório e violador da dignidade do ser humano, sendo que a homofobia decorre da mesma intolerância que suscitou outros tipos de discriminação, como aqueles em razão de cor, procedência nacional, religião, etnia, classe e gênero. Assim, a prática do racismo destacada no art. 5º., XLII, CF, abrange atos homofóbicos e transfóbicos. Afirma ainda, que o conceito biológico da raça é obsoleto e a sua interpretação deve ser consoante o princípio da dignidade da pessoa humana e do Estado Democrático de Direito, com o conceito de raça fluido. Aduz ainda que há equivalência constitucional, ancoradas no princípio da igualdade, sob pena de hierarquização das opressões. Imputa ainda alguns documentos internacionais como a Resolução 17/19 da ONU sobre Direitos Humanos, Orientação Sexual e Identidade de Gênero de 2011, a Resolução AG/RES-2435 da OEA, a Recomendação CM/Rec (2010) do Comitê de Ministros aos Estados-Membros da União Europeia sobre medidas para o combate à discriminação devido à orientação sexual ou da identidade de gênero, a Resolução do Parlamento Europeu sobre homofobia na Europa (2006), os Princípios de Yogyakarta (2006), bem como países que já possuem leis de incriminação da homofobia e transfobia e que consideram como fator o agravamento de delitos[143] e no plano interno o compromisso do Estado Brasileiro no PNDH (Plano Nacional de Direitos Humanos) e que o princípio da reserva da lei precisa ser interpretado à luz da supremacia da Constituição Federal, sendo relevante ao STF a intervenção para acelerar o processo de produção normativa a fim de punir qualquer discriminação atentatória dos direitos e liberdades fundamentais e que no caso em tela, configurada está a mora inconstitucional, não podendo impor, porém prazo para a feitura da norma em tela. Admitiu a possibilidade de acolhimento do pedido de aplicação da Lei do Racismo no contexto pedido.

O voto do Ministro Alexandre de Moraes foi no sentido de constatar a omissão constitucional do Poder Legislativo quando da incidência do art.5º, XLI, CF, em razão das condutas discriminatórias e a necessidade de uma edição de norma penal incriminadora específica, pois atinge os direitos e as liberdades fundamentais. Houve ainda a atualização de alguns números oficiais que justificam a importância da temática, já que até outubro de 2018, foram contabilizados 347 homicídios de LGBTI+ no país, sendo o Brasil o primeiro lugar no ranking

[143] Andorra, Belgica, Canadá, Croacia, Dinamarca, Espanha, Estados Unidos, França, Grécia, Holanda, Lituânia, Luxemburgo, Portugal, Reino Unido, Romênia e Suécia.

de transgêneros mortos entre 2016 e 2017 e que constituem terrível histórico para ao país, caracterizando a necessidade de efetivação da proteção constitucional da não discriminação. Cita ainda o documento e a ação da ONU "Livres e Iguais", decidindo pela omissão legislativa que até hoje não garantiu a igualdade na posse e proteção de direitos e liberdades fundamentais da comunidade LGBTI+, ressaltando que o respeito à fé alheia é primordial para a garantia da segurança da própria fé do outro, em respeito à diversidade, votando por fim pela interpretação conforme os arts. 1º, III, 3º, I e IV, 5º XLI , XLII e par. 1º CF à Lei 7716/89 para aplicação dos tipos penais às condutas homofóbicas e transfóbicas até que seja editada lei penal específica no Congresso Nacional

Importante ressaltar que durante os meses em que tramitou o julgamento, após o voto do Relator, foi pedido vista e foi também enviado ao Relator um pedido do Senado Federal em que relatava a aprovação do substitutivo ao PL 672/2019 para incluir os crimes de discriminação ou preconceito de orientação sexual e/ou identidade de gênero, considerando o Relator que a mera existência de proposições legislativas em tramitação no Congresso não tem o condão de afastar a inércia legislativa.

O voto do Ministro Gilmar Mendes considerou que a orientação sexual e a identidade de gênero constituem elementos essenciais da personalidade humana, na medida da autodeterminação do indivíduo em busca da felicidade, devendo ainda ser consideradas como manifestações do exercício de uma liberdade fundamental, de livre desenvolvimento da personalidade do indivíduo, do livre preconceito ou de qualquer outra forma de discriminação. Interessante ressaltar que o Ministro afirma que somente no ano de 2019, em datas posteriores ao início do julgamento, várias proposições legislativas so bre o tema foram desarquivadas nas duas Casas e que demonstra mais do que nunca que o caso em tela parece contribuir positivamente para a construção de uma teoria de diálogos institucionais entre os Poderes. Enfatizou também a importância das entidades representantes da sociedade civil, sobretudo os *amici curiae*, expandindo a compreensão do Tribunal sobre o caso da extrema vulnerabilidade os grupos LGBT no Brasil em atos odiosos rotineiramente praticados sem que haja uma resposta efetiva do Estado, citando ainda o Relatório da SDH ao afirmar que a LGBTIfobia no Brasil é estrutural, operando para desqualificar as expressões de sexualidade divergente do padrão heterossexual, acolhendo integralmente os pedidos

O Ministro Ricardo Lewandowski abriu divergência ao afirmar que somente o Poder Legislativo pode criminalizar a conduta, caso contrário, atentaria ao princípio da reserva legal, reconhecendo somente a mora constitucional.

Já o Ministro Fachin, relator da MI 4733, julgada em conjunto com a ADO 26, julgou no sentido de aplicar a lei do racismo à homofobia e à transfobia até lei específica, reconhecendo a mora legislativa e ainda considerando mais grave quando se tem dados tão aviltantes como o da violência contra as pessoas LGBTI+.

CONCLUSÃO

O presente artigo visou relatar a Ação Direta de Inconstitucionalidade por Omissão 26 e Mandado de Injunção 4733, que visaram à aplicação da lei de racismo nos casos de homofobia e transfobia no Brasil, decidindo o STF que até que venha nova lei do Congresso Nacional, as condutas homofóbicas e transfóbicas reais ou supostas, que envolvem a aversão odiosa à orientação sexual ou à identidade de gênero de alguém, por traduzirem expressões de racismo, na concepção social do racismo e não só biológico, mas sim alcançando a negação da dignidade e da humanidade dos vulneráveis, não alcançando e nem restringindo o exercício da liberdade religiosa.

É de suma importância que o Congresso Nacional não se cale mais e aprove os projetos que estão engavetados há décadas e que poderiam ter protegido milhares de pessoas LGBTI+ que foram vítimas de homofobia ou transfobia. O silêncio do Legislativo é ensurdecedor e foi bater às portas do Guardião da Constituição Federal que não legislou, mas interpretou, com base nos princípios constitucionais, a necessidade de proteção a essa parcela da população.

Que direitos constitucionais e humanos básicos sejam garantidos, como o da felicidade, liberdade e expressão sexual, segurança e principalmente, o da dignidade da pessoa humana sejam efetivamente garantidos às pessoas LGBTI+.

REFERÊNCIAS E BIBLIOGRAFIA.

ALLEN, Robert A. ***The Classical Origins of Modern Homophobia***. Carolina do Norte: MacFarland: 2006.

AMARAL, Sylvia Maria Mendonça. **Histórias de Amor num País Sem Leis.** São Paulo: Ed. Scortecci Editora, 2010.

ARAUJO, Luiz Alberto David. **A Proteção Constitucional do Transexual**. São Paulo: Saraiva, 2000.

ARENDT, Hannah. **Origens do Totalitarismo**. São Paulo: Schwartz, 2012.

BALL, Carlos A. ***From the Closet to the Courtroom: five LGBT rights lawsuits that have changed our nation***. Boston: Beacon Press, 2009.

BERSNTEIN, Mary et al. ***Queer Mobilizations: LGBT Activists confront the law***. Nova Iorque: New York University Press, 2009.

BEVILAQUA, Clóvis. **Princípios Elementares de Direito Internacional Privado.** Campinas: RED livros, 2002.

BLUMENFELD, Warren J. ***Homophobia: how we all pay the price***. Boston: Beacon Press, 1992.

BOBBIO, Norberto. **A Era dos Direitos**. Rio de Janeiro: Campus, 1990.

CHAVES, Marianna. **Algumas notas sobre as uniões homoafetivas no ordenamento brasileiro após o julgamento da ADPF 132 e da ADI 4277 pelo STF**. Disponível em [http://www.ibdfam.org.br/?artigos&artigo=728]. Acesso em 24.01.2012.

________________, **Homoafetividade e Direito**. Curitiba: Editora, 2011.

COSTA, Horácio et al. **Retratos do Brasil Homossexual**. São Paulo: Edusp, 2008.

CUNHA Jr., Dirley e PAMPLONA FILHO, Rodolfo. **Temas de Teoria da Constituição e Direitos Fundamentais.** Salvador: PodiVm, 2007.

CRUZ, Álvaro Ricardo de Souza. **O Direito à Diferença: as ações afirmativas como mecanismo de inclusão social de mulheres, negros, homossexuais e pessoas portadoras de deficiência.** São Paulo: Arraes, 2009.

DIAS, Maria Berenice. **União Homoafetiva**: o preconceito e a justiça. São Paulo: Revista dos Tribunais, 2011.

________________, **Diversidade Sexual e Direito Homoafetivo**. São Paulo: Revista dos Tribunais, 2011.

DINH, Nguyen Quoc, DAILLIER, Patrick e PELLET, Alain. **Direito Internacional Público.** Lisboa: Fundação Calouste Gulbenkian, 1999.

FACCHINI, Regina. **Sopa de Letrinhas?** Rio de Janeiro: Garamond, 2005.

FLECK, Dieter. ***The Handbook of International Humanitarian Law.*** Oxford: Oxford University Press, 2009.

FLEURY, Alessandra Ramos Demito e TORRES, Ana Raquel Rosas. **Homossexualidade e Preconceito**: o que pensam os futuros gestores de pessoas. Curitiba: Juruá, 2010.

FONTANELLA, Patrícia. **União Homossexual no Direito Brasileiro**: enfoque a partir do garantismo jurídico. Florianópolis: OAB/SC Editora, 2006.

GUERRA FILHO, Willis Santiago. **Processo Constitucional e Direitos Fundamentais.** São Paulo: SRS, 2009.

HUNT, Jamie. ***Homophobia: From Social Stigma to Hate Crimes.*** *The Gallup's Guide to Modern Gay, Lesbian and Transgender Lifestyle.* Broomall, Pensilvânia: Mason Crest Publishers, 2011.

KNOP, Karen. ***Gender and Human Rights, Oxford University Press, 2006 apud KNOP, Karen. Here and There: International Law in Domestic Courts.*** Nova Iorque: New York University Jounal of International Law and Politics, 2000

MOSCHETTA, Silvia Ozelame Rigo. **Homoparentalidade.** Curitiba: Juruá, 2011.

MOTT, Luiz. **Direitos Humanos, Homofobia e Cidadania Homossexual no Brasil / em Direitos Humanos: Fundamento, Proteção e Implementação. Perspectivas e Desafios Contemporâneos,** *Volume II.* Flavia Piovesan (coord.) Curitiba: Juruá, 2011.

MURRAY, David A. ***Homophobias: lust and loathing across time and space.*** Duke: Duke University, 2009.

NAHAS, Luciana Faísca. **União Homossexual**: proteção constitucional. Curitiba: Juruá Editora, 2008.

PIOVESAN, Flavia. **Direitos Humanos e Justiça Internacional**. São Paulo: Saraiva, 2013.

_________________, **Direitos Humanos e o Direito Constitucional Internacional**. São Paulo: Saraiva, 2013.

RIBEIRO, Maria de Fatima. **Direito Internacional dos Direitos Humanos**. Curitiba: Juruá, 2006.

RIOS, Roger Raupp. **A Homossexualidade no Direito**. São Paulo:Livraria do Advogado, 2001, p.53.

_________________, **Em Defesa dos Direitos Sexuais**. Livraria do Advogado, 2007, p. 116.

ROUGHGARDEN, Joan. ***Evolution's Rainbow.*** Berkley: University of California Press, 2009.

SHAW, Malcolm M. **Direito Internacional**. São Paulo: Martins Fontes, 2012.

STEWART, Chuck. ***The Greenwood Encyclopedia of LGBT Studies Worldwide.*** Santa Barbara, California: ABC Clio, 2011.

TIN, Louis-Georges. ***The Dictionary of Homophobia: a global history of gay and lesbian experience.*** Vancouver: Arsenal Pulp Press, 2008.

TRINDADE, Antonio Augusto Cançado. **A Humanização do Direito Internacional.** Belo Horizonte: Del Rey, 2006.

________________, **A Proteção Internacional dos Direitos Humanos.** São Paulo: Saraiva, 1991.

UNITED NATIONS. ACNUR. ***Born Free and Equal: sexual orientation and gender identity in international human rights law.***2012.

VECCHIATTI, Paulo Robcrto Iotti. **Manual de Homoafetividade.** São Paulo: Método, 2015.

VENTURI, Gustavo e BOKANY, Vilma. **Diversidade Sexual e Homofobia no Brasil.** São Paulo: Instituto Rosa Luxemburg Stifung e Fundação Perseu Abramo, 2011.

YOGYAKARTA. ***An Actvist's Guide to the Yogyakarta Principles***, 2011.

A/HRC/17/L.9 General Assembly of UN, Human Rights Council. 17th session, Follow-up and implementation of the Vienna Declaration. http://pt.scribd.com/doc/58106434/UN-Resolution-on-Sexual-Orientation-and-Gender-Identity Acesso em 14/10/2019.

http://www.oas.org/es/cidh/multimedia/2015/violencia-lgbti/violencia-lgbti.html (acesso em 14/10/2019

EXTRADIÇÃO E A NOVA LEI DE MIGRAÇÃO: INTERPRETAÇÃO À LUZ DOS DIREITOS HUMANOS

EXTRADITION AND THE NEW MIGRATION ACT: INTERPRETATION IN LIGHT OF HUMAN RIGHTS

Roberto Caparroz[144]

RESUMO: O presente trabalho tem por objetivo analisar duas decisões do Supremo Tribunal Federal, que negaram pedidos de extradição formulados pelo governo da China, sob acusação de prática de ilícitos financeiros. Os fundamentos para a decisão foram a possibilidade real de imposição de pena de morte ou prisão perpétua no país requerente e a ausência de garantias quanto à comutação de tais penas.

Palavras-chave: Extradição. Cooperação internacional. Supremo Tribunal Federal. Prevalência dos direitos humanos. Desproporcionalidade entre sanções.

ABSTRACT: *The present work aims to analyze two decisions of the Supreme Court, which denied extradition requests made by the Government of China, on charges of the practice of financial illicit. The grounds for the decision were the real possibility of imposing a death penalty or life imprisonment in the requesting country and the absence of guarantees regarding the commutation of such sentences.*

Key words: *Extradition. International cooperation. Supreme Court. Prevalence of human rights. Lack of proportion between sanctions.*

---

[144] Pós-doutorando em Direito (Univ. Salamanca/ESP), Doutor em Direito Tributário (PUC/SP) e Mestre em Filosofia do Direito. Pós-graduado em Marketing (ESPM). Bacharel em Processamento de Dados e Direito pela Universidade Mackenzie. Auditor-Fiscal da Receita Federal do Brasil. Autor de diversos livros publicados pela Editora Saraiva. Coordenador do curso de Pós-graduação em Direito Tributário da UNIDERP/LFG e Professor de Pós-graduação do FGVLAW/SP e do Mestrado Profissional da FGV Direito SP.

INTRODUÇÃO

OS FUNDAMENTOS DA EXTRADIÇÃO

A extradição se insere na temática do tratamento jurídico dispensado aos estrangeiros em determinado território, distinto daquele com o qual possui vínculo de nacionalidade.

Trata-se de instituto que remonta às antigas civilizações, mas que ganhou contornos jurídicos modernos a partir do século XIX, na Europa, quando o próprio termo "extradição" se consolidou.

Atualmente, a extradição permite a entrega de um indivíduo que deve responder perante a jurisdição de outro Estado, durante a instrução de um processo penal em andamento (extradição instrutória) ou, ainda, na hipótese de já ter havido condenação criminal definitiva (extradição executória).

Embora seja uma medida de **cooperação internacional**, que tem por objetivo garantir a própria efetivação da justiça, com a punição aos criminosos, os casos concretos revelam, sobretudo, a necessidade de cotejo entre dois sistemas jurídicos: o do direito interno do país requerido (no qual se encontra o extraditando) e o direito penal do país requerente, que pretende ver satisfeita a pena imposta ao infrator.

O resultado do pedido de extradição, que decorre de uma **relação executiva** entre Estados soberanos, baseada na solidariedade e assistência mútuas, está a cargo, no Brasil, do Supremo Tribunal Federal (CR, artigo 102, inciso I, "g").

A competência originária do STF para apreciar os casos de extradição evidencia a importância da decisão prolatada, à luz do direito interno e das normas internacionais.

Diante desse cenário, analisar-se-ão neste trabalho duas decisões proferidas pelo Supremo Tribunal Federal (EXT 1426 e 1428), nas quais negou-se a extradição de dois cidadãos chineses acusados de crimes financeiros, apesar do requerimento formulado pelo país de origem e da existência de tratado entre Brasil e China.[145]

---

[145] O Tratado de Extradição entre a República Federativa do Brasil e a República Popular da China foi assinado em Brasília, em 12 de novembro de 2004 e ratificado pelo Decreto Legislativo n. 268, de 16 de julho de 2014. O texto foi promulgado pelo Decreto n. 8.431, de 09 de abril de 2015.

A POSIÇÃO DO STF NO JULGAMENTO DOS PEDIDOS DE EXTRADIÇÃO N. 1.426 E 1.428

Em maio de 2019, a Segunda Turma do Supremo Tribunal Federal, por unanimidade de votos, **negou** os pedidos de extradição formulados pela República Popular da China, relativos ao casal Mi Xu e Ming Yao (EXT 1426 e 1428), acusados de crimes de natureza financeira em seu país.

Para o governo requerente, o casal seria culpado pela captação ilícita de depósitos junto ao público entre os anos de 2008 e 2011.

No STF, o Relator do processo, Ministro Gilmar Mendes, adotou como premissa para o seu voto a possibilidade concreta de fixação, pelo Estado requerente, de pena perpétua ou mesmo pena de morte, hipóteses vedadas pela constituição brasileira.

O objetivo, portanto, será a análise dos fundamentos do voto à luz de uma interpretação baseada nos direitos humanos, nos tratados internacionais que regem o tema da extradição e as garantias dos estrangeiros, além das regras veiculadas pela nova **Lei de Migração**, aprovada no Brasil em maio de 2017.

A PROPOSTA DE LEI DE EXTRADIÇÃO EM HONG KONG

A questão se torna particularmente interessante em razão do poderio econômico que a China tem apresentado nas últimas décadas, com um crescimento sem precedentes no comércio internacional e a consequente acumulação de riquezas num país que até algumas décadas atrás era marcado pelo comunismo e pela miséria quase que endêmica de toda a sua população.

É razoável imaginar que um ambiente economicamente efervescente seja propício para a prática de ilícitos financeiros, mas é também importante ponderar sobre o sistema de governo chinês, em que o partido comunista atua com extremo rigor no controle de quase todas as manifestações sociais.

Enquanto escrevíamos este texto, muito se discutiu sobre a proposta de alteração na lei de extradição de Hong Kong, projeto que permitiria, caso aprovado, autorizar extradições para territórios com os quais não há tratado, como é o caso da China continental.

Hong Kong foi, durante muito tempo, uma colônia britânica[146] que retornou à soberania chinesa em 1997, com o estabelecimento de um modelo denominado "um país, dois sistemas".

---

146 A partir de 1842, com a assinatura do Tratado de Nanquim, o primeiro dos "tratados desiguais" assinado entre as potências industrializadas europeias e os países asiáticos.

Isso confere aos cidadãos de Hong Kong certa autonomia e um conjunto de liberdades individuais, ao menos até o ano de 2047, que não existem na China continental. A ideia original do modelo foi aproveitar o sucesso econômico de Hong Kong, sob a influência britânica, como exemplo a ser analisado e eventualmente seguido pelo país.

Contudo, desde os protestos democráticos de 2014 há em Hong Kong uma enorme preocupação com a manutenção dessas liberdades, o que só se agravou com a proposta de alteração na legislação de extradição, que seria uma medida pró-China e abriria a possibilidade de extradição de dissidentes ou opositores políticos (e até de estrangeiros, que ingressassem no país ou estivessem em trânsito internacional pelo aeroporto), que seriam julgados de acordo com as rigorosas leis chinesas.

Depois de muita pressão de diversos segmentos da população, com amplo apoio da comunidade jurídica do território, o projeto de lei foi retirado pela líder de Hong Kong, Carrie Lam, em setembro de 2019, como resposta à enorme onda de protestos que se espalhou pelas ruas.

O recuo representa uma importante vitória, mas não garante que a questão esteja definida, até porque existe a possibilidade de aplicação de outras medidas, como os casos de deportação, capazes de contornar a ausência de uma norma expressa de extradição.

DESENVOLVIMENTO

2.1. A COOPERAÇÃO PENAL INTERNACIONAL E OS DIREITOS HUMANOS

Há muito tempo o direito internacional reconhece as prerrogativas e a necessidade de proteção dos estrangeiros. Do mesmo modo que há regras para a entrada de estrangeiros em determinado território, existe também todo um conjunto de garantias inerentes ao indivíduo, que devem ser asseguradas por todos os estados, sempre sob a premissa fundamental de lhe conferir o mínimo de dignidade.

Disso decorrem, em relação aos estrangeiros, cinco grupos de prerrogativas (VERDROSS, 1980, p. 343):

a) Todo estrangeiro deve ser reconhecido como sujeito de direito;

b) Os direitos privados adquiridos pelos estrangeiros devem, em princípio, ser respeitados;
c) Devem ser concedidos aos estrangeiros os direitos essenciais relativos à liberdade;
d) Devem ser franqueados aos estrangeiros os procedimentos judiciais;
e) Os estrangeiros devem ser protegidos contra delitos que ameacem sua vida, liberdade, honra e propriedade.

Somente a partir desse conjunto inarredável de direitos, que integram um padrão mínimo internacional, é que deve ser apreciada a possibilidade de extradição, pois os mecanismos de cooperação internacional não podem perder a perspectiva de que o fim último do direito é a proteção do ser humano, em qualquer território e sob qualquer circunstância.

Assim, a análise de um pedido de extradição parte do cotejo de dois sistemas jurídicos distintos, aplicáveis ao estrangeiro: o vínculo de respeito às leis de seu país de nacionalidade, perante o qual tem o dever de responder, e a soberania da norma do país de residência ou permanência, que juntos, deverão ser apreciados pelo poder judiciário competente.

A ampla proteção ao indivíduo tem como marco a **Declaração Universal dos Direitos do Homem** (1948), que especificamente a consagra em diversos dispositivos, todos aptos a funcionar como filtro hermenêutico nos casos de extradição (artigos 3, 5, 6, 8, 9, 10, 11 e 13).

No Brasil, a **prevalência dos direitos humanos** nas relações internacionais é um imperativo constitucional (CR, artigo 4º, II), além de um compromisso internacional formal, derivado de diversos tratados firmados pelo país, como:

a) o **Pacto Internacional de Direitos Civis e Políticos** (1966) – artigos 2, 6, 7, 9 e 10;
b) a **Convenção das Nações Unidas contra a Tortura e Outros Tratamentos ou Penas Cruéis, Desumanos ou Degradantes** (1984) – artigos 3, 6, 8 e 16;
c) a **Convenção das Nações Unidas contra o Crime Organizado Transnacional** (2000) – artigo 16;
d) o **Acordo de Extradição entre os Estados Partes do Mercosul** (1998) – artigos 13, 16 e 17.

Nesse cenário, o Supremo Tribunal Federal tem reiteradamente decidido em favor dos direitos humanos nos casos em que a extradição possa trazer ao acusado **risco grave** à sua integridade ou tratamento jurídico não aceito pelas normas nacionais, a exemplo do voto proferido pelo Ministro Edson Fachin na PPE 760[147]:

> (...) Em síntese, o extraditando sustenta que não há garantias de que, uma vez entregue à República Bolivariana da Venezuela, será submetido ao um julgamento justo, com respeito às regras do devido processo legal.
>
> A argumentação é relevante na medida em que esta Suprema Corte reafirma a **prevalência do respeito aos direitos humanos quando em causa processos de extradição.**
>
> Nem poderia ser diferente, pois a Constituição da República, em seu art. 4º, inciso II, proclama a prevalência dos direitos humanos, como um dos princípios reitores das relações internacionais da República Federativa do Brasil.
>
> **A necessidade e importância da cooperação penal internacional cede, e deve sempre ceder, à necessária proteção dos direitos mais básicos da pessoa humana**, dentre os quais se insere inapelavelmente o direito a ser julgado, no Estado requerente, por juiz isento, imparcial e sob a égide do devido processo legal. (...)

2.2. A EXTRADIÇÃO NA NOVA LEI DE MIGRAÇÃO

A nova **Lei de Migração** (Lei n. 13.445/2017) surgiu, em meio a graves situações de deslocamento forçado pelo mundo – em particular nos casos da Síria e da Venezuela –, com o objetivo de humanizar o tratamento jurídico dedicado aos estrangeiros no Brasil.

Para além do formalismo do antigo **Estatuto do Estrangeiro** (1980), a nova lei confere aos estrangeiros, em condição de igualdade com os nacionais, diversos direitos fundamentais, relacionados à vida, à liberdade, à igualdade e à segurança, para permitir a integração de pessoas em situação muitas vezes desesperadora a uma nova realidade, com um mínimo de dignidade e condições de sobrevivência.

Firme nessas premissas, a nova lei trouxe algumas mudanças importantes no tratamento dos estrangeiros, especialmente nas hipóteses de retirada compulsória do território nacional, como a deportação, a expulsão e a extradição.

---

147 Na PPE 760 foi analisado o caso em que se analisava a extradição do venezuelano George Owen Kew Prince a pedido do governo daquele país.

A extradição, nesse contexto, passou a ser entendida como medida de cooperação internacional, pela qual o Brasil entrega ou solicita a outro Estado Soberano um indivíduo sobre quem recaia condenação penal definitiva ou, ao menos, para instrução de processo penal em curso (artigo 81).

Conquanto o trâmite do pedido possa ser feito pela via diplomática ou mediante autoridades especificamente designadas, a competência para julgamento, quando se tratar de extradição passiva, na qual o Brasil figure como estado requerido, é do Supremo Tribunal Federal, o que, de plano, evidencia a importância da matéria, que versa sobre os limites da competência e da jurisdição no plano internacional.

Isso significa que o Brasil, a exemplo de outros países, ao analisar um pedido de extradição, fará um cotejo entre a legislação nacional e o direito do estado requerente, a fim de sopesar as consequências da entrega de qualquer pessoa presente no nosso território a um poder estrangeiro, por mais legítimo que seja.

Do mesmo modo que todo Estado Soberano exerce controle e impõe requisitos para a entrada de estrangeiros em seu território, a saída ou a entrega de indivíduos a outros países passa pela apreciação de garantias mínimas, relativas à segurança e à integridade dessas pessoas.

Por óbvio que uma eventual **negativa** de extradição não implica, necessariamente, a ausência de punição aos infratores.

Nesses casos, em respeito à **solidariedade** entre os Estados e à necessidade, em escala global, de repressão à criminalidade, deve ser aplicado o princípio "aut dedere aut judicare", ou seja, o país que não conceder a extradição deverá processar e julgar o acusado.

O princípio possui guarida expressa no artigo 7º do Código Penal e também em diversos tratados, como o Acordo de Extradição entre os Estados Partes do Mercosul (Decreto n. 4.975/2004, artigo 11), a Convenção das Nações Unidas contra a Corrupção (UNCAC, artigo 42.3), a Convenção das Nações Unidas contra o Narcotráfico (Convenção de Viena - Decreto n. 154/1991) a Convenção Internacional para Supressão do Financiamento do Terrorismo (Decreto n. 5.640/2005, artigo 10).

Esse cotejo entre dois modelos jurídicos (do país requerente e do país requerido) tem por objetivo conferir às relações internacionais eficácia na execução de sentenças e decisões judiciais sem, no entanto, olvidar da premissa humana que envolve a questão, pois um sistema jurídico simplesmente não pode entregar a outro alguém passível de uma punição ou represália vedada no país de origem, até porque muitas vezes o estrangeiro foge de seu território não apenas para escapar da sanção imposta, mas por considerá-la por demais gravosa ou até mesmo injusta, como nas hipóteses em que o processo legal pertinente não tenha sido rigorosamente observado.

É, portanto, em sintonia com essa dicotomia de cooperação internacional e proteção fundamental individual que os países devem apreciar, cada qual de acordo com seus preceitos constitucionais e legais, os casos de extradição.

Assim, existe um conjunto de **compromissos** que o país requerente deve assumir para que seja possível a entrega de um estrangeiro localizado no território nacional (artigo 96 da Lei n. 13.445/2017):

a) não submeter o extraditando a prisão ou processo por fato anterior ao pedido de extradição;
b) computar o tempo da prisão que, no Brasil, foi imposta por força da extradição;
c) comutar a pena corporal, perpétua ou de morte em pena privativa de liberdade, respeitado o limite máximo de cumprimento de 30 (trinta) anos;
d) não entregar o extraditando, sem consentimento do Brasil, a outro Estado que o reclame;
e) não considerar qualquer motivo político para agravar a pena; e
f) não submeter o extraditando a tortura ou a outros tratamentos ou penas cruéis, desumanos ou degradantes.

Essas garantias de dignidade e tratamento, asseguradas pelo ordenamento brasileiro, devem ser integralmente respeitadas pelo Estado requerente, que deverá aquiescer a esse **mínimo humanitário**, independentemente do rigor de sua própria legislação.

A comparação entre dois modelos sancionatórios, com prevalência daquele que conferir ao indivíduo um melhor conjunto de garantias, tem sido um imperativo no direito internacional moderno, a despeito das normas extravagantes e pouco aderentes aos direitos humanos presentes em alguns países.

Daí tem-se a justificativa para a competência originária do STF (Constituição, artigo 102, I, g), como guardião desse conjunto básico e inarredável de direitos, para apreciar a extradição solicitada por Estado estrangeiro, cujo exercício e razões de decidir, no caso das extradições 1426 e 1428, passaremos a analisar.

O JULGAMENTO NO STF

Em maio de 2019, a Segunda Turma do Supremo Tribunal Federal negou, por unanimidade de votos, os pedidos formulados pela China com o objetivo de extraditar um casal acusado de praticar, naquele país, crime de captação ilícita de depósitos privados, entre os anos de 2008 e 2011.

A negativa ao pleito chinês teve como fundamento, segundo o voto do Relator, Ministro Gilmar Mendes, a **possibilidade concreta** de fixação, na hipótese, de pena de prisão perpétua ou mesmo pena de morte ao casal, sanções extremas e vedadas pelo ordenamento brasileiro.

Houve, ainda, manifestação expressa de preocupação, pelo Colegiado, ante a possibilidade de o governo chinês não assegurar aos réus a garantia de um "julgamento imparcial, justo, regular e independente" (nas palavras do Ministro Celso de Mello).

Esse entendimento está alinhado aos preceitos constitucionais brasileiros e à **Declaração Universal dos Direitos do Homem**, que em seu artigo 10 preconiza: "Toda pessoa tem direito, em plena igualdade, a que a sua causa seja equitativa e publicamente julgada por um tribunal independente e imparcial que decida dos seus direitos e obrigações ou das razões de qualquer acusação em matéria penal que contra ela seja deduzida".

Com efeito, já ao tempo do pedido de **prisão preventiva** dos chineses, formulado como pressuposto à extradição, o Relator manifestou preocupação diante da **disparidade** entre as penas atribuídas pelo direito brasileiro à espécie e a possibilidade de imposições extremas no país dos infratores.

O pedido de prisão cautelar do casal foi apresentado ao Ministério da Justiça ainda sob a égide do Estatuto do Estrangeiro, a partir de mandado de prisão internacional, emitido pelo governo chinês, como medida destinada a instruir processo por violação ao artigo 176 do Código Penal daquele país.

De acordo com o princípio da **dupla imputação**, a extradição só é possível quando o fato que motivar o pedido for considerado crime também no Brasil.

Ocorre que no caso da extradição do casal o crime teoricamente por eles praticado na China encontra correspondência no artigo 16 da Lei n. 7.492/86 (Lei do "Colarinho Branco"), que estabelece:

> Art. 16. Fazer operar, sem a devida autorização, ou com autorização obtida mediante declaração falsa, instituição financeira, inclusive de distribuição de valores mobiliários ou de câmbio:
> Pena - Reclusão, de 1 (um) a 4 (quatro) anos, e multa.

Resta evidente, portanto, que há enorme desproporcionalidade entre a sanção prevista pelo ordenamento brasileiro e a possibilidade de cominações extremas por força da lei chinesa, o que, de plano, acende o que podemos atualmente chamar de "alerta humanitário".

Isso não significa que a desproporção seja um critério **decisivo** para a negativa da extradição – posto que mesmo na hipótese em que a lei brasileira fosse bastante severa ainda assim seria vedada a medida -, mas apenas evidencia que o parâmetro de justiça adotado pelos dois sistemas é muito diferente, o que ensejou a preocupação da Suprema Corte.

Tanto assim que, na Extradição 1426, o STF decidiu converter o julgamento em diligência para "requisitar informações ulteriores ao Estado requerente acerca de eventual propósito inicial de apropriação dos recursos, bem como acerca do destino dado aos recursos captados e, ainda, para que seja expedido ofício ao Itamaraty a fim de que este diga se tem condições de acompanhar o compromisso de não aplicar pena de morte ou pena privativa de liberdade superior a 10 anos".

A preocupação é louvável e demonstra que o padrão brasileiro de garantia aos direitos humanos prevaleceu, seja pela solicitação de mais informações acerca da conduta imputada ao réu como também pela verificação da possibilidade de o próprio governo brasileiro monitorar a liquidação de eventual sentença condenatória, a fim de assegurar que a pena cominada seja minimante compatível com o grau de repressão previsto pela legislação brasileira.

E aqui se descortina a **questão central** de qualquer processo de extradição, sobretudo a partir da atual interpretação dos crimes imputados à luz dos direitos humanos e da necessidade de se assegurar garantias mínimas ao réu: que o intérprete derradeiro da Constituição exija um necessário **balanceamento** entre as normas porventura divergentes nos dois países, o que, por óbvio, não significa que caiba ao STF "determinar a pena" a ser aplicada no país estrangeiro, mas estabelecer limites razoáveis para a imposição, tendo como filtro hermenêutico a realidade jurídica do nosso país e o teor concreto da legislação penal brasileira.

Ainda que o princípio da soberania afaste qualquer possibilidade de ingerência na esfera de poder de outro Estado, qualquer decisão proferida por um tribunal nacional deve guardar **coerência** com a lei pátria, mesmo que esta tenha sido atraída apenas pelo fato de que estrangeiro se encontre no território nacional, pois tanto a Constituição como a nova Lei de Migração pautam-se pelo princípios da universalidade, indivisibilidade e interdependência dos direitos humanos (artigo 3º da Lei n. 13.445/2017).

Isso significa que alguém não pode, ao mesmo tempo, ser passível de pena razoavelmente branda à luz do direito de um país e correr risco de execução em outro, pois o destinatário (elemento subjetivo) de eventual punição é uno e indivisível.

Na exata medida em que os direitos humanos ganharam força no plano internacional, conferindo a seus titulares capacidade processual perante cortes internacionais, a questão da extradição também deve ser entendida de forma mais profunda, não apenas a partir de comandos normativos, mas da **dimensão pessoal** e incindível de cada ser humano.

Não se apregoa aqui qualquer mitigação à possibilidade de execução de sentenças estrangeiras nem tampouco prejuízo ao espírito de cooperação que deve nortear as relações internacionais, mas apenas que seja trazido ao debate a figura última de qualquer sistema jurídico: o **indivíduo**, como titular de direitos fundamentais que não comportam transgressão.

A decisão do STF merece elogios não apenas pelo fato de ter adotado como premissa a tutela de direitos individuais, como também pela preocupação demonstrada em conferir **efetividade** ao que viesse a ser decidido, especialmente no caso de deferimento da extradição.

Aliás, foi justamente o fundado receio no não cumprimento do compromisso de aplicar aos réus uma **pena compatível** com o direito brasileiro que levou a Turma, por unanimidade, a negar o pedido formulado pelo governo chinês.

Como destacou o Ministro Celso de Mello, cabe ao STF "velar, de modo intransigente, pela intangibilidade dos direitos fundamentais de qualquer pessoa, de qualquer súdito estrangeiro".

A jurisprudência em favor dessa tutela inarredável, relacionada a preceitos fundamentais, tem sido construída ao longo do tempo pelo STF, como se pode depreender do seguinte excerto, proferido na EXT 633 (1996), também requerida pelo governo chinês:

> EXTRADIÇÃO E RESPEITO AOS DIREITOS HUMANOS.
>
> A essencialidade da cooperação internacional na repressão penal aos delitos comuns não exonera o Estado brasileiro - e, em particular, o Supremo Tribunal Federal - de velar pelo respeito aos direitos fundamentais do súdito estrangeiro que venha a sofrer, em nosso País, processo extradicional instaurado por iniciativa de qualquer Estado estrangeiro. O fato de o estrangeiro ostentar a condição jurídica de extraditando não basta para reduzi-lo a um estado de submissão incompatível com a essencial dignidade

> que lhe é inerente como pessoa humana e que lhe confere a titularidade de direitos fundamentais inalienáveis, dentre os quais avulta, por sua insuperável importância, a garantia do due process of law. Em tema de direito extradicional, o Supremo Tribunal Federal não pode e nem deve revelar indiferença diante de transgressões ao regime das garantias processuais fundamentais. É que o Estado brasileiro - que deve obediência irrestrita à própria Constituição que lhe rege a vida institucional - assumiu, nos termos desse mesmo estatuto político, o gravíssimo dever de sempre conferir prevalência aos direitos humanos (art. 4º, II).

Forte na premissa de inalienabilidade de direitos fundamentais – e, portanto, inerentes a qualquer indivíduo, nacional ou não –, o Supremo Tribunal Federal, com base no citado precedente, indeferiu os pedidos chineses de extradição do casal, por unanimidade de votos, com base nos seguintes preceitos (*verbis*):

a) a possibilidade concreta de imposição da pena de prisão perpétua ou de morte, em flagrante contrariedade às proibições previstas na Constituição da República quanto a essas espécies de pena;
b) a ausência de garantias quanto à possibilidade de fiscalização e monitoramento da comutação da pena por parte do Estado brasileiro;
c) a imposição de pena de morte em caso semelhante, relativo à sogra do extraditando, conforme demonstrado nos autos;
d) o artigo 3, item 1., i, do Tratado de Extradição firmado entre as partes, que impede a entrega quando a pena que possa ser imposta pela parte requerente à pessoa reclamada conflite com os princípios fundamentais do direito da parte requerida.

Com efeito, o **Tratado de Extradição** celebrado entre o Brasil e a China (Decreto-Lei n. 268/2014, promulgado pelo Decreto n. 8.431/2015) expressamente estabelece a **recusa obrigatória** da extradição quando "a pena que possa ser imposta na Parte requerente à pessoa reclamada conflitar com os princípios fundamentais do direito da Parte requerida" (artigo 3, 1, i).

Esse foi, como visto, um dos fundamentos adotados pelo STF nos processos que decidiram o destino do casal chinês, situação que eleva, sobremaneira, a questão dos direitos humanos, posto que o eventual "conflito" com princípios e garantias fundamentais de direito é algo bastante amplo e hipotético, que exige **concretude** e **positivação** na análise de cada caso, especialmente quando as legislações dos países envolvidos conferem tratamento tão diferente em relação ao mesmo crime hipotético.

Conquanto seja necessário respeitar a cultura, os valores e a visão jurídica de cada país soberano, notadamente aqueles com quem se celebra acordos internacionais, é essencial que jamais se perca de vista a presença de um **indivíduo** por detrás de cada decisão, que é o destinatário último do direito e justamente aquele que mais precisa de uma tutela justa e ponderada, ainda que quando da aplicação de sanções penais decorrentes de condutas tipificadas em ambos sistemas jurídicos.

O que se impõe é a adoção de uma **perspectiva humana**, centrada em direitos que transcendem fronteiras ou concepções jurídicas, pois seu respeito é uma conquista internacional, um imperativo categórico que confere sentido ao papel do julgador nos casos de extradição.

Diante desse cenário, a posição do STF, que também manifestou preocupação com os efeitos de cada decisão (ao afirmar que se trata, sobretudo, da vida de cada indivíduo), merece destaque, sobretudo quando detectada a impossibilidade de se assegurar aos réus um julgamento justo e equilibrado.

Nesse sentido é forte a jurisprudência do Tribunal (EXT 633/98):

> EXTRADIÇÃO E DUE PROCESS OF LAW.
>
> O extraditando assume, no processo extradicional, a condição indisponível de sujeito de direitos, cuja intangibilidade há de ser preservada pelo Estado a quem foi dirigido o pedido de extradição. A possibilidade de ocorrer a privação, em juízo penal, do due process of law, nos múltiplos contornos em que se desenvolve esse princípio assegurador dos direitos e da própria liberdade do acusado - garantia de ampla defesa, garantia do contraditório, igualdade entre as partes perante o juiz natural e garantia de imparcialidade do magistrado processante - impede o válido deferimento do pedido extradicional (RTJ 134/56-58, Rel. Min. CELSO DE MELLO). O Supremo Tribunal Federal não deve deferir o pedido de extradição, se o ordenamento jurídico do Estado requerente não se revelar capaz de assegurar, aos réus, em juízo criminal, a garantia plena de um julgamento imparcial, justo, regular e independente. A incapacidade de o Estado requerente assegurar ao extraditando o direito ao fair trial atua como causa impeditiva do deferimento do pedido de extradição.

Nos casos em análise, a defesa da extraditanda enfatizou a **real possibilidade** de aplicação da pena capital, visto que sua própria mãe foi a ela condenada em situação bastante semelhante.

De fato, a China é o país que mais condena pessoas à morte no mundo e há diversos relatos de desrespeito a direitos fundamentais, inclusive com a prisão de advogados que atuam na defesa dos acusados.

Embora se possa alegar que essa situação seja extrajurídica (no sentido de que extrapolaria a jurisdição brasileira), é certo que impacta a decisão proferida.

E, na seara dos direitos fundamentais, ao contrário do que se propõe em outras áreas jurídicas, é possível admitir-se essa "temperança" do julgador, como resultado de suas reflexões acerca do papel desempenhado pelo poder judiciário de determinado país ao se confrontar com a realidade distinta e até mesmo em sentido oposto de outro.

O próprio tratado celebrado com os chineses garante que a pessoa reclamada gozará, no país requerido, de todos os direitos e garantias que lhe conceda a legislação desse Estado (artigo 15, 1).

Nesse sentido, é extremamente importante a decisão proferida pelo STF, nos dois casos, que teve por objetivo salvaguardar a vida de indivíduos que, embora subordinados ao regime jurídico de outro país, encontram-se no território brasileiro, sob a proteção de garantias previstas na nossa constituição.

CONCLUSÃO

Neste trabalho buscou-se analisar duas recentes decisões do Supremo Tribunal Federal, em que se negou a extradição de indivíduos passíveis de condenação, por crimes de natureza financeira, no território chinês.

A despeito da regularidade procedimental do pedido formulado pelo governo chinês e do preenchimento do requisito básico da dupla imputação, o STF decidiu negar a extradição por dois fundamentos: a) a possibilidade real de imposição de pena extrema no país requerente (prisão perpétua ou pena de morte) e b) a ausência de garantias quanto à comutação da pena pelo governo chinês.

O entendimento firmado pela Corte é sobremaneira relevante, pois conferiu aos julgamentos a necessária dimensão humanitária que deve nortear os casos de extradição.

Não se trata, por óbvio, de questão simples ou de fácil escolha, pois o direito internacional também se pauta pelos princípios da solidariedade entre os Estados e da eficácia das decisões estrangeiras.

Entretanto, ao trazer para os casos analisados preceitos fundamentais, relativos à segurança e integridade dos acusados, o STF reafirma o compromisso assumido pela constituição brasileira, de inarredável prevalência dos direitos humanos nas relações internacionais.

E não apenas isso: os julgamentos revelam, acima de tudo, real preocupação com a situação dos acusados, ante à possibilidade de não cumprimento dos compromissos previstos pela nova legislação brasileira, que ampliou de modo significativo as garantias conferidas aos estrangeiros presentes no território nacional.

A análise dos efeitos concretos da extradição, adotada como razão de decidir pelo STF, é sobremaneira relevante, pois contrasta com a visão "clássica" do direito internacional, segundo a qual o Estado requerido apenas analisaria os aspectos formais e estritamente jurídicos da extradição, "lavando as mãos" em relação ao destino dos acusados.

Longe de ser acusada de ativismo ou consequencialismo jurídico, a posição adotada nos dois casos revela o essencial filtro hermenêutico que deve nortear decisões envolvendo sistemas penais completamente diferentes e capazes de impor sanções absolutamente incompatíveis para a mesma conduta ilícita.

Não se trata de limitar ou cercear o direito soberano de um Estado punir os indivíduos que infringiram seu ordenamento, mas de trazer para cada caso concreto um mínimo de garantias fundamentais, que necessariamente passam pelos direitos à vida e a um julgamento justo e imparcial.

Uma visão humanitária nos casos de extradição em nada colide ou afronta as diretrizes do direito internacional, senão reforça aquilo que a matéria tem de mais relevante: a existência de direitos individuais que transcendem fronteiras e que devem ser respeitados por todos os países.

REFERÊNCIAS E BIBLIOGRAFIA.

ACCIOLY, Hildebrando, CASELLA, Paulo Borba, NASCIMENTO E SILVA, G. E. **Manual de Direito Internacional Público**, 17 ed. São Paulo: Saraiva, 2009.

CAPARROZ, Roberto. **Direito Internacional Público**. São Paulo: Saraiva, 2012.

MELLO, Celso D. de Albuquerque. **Curso de Direito Internacional Público**, 15. ed. Rio de Janeiro: Renovar, 2007.

REZEK, Francisco. **Direito Internacional Público**, 11. ed. São Paulo: Saraiva, 2008.

RIDRUEJO, José A. Pastor. ***Curso de Derecho Internacional Público y Organizaciones Internacionales***, 10. ed. Madri: Tecnos, 2006.

SHAW, Malcolm N. **Direito Internacional**. São Paulo: Martins Fontes, 2010.

SHOO, Sabrina. ***Circumventing the China Extradition Conundrum***, *in N.Y.U. Journal of International Law and Politics*, Volume 50. Nova Iorque: NYU, 2018.

VERDROSS, Alfred. ***Derecho Internacional Publico***. Madri: Biblioteca Jurídica Aguilar, 1976.

A DISCRICIONARIDADE DO ESTADO NA ACEITAÇÃO DO REFUGIADO NO CONTEXTO DOS DIREITOS HUMANOS – O CASO VENEZUELA.

THE STATE OF ARBITRARINESS IN DECIDING TO ACCEPT REFUGEE IN THE CONTEXT OF THE HUMAN RIGHTS – THE VENEZUELA CASE.

Sandra Fonseca[148]

RESUMO: O presente artigo busca uma interpretação contemporânea para o conceito de refugiado, em vista do desenvolvimento histórico dos direitos humanos. Após a percepção desse contexto, inicia-se uma interlocução entre os direitos humanos dos refugiados e a postura dos Estados quando se trata de receber ou não o estrangeiro. Extrai-se uma proposta de humanização na aceitação do refugiado, fazendo ver o estágio em que se encontra o país recebedor do refugiado no Estado Democrático de Direito. Nesse sentido, após análise do caso concreto, qual seja, o julgamento pelo Supremo Tribunal Federal do Brasil, do pedido de fechamento da fronteira entre Brasil e Venezuela, em razão da forte migração, extraindo-se, então, a compreensão humanística da matéria no âmbito do direito internacional atual.

Palavras-chave: Direitos Humanos. Discricionaridade do Estado. Refugiado. O caso Venezuela. Estado democrático de Direito.

ABSTRACT: *The present article brings up a contemporary interpretation of refugee concept in a historical development of human rights context.*

[148] Pós-doutora em direitos sociais na Universidade de Salamanca-Espanha, doutora em direitos humanos pela Universidade de Palermo-Itália, mestre em direito público pela Pontifícia Universidade Católica de Minas Gerais-Brasil, Desembargadora do Tribunal de Justiça de Minas-Brasil, e-mail: sasfonseca@terra.com.br

After the perception of such, it starts a dialogue between the current human rights and government response when it comes to receiving or not receiving foreigners. We propose a humanization in the acceptance of the refugee, considering the stage of the country which will receve him in Democratic State. And in that sense, after analysing the concret case of the judgment by the Brazilian Supreme Court of the request to close the border between Brazil and Venezuela, due to the strong migration, thus extracting the humanistic understanding of the matter under current international law.

***Key words**: Human Rights. State arbitrariness. Refugee. Venezuela Case. Democratic State.*

INTRODUÇÃO

Os direitos humanos se firmaram no âmbito internacional depois da segunda guerra mundial, constituindo marco de proteção dos direitos do indivíduo e qualificador da nação que insere as normas de direitos humanos no ordenamento jurídico interno.

A certeza dos horrores praticados entre 1939 e 1945, sem dúvida, deixaram a dolorosa certeza das atrocidades que podiam ser praticadas pela mente humana. Fez-se certa, a partir desse período, a conclusão de que os mecanismos de proteção individual eram de tudo inadequados e ineficientes para a proteção dos mínimos direitos reconhecidos aquela época.

Na mesma esteira, a alegada soberania nacional e a declarada inviolabilidade do território nacional serviram como justificativas para o cometimento das mais aviltantes investidas contra a dignidade humana.

Entrementes, não pode o Estado, a titulo de proteger o território ou a autonomia Estatal, negar os próprios valores da pessoa humana, cujos aglomerados humanos constituem a própria origem do Estado.

A questão encerrada na violação dos direitos humanos expôs, com inequívoca clareza, que não mais poderia ser contida no âmbito doméstico de uma nação, já que revelado tema de interesse universal, pois para além dos limites do Estado era preciso estabelecer uma ordem superior, capaz de conter os abusos fomentados por uma ideologia considerada legítima no âmbito interno.

Na Alemanha observou-se a consciência coletiva interna de assentimento da população com a prática das violações do ser humano como meio necessário para alcançar o fim do Estado, introduziu-se na sociedade proposta totalitária e cometimento de crimes como se fosse algo supérfluo (ARENDT, 2013, p.314).

A era de Hitler, exemplar infalível da lógica do extermínio e da descartabilidade da pessoa humana, produziu o legado de condicionar a própria titularidade de direitos somente àqueles que pertenciam à raça ariana. Aos demais, o escárnio (PIOVESAN, 2011, P. 184).

Da negação dos próprios valores do ser humano exsurge a necessidade do reconhecimento da pessoa humana como sujeito de direitos garantidos por todas as nações. Aliado a isso, as políticas internacionais até então mostraram-se falidas e as nações apresentavam-se fragilizadas e destruídas.

A Carta das Nações de 1945 foi o primeiro documento internacional que contemplou a expressão "Direitos e Liberdades Internacionais para todos", consagrando a noção de que a comunidade dos Estados Nacionais deve ser protegida por regras supranacionais.

A Declaração Universal dos Direitos Humanos de 1948 constitui o principal marco na proteção da dignidade enquanto núcleo inarredável dos direitos do ser humano. Embora formalmente a Declaração constitui-se de uma Resolução da Assembleia Geral da Organização das Nações Unidas, prevalece hoje o entendimento segundo o qual o texto estabelece norma qualificada de direito internacional, de caráter irrevogável.

A Declaração Universal dos Direitos Humanos representou a inspiração para a consolidação da sociedade internacional, norteada pelo sentimento de garantia de que os seres humanos são iguais e livres, tendo seu texto expressado a primeira aceitação dos Estados.

É certo que se seguiram à Declaração Universal dos Direitos Humanos pelo Pacto Internacional dos Direitos Civis e Políticos e pelo Pacto Internacional dos Direitos Econômicos, Sociais e Culturais, os quais complementaram o processo histórico de institucionalização dos direitos humanos, mas a Declaração constitui a regra fundante de todo o sistema dos direitos humanos.

A mais importante conquista da Declaração constitui o princípio da universalidade dos direitos da pessoa humana, sendo suficiente para tanto a condição de ser humano, independente de especificidade racial.

Decorre disso o estabelecimento dos direitos civis, seguidos dos direitos políticos, na mesma categoria (arts. 1 ao 21), com os direitos econômicos, sociais e culturais (arts. 22 a 30), sendo que os direitos ali reconhecidos devem ser exercidos em conjunto.

Dentre os direitos civis, o importante documento inscreveu o direito de ir e vir do ser humano, que decorre do direito de liberdade, bem como o direito de nacionalidade e de viver dignamente em local do seu nascimento.

Contudo, não é raro ocorreram causas que interferem, alteram ou mesmo retiram do ser humano as condições de permanecer na nação onde se encontra, forçando o individuo a sair de sua própria terra, iniciando a busca dos migrantes pela sobrevivência, surgindo daí a condição de refugiado.

O SISTEMA DE PROTEÇÃO INTERNACIONAL DO REFUGIADO – EVOLUÇÃO

Quem é o refugiado. O refugiado é aquele que nasceu sujeito de direitos. Ele tem raízes com o clima, a região e os costumes onde nasceu. O refugiado guarda identidade com o nome de seus antepassados, com sua família, com seu lugar de morada e seu trabalho. Ele tem objetos, ainda que sem valor econômico, que representam a história de sua vida. O refugiado tem laços afetivos com o seu núcleo familiar, esposa, filho, irmãos, sobrinhos, primos, etc., bem como os amigos e conhecidos. Além de tudo isso, o refugiado tem uma determinação de permanência, presente e futura, em sua terra natal que faz parte de um patrimônio imaterial e personalíssimo.

Em razão de fatores individuais ou coletivos como raça, sexo, religião, etnia, política, ou por força de conflitos armados internos ou internacionais, ou, por fim, em razão de condições manifestamente desfavoráveis à sobrevivência, tais como economia (refugiado econômico) e meio ambiente (refugiado ambiental), o refugiado é obrigado a deixar para traz o lugar onde vive e procurar proteção em outra nação.

O direito internacional tem desenvolvido instrumentos de proteção ao refugiado, em razão da condição de vítima de fatores externos, involuntários, e capazes de violar a sua dignidade humana.

O refúgio remonta sua origem na própria história do homem, por ter ocasionado a movimentação de milhões de pessoas que fugiam das atrocidades de conflitos.

Com o surgimento da Sociedade de Nações, logo após a Primeira Guerra criada pelo Tratado de Versalhes para buscar a paz e a segurança internacionais, iniciou-se a preocupação internacional de proteção dos refugiados. O esforço empreendido deu origem ao Alto Comissariado para Refugiados Russo - ACRR (1922), pois, inicialmente, era o país que possuía o mais expressivo deslocamento de pessoas, assim se possibilitava a identificação e repatriamento das vítimas da guerra.

Em 30 de novembro de 1938, através de cinco resoluções aprovadas pela Assembleia Geral da Sociedade das Nações, esse órgão, evoluiu para Alto Comissariado da Liga das Nações para Refugiados (ACLNR).

Em 1946 ocorreram as extinções da ACLNR e do Comitê Intergovernamental para Refugiados (CIR), estes trouxeram grandes avanços para a proteção dos refugiados. Mas somente após a Segunda Guerra Mundial foi criada a Administração das Nações Unidas para Socorro e Reconstrução (UNRRA), que tinha por objetivo repatriar as vítimas do nazismo. Em 1946 foi criada a Organização Internacional dos Refugiados (OIR) que tratou dos problemas dos refugiados pós Segunda Guerra. E, em 1951, já criada a Organização das Nações Unidas, com a função de garantir a proteção internacional aos refugiados, criou-se no âmbito do Secretariado da ONU, o Alto Comissariado das Nações Unidas para os Refugiados (ACNUR).

Diante do severo prejuízo humanitário da segunda guerra mundial, a ONU elaborou a Convenção para regularizar a situação jurídica dos refugiados. A Convenção de 1951 foi aprovada pela Assembleia Geral da ONU em 28 de julho de 1951 e sua vigência teve inicio em 21 de abril de 1954.

Em razão dos limites temporais e territoriais da Convenção, que se aplicava aos fatos ocorridos antes de primeiro de janeiro de 1951, e aos fatos ocorridos após a segunda guerra mundial, para atender às novas situações, foi firmado o Protocolo sobre o Estatuto dos Refugiados de 1967, que ampliou o conceito de refugiados no tocante ao limite temporal e geográfico, permitindo a aplicação aos refugiados de todo o mundo.

Assim, a Convenção de 1951, alterada pelo Protocolo sobre o Estatuto dos Refugiados de 1967, protege todo aquele que, por motivos de raça, religião, sexo, nacionalidade, grupo social ou opiniões política, se encontra fora do país de nacionalidade e que não pode ou, em virtude desse temor, não quer valer-se da proteção desse país, ou voltar a ele, a teor do item "c", do parágrafo 1, do art. 1 da Convenção de 1951.

Observe-se que apesar de o dispositivo mencionar a palavra opinião política não se refere ao asilo, modalidade prevista na Declaração Universal dos Direitos do Homem (1948), que pode acarretar ônus para o Estado que acolhe o asilado e, em regra, está vinculado a crimes políticos ou comuns. Sem querer reviver a antiga discussão sobre a distinção entre asilo e refúgio, necessário dizer que o refúgio, por óbvio, se distingue do asilo, pois enquanto este é indissociável da posição política do requerente em relação àquela adotada por seu país, o refúgio é instituto humanitário, independente, autônomo, e que goza de proteção do sistema internacional de direitos humanos.

No campo axiológico, o refugio não traz impacto da adesão voluntária do requerente a qualquer ideologia ou ao regime político do país que o recebe, porquanto se trata de benefício decorrente de solidariedade internacional, que se justifica em razão da singularidade da natureza humana.

Na perspectiva idealista, muito bem definida por Arendt, a proteção dada à pessoa humana tem fundamento no princípio da segurança, pois todo homem tem direito de permanecer, ou sair, livremente no local onde reside. No próprio direito de liberdade de ir e vir, a que se segue o direito de ser acolhido para se libertar da perseguição. E, por fim, o respeito no Estado de acolhimento, assegurando-se ao refugiado a garantia mínima dos direitos humanos no Estado acolhedor.

Neste contexto, o refugiado é alçado a uma situação jurídica, pois o individuo é forçado a deixar o ambiente em que vive, por razões de discriminação, políticas estatais ou conflitos, que acarretam violações dos direitos, cuja situação tem proteção jurídica no direito internacional.

O direito internacional do Refugiado tem por filosofia a proteção da pessoa humana, nessa condição, tratando-se, pois, de ramo próprio inserido no direito internacional dos direitos humanos.

O Direito Internacional do Refugiado está assente no direito internacional dos direitos humanos, tendo-o como fonte e, nesse ponto, desperta para a efetivação de normas de Direito Internacional do Refugiado tal qual ocorre com o Direito Internacional dos Direitos Humanos.

Em 26 de julho de 1951, a Assembleia Geral da ONU aprovou a Convenção Relativa do Estatuto do Refugiado, verdadeiro regulamento de proteção àqueles que foram perseguidos durante a segunda guerra, de suma importância porque traz o conceito de refugiado e traça os primeiros critérios de definição da situação do refugiado.

A Convenção de 1951, inicialmente aplicou-se àquelas pessoas cujos fatores de proteção originaram-se antes de 1º de janeiro de 1951 e, ao continente Europeu. A limitação deve ser vista como fruto da situação histórica e econômica da época, sendo que naquele momento representou grande avanço.

Em 31 de janeiro de 1967, o Protocolo suprimiu a limitação temporal, fazendo constar em seu "considerando" o surgimento de novas categorias de refugiados. Dessa forma, o Protocolo de 1967 retirou a limitação temporal e, em razão de sua amplitude, embora não tenha expressamente suprimido a restrição geográfica, qual seja, a aplicação ao continente Europeu, tem sido aplicado em casos de refúgio em todo o mundo, em razão de seu texto ampliativo, tornando global a Convenção de 1951.

A partir daí assistimos uma movimentação maior de pessoas do que ocorreu na segunda grande guerra. Isto porque os conflitos não eram tão amplos, mas eram localizados e geraram milhões de migrantes.

A criação da União Europeia (Tratado de Maastricht-1992), com a revisão de todos os seus princípios (Tratado de Lisboa-2009) contribuiu para o desenvolvimento do sistema de proteção aos refugiados, pois ampliou as fronteiras de cada Estado da EU e continua a contribuir para o desenvolvimento do importante direito.

O direito internacional do refugiado continua em desenvolvimento, o Pacto Mundial sobre Imigração constitui um marco histórico de convergência dos Estados que deu origem ao Plano de Ação para a Imigração já em 2016.

Contudo, esse Pacto Mundial não logrou ter caráter obrigatório, tratando-se de adesão voluntária de vontades dos Estados, indicando que o avanço deve partir desse ponto no sentido de vincular os Estados e tornarem obrigatórias as ações necessárias para a garantia do direito do refugiado.

OS REQUISITOS PARA A CONCESSÃO DO REFUGIADO

Em breves considerações, deve-se dizer que o estudo do texto da Convenção Relativa ao Refugiado de 1951 revela os elementos necessários à condição de refugiado.

A Convenção reconhece como refugiado toda a pessoa que se encontra fora de seu território de origem, em razão de violação de seus direitos, preenchendo os requisitos normativos, é uma pessoa reconhecida como tal e protegida pela legislação internacional.

Assim, numa primeira condição, exsurge a extraterritoriedade, que diz respeito ao deslocamento do interessado para fora do país de origem, pois o refúgio é reconhecido àquele que foi compelido a sair de seu país e ingressar em Estado diverso, necessitando de proteção humanitária.

O segundo requisito é o reconhecimento de que a pessoa está sendo perseguida, em virtude de discriminação pessoal, grupo social, ou qualquer ameaça ou violação concreta no local onde vive. Deve se observar que, no Manual de Procedimentos e Critérios a Aplicar para Determinar a Condição de Refugiado consta que se considera perseguição "toda e qualquer possibilidade de ameaça à vida ou liberdade dos indivíduos".

Dessa forma, o termo perseguição tem sido entendido em sentido amplo e significa toda e qualquer violação grave dos direitos humanos, pressupondo um agente perseguidor que pratica um ato ou fato desencadeador da perseguição elemento do reconhecido do reconhecimento do refugiado.

Segundo a ACNUR o fundado temor é consequência de sérias violações aos direitos humanos, sendo que, constatado isso, é caso de conferir o status de refugiado aos estrangeiros.

Portanto, segundo o ACNUR é possível dizer que há três pressupostos de configuração do refugiado, a saída coativa do território, a violação de direitos e o fundado temor. Muito embora a ACNUR tenha a intenção de proporcionar a mais vasta proteção ao refugiado, os Estados ainda tendem a efetivar essa proteção somente em razão da efetiva perseguição. Tal critério não pode ser erigido à linha mestra do direito ao refúgio.

A interpretação teleológica das normas de direito internacional dos refugiados permite a interpretação no sentido de que o termo 'perseguição' independe de situação persecutória. Isto porque com a evolução dos direitos humanos, há de se reconhecer o direito do ser humano viver em condições dignas, sendo que o Estado que não tem, ou não mantém essa condição, torna-se violador dos direitos humanos em amplo sentido, tornando o originário deste país suscetível de proteção do refúgio, independentemente de ser ou não perseguido.

A SOBERANIA DO ESTADO – DO INSTRUMENTO DE OPRESSÃO À REPRESENTAÇÃO DO PODER SUPREMO DO POVO – A DEMOCRACIA.

Na sua obra *A República*, Platão (1999) imaginou a *polis* como um modelo de vida em grupo. Na cidade, os filósofos, tendo conhecido a Verdade, através da contemplação do mundo das ideias, teriam o dever de conduzir a administração da cidade, porque, conhecendo o bem, deveriam estendê-lo a todos os homens da cidade. Para Platão os filósofos é que deveriam ocupar a posição daqueles que decidiriam os rumos da cidade, criando as leis e controlando as atividades dos membros da cidade.

A contribuição de Platão reside na ideia de que a *polis* deveria ser administrada por filósofos, que estabelecessem um projeto político para a felicidade de todos.

Maquiavel dedicou sua obra mais conhecida, *O Príncipe*, a Lourenço de Médici, na esperança de que este mandatário comandasse de forma soberana a unificação política da Itália. Maquiavel (2003) escreveu sobre a arte de governar e ensinou que o governante deveria agir com *virtú*, que não tinha relação alguma com bondade ou justiça, mas com o ato de empreender, no sentido de que o príncipe virtuoso seria aquele que soubesse aproveitar a situação para realizar as mudanças necessárias e, assim, alcançar seus objetivos. O filósofo trouxe uma grande contribuição, na medida em que ensinou que "a política se faz a partir de interesses divergentes entre a "arrogância do rico" e a licenciosidade do povo", sendo que, no equilíbrio, estaria o bem comum. Maquiavel entendia que a própria sociedade fundaria o poder político.

Rousseau defendeu na obra '*Do contrato social*' a ideia de que existia uma forma de associação na qual, para a defesa da pessoa e dos bens de cada um, se uniriam todos transferindo-se o direito, através de um pacto social, ao corpo político, e este lhes seria devolvido, através de leis protetivas que deveriam refletir não só a vontade geral, mas o que seria melhor para a sociedade. (ROUSSEAU, 2000). Muito embora Rousseau tenha exaltado o ser humano na sua individualidade, revelou-se um pensador da coletividade. Ele que sempre entendeu que o homem nasce livre, mas é corrompido pela sociedade, inspirou o iluminismo com suas ideias de Estado, influenciando com seu pensamento o ideal da revolução francesa.

Hegel (1999) situou o Estado na razão objetiva, que consistia no grau máximo de agrupamento entre os diversos interesses contraditórios dos indivíduos da sociedade. A família seria inferior ao Estado. Somente o Estado, único e soberano, pacificaria as tensões da coletividade e atuaria em prol do bem comum. O filósofo stutgartiano identifica o Estado como absoluto, justificando que o homem necessita da vida social para determinar a razão de seus pensamentos. Para ele, o Estado é a instituição responsável para instaurar todo o corpo de leis e, na prática, confere ao Estado todos os poderes que, na época medieval, pertencia à Igreja.

Além de sua filosofia, a temática dos direitos humanos suscita discussões teóricas, ao cotejarmos os limites do poder do Estado com os direitos individuais.

A noção de soberania nos remete à representação do estado, através de uma transferência de poder do povo para o soberano, que pode ser exercido pelo soberano, ou por aqueles que estão à frente do governo.

O poder original decorre da própria organização social em que os indivíduos se aglomeram e da necessidade de garantir o desenvolvimento e a paz da sociedade.

A soberania não é apenas fenômeno da modernidade porquanto já vivenciada na Idade Média, durante a qual a soberania era exercida pelo rei, muitas vezes em posição inferior à Igreja e outras vezes compartilhando o poder com ela.

No sistema medieval, a sociedade se apresentava como um corpo composto pelo rei, pela Igreja, pelos nobres, todos de forma homogênea, sendo o rei tão somente uma parte desse corpo. O poder, portanto, não era concentrado nas mãos do rei, mas exercido conjuntamente com a Igreja, sempre regido por suas normas.

Garcia (2009) demonstra que, na idade média, o poder era compartilhado pelo clero, pela nobreza e pelas cidades. Entretanto, com a emancipação do Estado, que ocorreu de forma gradual, este se afastou da tutela papal, extinguindo, assim, as demais estruturas de poder presentes em seu território, passando-se, então, a existir um único poder supremo.

A esta altura, é interessante lembrar Tomás de Aquino para quem até mesmo o soberano deveria agir sob uma lei que assumisse o papel de guia da atividade do governo, o que já indica que, do ponto de vista do religioso, o próprio poder deveria trazer em si uma limitação.

Paulatinamente, o Estado foi alcançando uma autonomia, afastando-se da subordinação à Igreja e às estruturas de poder existentes.

Segundo Bodin, a soberania é um poder perpétuo e absoluto que enseja a independência em relação aos demais poderes internos e externos. Quanto à independência entre os internos ela dispensaria o consentimento dos súditos para a validez e eficácia das normas; já a independência aos poderes externos aponta para a igualdade entre os Estados, resultante da consolidação do poder e da supremacia. Daí decorre que a soberania será necessariamente ilimitada (livro I, p. 49) e indivisível (Livro II, p. 89) (BODIN apud GARCIA, 2009, p. 3).

Percebe-se, portanto, que o desígnio do jurista francês era proporcionar um suporte jurídico para a ação do rei, consolidando seu poder. Ele definiu o estado como o justo governo de várias famílias e do que lhes é comum com o poder soberano, sendo, assim, o poder soberano a característica essencial do Estado. Não há Estado sem soberania (DINH; DAILLER; PELLET, 2003).

Bodin foi o precursor da ideia de soberania, entretanto não o único autor que se debruçaria sobre o tema. Suas ideias, geralmente, são confrontadas com as de Thomas Hobbes (BODIN apud GARCIA, 2009). É celebre a frase de Hobbes que apregoa estar o soberano acima da lei e desta é fonte. Em Hobbes , a soberania é delegada pelo povo ao portador do poder soberano, sendo atributo indivisível do Estado.

Este foi o entendimento que predominou, no século XVII, passou pela I Grande Guerra e permaneceu, até a II Guerra Mundial, quando aquela filosofia foi relida e seu entendimento revisto. Há que se compreender que uma profunda mudança ocorreu no poder do Estado, bastante diferente daquele antes compreendido como população, território e soberania, porquanto o cidadão passou a ser sujeito de direito.

Como se sabe, o direito internacional é formado pelo *ius gentis*, que reside no mecanismo fundamental de assentimento formal de adesão de integrar-se à sociedade internacional, composta pela composição de Estados Soberanos. O *Ius gentis* é a vontade dos Estados, na qual reside a fonte do direito internacional. No entanto, há uma mitigação da soberania.

Pellet (2004, p.5) ensina que, no plano internacional, a soberania é compartilhada entre vários titulares, pois, na sociedade internacional, os soberanos que são os Estados estão no mesmo nível de igualdade perante o direito internacional, de forma que assim eles garantem a sua própria existência por não terem que se submeterem a outro Estado. Disso resulta que a manifestação da vontade dos Estados será consubstanciada em tratados, que representam a vontade de um todo internacional, que é a comunidade composta pelos países que aderirem à sua existência. Além disso, esse grupo social cria um sistema normativo que deve, necessariamente, influenciar a decisão dos Estados soberanos, de forma a criar uma unidade internacional, como instrumento de proteção a cada um e a todos, indistintamente.

Neste sentido, Morgenthau (2003, p. 563) explica que a ideia de soberania se referia ao poder centralizado do Estado e mostrou-se superior, e não subordinado a qualquer força durante um século.

De acordo com os Tratados de Paz de Vestefália, os Estados são os únicos a possuírem soberania. Entretanto, o instituto da soberania nem sempre teve o mesmo entendimento, tendo seu conceito evoluído, ao longo da história. O Estado é o maior dos poderes humanos, visto que reúne poderes de vários homens.

Assim, a existência de um Estado implica um poder central exercendo com plenitude os poderes estatais em território determinado (DINH; DAILLER; PELLET 2004).

Cada indivíduo delega ao Estado o uso da força e do poder, para que haja paz em seu próprio país e ajuda mútua contra a ameaça de inimigos estrangeiros, podendo este Estado se utilizar de todos os recursos e da maneira que considerar conveniente, objetivando a paz e a defesa comum. Neste sentido, a soberania se refere à concepção de soberania interna, ou seja, quanto à organização política no Estado e a capacidade das autoridades de exercerem, efetivamente, o controle em território. A soberania interna envolve a especificação da autoridade legítima do sistema político e em que medida esta autoridade exercida (KRASNER, 1999).

Ocorre que o objetivo maior do Estado, qual seja, a paz geral, só seria alcançado, segundo Hobbes (2006), se o soberano exercesse um poder absoluto, modificando o direito conforme a necessidade. Assim, o autor afirma que o

Estado, genuinamente, se constitui no Leviatã, referência ao monstro marinho a que, ainda que cruel, cabia à proteção dos peixes mais frágeis, impedindo que fossem destruídos pelos mais fortes.

A construção do Estado, conforme explicado anteriormente, é, na realidade, o conjunto de vontades dos indivíduos que estão estabelecidos socialmente, em determinado território, devendo o soberano se ater aos princípios daquela sociedade e proporcionar, em primeiro lugar, a paz e a vida digna, principal objetivo da constituição do próprio Estado.

Todos os indivíduos que constituem aquele Estado, sem exceção, segundo Hobbes (2006, idem), tenham eles votado a favor, ou contra, quem exerce o poder soberano, devem autorizar seus atos e suas decisões como se fossem seus próprios atos e decisões. Só assim, o objetivo de viver, em paz uns com os outros, e serem protegidos dos demais homens seria alcançado. Apenas quando o soberano não cumprisse sua função é que os cidadãos poderiam desobedecê-lo, pois o pacto teria sido rompido.

O Estado, sendo o Leviatã, muitas vezes extrapola o pacto social feito entre os indivíduos, contrariando sua vontade, às vezes, inclusive, mitigando os Direitos Humanos dos cidadãos. Como possui o controle tanto dos poderes executivo, judiciário e legislativo, quanto do poder de coerção, o soberano muitas vezes, abusa deste poder.

Ocorre que, nas últimas décadas, ao tentar compreender o fenômeno da globalização e a crescente preocupação com os Direitos Humanos em âmbito internacional, verifica-se que este fenômeno é multifacetado e envolve dimensões complexas, tanto econômicas e sociais, quanto políticas, culturais e jurídicas. A globalização também tem seu lado negativo, na medida em a massificação atinge identidades nacionais e modos de produção, e "mundializa" a cultura (GUERRA, 2015, p. 326).

Desta pertinente observação decorre que a globalização tem o aspecto positivo, pois combina a universialização e elimina as fronteiras, mas também pode aumentar os conflitos e gerar a migração, bem por isso torna-se necessário pensar em medidas de proteção para as migrações decorrentes destes novos rearranjos comunitários.

A RELATIVIZAÇÃO DA SOBERANIA, EM RAZÃO DO ESTADO DEMOCRÁTICO DE DIREITO E O SISTEMA DE PROTEÇÃO DOS DIREITOS HUMANOS.

Para Ferrajoli (2007, p. 39 e 40) a soberania externa teve sua falência decretada, na primeira metade do século XX, após a Segunda Guerra Mundial; afirma, ainda, que seu fim fora sancionado no plano internacional pela Carta da ONU e, sucessivamente, pela Declaração Universal dos Direitos do Homem (DUDH) aprovada pela Assembleia Geral das Nações Unidas. Trata-se de dois marcos normativos que alteraram, significativamente, a ordem jurídica, perdendo espaço a soberania e exsurgindo um direito internacional formado por direitos dos Estados, formando um só ordenamento.

Neste sentido, o século XX é um marco histórico em que formas pacíficas de resolução dos conflitos internacionais se institucionalizaram. As organizações internacionais viriam a ter, a partir de então, um papel central no desenvolvimento dessas atividades.

Jubilut (2007, p.150) demonstra que, principalmente após a Segunda Guerra Mundial, e com o advento da ONU, é que ocorreu uma alteração profunda no Direito Internacional, devido ao surgimento de novos sujeitos (as Organizações Internacionais e o indivíduo) e, também, novos atores internacionais (como as Organizações-não governamentais), verificando-se, assim, que o Direito Internacional deixou de ser um Direito que regulamenta a não intervenção, para ser um Direito que produz normas de cooperação.

Neste sentido, o Direito Internacional precisa ser reconstruído, através de várias nações que já abriram mão de suas soberanias para uma política de cooperação e obtenção da paz social.

Trindade (2006A, p.110) demonstra que no *jus gentium* o ideal de *civitas máxima gentium* foi cultivado nos textos dos fundadores do Direito Internacional. O Direito das Gentes regulamenta uma comunidade internacional que se constitui de seres humanos organizados socialmente em Estados, buscando sempre a coexistência. Analisando a obra de Hugo Grotius, o autor ressalta que o Estado não encontra sua finalidade em si mesmo, pois se trata em um meio de assegurar o ordenamento social e proporcionar o convívio entre os seres humanos.

Esse autor ainda ressalta que, antes mesmo de Grotius, já havia quem sustentasse que o Direito Internacional regulamentava a convivência entre os membros da *societas gentium* universal. Entretanto, essas reflexões visionárias foram substituídas pela emergência de um sistema jurídico positivado, que atribuiu personalidade ao Estado, portanto, dando-lhe "vontade própria", reduzindo os Direitos Humanos aos que o Estado os concedia. A ideia predominante do consentimento e da vontade dos Estados, entretanto, mostrou-se impotente para impedir as atrocidades perpetradas contra seres humanos, destinatários últimos de toda norma jurídica.

Segundo Trindade (2006A, p. 111) o regime tradicional não impediu a produção e uso de armas de destruição em massa e as violações manifestas dos direitos humanos, principalmente, o holocausto, o que determinou um repensar dos direitos humanos e de todo o ordenamento internacional.

Na verdade, o ordenamento internacional, já com o fim da Primeira Guerra Mundial, iniciou um movimento de modificação com a Liga das Nações, associação intergovernamental de caráter permanente, de alcance geral e com forma universal.

Essa organização internacional que tinha como funções essenciais a segurança, a cooperação econômica, social e humanitária, reforçou a necessidade de relativizar a soberania.

Segundo Piovesan (2011, p. 116 e 117), a Liga das Nações visava à cooperação, paz e segurança internacional, comprometendo-se os Estados a não permitirem agressões contra os indivíduos e assegurarem condições dignas para as pessoas, o que representava um limite à soberania estatal. Dessa forma, analisa Piovesan, foi necessária uma redefinição da própria soberania estatal, com o reconhecimento dos direitos humanos pelo direito internacional.

O Direito Internacional sofreu uma grande expansão, principalmente em virtude do surgimento da ONU e de suas agências especializadas. Ocorreu o surgimento de novos Estados advindos do fenômeno da descolonização, nas décadas de 1950 e 1960 sob forte influência da ONU e do direito emergente de autodeterminação dos povos, que desencadeou o processo de democratização do Direito Internacional (TRINDADE, 2006a).

Nessa trilha, Lafer (2015, p.62) demonstra que a Declaração Universal dos Direitos Humanos, adotada em 10 de dezembro de 1948, pela Assembleia Geral da ONU, asseverou o papel dos direitos humanos na convivência coletiva, e pode ser considerada como um evento inaugural da nova concepção da vida, sob a ótica do direito internacional.

Assim, a relação entre o soberano e os indivíduos passou a interessar ao direito internacional, e os Estados oprimidos pela guerra passaram a aderir ao movimento de universalização dos direitos humanos.

Distanciando da filosofia Hegeliana que dá enfoque à soberania, os doutrinadores do se depararam com um movimento universal em prol dos

Direitos Humanos. Neste contexto, redefiniu-se a noção de soberania absoluta do Estado, uma vez que este passava a incorporar em seu conceito compromissos e obrigações de alcance internacional, no que tange aos direitos humanos. É visível o entendimento na doutrina, sobre como o direito internacional contemporâneo se distanciou do direito internacional em seu nascedouro [149].

Por tudo isso, percebe-se que, no âmbito internacional, não mais se sustenta o monopólio estatal como titular de direitos, nem os excessos do positivismo jurídico, porquanto o modelo de estado soberano encontra-se superado.

O SUPREMO TRIBUNAL FEDERAL E O CASO VENEZUELA.

Em abril de 2018, o Estado de Roraima, pessoa jurídica de direito interno, com independência política-administrativa no Brasil, ingressou com uma ação originária contra a União Federal, pessoa jurídica Federal, que representa o Governo do Brasil, junto ao Supremo Tribunal Federal, órgão máximo jurisdicional do Brasil, narrando, em síntese, que, em razão da crise econômica, política e social da República Bolivariana da Venezuela, ocorreu uma explosão migratória, ocasionando o ingresso de cerca de 50 mil venezuelanos no Brasil.

Segundo a motivação, a partir de 2015, os venezuelanos ingressaram no território brasileiro, de forma desordenada, ocupando espaços públicos da cidade de Pacaraima, Roraima-Brasil, ultrapassando 10% da população do Estado, ocasionando aumento da criminalidade, aumento de atendimentos no sistema de saúde, sistema educacional, abrigos e ocasionando epidemias.

O Estado de Roraima fundamentou o pedido na necessidade de resguardar a soberania do estado brasileiro e a situação da população brasileira que reside em Roraima, bem como a alegada omissão governamental, solicitando ao Poder Judiciário que compelisse o Governo Federal (União Federal), em caráter de urgência, a promover medidas de controle policial, saúde e vigilância sanitária (a.1); determinar a transferência de recursos adicionais do Governo Federal ao Estado de Roraima (a.2), bem como a intimação para que a União implemente

---

[149] Poder-se-ia argumentar que o mundo contemporâneo é extremamente diferente da época dos chamados fundadores do Direito Internacional, que propugnavam por uma *civitas máxima* regida pelo Direitos das Gentes. Mas, ainda que se trate de cenários mundiais distintos (ninguém o negaria), a aspiração humana é a mesma, ou seja, da construção de um ordenamento internacional aplicável tanto aos Estados (e organizações internacionais) como aos seres humanos (o Direito das Gentes), em conformidade com certos fundamentos universais da justiça (TRINDADE, 2006b, p. 121).

o fechamento, temporário, da fronteira Brasil-Venezuela e, por fim, alternativamente, buscou a determinação para que a União proceda o controle de ingresso de venezuelanos até o limite do capacidade do Estado Brasileiro.

A ação da mais alta relevância foi recebida no Supremo Tribunal Federal, que imprimiu a amplitude da discussão da matéria, ao admitir o ingresso de órgãos de defesa dos direitos humanos e defensores públicos, e possibilitou, embora sem sucesso, a audiência de conciliação entre as partes, quais sejam, o Estado de Roraima e a União.

Rejeitada a conciliação, a eminente Ministra Rosa Weber proferiu a decisão sobre o pedido de tutela antecipada para o fechamento da fronteira ou o requerimento alternativo de limitação do ingresso de estrangeiros no território brasileiro.

Na decisão monocrática, conforme autoriza o Regimento Interno da Corte Brasileira, a Eminente Ministra Rosa Weber menciona a competência da União para legislar sobre migração, invoca a Lei Nacional de Migração, menciona o pacto entre Brasil e Venezuela, faz um escorço histórico sobre o direito internacional do refúgio, sopesando a estrutura do país para receber os refugiados, bem como o grande numero de indivíduos que podem receber o refugio, concluindo pelos mais graves danos no fechamento da fronteira aos refugiados do que o impedimento, total ou parcial, ao ingresso de venezuelanos no Brasil e concluiu pelo indeferimento dos pedidos.

Não se pretende aqui fazer análise aprofundada do tema, mormente porque a matéria ainda não foi definitivamente julgada pela alta Corte, tratandose de medida provisória, mas já é possível verificar que a decisão sinaliza para a solução no âmbito do direito internacional dos refugiados.

O *status* de refugiado constitui uma condição especial daquele que foge dos conflitos, ou condições inaceitáveis para a sobrevivência do ser humano, cuja situação é protegida internacionalmente, em razão de longo período histórico e de negociações entre Estados.

É bem verdade que o respeitável aresto ainda se baseia em argumentos jurídicos internos não mais aceitáveis pelo direito internacional do refugiado.

Com efeito, no decisum consta que o tema das migrações transfronteiriças está relacionado à soberania e, por isso, constitui ato reservado do Chefe do Executivo.

A soberania, em razão da evolução dos direitos humanos perdeu a característica de aspecto absoluto do poder do Estado e sofreu relativização, sendo que atualmente a discricionariedade do Estado encontra limite nos direitos humanos.

Os direitos humanos reconhecidos nos tratados e convenções internacionais constituem direito supranacional de solução dos conflitos, independentemente de constituir ou não norma de direito fundamental (legislado internamente), de maneira que se trata de sistema jurídico internacional que paira sobre todos os Estados.

A conquista do mais alto grau de desenvolvimento dos direitos constitui vetor de desenvolvimento político do país, de forma que é possível perceber se o país é democrático ou não, pelo cumprimento dos direitos humanos consagrados internacionalmente.

Quando se fala de direitos humanos do refugiado está se falando em direito supralegal do indivíduo estrangeiro que são obrigados a deixar suas vidas para trás, por forças de conflitos e ameaças, cuja situação está resguardada no direito internacional.

Não se pode impedir a entrada do refugiado no país, mormente em circunstâncias de evidente crise humanitária, sob argumento de que o Chefe do Executivo poderá recusar o refugiado, porquanto não se confunde a situação do refugiado com o asilado, este de caráter eminentemente político e facultativo, pois o refugiado já está protegido por normas internacionais de proteção.

O fechamento de fronteiras é medida excepcional e visa a defesa da nação, em caso de ataque, ou na iminência de um ataque, a fim de proteção da segurança nacional.

Faz-se necessário a compreensão da migração proveniente da Venezuela.

A Venezuela, país produtor de petróleo, fez-se das comodites do petróleo, exportando principalmente para os Estados Unidos da América e se mantinha até o século XX. Em 1998, o militar Hugo Chaves, de perfil socialista e anti-imperialista, elegeu-se presidente mudando radicalmente as políticas até então vigente. Nacionalizou empresas estratégicas, investiu na saúde, educação e nas forças armadas, aproximou-se de Cuba e afastou-se do Império, tornou-se popular e reelegeu-se até 2012, mas faleceu após dois meses do segundo mandato.

Seu sucessor, Nicolas Maduro, foi eleito por pequena margem de votos, iniciando um período difícil para o povo e para a Venezuela. As forças conservadoras se sentiram desfavorecidas. O país que possuía dólares em abundância, não se industrializou, nem se modernizou, e foi atingido pela queda do preço de petróleo, pela menor demanda e aumento de produção. As exportações despencaram, o país produziu mais moeda, disparando a inflação, surgiu o controle de preço, as mercadorias desapareceram dos mercados, e parte da população elegeu a maioria dos membros do parlamento venezuelano, contrários à política de Maduro, impulsionando a população a ir à ruas, que destruíram bens públicos e enfrentaram as forças do governo.

Nesse contexto caótico, os Estados Unidos da América apertaram o boicote de produtos essenciais como remédios, alimentos, produtos de higiene e outros, além de bloquear milhões de dólares de empresas estatais e do governo Venezuelano. A oposição apoiou o presidente do Parlamento, que se autodeclarou presidente, com reconhecimento dos E.U.A. e dos governos que o seguem como Brasil, Argentina e outros.

De tudo isto, constata-se que a situação atual decorreu de uma política interna, mas impactada por uma política externa de boicote econômico, sendo que a população em nada contribuiu para o colapso. Disso estou um país dominado pela fome, desemprego, violência, ameaçado pela guerra civil gerando milhões de refugiados, que não podem lá permanecer ou retornarem para os seus lares.

A situação dos venezuelanos não se enquadra em caso de fechamento de fronteiras, Ao revés, os migrantes venezuelanos têm disciplina no direito internacional e também no ordenamento interno brasileiro. Demais disso, a Constituição Federal Brasileira, em seu art. 1 º, III, estabelece como princípio axiológico de todo aparato legislativo o respeito à dignidade humana e, por consequência, cumprindo a todas as decisões no país, sejam elas administrativas, políticas ou judiciais, a observância ao princípio à dignidade humana.

Alinhado a isso a lei federal sobre imigração, Lei n 13445/17 , que substituiu o Estatuto dos Estrangeiro, não mais tratou o assunto dos migrantes como de segurança nacional, mas estabeleceu os princípios da não discriminação, igualdade de direitos e de acolhida humanitária.

Não bastasse isso, a tentativa de devolução de refugiados venezuelanos pelo Brasil, foi objeto de deliberação da Comissão Internacional de Direitos Humanos, órgão principal e autônomo da Organização dos Estados Americanos (OEA), que tem como objeto internacional promover a observância dos direitos humanos na região, e concitou o Estado Brasileiro a observar os padrões internacionais de direitos humanos e os direitos interamericanos dos refugiados. Assim, a Comissão sinalizou para não obstaculizar a entrada de venezuelanos no território brasileiro, em razão dos direitos internacionais dos refugiados, dando ensejo à eventual sanção internacional, em caso de desatendimento[150]

A alegação no sentido de que o recebimento de refugiados venezuelanos poderá acarretar o colapso do sistema Brasileiro de emprego e segurança

---

150 CIDH expressa preocupação com pessoas migrantes venezuelas e conclama Estados da região a implementar medidas para sua proteção. www.oas.org.Acesso em 25/01/17.

pública tem-se se mostrado injustificável. Segundo a ORG Médicos sem Fronteiras, que atua diretamente junto aos refugiados "Mais da metade das pessoas refugiadas são crianças", cuja informação vem reconhecida pela agência da ONU para Refugiados ACNUR[151]. Além disso, como há medidas de divisão interna de responsabilidades, o ônus pode ser amenizado e até mesmo possibilitar o devido acolhimento dos refugiados.

Do ponto de vista interno é preciso verificar que os refugiados ingressam no território brasileiro como um todo, e não apenas no estado de Roraima, que constitui somente a porta de entrada dos migrantes no Brasil, cuja responsabilidade deve ser dividida entre todos os estados, através de critérios objetivos.

Segundo dados colhidos no Senado Federal Brasileiro, o processo de interiorização, ou seja, o reencaminhamento dos migrantes venezuelanos de Roraima para outras unidades territoriais dentro do Brasil, foi positivo e proporcionou melhor distribuição e possibilidade de atendimento mais adequado aos migrantes[152] 5.

A crise humanitária não se resolve de forma isolada. A cooperação internacional, por é instrumento de consenso, que visa a colaboração entre estados para solução de problemas de índole internacional e pode servir de eficaz enfrentamento ao processo migratório venezuelano.

O convênio internacional pode envolver estados fronteiriços, ou meramente interessados na cooperação, que visa à absorção ordenada dos migrantes na região. Assim, é possível vislumbrar não só um projeto emergencial de atendimento ao migrante, mas uma cooperação internacional, visando à proteção do refugiado na América Latina.

Em recente levantamento, consta que o Brasil é o penúltimo país em recebimento de número elevado de migrantes Venezuelanos. Assim, a Colômbia recebeu cerca de 1,3 milhão, seguida do Peru, com 768 mil, após o Chile com 288 mil, o Brasil com 168 mil e a Argentina com 130 mil, demonstrando que relevantes países têm interesse em dividir responsabilidade e recursos para atender a grave crise humanitária da Venezuela[153].

---

151 UNHCR/ACNUR: www.msf.org.br, informativo mensal outubro/2019.

152 Senado Federal, 2018. **Interiorização de refugiados e imigrantes tem avaliação positiva do governo, mas ainda é objeto de controvérsia**. Disponível em: https://www12.senado.leg.br/noticias/infomaterias/2018/11/interiorizacao-de-refugiados-e-imigrantes-tem-avaliacao-positiva-pelo-governo-mas-ainda-e-objeto-de-controversia. Acesso em 16.10.2019

153 **Numero de venezuelanos deixando seu país alcançou 4 milhões**, anunciou hoje a ACNUR, Genebra, 7.06.2019.

Logo, desenha-se uma crise que pode servir de objeto de colaboração entre Estados, em razão do princípio de solidariedade mútua, com resposta conjunta para esta e outras migrações que podem ocorrer na região.

Além de tudo isso, os Estados, que já se empenham para solucionar a crise migratória, podem buscar a ajuda internacional, através de cooperação, junto aos organismos e outros Estados para uma solução da crise humanitária.

CONCLUSÃO.

O direito internacional dos refugiados cunhou o status de refugiado a todo aquele que foge de violações aos direitos humanos, tem origem na Convenção de Genebra de 1951, perpassando pelas convenções que lhe seguiram, fruto de consenso entre os Estados, encontrando-se em desenvolvimento.

Tais textos não foram alterados pela Declaração de Cartagena sobre Refugiados na América Latina, de 1984, e nem mesmo pelo Pacto de Refugiados, que não tem caráter vinculativo, mas reafirmam o caráter de proteção internacional dos refugiados, ainda que o país dele não faça parte.

O conceito de discricionariedade, quando se trata de direitos humanos, no sentido de escolha do chefe do executivo, tem sofrido mitigação, pois a proteção dos direitos humanos constitui vetor axiológico de todo o sistema jurídico internacional, e não está à disposição do governante cumprir ou deixar de cumprir.

É por isso que se pode concluir que o refúgio não está relacionado com a soberania e dela é independente, sendo que os casos que podem ameaçar o Estado, seja em razão de crimes internacionais, terrorismo, ameaça ideológica, ou política, devem ser examinados individualmente.

Perante a comunidade internacional, um país somente é considerado democrático se respeitar sua Constituição, observar a separação de poderes e, principalmente, respeitar os Direitos Humanos.

O refugiado venezuelano é vítima de graves violações que o impulsiona a pedir proteção aos países vizinhos da América Latina, cujo impacto negativo pode ser solucionado mediante pacto de cooperação entre os Estados.

A legislação brasileira também demonstrou um avanço em matéria de cooperação internacional. Com efeito, o Código de Processo Civil Brasileiro (art. 26) aprimora a cooperação internacional, com base no princípio da reciprocidade e, ainda, incentiva a cooperação, visando a intensificação das relações internacionais.

Tendo em vista que os Direitos Humanos são universais, a cooperação internacional para a solução de problemas nesta área indica um Estado democrático aberto para interagir com os demais governos estrangeiros; demonstra uma disposição de negociar, inobstante as diversas especificidades de outros Estados; revela uma preocupação importante com os direitos humanos dos refugiados e, principalmente, sinaliza uma mudança de cultura para a aceitação da Justiça cosmopolita do direito internacional.

A crise humanitária é um desafio, que pode ser enfrentado com adesão consensual da cooperação, inicialmente não vinculativa, mas, tal qual a Declaração Universal dos Direitos Humanos, pode se tornar de inegável força cogente universal.

REFERÊNCIAS E BIBLIOGRAFIA.

ARENDT, H. **Eichmann em Jerusalém um relato sobre a banalidade do mal**. São Paulo: Companhia das Letras, 2013.

BODIN, Jean. **Os seis livros da República**, v. 6, Ed. Fayard, 1986.

DILTHEY, Wilhelm. **Introduction a l'etude dês sciences humanines**. Traducion of Lous Sauzin. Paris: Universitaires de Frances, 1942.

DINH, Nguyen Quoc; DAILLER, Patrick; PELLET, Alain. **Direito internacional público**. 2. ed. Lisboa: Fundação Calouste Gulbenkian, 2003.

FERRAJOLI, Luigi. **A soberania no mundo moderno**: nascimento e crise do Estado Nacional. Tradução de Carlo Coccioli, Márcio Lauria Filho, São Paulo: Martins Fontes, 2007.

GUERRA, Sidney da Silva. **Direitos Humanos & Cidadania**. São Paulo: Atlas, 2015.

HEGEL, São Paulo: Nova Cultura, 1999. (Coleção os Pensadores).

HOBBES, Thomas. **Leviatã**. São Paulo: Ed. Martin Claret, 2006.

JUBILUT, Liliana. O Direito internacional dos refugiados e sua aplicação no ordenamento jurídico brasileiro. São Paulo: Método, 2007.

KANT, **A paz perpetua e outros opúsculos.** Edições, Lisboa (2009).

LAFER, Celso. **A internacionalização dos direitos humanos**. São Paulo: Manole, 2005 e **Direitos humanos**: um percurso no direito no Século XXI. São Paulo: Atlas, 2015.

MAQUIAVEL, Nicolau. **O príncipe**: texto integral. São Paulo: Martin Claret, 2003

MORGENTHAU, Hans. **A política entre as nações**. Brasília: Ed. Universidade de Brasília,2003.

PELLET, Alain. As novas tendências do direito internacional: aspectos 'macro-jurídios'. **O Brasil e os novos desafios do direito internacional**. Rio de janeiro: Forense, 2004.

PÉREZ LUÑO, Antonio Enrique. **Derechos humanos, estado de derecho y constitucion**. 4. ed. Madrid: Editorial Tecnos, 1991

PIOVESAN, Flavia. **Direitos humanos e o direito constitucional internacional**. 14. ed. São Paulo: Saraiva: 2011

PLATÃO. **A república**. 3. ed. São Paulo, SP: Martin Claret, 1999.

ROUSSEAU, Jean-Jacques. **Do contrato social**: ou princípios do direito político. São Paulo: Martin Claret, 2000.

SHAW, Malcolm N. **Direito Internacional**. Tradução de Marcelo Brandão Cipolla, Lenina Ananias do Nascimento, Antônio de Oliveira Sete Câmara. São Paulo: Martins Martins Fontes, 2010a. e 2010b

SIBERT, Marcel. **Traité de droit international public**: le droit de la paix. Paris: Dalloz, 1951.

STELGES, Isabela Kathrin. **A cidadania da União Europeia**. Belo Horizonte: Del Rey, 2002.

STRENGER, Irineu. **Direito processual internacional**. São Paulo: LTr, 2003.

TRINDADE, Antônio Augusto Cançado. **A humanização do direito internacional e os limites da razão do Estado**. Belo Horizonte: Del Rey, 2006a e 2006B.

POLÍTICAS PÚBLICAS DE SAÚDE: A RESPONSABILIDADE DOS ENTES FEDERATIVOS NA ÓTICA DO SUPREMO TRIBUNAL FEDERAL.

PUBLIC HEALTH POLICIES: THE RESPONSIBILITY OF THE FEDERATIVE ENTITIES IN THE VIEW OF THE SUPREME FEDERAL COURT.

Simone Letícia Severo e Sousa Dabés Leão[154]

RESUMO: O direito à saúde, além de qualificar-se como fundamental, por ocupar posição de destaque na Constituição de 1988, representa condição constitucional indissociável do direito à vida digna, na medida em que saúde é pressuposto para qualidade de vida e dignidade da pessoa humana. Este trabalho, desenvolvido por meio de metodologia qualitativa, do tipo exploratória, por coleta de dados, foca em reflexões sobre o tema da responsabilidade dos entes federativos brasileiros pela efetivação do direito à assistência médico-hospitalar como corolário do direito à saúde. Nessa conjuntura, analisa-se a jurisprudência do Supremo Tribunal Federal, que, em sede de Repercussão Geral (Tema 793), firmou entendimento segundo o qual os entes federativos são responsáveis solidários para prestar tratamento médico adequado ao paciente.

Palavras-chave: Direitos Humanos. Judicialização da Saúde. Responsabilidade Solidária. Jurisprudência do STF.

ABSTRACT: *The right to health, in addition to qualifying as fundamental, since it occupies a prominent position in the 1988 Constitution, represents an*

154 Pós-Doutora em Direitos Sociais e Humanos pela Universidade Salamanca. Doutora em Direito Público (PUCMinas/Belo Horizonte). Mestre em Direito das relações econômico-empresariais (Unifran/São Paulo). Professora Universitária. Membro do Comitê Mineiro de Saúde – COGESMIG. Assessora Judiciária – TJMG.

inseparable constitutional condition of the right to a dignified life, considering that health is a prerequisite for the quality of life and dignity of the human person. This study was developed by means of a qualitative methodology of the exploratory type, through data collection, and it focuses on reflections on the theme of the responsibility of the Brazilian federative entities for the implementation of the right to hospital medical assistance as a corollary of the right to health. In this context, it analyzes the jurisprudence of the Supreme Federal Court, which is under General Repercussion (Theme 793), and it confirms the understanding according to which the federative entities are jointly responsible for the medical treatment needed by the patient.

Key words: *Human Rights. judicialization of health. Joint liability. Federal Supreme Court jurisprudence*

INTRODUÇÃO

A Constituição de 1988 trata as ações e serviços de saúde com o enfoque de bem-estar social, definindo claramente que o sistema que adotou envolve tanto a participação do setor público, quanto da iniciativa privada na prestação de serviços de saúde à população.

Segundo dispõe o art. 196 da Constituição de 1988, a saúde é direito de todos e dever do Estado, garantido mediante políticas sociais e econômicas que visem à redução do risco de doenças e outros agravos, e ao acesso universal e igualitário às ações e serviços para sua promoção, proteção e recuperação.

Utilizar-se-á a expressão direitos humanos para designar o momento em que estes surgiram ou foram reconhecidos pela comunidade humana e à expressão direitos fundamentais para marcar a positivação destes direitos.

A saúde é considerada como um direito humano fundamental social (art. 6º, da Constituição Federal).

Contudo, evidencia-se que a prestação do serviço público de saúde é realizada de forma descentralizada, de maneira que cada ente possua as mesmas competências em seu respectivo território, integrando uma rede regionalizada e hierarquizada através de um sistema único (art. 198).

A questão é bastante preocupante, principalmente tendo em vista o número assustadoramente crescente das demandas judiciais em que os cidadãos pleiteiam o acesso à saúde.

Diante disso, observa-se que a alternativa para coibir as omissões dos entes federados é por meio da chamada Judicialização da Saúde.

Nesse contexto, analisar-se-á a dicotomia entre os direitos humanos e direitos fundamentais, bem como as políticas públicas e a efetividade do Direito à Saúde, com enfoque na solidariedade dos entes públicos sob a ótica do Supremo Tribunal Federal.

O objetivo maior é efetuar um estudo acerca da responsabilidade dos entes federados no que tange à assistência à saúde, seja no fornecimento de medicamento, internação, cirurgia, transferência e transporte hospitalar, dentre outros.

DICOTOMIA ENTRE DIREITOS HUMANOS E DIREITOS FUNDAMENTAIS

Embora alguns autores entendam que *direitos humanos* e *direitos fundamentais* são sinônimos, parte da doutrina entende que existem entre eles algumas diferenças.

E embora os direitos humanos sejam inerentes à própria condição humana, seu reconhecimento e sua proteção são frutos de todo um processo histórico de luta contra o poder e de busca de um sentido para a humanidade.

Norberto Bobbio afirma que:

> Os direitos do homem, por mais fundamentais que sejam, são direitos históricos, ou seja, nascidos em certas circunstâncias, caracterizados por lutas em defesa de novas liberdades contra velhos poderes, e nascidos de modo gradual, não todos de uma vez e nem de uma vez por todas. (BOBBIO, 1992, p. 5).

Paulo Bonavides entende que quem diz *direitos humanos*, diz *direitos fundamentais*, e quem diz estes diz aqueles, sendo aceitável a utilização das duas expressões indistintamente, como sinônimas. Porém, afirma que razões de vantagem didática recomendam, para maior clareza e precisão, o uso das duas expressões com leve variação de percepção, sendo a fórmula *direitos humanos*, por suas raízes históricas, adotadas para referir-se aos direitos da pessoa humana antes de sua *constitucionalização* ou *positivação* nos ordenamentos nacionais, enquanto *direitos fundamentais* designam os direitos humanos quando trasladados para os espaços normativos. (BONAVIDES,1998. p. 16).

No mesmo sentido, J.J.Gomes Canotilho, aduz que *direitos humanos* e *direitos fundamentais* são termos utilizados, no mais das vezes, como sinônimos. Entretanto, segundo a origem e o significado, podem ter a seguinte distinção:

> (...) direitos do homem são direitos válidos para todos os povos e em todos os tempos (dimensão jusnaturalista-universalista): direitos fundamentais são os direitos do homem, jurídico-institucionalmente garantidos e limitados espaço-temporalmente. Os direitos humanos arrancariam da própria natureza humana e daí o seu caráter inviolável, intemporal e universal: os direitos fundamentais seriam os direitos objetivamente vigentes numa ordem jurídica concreta. (CANOTILHO, 2002, p. 369).

Desse modo, os direitos humanos estão para a proteção universal do ser humano como direito à vida e liberdade. Os direitos fundamentais estão voltados para o direito interno positivado na forma de Constituição e devem ser garantidas pelo Estado de forma a assegurar os direitos fundamentais de todos os cidadãos.

Os direitos humanos estão voltados para o ser humano universal independentemente de nação, ou seja, há uma internacionalização desses direitos, é protegido o ser humano quando houver conflitos internos nas nações como vêm ocorrendo nas últimas décadas no Oriente Médio. Os direitos humanos provêm de um pacto realizado entre as nações e firmado com a Declaração Universal dos Direitos Humanos de 1948, na qual o Estado se comprometeu com as garantias fundamentais de seus cidadãos e caso contrariando esse pacto estaria sujeito às sanções internacionais.

Os direitos fundamentais compreendem o reconhecimento de forma positivada pelo Estado, garantindo direitos inerentes ao ser humano que visa as Constituições determinarem direitos eminentemente de cunho interno para proteção de seus cidadãos e garantido o direito à vida, trabalho, saúde, educação e entre outros, conforme a Constituição de 1988 preocupa com os direitos do cidadão.

Portanto, com relação ao termo "direitos fundamentais" este apenas surge para a humanidade quando positivados por um ordenamento jurídico específico, geralmente garantidos em normas constitucionais frente a um Estado.

Sérgio Resende de Barros, não aceita separação entre *direitos humanos* e *direitos fundamentais* e contrapõe o entendimento de que sejam institutos jurídicos distintos, uma vez que *essa dicotomia retira humanidade ao fundamental e fundamentalidade ao humano.* No entanto, considera que os direitos humanos devem ser distinguidos dentro de uma *escala de fundamentalidade,* ao longo da qual se vai dos que prefere denominar *direitos humanos principais* (porque basilares, fundamentais em sentido amplo em que dão princípio e fundamento a seus direitos mais particulares e instrumentais) para *direitos humanos operacionais* (subsidiários dos principais, fundamentais no sentido estrito em que dão concreção a seus principais, instrumentando-os para os realizar), sempre, porém, em graus sucessivos, mas contínuos, de modo que, nessa interação, todo o *humano* continua a ser *fundamental*, assim como todo *fundamental* continua a ser *humano*, sem separação, enfatiza. (BARROS, 2003, p. 36-48).

Segundo Ingo Wolfgang Sarlet:

> [...] o termo direitos fundamentais se aplica para aqueles direitos do ser humano reconhecidos e positivados na esfera do direito constitucional positivo de determinado Estado, ao passo que a expressao direitos humanos guardaria relação com os documentos de direito internacional, por referir-se àquelas posições jurídicas que se reconhecem ao ser humano como tal, independentemente de sua vinculação com determinada ordem constitucional, e que, portanto aspiram à validade universal, para todos os povos e tempos, de tal sorte que revelam um inequívoca caráter supranacional. (SARLET, 2005, p. 35 e 36).

Utiliza-se a expressão direitos humanos para designar o momento em que estes surgiram ou foram reconhecidos pela comunidade humana e a expressão direitos fundamentais para marcar a positivação destes direitos.

José Luiz Quadros de Magalhães expõe que os direitos fundamentais são considerados "como direitos históricos que são frutos da construção humana, dos embates e lutas por direitos em diversas sociedades". (MAGALHÃES, 2008, p. 10).

Kimura argumenta que:

> O Direito à vida, elementar e essencial no âmbito dos direitos fundamentais, envolve dois enfoques: (a) Direito à existência - refere-se ao direito de sobreviver, de defender, de permanecer vivo. É o direito de não ter interrompido o processo vital senão pela morte espontânea e inevitável; (b) Direito à dignidade - corolário do direito à existência, figura o direito de desfrutar a vida com dignidade (KIMURA, 2005. p. 394).

Jorge Miranda entende os direitos fundamentais como os direitos ou posições jurídicas ativas dos seres humanos, individual ou institucionalmente considerados, previstos na Constituição, seja na constituição formal, seja na constituição material – donde a distinção entre *direitos fundamentais em sentido formal* e *direitos fundamentais e sentido material.* (MIRANDA, 2000, p. 7).

Os direitos fundamentais estão intrinsecamente ligados e, na verdade, decorrem do princípio da dignidade da pessoa humana, o qual contém em seu bojo, "um conjunto de valores civilizatórios incorporados ao patrimônio da humanidade. O conteúdo jurídico do princípio vem associado aos direitos fundamentais, envolvendo aspectos dos direitos individuais, políticos e sociais." (BARROSO, 2002, p. 67).

Uadi Lammêgo Bulos, assevera que, sem os direitos fundamentais, o homem não vive, não convive, e, em alguns casos, não sobrevive:

> Direitos *fundamentais* são o conjunto de normas, princípios, prerrogativas, deveres e institutos, inerentes à *soberania popular*, que garantem a convivência pacífica, digna, livre e igualitária, independentemente de credo, raça, origem, cor, condição econômica ou *status* social. (BULOS, 2011, p. 515).

A Constituição Federal de 1988 contém dispositivo que expressa de forma inequívoca a efetividade que se pretende seja atribuída às normas de direitos fundamentais. Portanto, os direitos fundamentais estão numa posição de destaque na Constituição Federal de 1988, sendo a saúde um pressuposto para qualidade de vida e dignidade da pessoa humana.

Trata-se do art. 5º, LXXVIII, § 1º, que preconiza: "as normas definidoras dos direitos e garantias fundamentais têm aplicação imediata." (BRASIL, 1988, p. 22).

Consequentemente, o Estado constitucional de direito gravita em torno da dignidade da pessoa humana e da centralidade dos direitos fundamentais.

É a partir desse artigo quinto da Constituição Federal que se discorrerá sobre a temática da aplicabilidade das normas constitucionais. Ainda no art. 5°, o seu § 2° "os direitos e garantias expressos na Constituição não excluem outros decorrentes do regime e dos princípios por ela adotados, ou dos tratados internacionais", amplia o rol dos direitos e garantias fundamentais, já que esses não se esgotam naqueles explicitamente expressos no texto constitucional, tal como os elencados no *caput*, do art. 5°: "Todos são iguais perante a lei, sem distinção de qualquer natureza, garantindo-se aos brasileiros e aos estrangeiros residentes no país a inviolabilidade do direito à vida, à liberdade, à igualdade, à segurança e à propriedade".

Na Constituição de 1988, os direitos fundamentais de cunho social estão albergados em seu art. 6º: "São direitos sociais a educação, a alimentação, o trabalho, a moradia, o lazer, a segurança, a previdência social, a proteção à maternidade e à infância, a assistência aos desamparados." (BRASIL, 1998).

A Constituição de 1988 em seu art. 6º garante também, a todos os cidadãos o direito fundamental social à saúde.

E, por força de vários dispositivos constitucionais, no art. 196 prescreve:

> A saúde é direito de todos e dever do Estado, garantido mediante políticas sociais e econômicas que visem à redução do risco da doença e de outros agravos e de acesso universal e igualitário às ações e aos serviços para sua promoção, proteção e recuperação. (BRASIL, 1988).

Contudo, impossível falar em dignidade da pessoa humana, sem falar em princípio da igualdade. O princípio da igualdade confere a todos os cidadãos o direito de ter direitos iguais, podendo participar das decisões sociais e dos direitos humanos. Assim, o Estado deve promover a inclusão social e a saúde a todos, garantindo assim, a dignidade da pessoa humana.

Na Constituição Federal de 1988, os direitos de segunda geração, estão expressos no ordenamento a partir do art. 6º e nesse aspecto, o referido artigo reconhece o direito à saúde como direito social. Logo, a saúde é, também, direito de segunda geração, eis que passa a ser direito, que exige do Estado prestações positivas, para deste modo evidenciar a sua garantia/efetividade.

Fato é que a saúde é um direito fundamental social, que, para ser otimizado, precisa da atuação positiva do Estado, no intuito de assegurar vida digna aos cidadãos.

Desse modo, a saúde é condição essencial à dignidade da pessoa humana, cabendo assim, ao Estado, por meio de políticas públicas e de seus órgãos, assegurá-la como direito de todos os cidadãos. O direito à saúde se consubstancia em um direito público subjetivo, exigindo do Estado atuação positiva para sua eficácia e garantia. (HUMENHUK, 2004, p.1).

Convém salientar, que pela primeira vez na história brasileira, a Constituição/88 trata expressamente dos objetivos do Estado brasileiro, definindo a dignidade da pessoa humana como fundamento da República, valorizando o direito à vida como direito fundamental do cidadão. Tutelando, no art. 3º; os objetivos fundamentais da República Federativa do Brasil, "de promover o bem de todos, construir uma sociedade livre, justa e solidária, garantir o desenvolvimento, permeando os fundamentos do Estado Democrático de Direito, que são: a soberania popular, a cidadania, a dignidade da pessoa humana", conforme o art. 1º da Constituição Federal/88.

O direito à saúde se consubstancia como um direito de segunda geração, posto que, se externa como um verdadeiro direito a prestação, ou seja, um direito social prestacional, que necessita de uma atuação positiva por parte do ente estatal.

AS POLÍTICAS PÚBLICAS E A EFETIVIDADE DO DIREITO À SAÚDE: a solidariedade dos entes públicos sob a ótica do STF.

Verificar-se-á que não se busca apenas a codificação de direitos, mas também a sua efetividade, no intuito de otimizar os recursos orçamentários existentes, dos direitos sociais, em geral e do direito à saúde, em particular.

Com o advento da era moderna, a saúde torna-se matéria de Estado, isto é, das políticas públicas.

O que torna o direito à saúde de maior complexidade para sua efetividade é a sua dependência com outras políticas públicas. (LIMBERGER; GRISON, 2010, p. 316).

No Brasil, as políticas públicas desempenharam um papel muito importante na consolidação da ordem republicana que, desde a origem, manteve traços antidemocráticos cujas raízes penetram profundamente nas estruturas existentes, fundindo-se a interesses sociais objetivos e contraditórios entre si.

As políticas públicas podem ser definidas como conjuntos de disposições, medidas e procedimentos que traduzem a orientação política do Estado e regulam as atividades governamentais relacionadas às tarefas de interesse público. São também definidas como todas as ações de governo, divididas em atividades diretas de produção de serviços pelo próprio Estado e em atividades de regulação de outros agentes econômicos. As políticas públicas em saúde integram o campo de ação social do Estado orientado para a melhoria das condições de saúde da população e dos ambientes natural, social e do trabalho. Sua tarefa específica em relação às outras políticas públicas da área social consiste em organizar as funções públicas governamentais para a promoção, proteção e recuperação da saúde dos indivíduos e da coletividade. (LUCHESE, 2004, p. 1).

Importante destacar a seguinte decisão do Ministro Celso de Mello, do Superior Tribunal Federal (Pet. 1.246-SC):

> [...] entre proteger a inviolabilidade do direito à vida e à saúde, que se qualifica como direito subjetivo inalienável assegurado a todos pela própria Constituição da República (art. 5°, caput e art. 196), ou fazer prevalecer, contra essa prerrogativa fundamental, um interesse financeiro e secundário do Estado, entendo – uma vez configurado esse dilema – que razões de ordem ético-jurídica impõem ao julgador uma só e possível opção: aquela que privilegia o respeito indeclinável à vida e à saúde humana.

O preâmbulo da Constituição, destaca a necessidade do Estado Democrático assegurar o bem-estar da sociedade. Dentro de bem-estar, como uma das finalidades do Estado, encontra-se a Saúde Pública.

Sobre a competência para legislar, salienta Marlon Alberto Weichert:

> Em matéria de saúde, a **competência legislativa é compartilhada** entre todos os entes federativos, segundo a técnica vertical limitada. Compete a **União** editar **normas gerais** sobre o tema, aos Estados editar as normas complementares necessárias ao funcionamento dos seus serviços e à sua

> função de direção estadual do SUS, e aos Municípios a edição de normas complementares necessárias à sua esfera de atuação. Entretanto, conforme art. 23, II, **cuidar da saúde e da assistência pública é competência comum da União, Estados, DF e Municípios**. Deste modo, embora o art. 30, VII, da CF reze ser de competência dos Municípios, diretamente ou através dos entes da administração indireta, prestar, com a cooperação técnica e financeira da União e dos Estados, serviço de atendimento à saúde da população, tal responsabilidade é linear, alcançando também a União e os Estados. (WEICHERT, 2004, p. 141).

Portanto, nota-se que o município brasileiro está duplamente titulado para legislar sobre proteção e defesa da saúde. O primeiro título refere-se à competência para suplementar a legislação federal (limitada a normas gerais) e a estadual no que couber (competência enumerada no artigo constitucional - art. 30, II). O segundo, prioritário, é relativo à predominância do interesse local pela proteção e defesa da saúde como objeto da competência dos Municípios descrita no artigo 30, I, da Constituição: "legislar sobre assuntos de interesse local".

Nos termos do art. 23, XII, da Constituição de 1988, compete à União, ao Distrito Federal e aos Estados legislar **concorrentemente** sobre saúde pública. Salientando, que o município também pode legislar sobre saúde para atender o interesse local (art. 30,II, da CF). Na ausência de normas federais e estaduais sobre saúde que atendam o interesse do município compete-lhe legislar sobre temas de sua atribuição no interesse local.

Ressalte-se, que a expressão constitucional "competência comum" no que respeita ao artigo 23, II, da Constituição de 1988, deve ser compreendida como a capacidade e o direito que têm a União, os Estados, o Distrito Federal e os Municípios de legislar e praticar todos os atos administrativos necessários ao cuidado da saúde, "juntamente e em pé de igualdade".

E preleciona ainda Limberger e Grison:

> O direito à saúde, como direito público subjetivo, deve ser assegurado mediante políticas sociais e econômicas. Não é um direito absoluto a todo e qualquer procedimento necessário à proteção, à promoção e à recuperação da saúde, independentemente da existência de uma política pública que o concretize. Há um direito público subjetivo às políticas públicas que promovam, protejam e recuperem a saúde. (LIMBERGER; GRISON, 2010, p. 310).

Para uns, a judicialização das políticas públicas, atinente à área da saúde, é a quebra de igualdade, ou seja, aqueles que têm condições de demandar, seja por advocacia privada ou defensoria pública, têm vantagem em relação aos que não têm acessibilidade ao Poder Judiciário, seja por falta de informação ou instrumentalização (não instalação da Defensoria Pública em alguns Estados).

É o Estado, no seu papel de coordenador do SUS (art. 17 da Lei n. 8.080, de 1990) que deve ordenar o sistema de saúde estadual em relação aos seus serviços e ao conjunto de seus municípios e legislar **suplementarmente** sobre saúde. Porém, na prática é comum o Ministério da Saúde extrapolar sua competência constitucional de apenas legislar sobre normas gerais na área da saúde, normatizando o SUS nos mínimos detalhes, invadindo a competência estadual e impondo regramentos em minúcias aos Estados e Municípios, como se a competência para legislar sobre saúde fosse exclusivamente federal. Difícil também, um sistema de saúde regionalizado conviver com uma centralização normativa como a imposta pelo Ministério da Saúde.

Para que o serviço público de saúde se torne eficiente e eficaz, no cumprimento de sua finalidade, é preciso organizar a distribuição das competências para a sua execução, de forma proporcional, fazendo com que cada ente fique responsável por uma parcela de poder que possa realmente ser exercido.

É do Estado, ainda, o papel de regular, fiscalizar e controlar os serviços públicos e privados de saúde (art. 198 da CF) no seu território estadual, cumprindo apenas as normas gerais da União. Contudo, na prática, poucos são os Estados que têm assumido seu verdadeiro papel no SUS.

Ocorre que a prestação do serviço público de saúde é realizada de forma descentralizada, de maneira que cada ente possua as mesmas competências em seu respectivo território, integrando uma rede regionalizada e hierarquizada através de um sistema único (art. 198).

Acerca do assunto, o Supremo Tribunal Federal, por maioria, fixou a seguinte tese de repercussão geral (Tema 793):

> Os entes da federação, em decorrência da competência comum, são solidariamente responsáveis nas demandas prestacionais na área da saúde, e diante dos critérios constitucionais de descentralização e hierarquização, compete à autoridade judicial direcionar o cumprimento conforme as regras de repartição de competências e determinar o ressarcimento a quem suportou o ônus financeiro. (Ministro Edson Fachin, Redator para o acórdão, vencido o Ministro Marco Aurélio, que não fixava tese. Presidência do Ministro Dias Toffoli. RE 855178-SE - Plenário, 23.05.2019.)

Diante disso, o *Supremo Tribunal Federal* (*STF*) reafirmou jurisprudência sobre a responsabilidade solidária dos *entes federados* no dever de prestar assistência à saúde:

Ementa: SEGUNDO AGRAVO REGIMENTAL NO RECURSO EXTRAORDINÁRIO COM AGRAVO. CONSTITUCIONAL. DIREITO À SAÚDE. FORNECIMENTO DE MEDICAMENTO. RESPONSABILIDADE SOLIDÁRIA DOS ENTES DA FEDERAÇÃO (TEMA 793 DA REPERCUSSÃO GERAL). COMPROVAÇÃO DA NECESSIDADE DO MEDICAMENTO. IMPOSSIBILIDADE DE REEXAME DO CONJUNTO FÁTICO-PROBATÓRIO DOS AUTOS. SÚMULA 279/STF. CUSTO DO MEDICAMENTO QUESTÃO NÃO DISCUTIDA NO ACÓRDÃO RECORRIDO. IMPOSSIBILIDADE DE APLICAÇÃO DO TEMA 6 DA REPERCUSSÃO GERAL (RE 566.471-RG/RN). AGRAVO A QUE SE NEGA PROVIMENTO. I – **O Supremo Tribunal Federal, ao julgar o RE 855.178-RG/SE (Tema 793 da Repercussão Geral), da relatoria do Ministro Luiz Fux, assentou que o tratamento médico adequado aos necessitados se insere no rol dos deveres do Estado, porquanto responsabilidade solidária dos entes federados.** II – É inviável, em recurso extraordinário, o reexame do conjunto fático probatório constante dos autos. Súmula 279/STF. III – Inaplicabilidade do Tema 6 da Repercussão Geral (RE 566.471-RG/RN), da relatoria do Ministro Marco Aurélio, à hipótese em que não há discussão sobre o custo do medicamento requerido. IV – Agravo regimental a que se nega provimento. (ARE 1221111 AgR-segundo, Relator(a): Min. RICARDO LEWANDOWSKI, Segunda Turma, julgado em 29/11/2019, PROCESSO ELETRÔNICO DJe-270 DIVULG 06-12-2019 PUBLIC 09-12-2019) (grifou-se)

Ementa: AGRAVO REGIMENTAL EM RECURSO EXTRAORDINÁRIO. INTERPOSIÇÃO EM 14.05.2019. FORNECIMENTO DE MEDICAMENTOS. PESSOAS HIPOSSUFICIENTES. RESPONSABILIDADE SOLIDÁRIA DOS ENTES FEDERADOS. REAFIRMAÇÃO DA JURISPRUDÊNCIA SOB A SISTEMÁTICA DA REPERCUSSÃO GERAL. RE 855.178-RG. TEMA 793. REEXAME DE FATOS E PROVAS. SÚMULA 279 DO STF. ALTO CUSTO DOS MEDICAMENTOS. AUSÊNCIA DE DISCUSSÃO PARA FINS DE APLICAÇÃO DO TEMA 6 DA REPERCUSSÃO GERAL. 1. **O acórdão recorrido está alinhado à jurisprudência do Supremo Tribunal Federal, reafirmada no julgamento do RE 855.178-RG, Rel. Min. Luiz Fux (Tema 793) no sentido de que constitui obrigação solidária dos entes federativos o dever de fornecimento gratuito de tratamentos e de medicamentos necessários à saúde de pessoas hipossuficientes**. 2. Para se chegar a conclusão diversa daquela a que chegou a Turma Recursal de origem, seria necessário o reexame de fatos e provas. Incidência da Súmula 279 do STF. 3. A questão envolvendo o alto custo dos medicamentos não foi objeto de discussão no acórdão recorrido para fins de aplicação do Tema 6 da repercussão geral, cujo paradigma é o RE 566.471-RG, de relatoria do Min. Marco Aurélio. 4. Agravo regimental a que se nega provimento, com previsão de aplicação da multa prevista no art. 1.021, § 4º, do CPC. Mantida a decisão agravada quanto aos honorários advocatícios, eis que já

> majorados nos limites do art. 85, §§ 2º e 3º, do CPC. (RE 1193032 AgR, Relator(a): Min. EDSON FACHIN, Segunda Turma, julgado em 25/10/2019, PROCESSO ELETRÔNICO DJe-244 DIVULG 07-11-2019 PUBLIC 08-11-2019) (grifou-se)

Compreender o alcance da expressão "saúde" no contexto moderno é tarefa árdua, porém, de grande importância para ensejar a apropriada efetivação das políticas públicas de saúde.

Há anos o Ministro Gilmar Mendes vem destacando:

> O estudo do direito à saúde no Brasil leva a concluir que os problemas de eficácia social desse direito fundamental devem-se muito mais a questões ligadas à implementação e à manutenção das políticas públicas de saúde já existentes – o que implica também a composição dos orçamentos dos entes da Federação – do que a falta de legislação específica. Em outros termos, os problemas não são de inexistência, mas de execução (administrativa) das políticas públicas pelos entes federados. (Supremo Tribunal Federal - Ag. Reg DJe n. 76, publicado em 30/04/10, p. 90).

O Ministro Celso de Mello, em julgamento no STF, também tem se pronunciado, há bastante tempo, sustentando que a Justiça precisa agir quando o poder público deixa de formular políticas públicas ou deixa de adimpli-las, especialmente quando emanam da Constituição. Para ele, "o direito à saúde representa um pressuposto de quase todos os demais direitos, e é essencial que se preserve esse estado de bem-estar físico e psíquico em favor da população, que é titular desse direito público subjetivo de estatura constitucional, que é o direito à saúde e à prestação de serviços de saúde". (MELLO – STF – 16/3/2010).

Convém destacar, que o Supremo Tribunal Federal decidiu na data de 11/03/2020 (por nove votos a zero) a votação do Recurso Extraordinário (RE) 566.471 – referente ao fornecimento de medicamentos de alto custo. Diante dessa decisão, o poder público não será mais obrigado a fornecer medicamentos de alto custo que não estejam registrados na lista do Sistema Único de Saúde. Contudo, as situações excepcionais serão definidas na formulação da tese de repercussão geral (que atingirá mais de quarenta e dois mil processos semelhantes, que aguardam a posição do STF sobre o tema). No julgamento destacou a Ministra Rosa Weber que a aplicação indevida, insuficiente ou incorreta dos recursos públicos na área da saúde pode vir a representar, sim, a violação de direitos humanos, por fazer com que as pessoas sejam atendidas de forma adequada e igualitária. Para o Ministro Gilmar Mendes, obrigar a rede pública a financiar toda e qualquer ação e prestação de saúde existente geraria grave lesão à ordem administrativa e levaria ao comprometimento do SUS, de modo a prejudicar ainda mais o atendimento médico da parcela da população mais necessitada. Destaca o Ministro Gilmar Mendes, ainda, que o tema 793, que manteve a responsabilidade solidária dos entes, mas determinou que o juiz direcione o cumprimento da sentença conforme as regras de distribuição de competência e preveja o ressarcimento entre eles, salientando que, isso é importante, inclusive para evitar gastos desnecessários e prestação jurisdicional ineficiente. [155]

Na mesma ocasião, ressaltou o Min. Luís Roberto Barroso, que tendo em vista que recai sobre a União a competência para decidir sobre inclusão ou não de determinado medicamento em lista de dispensação, as ações que demandem fornecimento de medicamentos não incorporados pelo SUS deverão necessariamente ser propostas em face da União. Entendimento que não conflita com a decisão proferida no RE855178 (ainda pendente de julgamento dos embargos de declaração), em que o plenário do STF reiterou sua jurisprudência quanto à responsabilidade solidária dos entes federados para fornecimento de tratamento médico aos necessitados. Isto porque ambas as decisões têm fundamentos diversos. O fundamento utilizado no recurso extraordinário para se concluir pela solidariedade foi a competência da União, dos Estados, do Distrito Federal e dos Municípios para cuidar da saúde (art. 23, CF/1988). Diversamente, ponderou que no caso do Recurso Extraordinário (RE) 566.471, está a questão acerca da possibilidade e necessidade de dispensação gratuita de fármaco pelo SUS atribuída unicamente a órgãos vinculados à Administração Pública Federal.

Desse modo, não se trata apenas de legislação, é fundamental a implementação e manutenção de políticas públicas de saúde na execução dos orçamentos.

As políticas públicas de saúde devem seguir a diretriz de reduzir as desigualdades econômicas e sociais. Contudo, quando o Judiciário assume o papel de protagonista na implementação dessas políticas, privilegia aqueles que possuem acesso qualificado à Justiça, seja por conhecerem seus direitos, seja por

155 Disponível em www.stf.jus.br em ocasião do Recurso Extraordinário n. 566.472/ Rio Grande do Norte. Acesso em 16/03/2020. Nessa ocasião, o Ministro Luís Roberto Barroso destacou: "a cada cidadão brasileiro faz jus, sem discriminação ou privilégio, ao máximo de justiça em matéria de saúde que o país possa pagar. Não se devem ter ilusões nessa matéria: há limites. Nenhum país do mundo oferece todo o tipo de medicamento e todo o tipo de tratamento a todas as pessoas. Há escolhas trágicas a serem feitas, trágicas, mas inexoráveis."

poderem arcar com os custos do processo judicial. Por isso, a possibilidade de o Judiciário determinar a entrega gratuita de medicamentos mais serviria à classe média que aos pobres. Inclusive, a exclusão destes se aprofundaria pela circunstância de o Governo transferir os recursos que lhes dispensaria, em programas institucionalizados, para o cumprimento de decisões judiciais, proferidas, em sua grande maioria, em benefício da classe média (BARROSO, 2009, p. 26).

No Brasil, o esmaecimento da separação entre a esfera privada e a pública explicita-se no âmbito do econômico, quando o Estado se apresenta como uma espécie de sócio do capital privado, ainda que no plano das políticas públicas não se tenha verificado nenhuma iniciativa comparável ao modelo do Estado de Bem-Estar Social.

É importante ressaltar que para que haja um sistema de saúde eficaz, cabe ao Estado definir políticas públicas adequadas, principalmente no tocante ao direcionamento do orçamento estatal para a área respectiva, pois se deve fortalecer o sistema público, e também permitir que a regulação do setor privado permita corrigir falhas de mercado, garantindo a qualidade na prestação de serviços à sociedade. (GREGORI, 2010, p. 37).

O problema maior ocorre é quando os recursos públicos destinados à área da saúde, pelo Estado, são limitados e não compatíveis com tamanha demanda abrangida pelo Sistema de Saúde adotado.

Contudo, o entendimento firmado nos Tribunais Superiores é no sentido de que o funcionamento do Sistema Único de Saúde é de responsabilidade solidária, da União, dos Estados e dos Municípios, de forma que as demandas envolvendo o direito à saúde podem ser direcionadas contra qualquer um deles, que serão considerados partes legítimas, isoladamente ou em conjunto.

O Superior Tribunal de Justiça considerando que o Sistema Único de Saúde é financiado pela União, Estados-membros, Distrito Federal e Municípios, nos termos do art. 198, § 1º, da Constituição Federal, afirma que é solidária a responsabilidade dos referidos entes no cumprimento dos serviços públicos de saúde prestados à população:

> ADMINISTRATIVO E PROCESSUAL CIVIL. AGRAVO CONTRA DECISÃO QUE NÃO ADMITIU O RECURSO ESPECIAL. DIREITO A SAÚDE. RESPONSABILIDADE SOLIDÁRIA ENTRE OS ENTES FEDERATIVOS. JURISPRUDÊNCIA PACÍFICA.
>
> 1. O Presidente ou Vice-presidente do Tribunal de origem pode julgar a admissibilidade do Recurso Especial, negando seguimento caso a pretensão do recorrente encontre óbice em alguma Súmula do STJ, sem que haja violação à competência do Superior Tribunal de Justiça.

> 2. Trata-se, na origem, de Agravo de Instrumento interposto contra decisão que indeferiu o efeito suspensivo aos Embargos à Execução Fiscal proposto pela empresa agravante.
> 3. No que tange à responsabilidade em prover o tratamento de saúde da pessoa humana, a jurisprudência do Superior Tribunal de Justiça firmou-se no sentido de que é dever do Estado fornecer gratuitamente às pessoas carentes a medicação necessária para o efetivo tratamento médico, conforme premissa contida no art. 196 da Constituição Federal.
> 4. Ainda, considerando que o Sistema Único de Saúde é financiado pela União, Estados-membros, Distrito Federal e Municípios, nos termos do art. 198, § 1º, da Constituição Federal, pode-se afirmar que é solidária a responsabilidade dos referidos entes no cumprimento dos serviços públicos de saúde prestados à população.
> 5. O direito constitucional à saúde faculta ao cidadão obter de qualquer dos Estados da federação (ou do Distrito Federal) os medicamentos de que necessite, dispensando-se o chamamento ao processo dos demais entes públicos não demandados. Desse modo, fica claro o entendimento de que a responsabilidade em matéria de saúde é dever do Estado, compreendidos aí todos os entes federativos. 6. O Tribunal pleno do STF, em 5.3.2015, julgou o RE 855.178/SE, com repercussão geral reconhecida, e reafirmou sua jurisprudência no sentido de que o polo passivo da relação de direito processual pode ser composto por qualquer dos entes federados, porquanto a obrigação de fornecimento de medicamentos é solidária.
> 7. Agravo de que se conhece, para se conhecer do Recurso Especial, e negar-lhe provimento, com fulcro no art. 253, parágrafo único, II, "b", do RISTJ e no art. 1.042 do CPC.
> (AREsp 1556454/MG, Rel. Ministro HERMAN BENJAMIN, SEGUNDA TURMA, julgado em 22/10/2019, DJe 05/11/2019)

O Tribunal de Justiça de Minas Gerais tem decidido que a saúde, como condição essencial à própria vida e dignidade humana, é direito fundamental social a ser assegurado pelo Estado a todos os cidadãos, por meio de políticas públicas que garantam a sua plena eficácia:

> EMENTA: REEXAME NECESSÁRIO - AÇÃO DE OBRIGAÇÃO DE FAZER - SAÚDE - DIABETE MELLITUS 1 - INSUMOS NECESSÁIROS AO TRATAMENTO - DIREITO FUNDAMENTAL À SAÚDE - SOLIDARIEDADE DOS ENTES FEDERADOS - IMPRESCINDIBILIDADE DEMONSTRADA - DEVER CONSTITUCIONAL - SENTENÇA CONFIRMADA. 1. A saúde, como condição essencial à própria vida e dignidade humana, é direito fundamental social a ser assegurado pelo Estado a todos os cidadãos, por meio de políticas públicas que garantam a sua plena eficácia. 2. A atribuição conjunta, em regime de colaboração e cooperação de todos os entes federados para a prestação dos serviços à saúde, foi pauta

> de recente julgamento do Supremo Tribunal Federal, que manteve a tese da responsabilidade solidária dos entes federativos frente aos aventados óbices administrativos ou orçamentários (RE 793319 AgR, Rel. Min. Rosa Weber, DJe 12/06/2014). 3. O paciente comprovadamente portador de diabetes mellitus tipo 1 tem direito de receber o medicamento prescrito nos receituários médicos, quando comprovada a imprescindibilidade para a manutenção de sua qualidade de vida. 4. As aquisições de medicamentos no âmbito do SUS devem adotar a denominação do fármaco ou princípio farmacologicamente ativo, sendo certo que o medicamento genérico, quando houver, terá preferência sobre os demais em condições de igualdade de preço. (TJMG - Remessa Necessária-Cv 1.0153.17.010302-9/001, Relator(a): Des.(a) Carlos Roberto de Faria, 8ª CÂMARA CÍVEL, julgamento em 04/12/2019, publicação da súmula em 13/12/2019)
>
> EMENTA: REEXAME NECESSÁRIO. AÇÃO DE OBRIGAÇÃO DE FAZER. PACIENTE PORTADOR DE AUTISMO INFANTIL. MUNICÍPIO DE POÇO FUNDO E ESTADO DE MINAS GERAIS. FORNECIMENTO DOS MEDICAMENTOS ARISTAB E SERTRALINA. LEGITIMIDADE PASSIVA DO MUNICÍPIO E DO ESTADO DE MINAS GERAIS. SOLIDARIEDADE DOS ENTES PÚBLICOS. NECESSIDADE COMPROVADA. GARANTIA CONSTITUCIONAL. SENTENÇA REFORMADA. A saúde constitui um direito fundamental, que visa efetivar a dignidade da pessoa humana, devendo ser promovida solidariamente pela União, Estados e Municípios. Em sede de Repercussão Geral, o STF firmou o entendimento de que os entes federados são responsáveis solidários para prestar tratamento médico adequado ao paciente. De acordo com o artigo 196 da Constituição Federal, a saúde é direito de todos e dever do Estado, garantido mediante políticas sociais e econômicas que visem à redução do risco de doença e de outros agravos e ao acesso universal e igualitário às ações e serviços para sua promoção, proteção e recuperação, constituindo direito da parte submeter-se ao tratamento decorrente de enfermidade, fazendo jus aos medicamentos vindicados. Suficientemente demonstrada a moléstia e a impossibilidade de paciente enfermo arcar com o custo dos medicamentos necessários ao respectivo tratamento, surge para o Poder Público o inafastável dever de fornecê-los gratuitamente, assegurando-lhe o direito fundamental à saúde. Sentença reformada no reexame necessário. (TJMG - Remessa Necessária-Cv 1.0517.18.001541-7/001, Relator(a): Des.(a) Fábio Torres de Sousa (JD Convocado) , 8ª CÂMARA CÍVEL, julgamento em 12/12/2019, publicação da súmula em 24/01/2020)

No acórdão de Relatoria do Em. Des. Wander Marrota foi destacado que, no caso de o centro oncológico, credenciado pelo SUS, carecer de algum medicamento o gestor de saúde responsável pela regulação do serviço pode ser compelido a garantir esse tratamento, inclusive com o fornecimento de medicamentos:

> FORNECIMENTO DE MEDICAMENTO UTILIZADO PARA TRATAMENTO DE CÂNCER. ESTABELECIMENTO DE CENTROS DE ONCOLOGIA PELO SUS. INSTITUIÇÕES RESPONSÁVEIS POR ADMINISTRAR A TERAPÊUTICA DO PACIENTE. LEGITIMIDADE DO ESTADO DE MINAS GERAIS. PRECEDENTES DO STF. OBRIGAÇÃO DE FAZER. FIXAÇÃO DE MULTA COMINATÓRIA CONTRA O PODER PÚBLICO. POSSIBILIDADE.
> - A Política Nacional de Atenção Oncológica assegura aos pacientes tratamento através dos CACONS e UNACONs, hospitais credenciados pelo SUS e habilitados pelo Ministério da Saúde, que são ressarcidos pelos Estados ou Municípios através de sua Secretaria gestora.
> - Na ausência de tratamento adequado pelos CACONS e UNACONs, o gestor de saúde responsável pela regulação do serviço pode ser compelido a garantir o tratamento, inclusive com o fornecimento de medicamento, como no caso dos autos.
> - O STF, por maioria, fixou a seguinte tese de repercussão geral (Tema 793): "Os entes da federação, em decorrência da competência comum, são solidariamente responsáveis nas demandas prestacionais na área da saúde, e diante dos critérios constitucionais de descentralização e hierarquização, compete à autoridade judicial direcionar o cumprimento conforme as regras de repartição de competências e determinar o ressarcimento a quem suportou o ônus financeiro", nos termos do voto do Ministro Edson Fachin, Redator para o acórdão, vencido o Ministro Marco Aurélio, que não fixava tese. Presidência do Ministro Dias Toffoli. RE 855178-SE - Plenário, 23.05.2019.
> - É possível a fixação de multa cominatória contra entidades de direito público, tal como se verifica da leitura do § 5º do art. 461 do CPC. As "astreintes" - que se revestem de função coercitiva - têm por finalidade específica compelir o devedor, legitimamente, a cumprir a decisão e só será cobrada se o "decisum" não for observado. (TJMG - Agravo de Instrumento-Cv 1.0000.19.051530-4/001, Relator(a): Des.(a) Wander Marotta , 5ª CÂMARA CÍVEL, julgamento em 04/07/2019, publicação da súmula em 05/07/2019)

O Tribunal de Justiça de Minas Gerais, em sua maioria, tem decidido que direito fundamental à vida e à saúde se sobrepõe ao risco de lesão aos cofres públicos, bem como a qualquer regulamentação de caráter burocrático que inviabilize o seu pleno exercício e efetivação. Porém, há entendimento de que essa solidariedade poderá restar fracionada, sendo convertida em subsidiariedade:

> EMENTA: REEXAME NECESSÁRIO E APELAÇÃO CÍVEL - AÇÃO DE OBRIGAÇÃO DE FAZER - DIREITO À SAÚDE - ACIDENTE VASCULAR CEREBRAL - MEDICAMENTOS ANTIDEPRESSIVOS - REPARTIÇÃO DE COMPETÊNCIA - DISTRIBUIÇÃO DE ATRIBUIÇÕES - DIREITO FUNDAMENTAL - PRIORIDADE DA ADMINISTRAÇÃO PÚBLICA. - O

direito à saúde constitui um direito humano fundamental social de efeito concreto e de eficácia plena, considerada a diretriz de integralidade regulada, tratando-se de direito de todos e dever do Estado a quem cumpre assegurem o acesso universal e igualitário dentro da diretriz de integralidade (CF, art. 6º, 196 e 198, II). - A saúde como direito social dentro da diretriz de integralidade deve estar parametrizada pela integralidade regulada, de modo que fora da regulação o acesso à saúde deve ser tradado como direito de natureza assistencial. - Por força de imperativo constitucional (CF, art. 23, II), há solidariedade sistêmica da União, Estados, Distrito Federal e dos Municípios em assegurar o acesso à saúde, contudo, uma vez instituídas políticas públicas que repartam a competência e distribuam atribuições entre os gestores, com a indicação precisa das atribuições de cada, a solidariedade restará fracionada, com a sua conversão em subsidiariedade, sem prejuízo de que o executor busque o ressarcimento na forma do art. 35, VII da Lei 8.080/90, caso o serviço prestado pertença a outra esfera de governo. - O direito à saúde deve ser preservado prioritariamente pelos entes públicos, vez que não se trata apenas de fornecer medicamentos e atendimento aos pacientes, mas, também, de preservar a integridade física e moral do cidadão, a sua dignidade enquanto pessoa humana e, sobretudo, o bem maior protegido pelo ordenamento jurídico Pátrio: a vida.
VV: Por força de disposição legal (Lei 8.080/90, arts. 19-M e 19-O), a integralidade de acesso à saúde sujeita-se aos critérios intransponíveis da medicina baseada em evidência - MBE, considerada a eficácia, a acurácia, a segurança e a efetividade daquilo que se pretende, ainda se observando os Protocolos Clínicos e Diretrizes Terapêuticas - PCDT, os quais somente podem ser desprezados quando relatórios específicos indiquem a peculiaridade de cada caso. - Em razão do princípio da deferência, os Protocolos Clínicos e Diretrizes Terapêuticas - PCDT são as normas orientadores de acesso á saúde pública, somente podendo ser autorizado o acesso a outro medicamento produto ou procedimento se estiver comprovada a impropriedade daquilo que estiver incorporado nas políticas públicas. - O ônus da prova de que o fármaco pode ser utilizado fora da indicação da bula é do paciente, sob pena de ser autorizado o experimentalismo farmacêutico às expensas da sociedade, que financia a saúde pública por meio de impostos e contribuições, além do risco de prejudicar a saúde do paciente, conforme precedente firmado no julgamento do RE nº 657.718 (Tema 500). - Não cumpridos os requisitos do Tema 500 do STF, que possui efeito vinculante, deve ser negado o acesso à tecnologia de saúde. (TJMG - Ap Cível/Rem Necessária 1.0480.12.018789-7/001, Relator(a): Des.(a) Renato Dresch , 4ª CÂMARA CÍVEL, julgamento em 30/01/2020, publicação da súmula em 04/02/2020)

Para aqueles que se filiam a essa corrente de relativização, o número ascendente de demandas judiciais com a emissão de ordens para a inclusão de novos produtos e procedimentos não previstos nas políticas públicas cria um "impacto deslocativo do orçamento", porque ordena a realização de despesas fora das políticas públicas, razão pela qual é necessário que haja deferência especial em prestigiar as políticas públicas em detrimento de ações e serviços fora da regulação. (CASTRO, 2012. p. 44)

No caso acima mencionado, para o Relator Des. Renato Dresch, sem olvidar as conclusões do STF ao decidir o tema 793, a responsabilidade solidária sistêmica do art. 23, II, da CF, fica fracionada sempre que houver normas específicas que repartem competências e distribuem atribuições. Todavia, esse não é o entendimento majoritário, inclusive dessa pesquisadora, tendo em vista que essa suposta tendência de relativização deve ser observada com cautela, até mesmo porque não há como relativizar um direito social fundamental constitucionalmente garantido, não podendo considerar que a falta de recursos seja um óbice à concretização da garantia constitucional à saúde.

Em 22/5/2019, o Plenário do STF determinou que as demandas de fornecimento de medicamento sem registro na ANVISA devem ser propostas contra da União:

> O Estado não pode ser obrigado a fornecer medicamentos experimentais. 2. A ausência de registro na ANVISA impede, como regra geral, o fornecimento de medicamento por decisão judicial. 3. É possível, excepcionalmente, a concessão judicial de medicamento sem registro sanitário, em caso de mora irrazoável da ANVISA em apreciar o pedido (prazo superior ao previsto na Lei nº 13.411/2016), quando preenchidos três requisitos: (i) a existência de pedido de registro do medicamento no Brasil (salvo no caso de medicamentos órfãos para doenças raras e ultrarraras);(ii) a existência de registro do medicamento em renomadas agências de regulação no exterior; e (iii) a inexistência de substituto terapêutico com registro no Brasil. 4. As ações que demandem fornecimento de medicamentos sem registro na ANVISA deverão necessariamente ser propostas em face da União. (BRASIL. Supremo Tribunal Federal. 2019b. RE-RG 657.718, Rel. Min. Marco Aurélio - tese em regime de repercussão geral - Tema 500)

Evidencia-se que as possibilidades para a saúde no futuro mais imediato encontram-se indubitavelmente atreladas ao êxito do Estado na formulação de políticas públicas voltadas principalmente ao enfrentamento da exclusão social.

As Leis n. 8.080 de 19 de setembro de 1990 e a n. 8.142 de 28 de dezembro de 1990 são singularmente relevantes para o novo modelo, uma espécie de estatuto da saúde no Brasil. A Lei n. 8.080/90 sedimenta as orientações constitucionais do Sistema Único de Saúde. A Lei n. 8.142/90 trata do envolvimento da comunidade na condução das questões da saúde criando as conferências e os conselhos de saúde em cada esfera de governo como instâncias colegiadas orientadoras e deliberativas, respectivamente.

Insta ressaltar, que o SUS é um dos maiores sistemas públicos de saúde do mundo, sendo o único a garantir assistência integral e completamente gratuita para a totalidade da população, inclusive aos pacientes portadores do HIV, sintomáticos ou não, aos pacientes renais crônicos e aos pacientes com câncer.

Pelo menos em tese, o SUS - Sistema Único de Saúde - se encontra alicerçado no princípio da cogestão, pela participação simultânea dos entes federativos, competindo a todas e cada uma das esferas estatais, em seus três níveis, a garantia aos indivíduos do direito à saúde e à vida.

Porém, na prática, a questão tem sido bastante diferente, tendo crescido de forma assustadora a Judicialização da Saúde, diante da necessidade de o cidadão ingressar no Judiciário, para pleitear o acesso a procedimentos médicos, medicamentos, transporte e transferência hospitalar, dentre outros.

Desse modo, a saúde é um dever do Estado, assim considerado *lato sensu*, e um direito do cidadão, prerrogativa esta consignada no texto constitucional vigente em vários de seus dispositivos, inclusive como corolário do direito à vida e da dignidade da pessoa humana, fundamento normativo de toda Constituição.

Diante disso, verifica-se que as políticas públicas devem ser implementadas pelo Estado, no intuito de enfrentar os problemas sociais, dentre eles os relacionados à saúde.

Desse modo, evidencia-se que as políticas públicas devem ser alvo da ação regulatória do Estado.

Percebe-se nitidamente que a saúde pública no Brasil passou por profundas mudanças até os dias atuais. A saúde pública era caótica, as endemias e epidemias eram frequentes, não havia controle efetivo das doenças e combate às suas causas.

Com a Constituição Federal de 1988, as condições de saúde e a assistência prestada à população de certa forma evoluíram, uma vez que, a saúde começou a ser vista como "qualidade de vida", não visando somente à doença, e sim o indivíduo como um todo de forma humanizada.

A implantação do SUS visou de certa forma organizar a saúde em si, com o fortalecimento à atenção básica de saúde, com a criação de uma doutrina de cuidados primários.

O SUS representa a materialização de uma nova concepção acerca da saúde no Brasil. Entretanto, na prática a situação é diferente, requerendo a verdadeira implementação de adequadas políticas públicas.

Por mais que a legislação do Sistema Único de Saúde aponte para a municipalização e descentralização, o que tem acontecido, na prática, é que os governos federal e estadual não têm investindo no setor de forma apropriada.

Leonardo Tibo B. Lima, propõe um novo modelo para o serviço público de saúde brasileiro. Talvez um dos maiores problemas esteja exatamente na questão da competência. Nesse novo modelo proposto, os Municípios ficariam responsáveis, essencialmente, pela medicina preventiva da população. O Município promoveria ações de esclarecimento e educação da população, de higiene, de saneamento básico, de noções de alimentação saudável e na quantidade necessária, campanhas de vacinação etc. Ao invés de gastar o dinheiro público com hospitais e equipamentos de custo elevado, o Município centralizaria os investimentos exclusivamente na medicina preventiva, melhorando a qualidade de vida da população. Aos Estados competiria promover o fornecimento de medicamentos. Os medicamentos poderiam ser fornecidos através de farmácias públicas, estrategicamente localizadas nos hospitais, nos postos de saúde e onde se fizer necessário. Estado poderia, ainda, auxiliar os Municípios, caso estes enfrentassem dificuldades na execução dos serviços de medicina preventiva. A competência da União seria residual, portanto. Assim é que a União ficaria responsável pela promoção da medicina curativa. Todos os hospitais seriam federais e os médicos que neles trabalhassem seriam servidores públicos federais, afinal a reestruturação do serviço público de saúde brasileiro é urgente. Ao invés de hospitais municipais, os municípios seriam responsáveis por postos de saúde. Seria do município a responsabilidade pelo desenvolvimento do Programa do "Médico da Família", como existe no Canadá e em Cuba. Assim, caberia aos municípios centralizar os investimentos exclusivamente na medicina preventiva, em busca da melhoria da qualidade de vida da população. (LIMA, 2005, p. 3-4).

Cobram-se providências contínuas e os inúmeros esforços para melhorar a saúde individual e coletiva nas sociedades contemporâneas, porém, ações autônomas devem ser revitalizadas na busca por provisão de políticas sociais.

Os maiores desafios atuais estão ligados à estruturação do novo modelo de atenção à saúde que, a partir das grandes funções da saúde pública, que realize efetivamente as atividades de promoção e proteção à saúde, principalmente sob a ótica dos princípios da Universalidade, Equidade e Integralidade.

As políticas públicas aplicadas na prática podem contribuir substancialmente para a elevação do nível de qualidade de vida das populações.

CONCLUSÃO.

A saúde é um dever do Estado, assim considerado *lato sensu*, e um direito do cidadão, prerrogativa esta consignada no texto constitucional vigente em vários de seus dispositivos, inclusive como corolário do direito à vida e da dignidade da pessoa humana, fundamento normativo de toda Constituição.

O direito à saúde, nos termos do art. 196 da Constituição Federal pressupõe a adoção de políticas sociais e econômicas que visem: a) à redução do risco de doenças ou quaisquer outros agravos; e b) ao acesso universal e igualitário às ações e serviços de saúde para a sua promoção, proteção e recuperação.

A judicialização da saúde tem sido um fator de integração e democratização, em busca de soluções que atendam ao comando constitucional de acesso universal, com vistas aos princípios da proporcionalidade, da razoabilidade, da adequação e da necessidade, sem prejuízo ao interesse coletivo.

A proteção à saúde de modo geral constitui serviço público essencial, sendo dever do Estado e direito de todos os indivíduos, competindo aos entes da federação propiciar o acesso pronto e imediato às necessidades de todo cidadão.

Fato é que a saúde é um direito fundamental social, que, para ser otimizado, precisa da atuação positiva dos três entes da federação (Estados, União e Municípios), no intuito de assegurar vida digna aos cidadãos.

Os maiores desafios atuais estão ligados à estruturação do novo modelo de atenção à saúde que, a partir das grandes funções da saúde pública, que realize efetivamente as atividades de promoção e proteção à saúde, principalmente sob a ótica dos princípios da Universalidade, Equidade e Integralidade.

Atualmente, restou demonstrado, que é dever do Poder Público, em qualquer de suas esferas de atuação, assegurar a todos os cidadãos, indistintamente, o direito à saúde, à vida e à dignidade humana, tendo em vista que o direito fundamental à vida e à saúde se sobrepõe ao risco de lesão aos cofres públicos, tanto quanto às regulamentações de caráter burocrático que inviabilize o pleno exercício e efetivação do direito à saúde constitucionalmente assegurado.

Nos termos da tese com repercussão geral, de Tema 793, no julgamento do RE 855.178, relatoria do ministro Luiz Fux, em 23.5.2019, os entes da federação, em decorrência da competência comum, são solidariamente responsáveis nas demandas prestacionais na área da saúde, e diante dos critérios constitucionais de descentralização e hierarquização, compete à autoridade judicial direcionar o cumprimento conforme as regras de repartição de competências e determinar o ressarcimento a quem suportou o ônus financeiro.

Consequentemente, no que se refere ao Direito à Saúde, a responsabilidade dos entes federados, é solidária, podendo o interessado escolher contra quem irá demandar, podendo, inclusive, direcionar seu pedido a mais de um ente federado.

À guisa de concluir, destacou-se, que o direito à saúde deve ser preservado prioritariamente por todos os entes federados, tendo em vista que não se trata apenas de fornecer procedimentos médicos, cirurgias, medicamentos e atendimento aos pacientes, mas, inclusive, de preservar a dignidade cidadão enquanto pessoa humana, bem como sua integridade física e moral e, principalmente, o bem maior que é constitucionalmente protegido, qual seja, a vida.

REFERÊNCIAS E BIBLIOGRAFIA.

ANDRADE, V. V. H. **Curso Jurídico de Direito à Saúde**. Belo Horizonte: EJEF, 2015.

ARAÚJO, L. A. D.; NUNES JÚNIOR, V.S. **Curso de direito constitucional**. 3. ed. São Paulo: Saraiva, 2007.

______. ***Theorie der Grundrechte***.4. ed. Suhrkamp: Baden-Baden, 2001.

BAHIA, L. **Sistema único de saúde**. Disponível em <http://www.epsjv.ficruz.br.htm>. Acesso em 11 jan. 2013.

BARROS, S. R. de. **Direitos Humanos**: *paradoxo da civilização*. Belo Horizonte: Del Rey, 2003.

BARROSO, L. R. **Interpretação e aplicação da Constituição**. 6. ed. São Paulo: Saraiva, 2004.

______. Ponderação, racionalidade e atividade jurisdicional. *In*. BARROSO, L. R. **A reconstrução democrática do direito público no Brasil**. Rio de Janeiro : Renovar, 2007.

BOBBIO, N. **Teoria do ordenamento jurídico**. 7. ed. Brasília: UNB, 1996.

BONAVIDES, P. Os Direitos Humanos e a Democracia. In **Direitos Humanos como Educação para a Justiça**. Reinaldo Pereira e Silva org. São Paulo: LTr, 1998.

BOTTESINI, M. A.; MACHADO, M. C. **Lei dos planos e seguros de saúde**: comentada artigo por artigo. 2.ed. São Paulo: Revista dos Tribunais, 2005.

BULOS, U. L. **Curso de Direito Constitucional**. 6.ed. São Paulo: Saraiva, 2011.

CANOTILHO, J. J. Gomes. **Direito Constitucional e teoria da Constituição**. 4. ed. Coimbra: Almedina, 2000.

CARVALHO FILHO, José dos Santos; LEÃO, Simone Letícia Severo e Sousa Dabés. A concretização do Direito à Saúde pela Jurisprudência do Supremo Tribunal Federal. *In* **Direito e Política Públicas. XXV Encontro Nacional do CONPEDI**, Belém, 2019.

CASTRO, Sebastião Helvécio Ramos. Impacto deslocativo no orçamento público estadual em face de decisões judiciais. In.: **Controle Externo - Estudos Temáticos**. GUERRA, Evandro Martins; CASTRO Sebastião Helvécio Ramos de (Coord). Belo Horizonte: Fórum, 2012.

CORREIA, S. Introdução ao direito à saúde. In. **Direito da saúde e bioética**. Lisboa: LEX, 1991.

CUNHA, J.P.P., CUNHA, R.E. Sistema Único de Saúde - SUS: princípios. In: CAMPOS, F.E., OLIVEIRA JÚNIOR, M., TONON, L.M. **Cadernos de Saúde. Planejamento e Gestão em Saúde.** Belo Horizonte: COOPMED, 1998. Cap.2, p. 11-26.

DALLARI, S. G. Competência municipal em matéria de saúde. **Revista de Direito Público**. N. 92, São Paulo, 1989.

DIMOULIS, D.; MARTINS, L. **Teoria dos direitos fundamentais**. São Paulo Revista dos Tribunais, 2011.

DORES, C. J. Controle judicial de políticas públicas de saúde. Disponível em <http://www.jus.com.br/revista.html> . Acesso em 19 de dez. de 2019. p. 01.

DRESCH, R. L. A judicialização da saúde e a racionalização das decisões judiciais. In.

CANCHERINI, C.E.; SOUSA, S. L. S. e. **Estudos em homenagem à Desembargadora Vanessa Verdolim Hudson Andrade** (Org.). Belo Horizonte: Del Rey, 2106.

ELIAS, P. E. Estado e saúde: os desafios do Brasil contemporâneo. **Revista São Paulo em Perspectiva.** vol.18 no.3 São Paulo July/Sept. 2004.

FIGUEIREDO, M. F. **Direito fundamental à saúde**: parâmetros para sua eficácia e efetividade. Porto Alegre: Livraria do Advogado, 2007.

GERSCHMAN, S. Políticas comparadas de saúde suplementar no contexto de sistemas públicos de saúde: União Europeia e Brasil. **Revista Ciência e saúde coletiva**. vol.13 no.5 Rio de Janeiro, Set./Out. 2008.

GRAU, E. R. **Ensaio e discurso sobre a interpretação-aplicação do direito**. São Paulo: Malheiros, 2001.

HUMENHUK, H. **O direito à saúde no Brasil e a teoria dos direitos fundamentais. Jus Navigandi**, Teresina, ano 9, n. 227, 20 fev. 2004. Disponível em: <http://jus.uol.com.br/revista/texto/4839.htm>. Acesso em: 09 nov. 2010.

KIMURA, A. I. **Curso de Direito Constitucional** São Paulo: Juarez Oliveira, 2005.

KUJAWA, H. **A questão da saúde no Brasil**. Disponível em

<http://www.ceadp-rs.org. br.htm> . Acesso em 02 de fev. 2020.

LIMA, L. T. B. **Um novo modelo para o serviço público de saúde brasileiro. Revista Jus Navigandi**, ISSN 1518-4862, Teresina, ano 10, n. 817, 28 set. 2005. Disponível em: https://jus.com.br/artigos/7351. Acesso em: 10 fev. 2020.

LIMA, R. S. de F. Direito à saúde e critérios de aplicação. *In* SARLET, I. W; TIMM, L. B (Org.). **Direitos fundamentais, orçamento e reserva do possível.** Porto Alegre: Livraria do Advogado, 2008.

LIMBERGER, T.; GRISON, L. Políticas públicas de direito à saúde: a necessidade de critérios hermenêuticos para a intervenção judicial. **Revista Estudos Jurídicos**. ISSN Eletrônico 2175-0491, Santa Cruz do Sul: 2010.

LIPPEL, A. G. O direito à saúde na Constituição de 1988: caracterização e efetividade. Disponível em: <http:// www.revistadoutrina.trf4.gov.br.htm> Acesso em: 03 de fev. de 2020.

LUCHESE, P. Introdução: Políticas Públicas em Saúde. Disponível em: <http:// www.ppge.ufrgs.br.htm> Acesso em 29 de jan. de 2020.

MAGALHÃES JR., H. M. **Regulação assistencial:** a busca de novas ferramentas no SUS para enfrentar o desafio de garantir a assistência com equidade. Belo Horizonte: Prefeitura Municipal, 2002. (Pensar BH – política social).

MAGALHÃES, J. Q. de. **Direito Constitucional**. Curso de Direitos Fundamentais. 3ed. ver. e atual. São Paulo: Método, 2008.

MARQUES, M. A. F.; SOUSA, S. L. S. e. O direito fundamental à saúde e a medicina baseada em evidências – BEM como instrumento de verificação da (im) possibilidade de fornecimento da fosfoetanolamina na via judicial. *In* **Direito e Política Públicas III. XXV Encontro Nacional do CONPEDI**, Brasília: DF, 2016.

MARTINS. W. **Direito à saúde**. Belo Horizonte: Fórum, 2008.

MIRANDA, J. **Teoria do Estado e da constituição**. Rio de Janeiro: Forense, 2005.

NUNES, F.P. **Pluralismo jurídico e a participação popular em saúde: do público ao provado**. Dissertação apresentada no Curso de Pós Graduação em Direito da Universidade Federal de Santa Catarina. Florianópolis, abril, 2011.

PEREIRA, E. A.; HUSSNE, R. D. Regulação e Padrão Competitivo no Setor de Saúde Suplementar. **Revista Brasileira de Risco e Seguro. Rio de Janeiro**, v. 6, n. 12, p. 17-36, out. 2010/mar. 2011.

PINTO, E. G. **Financiamento do Direito à Saúde e à Educação** – uma perspectiva constitucional. Belo Horizonte: Fórum, 2017.

SAMPAIO, G. J. M. de C. **O Estado regulador**. Dissertação de mestrado apresentada na Universidade de São Paulo, São Paulo: USP, 2007.

SARLET, I. W. **A eficácia dos direitos fundamentais**. São Paulo: Malheiros, 2005.

SARLET, I. W.; FIGUEIREDO, M. F. **Algumas considerações em torno do conteúdo, eficácia e efetividade do direito à saúde na Constituição de 1988**. Disponível em <http://www.direitodoestado.com.br.htm> . Acesso em 20 dez 2012.

SILVA, R. A. D. da. **Direito fundamental à saúde**: o dilema entre o mínimo existencial e a reserva do possível. Belo Horizonte: Fórum, 2010.

SOUSA, S. L. S. e. **Direito à saúde e políticas públicas**. Belo Horizonte: Del Rey, 2015.

URBANO, Hugo Evo Magro Corrêa. Notas sobre a efetivação do direito fundamental à saúde. **Revista de Informação Legislativa**. Brasília, 47 n. 188 out./dez. 2010.

VIEIRA, W. M. **Direito à saúde**: compêndio. Belo Horizonte: Fórum, 2008.

WEICHERT, M. A. **Saúde e Federação na Constituição Brasileira**. Rio de Janeiro: Lumen Juris, 2004.

O MODELO CONSTITUCIONAL DO ESTADO SOCIAL PERANTE O SUPREMO TRIBUNAL FEDERAL: Uma análise do novo regime fiscal instituído pela Emenda Constitucional nº 95/2016 e da Ação Direta de Inconstitucionalidade nº 5.680/2017.

THE CONSTITUTIONAL MODEL OF THE SOCIAL STATE BEFORE THE SUPREME COURT: An Analysis of the new tax regime instituted by the Constitutional Amendment nº 95/2016 and of the Judicial Action of Unconstitutionality nº 5.680/17.

Teresinha Inês Teles Pires[156]

RESUMO: Nos últimos anos, presencia-se, em nível mundial, e, particularmente, no Brasil, a desestabilização do Estado Social, impulsionada por crises na economia e pelo crescimento das políticas neoliberais, ditadas pelas leis do mercado financeiro. Essa temática é objeto da primeira parte do presente artigo, na qual se explicita a base teórica do Estado Social e sua conexão a uma concepção específica dos direitos sociais. A partir desse contexto, apresenta-se uma crítica ao conteúdo da Emenda nº 95/2016, na tentativa de evidenciar suas reais motivações e o legado destrutivo que as medidas de austeridade fiscal, nela implementadas, deixará para as gerações futuras, no que concerne à garantia dos direitos sociais. Em sequência, passa-se à análise da ADI nº 5.680/2017, proposta pelo PSOL, sob a alegação de que o texto da citada Emenda viola princípios

156 Doutora em Direito Público pelo Centro Universitário de Brasília. Estudos de Doutorado na American University Washington College of Law. Mestre em Filosofia pela Universidade Federal do Rio Grande do Sul. Promotora de Justiça Aposentada do MPDFT. Professora Associada do Mestrado e Doutorado em Direito do CEUB. Pós-Doutora em Direitos Sociais pela Universidade de Salamanca. Email: tes_pires@hotmail.com

de direitos fundamentais. A hipótese central desse estudo é a de que o modelo de Estado Social, adotado pela Constituição Federal, impõe uma aplicação restritiva dos princípios do "mínimo existencial" e da "reserva do possível", quando manejados para justificar retrocessos nos investimentos sociais. Propõe-se, assim, que, em situações de crise, os cortes de gastos sejam direcionados a outros setores, tais como o setor bancário e o dos investimentos financeiros.

Palavras-chave: Estado Social. Regime Fiscal. Controle de Constitucionalidade. Direitos Fundamentais.

ABSTRACT: *In recent years, the world has been witnessing, particularly in Brazil, the destabilization of the Social State, driven by crises in the economy and the growth of neoliberal policies, dictated by the laws of the financial market. The theme is the subject of the first part of this paper, which explains the theoretical basis of the Social State, and its connection to a specific conception of social rights. From this context, a critique of the content of Amendment 95/2016 is presented, in an attempt to highlight its real motivations and the destructive legacy that the fiscal austerity measures implemented in it will leave to future generations, as regards the guarantee of social rights. Then, we proceed to the analysis of ADI 5.680/2017, proposed by PSOL, arguing that the text of the aforementioned Amendment violate fundamental rights principles. The central hypothesis of this study is that the Social State model adopted by the Federal Constitution imposes a restrictive application of the principles of "minimum existential" and the "reserve for contingencies" when managed to justify setbacks in social investments. It is therefore proposed that in crisis situations spending cuts be directed to other sectors, such as banking and financial investments.*

Key words*: Social State; Tax Regime. Constitutional Control. Fundamental Rights.*

INTRODUÇÃO

O propósito desse estudo é analisar o modelo do Estado social e a incompatibilidade entre suas premissas teóricas com o fenômeno do desmonte do sistema de investimentos sociais no Brasil, iniciado com a aprovação da Emenda Constitucional nº 95, de 16/12/2016, que determinou o congelamento dos gastos públicos por um período de 20 (vinte) anos.

A metodologia a ser utilizada é a da pesquisa qualitativa e exploratória, na perspectiva de demonstrar que a heterodoxa medida fiscal, implementada através da Emenda 95, representa, na realidade, a ruptura com a ordem constitucional, do ponto de vista da diretriz, explicitamente, adotada pelo constituinte originário, no sentido da primazia dos direitos sociais. Como se verá, empreende-se, sob o argumento da necessidade de ajuste fiscal nas contas públicas, uma desfiguração do modelo constitucional do Estado, em seu papel ativo em prol do bem-estar social, sobretudo, nas áreas da saúde e da educação. Em rigor, a intenção subliminar, encampada pelo Parlamento, foi a de transformar o Estado social em um Estado neoliberal, subserviente aos interesses do mercado financeiro, nacional e supranacional.

A investigação concentrar-se-á nos aspectos da inconstitucionalidade material da Emenda, por violação a direitos fundamentais, naquilo que implica modificação do pacto político constitucional. Com esse propósito, entende-se necessário apresentar, abreviadamente, na Seção I do texto, o percurso histórico evolutivo do paradigma do Estado Social, atendo-se às mutações por ele sofridas, desde a sua concepção até a atualidade. Pretende-se sugerir que o Estado Social, em todas as suas etapas discursivas, segue um fio condutor linear, muito embora tenha recebido variadas designações. Em outras palavras, sugere-se que essas distintas expressões semânticas não significam descontinuidade estrutural do Estado Social tradicional, e sim a remodelação de suas premissas, de acordo com a paralela alternância da base de sustentação das economias capitalistas.

Na Seção II, com maior delonga, será formulada uma crítica ao conteúdo da Emenda Constitucional nº 95, à luz dos pressupostos democrático-sociais do Estado brasileiro e dos direitos fundamentais sociais, em conformidade com as disposições constitucionais que regem a matéria. A perspectiva é a de demonstrar ser equivocada a interpretação segundo a qual a Emenda nº 95 preserva a ordem constitucional vigente, porque mantém a atualização monetária dos gastos sociais. Ao contrário, o texto da "austeridade fiscal" antagoniza, frontalmente, com o modelo do Estado brasileiro e com as balizas da proteção progressiva dos direitos sociais, além de afrontar os percentuais orçamentários fixados na Constituição Federal como limites mínimos de investimentos na saúde e na educação.

Após a crítica, serão explicitados, na mesma Seção II, os principais argumentos, tecidos pelas partes, na Ação Direta de Inconstitucionalidade intentada pelo Partido Socialismo e Liberdade – PSOL (ADI 5.680/2017), sob a alegação de que a Emenda nº 95 viola diversas normas constitucionais, de direitos individuais e de direitos sociais, além de princípios basilares do Estado republicano. Por último, a autora desenvolverá uma posição pessoal sobre as razões invocadas e as cláusulas jurídicas envolvidos na ADI 5.680, em que se defenderá a inconstitucionalidade efetiva da Emenda 95. Intenta-se enfatizar o dever do Supremo Tribunal Federal de velar pelo pacto social vigente no país, com a anulação do texto legislativo em referência, o que se impõe, inclusive, por meio de uma correta interpretação de padrões doutrinários e de decisões jurisprudenciais anteriores, aplicáveis ao caso.

1. BREVES CONSIDERAÇÕES ACERCA DA ESTRUTURA DO ESTADO SOCIAL

Não será possível, em tão sintética abordagem, fazer uma recomposição aprofundada, histórica e ideológica, do Estado Social, cuja origem remonta à segunda metade do século XIX. Pretende-se, apenas, pincelar algumas noções importantes para se compreender a passagem do Estado liberal para o Estado Social e a introdução, movida por essa transição política, dos direitos sociais na plataforma do constitucionalismo democrático.

Em linhas gerais, o liberalismo clássico, hegemônico, durante os séculos XVII e XVIII, na construção das principais teorias do direito, desde Locke até Kant, começou a mostrar sua face contraditória, no momento em que se percebeu sua insuficiência para limitar o arbítrio do poder estatal em questões relacionadas aos direitos sociais. Quer dizer, o liberalismo era eficaz, na contenção do absolutismo monárquico, exclusivamente, "na seara dos direitos e liberdades individuais. Não se atribuía, de início, valor político à categoria da igualdade, a qual passou a ocupar espaço no debate a partir do "contratualismo de Rousseau" e de seu conceito de "soberania popular". A partir daí, foi se tornando, historicamente, cada vez, mais explícita a tensão, imanente ao liberalismo, entre os direitos de liberdade e os direitos de igualdade (BONAVIDES, 2001, p. 45; 47; 50; 54).

Em todo esse percurso, solidificou-se o modelo do Estado Social, atrelado à teoria do constitucionalismo democrático e sua defesa dos direitos subjetivos. A medida em que foi se aperfeiçoando, o constitucionalismo afirmou-se como uma vertente político-jurídica garantista, suportada na supremacia dos direitos sociais e na defesa do intervencionismo estatal no setor econômico e cultural. Conferiu-se, assim, ao Estado o protagonismo na sedimentação histórica do processo democrático, em bases igualitárias. De outro lado, as bandeiras liberais dos direitos individuais foram incorporadas ao paradigma constitucionalista, sobretudo, no tocante à formação da personalidade (BONAVIDES, 2001, p. 133; 139-40).

Deve-se compreender que o constitucionalismo se desenvolveu em três fases evolutivas. Em sua primeira fase, no período entre a Magna Carta (2015) e a *Bill of Rigths* (1689), firmou-se a defesa dos "direitos individuais. A segunda fase foi marcada pelas revoluções americana e francesa, com a demanda simultânea em prol da concretização dos "ideais de liberdade, igualdade e fraternidade". Na terceira fase, o constitucionalismo assume a roupagem do Estado Social, ao levantar as bandeiras dos "direitos sociais e trabalhistas". O processo de maturação do Estado Social, diga-se de passagem, atingiu seu ponto alto com as "políticas progressistas" do chamado "*New Deal*", implementadas pelo presidente norte-americano Franklin Roosevelt, sob a inspiração da "Escola de Keynes". (1933-1938). (MARTINEZ, 2005, p. 4).

Na "lógica" de um constitucionalismo igualitário, como explica Gerardo Pisarello, os direitos sociais operam "como um instrumento a serviço dos sujeitos mais débeis", não sendo, mais, considerados "simples princípios programáticos", cuja efetividade depende do arbítrio do legislador. Articulou-se um "discurso crítico" que deslegitima políticas com potencial de bloquear a "satisfação" das necessidades básicas da população vulnerável, tanto para a geração presente quanto para as futuras. Essa concepção dos direitos sociais, atrelada à teoria dos direitos humanos, defende a prevalência do princípio da igualdade, inclusive, enquanto "princípio fundante" dos próprios direitos de liberdade. Qualquer direito subjetivo se converte em um direito fundamental em razão de sua "estrutura igualitária", ou seja, quando se sustenta na proteção de interesses "generalizáveis ou inclusivos". (PISARELLO, 2007, p. 16-17; 37-8).

Essa é, grosso modo, a distinção elementar entre o Estado Liberal clássico e o Estado Social, em suas doutrinas dos direitos fundamentais. Para o primeiro, supondo-se a existência de uma contraposição entre o princípio da liberdade e o da igualdade, é necessário optar pela sobreposição de um ou de outro, no que se entende ser a liberdade o bem jurídico de maior relevância. Para o Estado Social, ao contrário, em uma concepção democrática, só se pode falar de liberdade em sentido inclusivo, ou seja, se sua "tutela" se estender a "todas as pessoas" (PISARELLO, 2007, p. 42; 45-6).

Por fim, esclareça-se que, para alguns autores, como, por exemplo, Vinício Martinez, o Estado Social não se confunde com o Estado de Bem-Estar Social. Historicamente, o Estado Social foi gestado durante longo período, em torno de "80 anos", sendo o resultado de profundas transformações "sociais, históricas e jurídicas". É um Estado "quase socialista", apesar de ter se sedimentado em países capitalistas. O Estado de Bem-Estar Social, por sua vez, foi concebido em "caráter de urgência", no pós-guerra (1945-1947), a fim de se restaurar a economia no continente europeu. Nessa visão, o Estado de Bem-Estar possui um perfil conservador, por ter sido uma "resposta" do capitalismo ao "avanço" do socialismo nos países do leste europeu; ou seja, o Estado de Bem-estar nunca teria visado a "construção de uma nova ordem jurídica"; na prática, não passaria de um "plano de recuperação econômica". Em contrapartida, como concorda o próprio autor, acima citado, as duas figurações correspondem ao modelo de um Estado prestacional; a despeito da diferenciação dos seus objetivos, possuem "efeitos comuns", pois ambos conduzem a um maior intervencionismo estatal, aplicam "políticas públicas populares" e têm potencial de revitalizar o capitalismo (MARTINEZ, 2005, p. 2-5).

Com suporte na similitude entre os resultados do Estado Social e do Estado de Bem-Estar social, outros autores entendem, atualmente, que as duas expressões podem ser utilizadas como "equivalentes semânticos". É o que pensa François Merrien, para quem o Estado de Bem-Estar representa o prosseguimento do Estado Social, na medida em que evoca o papel primordial do Estado na promoção do bem comum, não havendo, portanto, razão para distingui-los no plano discursivo (MERRIEN, 2019, p. 195, nota 3).

Após a crise do Estado de Bem-Estar, iniciada em meados dos anos de 1970, e radicalizada na década de 1980, presenciou-se o apogeu das ideias neoliberais, com a "desregulação contínua dos mercados financeiros", o enfraquecimento do desenvolvimento industrial dos "países da OCDE" e o crescimento massivo do desemprego. Como consequência desse quadro, o Estado de Bem-Estar retornou ao debate político, com novas diretrizes. O movimento reformista teve origem, mais uma vez, na Europa, na perspectiva de transformar o Estado Social - de um Estado "passivo", reduzido à assunção "dos riscos sociais", a um Estado "ativo", sustentado na ampliação do "investimento social". O Estado de Bem-Estar não entrou, portanto, em "colapso", em decorrência das políticas neoliberais. De fato, a "agenda neoliberal" vem sofrendo modificações, afirmando-se, no século XXI, com características distintas daquelas que marcaram sua primeira fase, nas décadas de 1970 e 1980. Daí a importância de uma reavaliação do "papel do Estado protetor", também, em novos moldes (MERRIEN, 2019, p. 201; 204-6); trata-se de uma temática que se encontra em efervescência, e que precisa ser adensada na análise de qualquer medida legislativa cujas diretrizes implicam a restrição dos direitos sociais, tal como a que foi objeto da EC 95, a ser investigada na seção a seguir.

2. A INCONSTITUCIONALIDADE DO NOVO REGIME FISCAL BRASILEIRO EM FACE DOS DIREITOS FUNDAMENTAIS SOCIAIS

2.1 Reflexão crítica sobre a Emenda Constitucional nº 95/2016 e o consequente congelamento dos investimentos sociais

A Emenda Constitucional nº 95, de 15/12/2016, adicionou três dispositivos ao "Ato das Disposições Constitucionais Transitórias" – ADCT - estabelecendo um "limite máximo" às despesas primárias do governo federal, tanto as obrigatórias quanto as discricionárias, por um período de vinte exercícios financeiros. Nos termos da Emenda, artigos 107, § 2º, II, e 110, II, os gastos primários anuais da União, a partir do ano de 2018, não podem ultrapassar o "valor do limite referente ao exercício imediatamente anterior, corrigido pela variação do Índice Nacional de Preços ao Consumidor Amplo – IPCA". A esse mesmo teto, ficam enquadrados os investimentos "em ações e serviços de saúde e em manutenção e desenvolvimento do ensino". Assim, as aplicações de recursos no setor dos direitos sociais passam a estar submetidas a uma nova regulamentação fiscal, não podendo ser reajustadas em montante superior ao da média da inflação anual, ainda que haja crescimento do Produto Interno Bruto (PIB). O resultado dessa diretiva é o efetivo congelamento dos valores orçamentários destinados à manutenção de programas de distribuição de renda no país, como, por exemplo, o do reajuste periódico do salário mínimo.

A revisão do método de correção dos limites do teto dos gastos somente é permitida, mediante proposta do Presidente da República, após 10 (dez) anos, contados da vigência do novo regime fiscal (EC 95, artigo 108. § único). Parece que a intenção do legislador, nesse ponto, é possibilitar a avaliação de mudanças no setor da economia, positivas ou negativas, incorporando, assim, dados da realidade fática ao programa de austeridade (VALLE, 2017, p. 232). No entanto, o dispositivo supra não retira da Emenda seu caráter de extrema excepcionalidade, e sua flagrante desconsideração dos parâmetros da Constituição Federal de valorização dos investimentos sociais. Aliás, no tocante à peculiaridade do programa, é digno de menção que outros países, também, recorreram, em tempos de crise, a programas de redução de gastos, mas não aplicaram congelamentos tão longos, e sem a redução paralela das despesas bancárias, além de outras medidas complementares (ROZNAY, 2018, p. 37).

Tenha-se em mente que, no paradigma constitucional brasileiro, o alcance da justiça social é o alicerce da estrutura do Estado. Vários dispositivos evidenciam essa escolha política, destacando-se, dentre eles, os incisos I e III do artigo 3º da CF/1988, onde são postos, como "objetivos fundamentais da República", a construção de "uma sociedade livre, justa e solidária, a "erradicação da pobreza" e a redução das "desigualdades sociais e regionais". A "prevalência dos direitos humanos" está estampada no artigo 4º, II, da CF, e os direitos sociais estão discriminados em seu artigo 6º, dentro do Título dos direitos e garantias fundamentais. Englobam os direitos sociais, dentre outros itens, "a educação, a saúde, a alimentação, o trabalho, a moradia", "a segurança" e "a previdência social". Mencionem-se, ainda, os artigos 203 e 204 da CF, que preveem o direito à "assistência social, no Título referente à ordem econômica e financeira, e seus artigos 196 a 200 e 205 a 214, os primeiros protetores do direito à saúde e os segundos protetores do direito à educação, estando todos no Título que cuida da ordem social.

Comparando-se a situação social do Brasil à da maioria dos países, desenvolvidos ou em desenvolvimento, é notável a posição de vulnerabilidade atribuída ao nosso país, no que diz respeito à qualidade e à eficácia dos serviços públicos, na área da saúde e da educação. Em estudo feito no ano de 2018, a Organização para Cooperação e Desenvolvimento Econômico (OCDE) revelou que o Brasil ocupa a penúltima posição, em matéria de perspectiva de mobilidade social, e a causa disso não é outra senão a dificuldade das famílias de baixa renda de acesso à saúde e à educação de qualidade. Com saúde e educação precárias, os filhos de pais pobres não são competitivos no mercado de trabalho, restando-lhes empregos de baixa remuneração, daí porque se tornam mínimas suas chances de ascensão social, perpetuando-se, assim, o "ciclo da pobreza".

Nesse quadro, qual o efeito financeiro-orçamentário do novo regime fiscal do Estado brasileiro? A alegação apresentada para a constitucionalização das medidas de contençao dos gastos públicos é a necessidade da redução do aparelho estatal. Todavia, a Constituição Federal, em seus artigos 198, §2º, I, e 212, estabelece, respectivamente, a vinculação de 15% (quinze por cento) da receita líquida da União aos gastos com saúde e de 18% (dezoito por cento) da receita dos impostos aos gastos com educação.

Assim, segundo nota técnica nº 28 do IPEA, a PEC 241, posteriormente, aprovada e convertida em Emenda Constitucional (EC 95), suspende a vigência dos dois dispositivos, acima, citados, pois a correção das despesas com saúde e educação passa a ser feita, exclusivamente, com base na inflação do ano anterior, sem considerar o eventual aumento do PIB e das riquezas nacionais. Os governos se desobrigam, portanto, de alocar mais recursos nessas duas áreas, mesmo diante de situação de crescimento econômico, o que favorece a migração de verbas para outras finalidades, como o pagamento de despesas bancárias. No caso dos serviços de saúde, as consequências são, ainda, mais graves, pois a demanda adicional, decorrente do previsível crescimento e envelhecimento da população durante as próximas décadas, não será equacionada pelo Estado, gerando maiores perdas para os grupos sociais de baixa renda (VIEIRA/ BENEVIDES, 2016, p. 5, 14-15,19).

Claramente, assim, o legislador, com a EC 95, optou por priorizar os resultados práticos na redução dos gastos primários, ainda que isso acarrete "*déficit* de eficácia dos direitos fundamentais postergados ou adimplidos". Mais explícito se torna essa opção, quando se lembra que o legislador não incluiu as despesas com o pagamento da dívida pública no teto dos gastos fiscais. Além disso, sequer se cogitou revisar as isenções fiscais concedidas em desacordo com a Lei da Responsabilidade Fiscal. Não há, no espírito da Emenda 95, nenhuma perspectiva de balanceamento da distribuição das receitas, de maneira a se promover um ajuste fiscal que envolva todas as esferas das despesas públicas. Ao contrário, o ajuste, no caso, é "seletivo" (PINTO, 2016, p. 1097-8, 1100) e díspar em relação ao *status* atribuído pela Constituição Federal aos direitos sociais.

De outro lado, a estagnação da economia, com a consequente queda brutal da arrecadação, é causa de maior impacto no desajuste das contas públicas, que, por sua vez, motivou a criação do novo regime fiscal. O problema é que o teto dos gastos, como defende a economista Laura Carvalho, levou o Estado a atar "as próprias mãos", pois se estreita, "cada vez mais" a meta da expansão dos "investimentos em infraestrutura", única via capaz de recuperar a renda e o emprego. Associa-se a esse quadro a interrupção da tendência de queda na taxa de juros, por parte do Banco Central, bem como a não elevação dos impostos sobre rendimentos e patrimônio dos mais ricos. É um equívoco acreditar que a austeridade fiscal trará de volta a "credibilidade do Estado", o retorno dos investimentos empresariais no Brasil e a estabilização da dívida pública.

Em relação à dívida pública, é oportuno mencionar que a "Frente Parlamentar Mista da 'Auditoria Cidadã da Dívida'" – ACD – propôs uma PEC para limitar os gastos destinados ao seu pagamento, bem como mandado de segurança contra a PEC 459/2017, a qual autoriza o desvio prévio do "fluxo da arrecadação tributária" já na rede bancária, através da chamada proposta de securitização da dívida ativa". O procedimento de securitização não passa de um "esquema financeiro" para legalizar o crescimento da dívida pública.

No mesmo sentido, a coordenadora nacional da ACD, Maria Lúcia Fattorelli, chamou a atenção para o teor do PL 9248/2017, cujo escopo é garantir a "remuneração diária da sobra de caixa dos bancos", através de "depósitos remunerados". Isso, alerta Fattorelli, representa "dívida pública camuflada". A auditora explica, ainda, em conferência proferida no Seminário Internacional do ANDES – Sindicato Nacional dos Docentes das Instituições de Ensino Superior – em 10/04/2019, que o financiamento da dívida pública brasileira "abocanhou 40,66% do orçamento" da União, no ano de 2018. Por fim, informa-se que, a partir de 2015, o Banco Central passou a emitir títulos da dívida pública, mediante "depósitos voluntários dos bancos", pagando taxa de 14,25% de juros (FATTORELLI, 2019).

A EC 95 representa, nesse contexto, a sustentação do "sistema da dívida", haja vista que a elevação do "superávit primário", obtida com a redução das despesas sociais, será canalizada para pagar "juros e amortizações da dívida pública. Trata-se da dinâmica definida pelo "consenso neoliberal para as nações subdesenvolvidas e em desenvolvimento". (MARIANO, 2017, p. 262).

Um outro problema que será criado pela EC 95 consiste no aumento da judicialização dos direitos sociais, de forma "fragmentada". Com efeito, a suspensão das "vinculações orçamentárias", necessárias ao atendimento dos serviços sociais, não eliminará a dimensão subjetiva dos direitos sociais; portanto, as pessoas privadas daqueles serviços recorrerão, cada vez mais, ao poder judiciário, na expectativa de forçar o Estado a cumprir o papel a si atribuído pela Constituição Federal (PINTO/XIMENES, 2018, p. 984).

Não apenas os dispositivos constitucionais referentes às vinculações de receitas ao financiamento dos serviços de saúde e educação – artigos 198 e 212 – já mencionados, legitimam o direito individual de todos os cidadãos de exigir do poder público sua respectiva prestação. Há uma integração normativo-sistêmica constitucional que garante o direito subjetivo à saúde e à educação, bem como à seguridade social, e norteia a regulação do seu custeio progressivo, de modo a conter o retrocesso fiscal. Como exemplo, pode-se citar o artigo 194, § único, I e IV, da CF, que assegura a "universalidade da cobertura" e a "irredutibilidade dos benefícios" "à saúde, à previdência e à assistência social"; outrossim, os artigos 200 e 211 da CF, que prescrevem a organização de políticas de sustentação do SUS e do fundo de desenvolvimento à educação básica (PINTO/XIMENES, 2018, p. 984-6).

2.2. Análise da Ação Direita de Inconstitucionalidade nº 5.680/2017/DF

2.2.1. Relato dos principais argumentos das partes e do andamento da Ação.

A Emenda Constitucional nº 95 foi objeto da Ação Direta de Inconstitucionalidade (ADI 5.680/DF), proposta pelo Partido Socialismo e Liberdade - PSOL, em 20/03/2017, sob a alegação de que as novas normativas fiscais violam os princípios da cidadania, da dignidade humana e do pluralismo político, bem como os objetivos republicanos da erradicação da pobreza, da redução das desigualdades e da promoção do bem comum. Mais especificamente, aduz-se que o texto da Emenda afronta, diretamente, os direitos sociais, em especial, os direitos à saúde e à educação, e direitos e garantias individuais assegurados na qualidade de cláusulas pétreas, nos termos do artigo 60, § 4º da Constituição Federal. Outrossim, destaca-se a violação ao artigo 198, § 2º, inciso I, que determina a obrigação de aplicação mínima de 15% da receita liquida da União nos gastos com saúde, e a violação ao artigo 212, onde se obriga a União a aplicar no mínimo 18% da receita dos impostos no setor da educação e do ensino (ADI 5.680, 2017, p. 4-5; 14).

O subscritor da petição inicial da ADI 5.680 enfatiza, ainda, que a Emenda nº 95/16 solapa os fundamentos centrais do modelo do Estado Social implementado na Constituição Federal, tendo em vista que a proporção dos investimentos sociais do governo, em relação ao PIB, sofrerá queda progressiva, o que significa não, simplesmente, um ajuste fiscal, mas, sobretudo, uma transformação da estrutura do Estado brasileiro. Acentua-se que a aprovação da Emenda implicou a reversão do pacto constitucional e da ordem econômico-democrática, sendo a segunda ancorada na garantia de acesso aos direitos sociais por parte das camadas populacionais mais desfavorecidas (ADI 5.680, 2017, p. 15).

Defende-se, também, que a efetivação dos direitos sociais exige o aumento dos investimentos públicos, e que o nível de bem-estar social da população brasileira é diretamente proporcional ao volume das parcelas das receitas do Estado reservadas ao cumprimento das metas de redução das desigualdades. Nesse aspecto, de relevante para a abordagem das exigências do Estado Social, a peça vestibular acrescenta que a EC 95, contrariando o artigo 5º, § 3º, da CF, descumpre as normas internacionais de proteção aos direitos sociais, econômicos e culturais, seja as do sistema ONU, seja as do sistema interamericano de direitos humanos, e, também, o controle de convencionalidade (ADI 5.680, 2017, p. 17 e 42-3).

Por fim, a peça inicial argui que a EC 95 restringe, indiretamente, a prerrogativa do voto direto e periódico (CF, art. 60, § 4º, II), pois amarra futuros governos ao congelamento das despesas primárias, considerando o longo período (20 anos) determinado na Emenda. A cláusula pétrea em questão, afirma-se, tem por finalidade a proteção da soberania popular, e o novo regime impede a sociedade de optar por distinto programa de "economia política" e "alocação dos gastos", atingindo, assim, a "substância do voto". Assume-se uma "visão particular" de economia política, fixando-se sua vigência para além do atual período legislativo (p. 72 e 75-6).

O representante da Câmara dos Deputados (ADI 5.680, 2017, pet. 21794), ao prestar informações, acusa os peticionários de utilização da "jurisdição constitucional" com propósitos ideológicos, e afirma a compatibilidade da economia de mercado com os direitos sociais. Sustenta-se que a progressividade dos direitos sociais está conectada à "saúde fiscal", que depende do crescimento econômico, e que o ajuste nas contas públicas foi necessário em decorrência da crise econômica, iniciada no ano de 2014. Explica-se, ainda, que a aumento dos gastos públicos exige a emissão de novos títulos da dívida pública, estando esse procedimento submetido aos limites da lei orçamentária. Assim, em fases de redução da arrecadação, a progressividade dos direitos sociais não seria um princípio absoluto.

Quanto ao argumento, trazido pela parte autora, de que a EC 95 implica violação ao direito ao voto direto e ao pluralismo político, segundo a Câmara dos Deputados, não é um argumento aceitável, por estar fundado em razões meta-jurídicas; seu acolhimento levaria, assim, ao bloqueio de todas as "reformas estruturais" importantes para o país. Rebateu-se, ademais, a tese de que a EC tenha suspendido a vigência dos artigos 198, § 2º, I e 212 da CF; isso porque os pisos constitucionais mínimos de gastos com saúde e educação teriam sido preservados, assegurando-se, destarte, o "mínimo existencial" em matéria de investimentos nesses setores. Por último, alega-se, na peça informativa, não ser cabível o controle de convencionalidade, haja vista que o STF conferiu às normas internacionais de direitos humanos o estatuto de "supralegalidade", e não de "supraconstitucionalidade".

As informações do Senado Federal nada acrescentaram àquelas já prestadas pela Câmara de Deputados, reforçando-se o argumento do quadro de desequilíbrio fiscal como explicação para a urgência da EC 95. Em acréscimo, apelou-se para o risco de redução dos investimentos, de não geração de empregos e de explosão da dívida, caso nada fosse feito para conter os gastos primários. Outrossim, defendeu-se a interpretação restritiva da proibição imposta pelas cláusulas pétreas (CF, art. 60, § 4º), a fim de se entender que os limites às emendas constitucionais somente se caracterizam na hipótese de se atingir o "núcleo essencial" dos direitos e garantias no referido dispositivo legal.

A Advocacia Geral da União defendeu a legitimidade do poder de reforma constitucional, conferido ao legislador, e a liberdade deste em adotar políticas distintas das escolhidas por governos anteriores, sem que isso represente qualquer transgressão ao princípio democrático. Contrapôs-se, ainda, a AGU à alegação de que a EC 95 atinja direito fundamental, porque os cortes na saúde e na educação preservarão a regularidade do aporte de recursos, uma vez respeitado o teto dos gastos.

A Procuradoria Geral da República, ao emitir parecer nos autos, encampou a mesma tese dos Órgãos legislativos, no sentido de que a inconstitucionalidade material das emendas, por violação ao artigo 60, § 4º, da CF, exigiria a transgressão do "núcleo essencial" das respectivas cláusulas. A PGR concordou com os informantes, igualmente, no tocante à inexistência de violação ao direito ao voto, em decorrência do período de 20 (vinte) anos de congelamento, firmado na EC 95, e no tocante à inexistência de afronta ao "núcleo essencial" do direito fundamental à saúde e à educação. Segundo a PGR, o piso de todos os gastos será atualizado, de acordo com o IPCA, o que evidenciaria o não esvaziamento daqueles direitos.

2.2.2. Posição pessoal acerca das questões constitucionais envolvidas na ação

Em relação aos contra-argumentos apresentados pelos Órgãos do Congresso Federal, saliente-se, inicialmente, que, no caso da manifestação da Câmara dos Deputados, discorreu-se, longamente, sobre os benefícios de uma economia de mercado, como se a parte autora tivesse se contraposto, de forma radical, ao modelo moderno do capitalismo mundial. Na realidade, o que foi esclarecido, e rechaçado, na petição inicial da ação, diz respeito à seletividade da concepção pressuposta pela EC 95, no sentido da adoção de uma via única para o, assim, chamado "ajuste fiscal". Pontuou-se que essa via única está vinculada ao projeto do Estado neoliberal mínimo, não amparado pela ordem constitucional brasileira. Parece inegável que, ao não coibir o repasse de valores exorbitantes ao sistema bancário, para amortizar a dívida pública, a EC 95 restringiu o sacrifício às classes sociais de menor baixa renda, que necessitam dos serviços de saúde e educação públicas. O mesmo se diga do não encaminhamento, paralelo, de uma reforma tributária, com vistas à taxação de dividendos financeiros e de grandes fortunas e, ainda, da não revisão das isenções fiscais. Todas essas medidas levariam ao aumento da arrecadação do Estado, propiciando, com mais rapidez e eficácia, o equilíbrio das contas e o crescimento da economia.

Desse modo, é razoável reconhecer a procedência, também, da alegação, contida na petição inicial da ADI 5.680, de que a EC 95 atinge a essência do direito ao voto e ao pluralismo político, haja vista a exclusão, no programa do novo regime fiscal, de concepções diferenciadas de economia política e distribuição orçamentária. Em outros termos, como acentua Cynara Mariano, além de interromper o espírito socialdemocrata da Constituição, a Emenda 95 interfere no processo político, retirando dos cidadãos a faculdade de escolher seus governantes, de acordo com seu "programa de governo traduzido no orçamento"; a Emenda 95 atinge, assim, a "autonomia" dos futuros governos, quanto à livre distribuição orçamentária dos recursos, porque as autoridades passam a depender da proposição de nova reforma constitucional, se quiserem alterar suas prioridades políticas (MARIANO, 2017, p. 260). É evidente, portanto, que as motivações inseridas no texto da Emenda revelam disposição ofensiva à efetividade dos direitos sociais no Brasil e ao preceito constitucional democrático e pluralista, o qual impõe a consideração de múltiplas visões do Estado social, proibindo-se o estabelecimento de um pensamento único, atrelado, exclusivamente, aos interesses do mercado.

Além disso, a mitigação do princípio da progressividade dos direitos sociais, diante de crises nas contas públicas, como defendido pelo parlamento pátrio, deve ser ponderada em caráter de excepcionalidade, não se justificando quando as medidas de controle do crescimento da dívida se resumem a cortes de investimentos sociais. Uma das razões utilizadas pelo governo para defender o novo regime fiscal consiste na postulação de seu efeito positivo na redução da dívida pública. Ocorre que, segundo dados, pincelados na seção anterior (*2.1*), não há previsão de redução da dívida, após a aprovação da EC 95; ao contrário, desde então, a dívida só vem crescendo, em patamares preocupantes, justo devido ao escandaloso esquema de "securitização. Em suma, sem envolver cortes na remuneração dos juros da dívida e das sobras de caixa, sem reforma tributária, e sem a revisão nas isenções fiscais, convém enfatizar, o programa de ajuste é uma escolha política, influenciada por interesses de grupos poderosos e centrada no cerceamento do Estado Social.

Não é plausível, igualmente, o raciocínio da Câmara dos Deputados segundo o qual as modificações constitucionais do novo regime fiscal preservaram o núcleo básico dos artigos 198, § 2º, I, e 212, da CF, porque, apenas, estabeleceram novo parâmetro para a progressividade dos gastos sociais. As normas em questão vinculavam a obrigatoriedade dos investimentos em saúde e educação a percentuais da receita líquida e aos impostos arrecadados pelo Estado. Ora, a EC 95, com os novos artigos adicionados ao Ato de Disposições Transitórias da Constituição (ADTC), artigos 106 a 114, procedeu, justamente, à desvinculação dos valores orçamentários, destinados à área social, das fontes de arrecadação e, portanto, dos índices de crescimento da produção econômica do país. Em termos práticos, substituiu-se o critério da "progressividade", *pari passu* com a produtividade na economia e os recursos do Estado, pelo critério do "mínimo existencial".

De fato, o novo parâmetro, referido na peça informativa da Câmara, é o Índice Nacional de Preços ao Consumidor (IPCA), calculado pelo IBGE, nos termos da redação da Emenda, artigos 107, § 1º, II, e 110 , II, que nada mais é do que a correção inflacionária acumulada ao longo de cada ano, medida pela variação dos preços no comércio. Não se trata, assim, de real progressividade, e sim de mera correção monetária, implicando na estagnação das referências constitucionais de repasse de recursos à área da seguridade social, e sua perspectiva de ampliação desses investimentos em conformidade com as receitas. Em rigor, na nova sistemática, mesmo na hipótese de reforma tributária, geradora de aumento da receita da União, não se garantirá aumento proporcional na preservação do Estado Social.

Quanto ao "mínimo existencial" e à "reserva do possível", constituem dois padrões que não podem ser destacados do objetivo constitucional de promover maior nível de dignidade e de igualdade social. O mínimo existencial representa, como se descreve, "o mínimo", "mas não o suficiente", particularmente, em países como o Brasil. Reduzir os investimentos sociais, sob a alegação de que se está preservando o "mínimo existencial", conduz ao "retrocesso" social, em uma escala incompatível com a exigência de satisfação das necessidades básicas. De outro lado, a "reserva do possível" somente deve ser manejada em casos de "absoluta" falta de recursos para a prestação da devida assistência social. É um referencial formulado em consideração à "dimensão econômica dos direitos sociais"; não se presta a corroborar contenções seletivas de despesas públicas, de modo a retirar dos direitos sociais a "prioridade orçamentária" que a Constituição lhes atribui. (DANTAS, 2016, p. 29-31; 33).

Com base nesse conjunto de razões, indicadoras do distanciamento do conteúdo da EC 95 dos preceitos constitucionais, no referente aos direitos sociais, não são verossímeis as opiniões que negam a interferência negativa da Emenda do teto dos gastos no imperativo da progressividade dos gastos sociais. Como tangenciar a dimensão regressiva dos valores embutidos em política legislativa tão dura às metas de democratização do acesso a direitos fundamentais, conectados às condições de uma vida digna? O alerta quanto à inconstitucionalidade do novo regime fiscal, por violação aos direitos sociais, não é um mero "exercício de prognóstico que só o tempo pode confirmar", como defende, por exemplo, Vanice do Valle, para quem a demanda abstrata pela declaração da inconstitucionalidade da EC 95 é uma simplificação de "um quadro fático" complexo, explicitado pelos "inegáveis dados da crise econômica". (VALLE, 2017, p. 228). Na verdade, é, exatamente, o oposto, isto é, simplificação argumentativa ocorre quando se tenta justificar as diretrizes da EC 95, em seu restrito foco nos investimentos sociais, como uma imposição da crise na economia, sem atentar para todo o universo de setores que deveriam ter sido incluídos na política de austeridade fiscal.

Voltando à consideração dos argumentos veiculados na peça informativa da Câmara dos Deputados, resta comentar um outro raciocínio equivocado. Refere-se à afirmação do não cabimento do controle de convencionalidade, no que diz respeito às emendas constitucionais. Nesse particular, o artigo 5º, § 3º, da CF, prevê, expressamente, a incorporação, ao seu texto, dos "tratados internacionais sobre direitos humanos", cuja aprovação obedeça os trâmites legais. Para o constituinte originário, tais normas, assim instituídas, equivalem "às emendas constitucionais". Desse modo, novas emendas não podem contrariar o núcleo central do comprometimento da Constituição com os padrões dos direitos humanos, em especial, os direitos sociais e econômicos, firmados pela Convenção Americana de Direitos Humanos (Decreto 678/1992) e pelo Pacto Internacional sobre Direitos Econômicos e Sociais (Decreto 591/1992). No mesmo sentido, o controle de constitucionalidade, exercido pelo Supremo Tribunal Federal, envolve a "força normativa", usando uma expressão de Konrad Hesse, dos padrões dos direitos humanos sociais, ditados pelos referidos documentos. Por isso, seria contraditório negar a legitimidade do controle de convencionalidade, exercido pelas instituições de direito internacional, que velam pelo cumprimento dos acordos com os países signatários.

A Procuradoria da República, de seu lado, ao afirmar que a EC 95 não atinge o conteúdo do direito à saúde e à educação, em face da previsão de correção pelo índice do IPCA, parece passar ao largo dos princípios da progressividade e da proteção ampla dos direitos sociais. Infere-se de sua compreensão que, não se esvaziando, por completo, ou não se "reduzindo em excesso", o repasse de verbas ao setor, se estará preservando o "conteúdo essencial" do artigo 60, § 4º, inciso IV; ou seja, também aqui, se está diante, implicitamente, da delimitação de um conteúdo mínimo, equivalente ao, assim, chamado "mínimo existencial", como parâmetro para a garantia dos direitos sociais.

Diga-se de passagem, que o entendimento adotado pelo Supremo Tribunal, em julgados anteriores, segundo o qual as cláusulas pétreas devem ser interpretadas de forma restritiva, não significa a superação do padrão da progressividade dos direitos sociais. Assim, o critério do não esvaziamento do amparo a esses direitos, no plano orçamentário, não se mostra válido para dimensionar seu "conteúdo essencial".

Importante destacar precedente da Corte em Ação de Descumprimento de Preceito Fundamental e o voto proferido pelo relator, Celso de Mello, ao apreciar medida cautelar requerida pela parte autora (ADPF 45, MC, 2004), que firmou a legitimidade da intervenção do poder judiciário, em matéria de políticas públicas, se "configurada hipótese de abusividade governamental". Ressaltou-se, na decisão, a relatividade do arbítrio e do poder de "conformação do legislador", nas políticas afetas aos direitos sociais, econômicos e culturais. Entendeu o Ministro que o instituto da ADPF é instrumento manejável para possibilitar a "concretização" de políticas e direitos fundamentais, na hipótese de serem descumpridos, "total ou parcialmente, pelas instâncias governamentais, destinatárias do comando inscrito na própria Constituição da República" O ilustre relator refere-se ao padrão da "integridade da ordem constitucional", para explicar que a pecha da inconstitucionalidade pode advir de uma "atuação positiva" do "Poder Público", ao editar leis incompatíveis com os "preceitos" constitucionais, hipótese em que se caracteriza a "inconstitucionalidade por ação" (ADPF 45, MC, 2004).

O Ministro Celso de Mello aborda os direitos sociais como sendo "direitos de segunda geração", como "normas programáticas", alinhavando, porém, que eles não podem ser compreendidos, apenas, na qualidade de "promessa inconstitucional inconsequente" (ADPF 45, MC, 2004). A posição do Ministro, elogiável por avançar visão não tradicional sobre o significado do termo "normas programáticas", situa-se em um momento interpretativo já superado pela doutrina internacional. Como se explicitou na primeira seção do presente estudo, a evolução pela qual passou a temática dos direitos sociais, no âmbito da supremacia dos direitos humanos fundamentais, trouxe uma nova abordagem, que equipara os direitos sociais aos direitos civis e políticos. Entende-se, atualmente, que os direitos sociais possuem o mesmo grau de garantia e exigibilidade atribuído aos direitos individuais, não havendo mais sentido em se falar de distintas gerações de direitos fundamentais.

O mesmo discurso crítico pode ser utilizado para justificar outra tese apresentada pelo Ministro Celso de Mello, ainda, na decisão, acima discutida.

Refere-se ao argumento de que a vinculação dos direitos sociais à existência de recursos financeiros não autoriza o Poder Público a manipular sua "atividade financeira", de modo a "frustrar" as condições materiais de uma vida digna. Por conseguinte, a "cláusula da reserva do possível" não se sobrepõe ao dever dos poderes estatais de cumprir os objetivos da Constituição, sendo este, afinal, o propósito maior da arrecadação de recursos públicos. O Ministro avança, ainda mais, seu posicionamento, ao afirmar que é preciso rever "o vetusto dogma da Separação dos Poderes em relação ao controle dos gastos públicos e da prestação dos serviços básicos no Estado Social". (ADPF 45, MC, 2004).

Na linha desse precedente, considerando todos os padrões nele adotados, há que se esperar que o Supremo Tribunal não se omita no exercício do controle de constitucionalidade da EC 95, procedendo a uma análise sistêmica da ordem jurídica, inclusive, com o envolvimento do controle de convencionalidade. Quanto ao último, é oportuno esclarecer que, mesmo em se conferindo às cortes internacionais o poder de declarar nulo ato normativo nacional, não conforme aos compromissos assumidos pelo país, isso não é o bastante para invalidar, internamente, a aplicação da lei assim considerada. Para que a lei internacional produza efeitos no plano interno, os juízes do país envolvido devem exercer, eles próprios, "ex officio", o controle de convencionalidade. Certamente, diante de uma "emenda constitucional contraditória", há uma tendência de os juízes nacionais corroborarem o teor da emenda, por lealdade às instituições pátrias. Contudo, quando se trata de questão protegida pela Constituição como "cláusula pétrea", além de ser objeto de ampla garantia dos tratados, os juízes podem sentir-se mais legitimados a priorizar um direito humano internacional, eventualmente, violado por reforma legislativa (ROZNAY, 2018, p. 41-2).

CONCLUSÃO.

Conseguiu-se vislumbrar, em poucas linhas, como se deu a sedimentação do Estado Social, através da evolução das teorias filosóficas relacionadas ao controle do poder governamental, com o objetivo de se assegurar, progressivamente, a proteção dos direitos fundamentais. Como alinhavado, esse movimento ideológico, na esfera política e jurídica, operacionalizou-se, de início, em relação às liberdades individuais, e, posteriormente, em relação à promoção da igualdade social. Viu-se, assim, que não se legitima, no Estado Social, a distinção entre os direitos de liberdade e de igualdade, e, muito menos, sua hierarquização, porque a garantia da liberdade perde seu significado constitucional, se concebida fora de um contexto inclusivo.

Nesse sentido, firmou-se o entendimento de que as distintas designações atribuídas ao Estado Social, no decorrer da história moderna e contemporânea, não têm o condão de destituir o desenvolvimento contínuo do paradigma socializante do Estado, em sua contraposição ao liberalismo, seja na vertente clássica, seja na vertente neoliberal. De toda sorte, o Estado Social segue o seu itinerário, e sua atualidade, como programa alternativo, que se pretende crítico à hegemonia das novas economias capitalistas, sobretudo, no que concerne à desconstrução dos sistemas de proteção dos direitos sociais.

Foi importante a exposição teórica apresentada na Seção I do trabalho, para evidenciar, em seguida, que a Emenda nº 95, aprovada pelo Congresso Nacional, configura verdadeiro desmonte do Estado Social, tão revigorado pela Constituição Federal de 1988. Ao discutir os argumentos justificadores da Reforma, então, promovida, pôde-se constatar sua insustentabilidade, haja vista o caráter seletivo das medidas de austeridade nela implementadas. Não há de se aceitar regimes fiscais de contenção de gastos públicos, quando os cortes se circunscrevem, exclusivamente, à seara dos direitos sociais. A Emenda nº 95 representa, assim, um projeto de aniquilação progressiva do patamar de proteção aos direitos sociais, alcançado nas últimas décadas.

A análise da Ação Direta de Inconstitucionalidade nº 5.680/2017, em trâmite no Supremo Tribunal, desvela o caráter segmentário das explicações feitas pelos representantes das casas legislativas. De fato, tangenciou-se, por completo, o reducionismo do regime fiscal imposto pela EC 95, na medida em que não foram incluídas no ajuste destinações orçamentárias de outra natureza, sobretudo, os repasses de verbas ao pagamento de juros da dívida pública.

Demonstrou-se, igualmente, que na base das medidas de austeridade está o plano ditado pela tese neoliberal da redução do papel social do Estado, enquanto garantidor dos direitos que tornam possível uma vida digna; nesse aspecto, fácil é perceber que os direitos à saúde e à educação de qualidade deveriam ocupar a linha de frente, insuscetível de ataque em qualquer programa de redistribuição dos recursos públicos. Ao contrário, o programa delineado na EC 95 e sua imposição, por um período de duas décadas, direcionam as políticas estatais para um rumo que conduzirá ao investimento social mínimo. Concluiu-se, a partir daí, que a implementação do novo regime fiscal desconstrói, também, o espírito democrático da Constituição Federal, consubstanciado no princípio do pluralismo político e no direito ao voto.

O precedente do Supremo Tribunal, originado do voto do Ministro Celso de Mello, na ADPF 45, MC, 2004, como se defendeu, não pode ser desconsiderado. Está sedimentado, no citado voto, o entendimento de que, em matéria de políticas públicas, os atos do Poder Público podem, e devem, ser declarados nulos, se produzem, como consequência, a desobediência a preceito fundamental. Ademais, é de se ressaltar o teor do mesmo precedente, em relação ao alerta feito pelo Ministro de que as cláusulas do "mínimo existencial" e da "reserva do possível" não são manejáveis como estratégia de manipulação das metas orçamentárias do Estado, cuja obrigação é equacionar suas contas sem deixar de cumprir os objetivos prescritos pela Constituição. Isso posto, o Supremo Tribunal tem à sua disposição, chaves interpretativas consistentes e sólidas para interromper a validade da EC 95, por sua flagrante inconstitucionalidade, em face de preceitos fundamentais não sujeitos a modificações desviantes e casuísticas.

REFERÊNCIAS E BIBLIOGRAFIA.

BONAVIDES, Paulo. **Do Estado Liberal ao Estado** Social, 7. ed. São Paulo: Malheiros, 2001.

BRASIL. Supremo Tribunal Federal. **ADI 5.680/17**. Relatora Ministra Rosa Weber. Disponível em: www.stf.jus.br. Acesso em: 16 ago. 2019.

BRASIL. Supremo Tribunal Federal. **ADPF 45, MC/DF**. Relator Min. Celso de Mello. Julgamento: 29.04.2004, DJ 04.05.04, p. 00012. Acesso em: 27 ago. 2019.

CARBONELL, Miguel. Los derechos sociales: elementos para una lectura en clave normativa. In ***Los Derechos Sociales en el Estado Constitucional***. Valencia: Tirant Lo Blanch, 2013, p. 199-231.

CARVALHO, Laura. **Valsa Brasileira: do boom ao caos econômico**. São Paulo: Todavia, 1ª edição, 2018.

DANTAS, Fernanda Priscila Ferreira. **Direitos Sociais no Brasil: desafios e mecanismos para a sua concretização.** Curitiba: Juruá, 2016.

FATTORELLI, Maria Lúcia. Palestra conferida no **Seminário Internacional do ANDES-SN**, 10 Abril 2019. Disponível em: https://www.andes.org.br/conteudos/noticia/seminario-do-aNDES-sN-debate-orcamento-publico-e-financiamento-da-educacao-orcamento-publico-sistema. Acesso em: 16 ago. 2019.

MARIANO, Cynara Monteiro. Emenda constitucional 95/16 e o teto dos gastos públicos: Brasil de volta ao estado de exceção econômico e ao capitalismo do desastre. **Revista de Investigações Constitucionais** [on line], vol. 4, nº 1, Curitiba, 2017, p. 259-281. Disponível em:http://www.scielo.br/scielo.php?script=sci_arttext&pid=S2359563920170001 00259&lng=en&nrm=iso&tlng=pt.

MERRIEN, François-Xavier. Estados de Bem-Estar Social em Transformação, Evolução dos Estados de Bem-Estar Social. In DELGADO Maurício Godinho; PORTO, Lorena Vasconcelos (Orgs). ***Welfare State*: os grandes desafios do Estado de Bem-Estar Social**. São Paulo: LTr, 2019, p. 194-208.

MARTINEZ, Vinício. Estado do Bem Estar Social ou Estado Social? **Revista Jus Navegandi,** ISSN 1518-4862, Ano 10, Teresinha, nº 656, p. 1-11, 2005. Disponível em: https:// jus.com.br/artigos/6623.

ORGANIZAÇÃO DOS ESTADOS AMERICANOS. **Pacto Internacional dos Direitos Econômicos, Sociais e Culturais**, 1966. Disponível em: https://www.oas.org/dil/port/1966% 20Pacto%20Internacional%20sobre%20os%20Direitos%20Econ%C3%B3micos,%20Sociais%20e%20Culturais.pdf.

PINTO, Élida Graziane e XIMENES, Salomão Barros. Financiamento dos direitos sociais na Constituição de 1988: do pacto assimétrico ao Estado de sítio fiscal. **Revista Educação & Sociedade** [online], v. 39, nº 15, Campinas, Out./Dec. 2018, p. 980-1003. ISSN 0101-7330. http://dx.doi.org/10.1590/es0101-73302018209544.

PINTO, Élida Graziane. Novo regime fiscal e a constitucionalização do contingenciamento das despesas primárias obrigatórias. **Physis Revista de Saúde Coletiva,** Rio de Janeiro, 26 [4]: 1097 1101, 2016. DOI: http://dx.doi.org/10.1590/S0103-73312016000400002.

PISARELLO, Geraldo. ***Los derechos sociales y sus garantías*: elementos para uma reconstrucción.** Madrid: Editorial Trotta S. A., 2007.

ROZNAY, Yaniv & CAMARGO KREUZ, Letícia Regina. Conventionality Control and Amendment 95/2016 – A Brazilian Case of Unconstitutional Constitutional Amendment, Jan. 10 2018. **Revista de Investigações Constitucionais**, Curitiba , v. 5, n. 2, p. 35-56, Aug. 2018. Disponível em: SSRN: https://ssrn.com/abstract=3099623.

VALLE, Vanice Regina do. Novo Regime Fiscal, autonomia financeira e separação de poderes: uma leitura em favor de sua constitucionalidade. **Revista de Investigações Constitucionais**, [online], vol. 4, nº 1, 2017, p. 227-258. Disponível em: http://www.scielo.br/ scielo.php?script=sci_arttext&pid=S2359-56392017000100227&lng=en&nrm=iso.

VIEIRA, Fabíola Supino & BENEVIDES, Rodrigo Pucci de Sá. Os Impactos do novo regime fiscal para o financiamento do Sistema Único de Saúde e para a efetivação do direito à saúde no Brasil. **Nota Técnica IPEA nº 28, Instituto de Pesquisa Econômica Aplicada**, Brasília, 2016. Disponível em: http://www.ipea.gov.br/portal/index.php?option=com_content&id= 28589.

Impresso em setembro de 2020